航天科工出版基金资助出版

航天工业安全生产标准化指南

牛东农　主编

中国宇航出版社

·北京·

图书在版编目（CIP）数据

航天工业安全生产标准化指南 / 牛东农主编 . --北京：中国宇航出版社，2016.10（2017.3 重印）

ISBN 978-7-5159-1205-9

Ⅰ.①航…　Ⅱ.①牛…　Ⅲ.①航天工业—安全生产—标准化管理—中国　Ⅳ.①F426.5

中国版本图书馆 CIP 数据核字（2016）第 251813 号

责任编辑　侯丽平
责任校对　祝延萍　　**封面设计**　宇星文化

出版发行	中国宇航出版社		
社　址	北京市阜成路 8 号	邮　编	100830
	(010)60286808		(010)68768548
网　址	www.caphbook.com		
经　销	新华书店		
发行部	(010)60286888		(010)68371900
	(010)60286887		(010)60286804(传真)
零售店	读者服务部		
	(010)68371105		
承　印	北京画中画印刷有限公司		
版　次	2016 年 10 月第 1 版		2017 年 3 月第 2 次印刷
规　格	880×1230	开　本	1/32
印　张	15.375	字　数	441 千字
书　号	ISBN 978-7-5159-1205-9		
定　价	128.00 元		

本书如有印装质量问题，可与发行部联系调换

《航天工业安全生产标准化指南》
编写委员会

主　编： 牛东农

副主编： 王　志

编　委：（按姓氏笔画排列）

王鸿斌　尤　飞　卢　婷　吕喜祥　刘　陆
衣鲁晋　杜　威　李国栋　李建峰　李晓强
吴　凯　宋　磊　张　强　陈　霰　陈建雄
金庆焜　周　期　周　敬　周宇伟　郑　乐
郑玉满　郑志猛　宗　蕊　孟祥玲　赵杜峰
宫春玲　郭海滨　常　赫　蒋国涛　韩剑锋
戴　维

前　言

我国航天工业始于1956年，是研制与生产航天器、航天运载器及其所载设备和地面保障设备的工业，是国防科技工业的重要组成部分，历经60年艰苦卓绝的奋斗，已建成强大的工业基础和专业齐全的科研生产体系，以“科技强军、航天报国”为使命，创造了我国国防武器装备建设史上一个又一个的辉煌。21世纪以来，航天工业已进入高速发展的时期，在二次创业、科技创新、产能提升、规模拓展，以及企业的经营业绩、利润逐年增长的同时，暴露出安全生产责任未落实到位、作业人员安全意识薄弱、安全生产理念落后、设备设施陈旧等问题，严重制约着航天工业发展和科研任务的完成，同时也给职工的安全健康带来威胁。在这种形势下，中国航天科工集团公司（以下简称航天科工）借鉴国外先进的安全管理理念，贯彻落实国务院的决策部署和上级部门的要求，在军工集团中率先开展了安全生产标准化建设，经过近10年的推广与应用，在“打基础、上台阶、上水平”等阶段实践中不断积累经验，改进和提高，形成了一套完整的具有系统性、规范性、可操作性的航天工业安全生产标准化体系，基本实现了“横向到边、纵向到底”的安全生产标准化闭环管理模式，为航天工业发展保驾护航。

2014年12月1日，新《安全生产法》正式实施，提出了推进安全生产标准化建设、提高安全生产水平、确保安全生产的要求。为了落实新《安全生产法》要求，并且及时总结航天科工安全生产标准化建设经验，指导航天系统所属单位安全生产标准化工作，培养年轻一代安全生产管理人员，也为其他单位的标准化建设提供参考借鉴，航天科工安全保障部提出编制《航天工业安全生产标准化指南》。

本书回顾了中国航天科工集团公司（以下简称航天科工）安全生产标准化建设历程，解读了二次修订后《安全生产标准化考核评分细则》Q/QJB 147B—2014 标准，总结了具有航天特色的安全生产标准化建设方法，按 5 部分专业分类，引用了企业、事业、火工品研制生产、建筑施工、服务业典型案例，提出了安全生产标准化建设要夯实“基层、基础、基本功”，建设过程要做到“工作流程完整性、工作方法正确性、工作环境安全性、工作要求一致性、工作节奏高效性”，以及进行安全检查与隐患排查的闭环管理，并为后续深化安全生产标准化建设工作提供了思路。

本书的编制工作由航天科工安全保障部副部长牛东农亲自部署、精心策划及统稿，并组织了 40 多名在航天工业安全生产战线上实践多年的专家，先后召开了 20 多次研讨和评审会，力求使本书做到通俗易懂、简洁实用，具有较强的针对性和指导意义。本书在编写过程中，也得到了航天科工安全评价中心、二院二〇一所、二〇三所、二八三厂、七二一医院、三院三部、三十一所、后勤集团、四院四部、七院等单位的大力支持。

由于作者水平有限，时间仓促，安全生产标准化建设工作覆盖面广、涵义深远，本书难免有疏漏或不妥之处，敬请广大读者指正。

目 录

第一篇 绪 论

第二篇 安全生产标准化建设

第三篇 深化安全生产标准化

第一篇　绪　论

20 世纪 60 年代，原煤炭部首先提出了质量标准化的概念。到 20 世纪 80 年代，冶金、机械、采矿等领域率先开展了具有局部性的安全生产标准化活动。21 世纪初，国家根据经济发展新形式，提出了“在全国所有工贸、商贸、交通、建筑施工等行业普遍开展安全质量标准化活动”的要求。目前，已在全国各个行业全面、深入开展安全生产标准化活动。

航天工业的安全生产标准化建设最早开展于航天科工集团。自“十五”期间开始策划，“十一五”期间正式开展，到“十二五”期间全面发展，航天科工通过近 10 年的安全生产标准化建设，夯实了所属各单位的安全生产“基层、基础、基本功”，落实了各级各类人员的安全生产职责，依靠科技兴安，推动了本质安全水平的提高，弘扬了航天科工安全生产文化，促使整个集团安全生产形势呈现平稳态势。

第1章 概 述

安全生产标准化是国家、行业制定的安全生产基础和工作规范，目的是使安全生产工作系统化、规范化、标准化。近年来，国家安全生产监督管理总局和有关部门先后颁布了煤矿、非煤矿山、危险化学品、工贸行业、船舶行业、兵器行业、航天行业等领域安全生产标准化工作标准，提高了企业安全管控水平，促进了企业和谐健康发展。

1.1 安全生产标准化工作的由来

本节详细介绍了安全生产标准化工作的提出、发展及成熟所经历的不同阶段及其背景，解释了相关术语定义及开展此项工作的主要内容，并简述了工贸行业、危险化学品行业安全生产标准化工作的开展情况。

1.1.1 安全生产标准化工作的产生

2004年，原国家安全生产监督管理局下发了《关于开展安全质量标准化活动的指导意见》，煤矿、非煤矿山、危险化学品、烟花爆竹、冶金、机械等行业相继开展了安全质量标准化活动。2010年，国务院下发了《关于进一步加强企业安全生产工作的通知》，明确要求“深入开展以岗位达标、专业达标、企业达标为内容的安全生产标准化建设。”近年，安全生产工作受到党和国家领导人的高度重视，明确了“红线”意识，党政同责，管业务、管安全，一岗双责，失职追责，国家安全生产监督管理总局颁布了一系统强化安全生产举措，公告的安全生产标准化的达标企业也在逐年增多，企业安全生产标准化工作取得了令人瞩目的成绩。回顾我国安全生产标准化工作，经历了4个阶段。

第1阶段：是从1964年开始的。原煤炭部首先提出了煤矿质量标准化的概念，重点是要抓好煤矿采掘工程质量。20世纪80年代初期，煤炭行业重、特大事故多发，为此，原煤炭部于1986年在全国煤矿开展"质量标准化、安全创水平"活动，目的是通过质量标准化促进安全生产。有色、建材、电力、冶金等多个行业也相继开展了质量标准化创建活动，提高企业安全生产水平。

20世纪80年代，冶金、机械、采矿等领域率先开展了企业安全生产标准化活动，先后推行了设备和设施标准化、作业现场标准化、行为标准化。随着人们对安全生产标准化工作的认识，特别是20世纪末，职业安全健康管理体系引入国内，风险管理的方法逐渐被部分企业接受，从此使安全生产标准化不仅仅停留于设施设备维护标准化、作业现场标准化、行为动作标准化等方面，也开始了安全生产管理活动的标准化。

第2阶段：是从2003年开始的。2003年10月，原国家安全生产监督管理局和中国煤炭工业协会召开了全国煤矿安全质量标准化现场会，提出了新形势下煤矿安全质量标准化的内容，会后出台的《关于在全国煤矿深入开展安全质量标准化活动的指导意见》，提出了安全质量标准化的概念。

第3阶段：是从2004年开始的。2004年国务院发布的《国务院关于进一步加强安全生产工作的决定》（以下简称《决定》），提出了在全国所有工贸、商贸、交通、建筑施工等企业普遍开展安全质量标准化活动的要求。《决定》进一步明确了安全生产工作的指导思想和目标，为加强和改进安全生产工作指明了方向。在安全生产工作措施中明确指出："要通过制定和颁布重点行业、领域的安全生产技术规范和安全生产工作标准，在所有工矿等企业普遍开展安全质量标准化活动，使企业的生产经营活动和行为符合安全生产有关法律法规和安全生产技术规范的要求，做到科学化、规范化、标准化。”按照这个精神，原国家安全生产监督管理局制定下发了《关于开展安全质量标准化活动的指导意见》。在此基础上，国家安全生产监督管理总局和有关部门先后在非煤矿山、军工、危险化学品、电力、机械等行业开展安全生产标准化工作标准、规范、评分办法等一系列指导性文件。

第4阶段：2010年4月15日，国家安全生产监督管理总局2010年第9号公告发布了安全生产行业标准《企业安全生产标准化基本规范》，对各行业已经开展的安全生产标准化工作，在形式要求、基本内容、考评办法等方面做出了相对一致的规定，进一步规范了各行业的安全生产标准化工作。同时，也调动了各行业开展安全生产标准化工作的积极性和主动性，各行业结合自身特点制定出操作性较强的安全生产标准化工作规范。

1.1.2 安全生产标准化名词解释

（1）标准

国家标准GB/T 3935.1—83定义：“标准是对重复性事物和概念所做的统一规定，它以科学、技术和实践经验的综合为基础，经过有关方面协商一致，由主管机构批准，以特定的形式发布，作为共同遵守的准则和依据。”

（2）标准化

国家标准GB/T 3935.1—83定义：“标准化是指在经济、技术、科学和管理等社会实践中，对重复性的事物和概念，通过制订、发布和实施标准达到统一，以获得最佳秩序和社会效益。”

《标准化工作指南 第1部分：标准化和相关活动的通用词汇》中对标准化的定义：“为了在一定范围内获得最佳秩序，经协商一致制定并由公认机构批准，共同使用的和重复使用的一种规范性文件。”

（3）安全生产标准化

国家安全生产监督管理总局颁布的《企业安全生产标准化基本规范》中对安全生产标准化的定义：“通过建立安全生产责任制，制定安全管理制度和操作规程，排查治理隐患和监控重大危险源，建立预防机制，规范生产行为，使各生产环节符合有关安全生产法律法规和标准规范的要求，人、机、料、法、环处于良好的生产状态，并持续改进，不断加强企业安全生产规范化建设。”

（4）安全绩效

根据安全生产目标，在安全生产工作方面取得的可测量结果。

（5）相关方

与企业的安全绩效相关联或受其影响的团体或个人。

（6）七新

新设备、新工艺、新材料、新技术、新产品、新投入使用园区和设施及新收购、并购公司。

1.1.3 安全生产标准化的主要组成部分

开展安全生产标准化工作，要遵循“安全第一、预防为主、综合治理”的方针，以隐患排查治理为基础，提高安全生产水平，减少事故发生，保障人身安全健康，保证生产经营活动的顺利开展。根据《企业安全生产标准化基本规范》要求，开展安全生产标准化工作建设的重点内容包括：

1）确定安全生产目标：企业的安全生产目标管理是指企业在一个时期内，根据国家等有关要求，结合自身实际，制定安全目标、层层分解，明确责任、落实措施；定期考核、奖惩兑现，达到现代安全生产目的的科学管理方法。企业需根据自身安全生产实际，制定总体和年度安全生产目标。按照所属基层单位和部门在生产经营中的职能，制定安全生产指标和考核办法。

2）设置组织机构，确定相关岗位职责：企业应按照安全生产相关法律法规设置安全生产管理机构，配备安全生产管理人员，并注重安全生产管理人员数量、能力、知识等方面的要求。例如，企业需要设立安全生产委员会或安全生产领导机构，在制度中也应对其进行相应的规定。另外，企业应建立安全生产责任制，明确各级单位、部门和人员的安全生产职责。安全生产责任制是企业安全生产规章制度的核心，是行政岗位责任制和经济责任制的重要组成部分，明确企业各级领导、各部门、所属单位和所有人员在安全生产中应负有的安全责任，做到“纵向到底、横向到边、不留死角”，形成全员、全面、全过程的安全管理责任体系。

3）保证安全生产投入：安全生产费用是指企业按照相关规定标准提取，在成本中列支，专门用于完善和改进企业安全生产条件的资金。企业应建立安全生产费用提取和使用的管理制度。管理制度应明确本企业安全生产费用的提取、使用范围、监督管理等工作，建立安全费用台账。每年及时总结项目和费用的完成情况。在年度财务会计报告中，应披露安全费用提取和使用的具体情况。

4）完善安全管理制度：为了有效落实各项法律法规的要求，做到依法治企，企业应全面认识和了解与其活动相关的安全生产法律法规及其他要求，并结合自身生产经营特点，将国家现行安全生产法规、标准、规范等条款要求融入到企业管理规定及操作规程中，并对其进行定期评估和修订。

5）安全生产教育培训：安全生产工作应渗透到每个部门，渗透到每个人的工作中，形成一种企业文化，而安全生产培训是提升全员安全意识、能力的重要手段。企业应明确安全生产教育主管部门，制定专门的安全生产教育培训计划，并组织实施，安全生产培训应覆盖全员，包括主要负责人、安全生产管理人员、特种作业人员、新入职员工等。企业还应该建立培训档案，并在培训结束后进行评估，以便改进和提高培训质量。

6）生产设备设施管理：生产设施设备建设、验收、管理及报废等环节需满足相关规定。例如，生产经营单位新建、改建、扩建工程项目（以下统称建设项目）的安全设施，必须与主体工程同时设计、同时施工、同时投入生产和使用，安全设施投资应当纳入建设项目概算；建设工程项目设立前期必须进行充分的论证，确保工厂地址选择、生产工艺符合区域环境等要求，企业外部安全生产条件和内部安全生产条件处于良好状态。

7）作业安全：主要包括生产现场管理和生产过程控制、作业行为管理、警示标志管理、相关方管理、变更管理等内容。企业性质不同，所包含的作业现场安全管理内容也不同，主要根据企业作业现场情况，采取有效的安全管理、技术措施，实现人、机、料、法、环的和谐统一。

8）隐患排查及治理：随着企业生产规模、生产产品的不断更新，企业生产作业环境也在不断变化，所以企业应组织事故隐患排查工作，对隐患进行分析评估，确定隐患等级，登记建档，及时采取措施治理，以及时消除事故隐患。

9）重大危险源监控：企业应根据国家重大危险源有关标准对本企业的危险设施或者场所进行重大危险源辨识与安全评估，对构成国家规定的重大危险源应及时登记建档，并按照规定向政府有关部门备案，企业应建立健全重大危险源安全管理制度，制定重大危险源安全管理技术措施。

10）职业健康：企业应以防治职业病、保护职工身体建康为生产前提，建立、健全职业卫生档案和劳动者健康监护档案，为从业人员提供符合职业健康要求的工作环境和条件，配备与职业健康保护相适应的设施及工具。

11）应急救援：安全生产应急管理是安全生产工作的重要内容，企业应根据生产作业过程实际，建立、健全企业安全生产事故应急救援体系，制订与完善生产安全事故综合预案、专项预案及现场应急处置预案，规范企业事故应急管理和应急响应程序，加强安全生产应急队伍和能力建设，及时有效地开展应急救援工作，最大限度地减少人员伤亡和财产损失。

12）事故管理：企业发生事故后，应按照国家规定及时向上级单位、政府相关部门上报，并成立事故调查组对事故进行分析，遵循“四不放过”原则，积极配合事故调查组工作。

13）绩效评定和持续改进：是实现安全生产标准化闭环管理的

重要举措。企业应每年对安全生产标准化工作实施情况进行至少一次评定，验证各项安全生产制度措施的适宜性、充分性和有效性，检查其前期定下的目标、指标完成情况，并对相关指标、制度、操作规程修改完善，持续改进，使其更适应企业发展。

1.1.4 各行业安全生产标准化开展情况

在国家安全生产监督管理总局发布《企业安全生产标准化基本规范》之前，机械加工、危险化学品、兵器等行业已经率先开展了安全质量标准化工作。2006年，航天科工在调研、分析国内安全质量标准化发展现状后，提出了安全生产标准化的概念，并在全集团开始安全生产标准化建设工作，目前，航天科工第3轮安全生产标准化达标活动已进尾声。

（1）工贸行业企业安全生产标准化工作

工贸行业企业包括冶金、有色、建材、机械、轻工、纺织、烟草、商贸等8个生产领域。工贸行业企业安全生产标准化系统由《企业安全生产标准化基本规范》、各专业评定标准、考评办法、评审管理办法等共同构成。

针对工贸行业包括小行业量多、安全风险参差不齐的状况，不可能也没必要对所有行业均指定专业评定标准。因此，在专业评定标准制定中，优先选择工贸行业中危险性较大的行业和重点领域制定了专业评定标准，其他行业根据工作实际需要补充制定。同时，制定了《冶金等工贸企业安全生产标准化基本规范评分细则》，作为通用标准使用，以确保企业开展安全生产标准化工作有章可循、有据可依。至2014年年底，工贸行业共印发了几十个专业评定标准。

为了进一步规范和推进工贸企业安全生产标准化建设工作，国家安全生产监督管理总局制定了《全国冶金等工贸企业安全生产标准化考评办法》以及《冶金等工贸企业安全生产标准化建设评审工作管理办法》，与各专业评定标准、评分细则等形成一套较为完善的安全生产标准化建设体系。

(2) 危险化学品企业安全生产标准化工作

为强化危险化学品安全生产标准化建设，2004 年，国家安全生产监督管理总局组织起草了《危险化学品从业单位安全质量标准化标准及考核评级办法》（征求意见稿），并在江苏省、山东省的 4 市 26 个试点单位进行了安全质量标准化试点工作。国家安全生产监督管理总局于 2005 年年底下发《关于印发〈危险化学品从业单位安全标准化规范〉（试行）和〈危险化学品从业单位安全标准化考核机构管理办法〉（试行）的通知》，全面开展危化品安全标准化工作。2007 年，制定了《危险化学品从业单位安全标准化通用规范》。次年，《国务院安委会办公室关于进一步加强危险化学品安全生产工作的指导意见》中要求：全面开展安全生产标准化工作。要将安全生产标准化工作与贯彻落实安全生产法律法规、深化安全生产专项整治相结合，纳入企业安全管理工作计划和目标考核，通过实施安全生产标准化工作，强化企业安全生产“双基”（基础、基层）工作，建立企业安全生产长效机制。剧毒化学品、易燃易爆化学品生产企业和涉及危险工艺的企业要在 2010 年年底前，实现安全生产标准化全面达标。

2011 年 2 月，国家安全生产监督管理总局在《关于进一步加强危险化学品企业安全生产标准化工作的通知》中要求：全面开展危化品企业安全生产标准化建设工作，深入开展宣传和培训工作，严格执行达标评审标准，规范达标评审和咨询服务工作。危化品企业开展安全生产标准化工作持续运行 1 年以上，方可申请安全生产标准化三级达标评审；安全生产标准化二级、三级危化品企业应当持续运行 2 年以上，并对照相关通用评审标准不断完善提高后，方可分别申请一级、二级达标评审。新设立的危化品生产企业自试生产备案之日起，要在一年内至少达到安全生产标准化三级标准。

2011 年 6 月，国家安全生产监督管理总局在《关于印发危险化学品从业单位安全生产标准化评审标准的通知》中明确了申请安全生产标准化达标评审的条件。

（3）机械加工制造行业安全生产标准化工作

我国是机械制造的大国，机械制造在我国工业中占有重要的位置。企业数量众多，涉及范围广泛，从业人员数量庞大，采用的设备设施繁杂，涉及的安全技术领域较多，并且高、中、低档技术并存，所以开展行业安全生产标准化工作十分必要。

2004年下半年，国家安全生产监督管理总局根据全国机械加工制造行业安全生产的状况，制定了《机械制造企业安全质量标准化企业考评办法及标准》，在全国机械加工制造行业里开展安全标准化建设工作。为提高本质安全度，使生产过程中的风险评价达到标准化，国家安全生产监督管理总局在2005年1月24日制定并下发了《机械制造企业安全质量标准化考核评级办法》和《机械制造企业安全质量标准化考核评级标准》，并要求在全国机械制造企业率先开展安全质量标准化活动，安全标准化工作在机械加工制造行业如火如荼地开展起来。机械制造企业开展安全生产标准化工作主要由基础管理考评、设备设施安全考评、作业环境与职业健康考评3部分组成。基础管理考评部分主要是考评企业安全管理体系中安全、健康管理工作的有效性和可靠性，预防事故发生的组织措施的完善性；设备设施安全考评是系统的评价企业中设备、设施、工具、物资等固有危险源的受控状况，从而消除物的不安全状态，确保本质安全性；作业环境与职业健康考评是对企业的作业环境状况、职业危害因素危险性的度量，这3个部分不是孤立的，而是相互联系的有机整体。

（4）船舶行业安全生产标准化工作

2012年，中国船舶工业综合技术经济研究院、泰州口岸船舶有限公司、沪东中华造船（集团）有限公司根据国防科工局《军工系统安全生产标准化建设实施方案的通知》和《军工系统安全生产标准化考核评级办法（试行）》要求，按照《企业安全生产标准化基本规范》（AQ/T 9006—2010）标准要素，编制了《造修船企业安全生产标准化基本要求》（AQ/T 7008—2013），并向国防科工局备案。2014年，中国船舶工业综合技术经济研究院按照《机械制造企业安全生产标准化规范》(AQ/T 7009—2013)要求，结合舰船造修企业、研制单位等特点，编制了《中国船舶重工集团公司军工系统安全生产标准化考核评分细则——舰船设备研制单位》及其附则《火工品专业考核评分细则》。

(5) 兵器行业安全生产标准化工作

2005 年，兵器工业集团制定了《兵器行业机械制造企业安全生产标准化考评标准》、《兵器行业弹箭企业安全生产标准化考评标准》、《兵器行业引信企业安全生产标准化考评标准》、《兵器行业火炸药企业安全生产标准化考评标准》等，在全集团开展安全质量标准化工作。

2009 年，兵器工业集团制定了《中国兵器工业集团公司工业企业安全生产标准化考核评级办法》及《中国兵器工业集团公司科研试验安全生产标准化考核评级办法》，明确了安全生产标准化达标的主要内容和要求，力求安全生产标准化达标工作制度化、程序化。

2013 年，兵器工业集团根据国防科工局《军工系统安全生产标准化建设实施方案的通知》和《军工系统安全生产标准化考核评级办法（试行）》要求，制定了《中国兵器工业集团公司安全生产标准化考核评价办法》，修订了原安全质量标准化考评标准，确定了 3 家内部评审机构，继续开展安全生产标准化工作。

(6) 航天行业安全生产标准化工作

1999 年，航天科工在《安全性评价》(QJ 3110—99) 的指导下，在全集团开展安全性评价工作；2000 年，航天科工组织各院（基地)、厂（所）安全管理人员到澳大利亚参观学习安全管理体系建设，开展经验交流，统一思想，坚定继续深入开展安全性评价工作的信心；至 2006 年，完成了全集团 91 个单位的评价工作，达到优秀级的占 78%；2007 年，航天科工开始在全集团推进安全生产标准化建设工作。

2012 年，中国航天科技集团公司（以下简称航天科技）根据国防科工局《军工系统安全生产标准化建设实施方案的通知》和《军工系统安全生产标准化考核评级办法（试行）》要求，编制了《航天武器装备安全生产标准化考评细则》第1～11部分，开始安全生产标准化建设工作。

1.2 安全生产标准化工作的重要意义

本节着重描述安全生产标准化工作的开展给企业带来的落实安全生产责任、强化“三基”建设、促进科技兴安及建立长效机制等的积极效果。

（1）建立健全安全生产管理体系，落实安全生产责任

安全生产标准化就是要求企业通过安全生产标准化建设，在生产经营和管理活动中，贯彻执行党中央关于安全生产的重要指示精神，建立“党政同责、一岗双责、齐抓共管”责任体系，自觉履行安全生产法律法规、规章制度相关要求，规范企业及其经营管理者、从业人员的生产安全行为，全过程、全方位、全员、全天候地渗透到企业生产经营管理工作中，使每个从业人员、每个操作岗位、每个生产环节全部规范化和标准化，使企业的人、机、料、法、环始终处于和谐并保持在最好的安全状态下运行。

（2）强化企业“三基”建设，夯实安全基础管理

《国务院关于进一步加强安全生产工作的决定》中明确提出“生产经营活动行为，做到规范化和标准化”。在近期工作中，各行业、企业不断加强标准化建设，不断制定各类人员的安全生产责任制度，制定各工种和岗位安全操作规程和作业场所安全标准，制定安全生产条件和设施设备的安全标准等，各类标准、规章制度的制定实施，着力加强企业“三基”（基础、基层、基本功），使企业安全生产管理工作做到有标可依、有标必依、执标必严、违标必究，企业安全生产基础设施设备得到很大改善、基层人员素质得到有效提高，夯实了安全生产管理基础，提高了企业安全保障能力。

（3）推进科技兴安举措，实现本质安全

安全生产标准化工作将引导、促进企业在加强基础管理、基层

建设和基本功训练的同时，加大对事故预防、隐患治理的精力及经济投入。促进企业加大对安全技术改造和创新的力度，加大持续改进和自我完善的力度，加大淘汰落后生产技术、工艺和设备的力度，从而提高了企业安全生产技术水平，提升了企业的本质安全度，保障了企业的和谐安全发展。

(4) 实施安全文化建设，建立长效机制

开展安全生产标准化工作重在落实、治本。安全生产标准化要求企业各个工作部门、生产岗位、作业环节的安全管理、规章制度及各种设备、设施、作业环境必须符合法律、法规、标准规程等要求，它涵盖了增强人员安全素质、提高装备设施水平、改善作业环境、强化岗位责任落实、安全文化建设等各个方面，尤其安全生产建设是一项系统、全面、基础和长期的工作，它的不断实施与强化、循序渐进有利于促进企业安全的文化建设及安全管理水平的不断提升。

第 2 章　航天工业安全生产标准化历程

航天工业的安全生产标准化建设最早在航天科工开展。自 1999 年 7 月 1 日中国航天机电集团公司（2001 年 7 月更名为中国航天科工集团公司，简称航天科工）成立以来，航天科工党组高度重视安全生产工作，认真贯彻落实党中央和国务院安全生产方针、政策及国家安全生产监督管理总局有关安全生产要求。单位经营状态不佳、生产设备设施落后、作业人员素质不高等不利局面，严重影响安全生产工作，更进一步影响企业健康发展。为了强化安全生产管理，自 1999 年起，航天科工在全集团开展安全性评价，2006 年组织策划安全生产标准化建设工作，2007 年选择试点，在航天三菱公司召开了现场观摩会，正式启动这项工作。2008 年—至今已进行了 3 轮评审，形成了一套航天科工、院级单位、厂（所）单位三级管控的安全生产标准化体系。

航天科技于 2011 年开始策划所属军工及涉及军品科研生产企业安全生产标准化建设工作，按照国务院、国务院国有资产管理委员会（以下简称国资委）、国家安全生产监督管理总局、国防科工局的文件要求，分别详细制定了各下属军工企业安全生产达标建设方案和计划；2012 年组织编写并发布了《航天武器装备安全生产标准化评级准则》《航天武器装备安全生产标准化考评细则》；2013 年 1 月召开了所属 8 个专业院的院安全主管领导、厂（所）级安全第一责任人的达标建设动员会，部署了航天科技首轮安全生产标准化达标建设计划，明确了各单位安全生产标准化达标建设的具体要求，组织进行了多轮安全生产标准化建设培训。航天科技安全生产标准化首轮达标现场评审于 2013 年 6 月正式启动，至 2015 年 12 月结束，顺利完成了首轮 108 家所属军工单位及涉及军品科研生产任务单位的安全生产标准化考评。

总体上，航天科工、航天科技两大集团公司的安全生产标准化达标工作，有效推进了相关企业安全管理规范性，提高了现场设备设施与作业的安全性，为我国航天及国防事业高速稳定发展打下了坚实的基础。

2.1 顶层策划

2006 年 11 月，根据国家对安全生产工作的要求，结合航天科工所属单位进行安全性评价工作的进展情况，航天科工研究决定，安全性评价工作基本结束，并转入开展安全生产标准化活动。

最初，安全生产标准化工作开展时缺乏对标准化熟悉和掌握的人员，以及培训、贯标、实施和考核经验。如何组织开展这项工作，直接关系到能否真正发挥安全生产标准化的作用。是否周密、严谨地组织安全生产标准化工作，直接关系到安全生产标准化工作的成败。为此，航天科工组织部分安全生产专家，采取“派出去、请进来”等多种方式，经多次论证，完成了航天科工安全生产标准化活动的顶层策划工作，包括建立标准规范、选试点、摸经验、分阶段、定目标等方式，并在实际工作中逐项落实。

(1) 建标准、立规范

1991 年，原航空航天工业部出版了《工厂安全性评价》。1999 年，航天科工在组织安全性评价之前，将《工厂安全性评价》补充、修订和完善，并将其提升为航天行业标准 QJ 3110。

2004 年，航天科工按照国家安全生产监督管理总局《关于开展安全质量标准化活动的指导意见》文件精神，于 2006 年 7 月制定了《中国航天科工集团公司安全生产标准化考核评级办法》，明确了安全生产标准化具体考核评级的要求。

2007 年，航天科工在《工厂安全性评价》的基础上，从全集团的行业特点考虑，按单位性质分工，编制了第 1 版《中国航天科工集团公司安全生产标准化考核评级标准》。该标准的特点：一是以航天科工《安全性评价》标准为基础，吸收了国家安全生产监督管理总局《机械制造企业安全生产标准化考核评级标准》部分条款内容，并侧重于企业的安全生产现状全面评估，以指导作业岗位隐患排查为基础编制而成。二是根据航天科工所属单位的生产作业类型、性质不同，将其分为《企业单位安全生产标准化考核评级》、《事业单位安全生产标准化考核评级》、《火化工研制生产单位安全生产标准化考核评级》、《建筑施工单位安全生产标准化考核评级》和《服务业安全生产标准化考核评级》5 个系列标准。三是该标准规定对申评单位的不符合项进行扣分，采取按标准分值进行扣减的方式，直至扣完为止，不采用按合格率项换算的方式扣分。相比较，该标准便于操作，突出定量要求，更加严格及有效地指导申评单位开展安全生产标准化工作。

（2）选试点、摸经验

安全生产标准化是一项技术性很强的综合性工作，航天科工在总结安全性评价工作经验时，认为《工厂安全性评价》标准工作量大、定性成分多，所属单位在开展工作时，存在专业技术人员不足，没有配备专、兼职安全技术力量，经费普遍不足等问题。为了尽快全面了解、熟悉安全生产标准化工作，解决安全性评价发现的问题，航天科工选派专职技安干部专程前往山西省安监局和山西省煤矿安监局推荐的路东煤矿进行考察、调研和学习。路东煤矿是全国率先开展安全生产标准化工作、成绩效果突出的单位之一，在开展安全生产标准化工作方面积累了大量宝贵的方法和经验。航天科工有关人员通过学习调研，掌握了开展安全生产标准化活动的第一手资料，对安全生产标准化有了较为深刻的理解和全面的认识。并在系统内组织部分所属单位的专业队伍进行研讨，针对安全生产标准化工作开展的可行性、可能存在的问题进行了充分讨论，并落实了解决问题的方案，增强了全集团开展安全生产标准化工作的信心。

为确保安全生产标准化工作扎实、稳妥、有序进行，航天科工先从试点开始，通过试点单位的示范作用，推动全集团的安全生产标准化工作。航天科工选择安全生产管理难度大的6个具有代表性单位进行首批试点，涵盖了企业、事业、火化工品研制生产单位。考虑到三菱公司是中外合资，企业安全生产管理基础较好，单位领导重视安全生产工作，从事的发动机制造在行业内有一定代表性，航天科工于2007年11月26～28日组织在沈阳航天三菱汽车发动机制造有限公司召开了安全生产标准化达标现场观摩会。在航天三菱公司的安全生产标准化工作自评的基础上，按照《企业单位安全生产标准化考核评级》标准，进行达标复评和现场观摩。航天科工所属各院、基地、总公司及直属单位主管安全生产工作领导、各所属单位技安处长、安全业务部门的骨干等150余人参加了观摩会；国家安全生产监督管理总局，辽宁省、沈阳市安全生产监督管理局等各级领导充分认可航天三菱公司开展安全生产标准化的做法和经验。通过首批试点单位的达标复评示范作用，总结了安全生产标准化工作开展的3条经验：一是要确保领导重视；二是要有安全专业和与安全相关各专业队伍的支撑；三是将安全生产标准化考核纳入各级领导年度目标责任书。

航天科工由于行业的特殊性，为有利于安全生产标准化工作的开展，确保安全生产标准化工作的公平、公正和公开，航天科工借鉴第三方审核方式，于2008年1月2日下发了《关于设立中国航天科工集团安全评价中心的批复》文件，成立了中国航天科工集团公司安评中心。该中心主要承担航天科工所属企、事业单位安全生产标准化的考评复评工作，负责航天科工安全评价方法研究，以及有关安全规范、标准的编审、咨询、相关技术人员培训等工作。

(3) 分阶段、定目标

经过调研学习、选择试点、成立安评中心，航天科工在“十一五”期间分阶段、分层次、有序地开展第1轮安全生产标准化活动，并将第1轮安全生产标准化目标定为打基础，明确了安全生产标准化工作目标具体为：1年制定标准，组织学习宣贯标准，选择单位试点；2年扩大试点范围；3年检查评估，全面推广应用，力争到2008

年年底，火化工品生产企业、建筑施工企业及大部分其他类型企业达到标准；到2010年全集团都达到标准。

2010年，第1轮安全生产标准化工作结束以后，航天科工领导为贯彻落实《国务院关于进一步加强企业安全生产工作的通知》《企业安全生产标准化基本规范》《国务院安委会关于深入开展企业安全生产标准化建设的指导意见》《国务院安委会办公室关于深入开展全国冶金工贸企业安全生产标准化建设的实施意见》等重要文件精神，确保航天科工安全生产标准化工作继续保持领先地位，并将深化安全生产标准化建设工作纳入了航天科工安全生产"十二五"专题规划，确定了航天科工第2轮、第3轮安全生产标准化目标分别为"上台阶、上水平"。

航天科工安全生产标准化建设工作自2007年开始，每3年一轮，目前已进入第3轮评审工作的最后一年。按照第1轮打基础、第2轮上台阶、第3轮上水平的工作目标统筹规划，分步实施，夯实了安全生产基础，提高了事故防范能力，提升了安全监管水平，为实行二次创业、推动企业转型升级提供了安全保障。

2.2 安全生产标准化工作打基础阶段

航天科工在第1轮安全生产标准化建设过程中，认真贯彻落实"安全第一、预防为主、综合治理"的工作方针，经过广大干部、职工的辛勤工作，建立了安全体系，形成了安全管理网络，加大了用于隐患整改的安全投入，提高了全员的安全意识，13个单位被认定为国家安全生产标准化一级企业，成绩显著。据统计，在2008—2010年期间，全集团未发生较大以上生产安全事故，死亡、重伤人数与"十一五"期间相比分别下降77.8%和60%，形成生产安全事故呈逐年减少的态势，安全生产形势保持平稳，"打基础"工作取得实际效果。

(1)《工厂安全性评价》的制定与实施

1991年，原航空航天工业部出版了《工厂安全性评价》规范，分为3篇，含综合管理、工伤事故、生产设施与场所、工业卫生4部分检查表，总分1200分，评价结果分为Ⅰ级（优秀级）、Ⅱ级（安全级）、Ⅲ级（临界级）、Ⅳ级（危险级）。1999年，航天科工在组织安全性评价之前，将《工厂安全性评价》补充、修订、完善，并将其上升为航天行业标准QJ 3110，包括范围、引用文件、定义、一般要求、详细要求等5章4类88项要求。2000—2006年，航天科工组织所属单位依据《工厂安全性评价》（QJ 3110—99）标准，开展安全性评价工作，91个单位通过验收。此项工作在规范航天科工安全生产基础管理的同时，也暴露出标准相关条款滞后于国家安全生产法律法规要求、标准涵盖面窄（仅适用于机械加工企业，未涵盖科研型号产品总装、部装、测试等航天特殊要求）、标准结构设置不合理等问题，不能进一步夯实安全生产“三基”工作。

2007年，在对安全性评价已经完成的78个优秀级单位和13个安全级单位进行总结的基础上，组织修订了《工厂安全性评价》（QJ 3110—99），正式发布《工厂安全性评价》（QJ 3110A—2007）。新版标准细化了评价内容、方法、等级、组织和程序、要求等内容，将评价项目由原标准4部分内容合并为综合管理和生产设施与场所2部分，这种模式对后续的安全生产标准化标准编制起到了积极的指导作用。

（2）建立安全体系，形成安全管理网络

通过第1轮安全生产标准化工作的推进，航天科工建立安全体系，形成安全管理网络，主要表现在：一是航天科工建立了总部、院（基地）、厂（所）三级安全生产总监管理体系。至2010年年底，总部、13个二级单位和53个三级单位已设立安全生产总监，建立了安全生产总监季度例会、年终述职和提交论文制度。安全生产总监已成为落实各项安全生产工作的重要力量。二是航天科工总部、院（基地）、厂（所）建立了安全生产委员会，厂（所）各部门建立了安全生产领导小组，与技术安全管理部门（处、室）组成了网络专业结合的管理结构。三是为提高安全生产管理人员综合素质和岗位准入门槛，全集团安全生产管理人员中有 90%以上已取得了国家注册安全工程师执业资格，与“十一五”末的 17%相比有大幅提高，安全生产管理人员的专业化程度不断提高，骨干力量不断壮大，在安全生产监管工作中发挥了重要作用。四是拥有一支由 138 名各专业领域专家组成的安全生产专家组，在指导各单位安全生产工作、组织技术安全研究、开展安全检查与安全评价、推进安全生产标准化达标、审核安全技术标准与规范、参与事故应急处置与调查分析等方面发挥了重要作用。五是组织安全生产骨干赴德国、澳大利亚、加拿大、俄罗斯等国家培训和学习，汲取国外安全生产先进科学技术与管理经验，培养了一批具有国际视野和工作思路的专业型队伍。

(3) 加大安全投入，着力于隐患整改

在第 1 轮安全生产标准化评审工作中，航天科工先后共组织了 138 个评审组，来自 60 多个单位的 130 多位专家和业务骨干参加了近 900 余人次的评审。评审组通过抽查所属单位综合管理档案，组织安全生产知识考试，核查危险点、尘毒点，抽查各种设备、设施等，共查出问题和隐患 3533 个。对于查出的问题和隐患，所属单位认真落实国家有关部门和航天科工要求，加强安全生产费用提取和使用管理，保障隐患整改安全生产费用投入，有力促进了各单位的安全生产工作，使本质安全水平逐步提高，生产作业环境逐年改善，员工安全意识不断提高。据统计，所属单位 2008 年安全费用投入 0.38 亿元、2009 年投入 0.47 亿元、2010 年投入 0.56 亿元，呈逐年上涨趋势，3 年共投入 1.41 亿元用于隐患整改，特别是整改了在安全生产标准化达标复评验收过程中查出的重大安全隐患，避免了重大安全生产事故的发生。

在对高危单位的检查中，按照《中国航天科工集团公司高危单位安全生产费用管理办法（暂行）》文件要求，重点解决了所属单位将安全生产费用使用在防暑降温、疗养费、保健费等方面的比重过大的问题，要求将安全生产费用着力于隐患整改，加强安全技术改造，并采取工艺流程再造、人机隔离操作、增加安全连锁装置、逐步淘汰和改进落后工艺技术等有效措施，不断提高型号科研生产的本质安全水平。

航天科工通过首轮达标评审，共发现问题8000余项，其中综合管理2300余项，产品设计和作业现场5700余项。各单位对发现的问题高度重视，进行了举一反三和认真整改，确保问题得到闭环管理，现场本质安全水平不断提高。

(4) 通过多种形式培训、宣教安全生产，提高安全意识

航天科工所属单位多、地域分布广、安全生产管理水平参差不齐，推广安全生产标准化达标活动，必须广泛宣传、发动。通过报纸、网络、广播、橱窗、知识竞赛、答卷、网页专栏等方式，实施全方位多角度宣传，加大安全生产标准化宣传力度。

自2007年以来，航天科工每年均组织不同层次、不同规模的安全生产标准化宣贯培训，对评审专家、技安干部、管理层骨干、班组长等进行标准培训，累计达10000余人次。通过各种形式的培训、研讨，边学习、边领会，加深了全集团技安人员对安全生产标准化内涵和考评标准的理解。航天科工将安全生产标准化知识纳入厂(所)级领导干部、型号两总人员、安全生产管理人员、国家注册安全工程师等各类安全生产培训班课程。航天科工组织编写了考评标准条文解析，以便于各级人员更好地理解和把握标准内容。

在第1轮安全生产标准化建设期间，航天科工培育和推广具有航天特色的安全生产文化，牢固树立“零伤害”理念，严格“零缺陷”管理，追求“零死亡”目标，制定和颁布《航天科工安全生产文化手册》，提出了安全生产“道德观、价值观”，组织开展各种形式的安全生产宣传和培训教育，普及安全生产知识。航天科工组织了各厂（所）级领导、型号行政总指挥、总设计师和全集团的专兼职安全生产管理人员参加安全培训。航天科工围绕安全生产标准化建设开展“国家安全生产月”活动，举办演讲比赛、知识竞赛、安全论坛、班组安全达标等大型活动，积极营造安全生产氛围。2007

年获得全国“安全生产月”活动优秀单位，2009 年获得全国“安全伴我行”演讲比赛优秀组织奖，2010 年获得“全国安全生产应急知识竞赛”优胜单位奖。通过开展安全文化建设，全员安全意识显著提高。

2.3　安全生产标准化工作上台阶阶段

在第 2 轮安全生产标准化建设过程中，航天科工着力安全生产主体责任的落实，积极推动实施科技兴安发展战略，弘扬航天科工安全文化，顺利完成了 153 个单位的验收，得到了国家上级主管部门的充分肯定，走在央企、军工前列，实现了“上台阶”的工作目标。据统计，在 2011—2013 年期间，全集团未发生较大以上生产安全事故，死亡、重伤人数与“十一五”期间相比分别下降 37.5%和 68.8%，生产安全事故呈逐年减少的态势，安全生产形势保持平稳。

（1）落实安全生产主体责任

航天科工总部是一级单位；院、局、基地直属单位是二级单位；部、站、厂（所）和民用产业公司是三级单位，安全生产标准化复评验收的主要对象是三级单位。为了全面推行安全生产标准化工作，航天科工将每年应通过安全生产标准化达标单位列入当年工作计划，并纳入各院、局、基地主要负责人的《安全生产责任书》中进行重点控制考核，要求各院、局、基地层层分解责任书，对安全生产工作采取“一票否决”制。

在第 2 轮安全生产标准化评审中，所属单位在完善组织机构、加强安全生产管理队伍建设的前提下，采取领导带队检查、加大隐患排查和整改力度，规范现场管理、树立先进典型等多种方式，层层落实安全生产责任。部分单位设置了合格的安全生产总监、副总监和安全生产监管机构，专职安全管理人员取得注册安全工程师执业资格证书比例保持在 90%以上；全集团另有 231 名科研生产管理人员考取注册安全工程师执业资格，达到总人数的 46.66%。

(2) 实施科技兴安发展战略

2011 年，航天科工持续推进“科技兴安、本质安全”发展战略并纳入安全生产“十二五”专题规划。通过在设计源头采用安全性设计优先原则，在技术工艺上采用工艺安全性分析，通过技改项目改进安全作业条件，通过安全课题开展技术安全攻关，通过安全传感器工程实现安全生产的预警预控，全方面实施科技兴安发展战略。

在第 2 轮安全生产标准化建设期间，航天科工发布了《危险作业安全评审和审批管理规定》（Q/QJB 181—2010)，规定了科研、生产、经营单位危险作业安全评审和审批的相关程序、内容和管理办法。之后组织编写的《地（舰）空导弹武器系统安全性设计准则》(QJ 20364—2014)、《地（舰）空导弹武器系统安全性评审要求》(QJ 20365—2014)、《地（舰）空导弹飞行试验安全检查细则》(QJ 20370—2014)，均在 2014 年正式发布。

2012 年发布了《航天特种作业人员安全技术考核管理要求》(QJ 20175—2012)，在国家特种作业和特种设备作业的基础上增加了航天特殊的固体推进剂、固体火箭发动机研制、试验，液体推进剂研制、试验、转注、加注，液体火箭发动机、液体火箭冲压发动机试验，火工品作业，风洞试验，导弹总装测试等作业人员的安全管理要求。《航天特种设备安全管理要求》(QJ 20176—2012) 在国家特种设备目录范围之外增加了固体推进剂科研、生产和运输设备，固体火箭发动机试验设备，废固体推进剂、发动机处置和销毁设备，液体推进剂、低温液体产品生产、贮存和运输设备，液体火箭发动机试验设备，液体推进剂转注、加注设备，火工品科研、生产、贮存和运输设备，风洞试验设备等航天特殊设备的安全管理原则和要求。

2011 年，航天科工要求所属单位的电梯安装具有“在事故发生时停止应答召唤，自动返回基站或平层”功能的装置。至第 2 轮安全生产标准化评审结束时，航天科工 80 多个单位对 500 余部电梯进行了改造，安装了应急平层装置，提高了工艺安全性和本质安全度。

结合航天行业特点，航天科工专门设立了“航天工业本质安全理论研究和应用”软课题，开展“本质安全评估体系”研究，用本质安全评估方法对单位本质安全水平进行定性、定量评估，重点提高型号产品总体设计、产品装配与总装、推进剂研制与生产、大型试验等方面的本质安全水平。2009—2011 年，每年组织召开企业单位（含总装厂）、火化工品单位、建筑施工单位、民用产业单位、事业单位和总体单位等 6 个安全生产专题研讨会，研究“依靠科技进步，从源头抓本质安全”的总体思路和方法。定期举办具有一定影响力的安全技术交流活动，如 2011 年 8 月举办了固体推进剂安全技术研究中心学术会议，来自国防科工局、有关军工集团、中国工程物理研究院、国防科技大学、北京理工大学等的领导和专家共同研讨固体推进剂安全技术，收集学术论文 40 余篇，大会主题报告 4 篇，分组交流报告 20 余篇，搭建了安全技术交流与校企合作的平台。

安全传感器工程是以安全工程理论为指导，融合系统工程技术、传感器技术、通信技术和信息处理技术，对危险点进行安全生产监管的系统工程，主要实现安全态势预警、安全分级监管、安全信息管理、应急救援管理、举一反三管理等 5 大功能，以“四级监管、五大功能、若干个数据采集子系统”为主要研究内容，是航天科工实施“科技兴安、本质安全”发展战略的重要举措和手段。从 2006 年开始，航天科工在全集团推进安全传感器工程建设和应用，建立了一个跨区域、多层次、网络化的安全生产监管系统，采用“危险源辨识、过程控制、多级监管、事故预警、应急处理”的安全生产管理模式，坚持“重在现场监管，重在危险源识别和完善，重在科学管理和制度责任落实”的原则，实现“隐患早发现、违章早纠正、事故早预防”的目的。航天科工编制了《安全传感器工程技术规范》（Q/QJB 171—2009）指导所属单位的建设工作，96 个 I 级危险点全部完成建设工作，实现 100％火化工品作业 I 级危险点完成建设的目标，有效预防了重、特大生产安全事故的发生，成为以安全生产理论研究为基础，开展共性、关键性安全科技攻关的重要成果和典范，是加强先进、适用技术的推广应用和安全技术示范工程。该工程2010年获得国防科技进步二等奖，2011年成为国家首批100个“信息化与工业化融合促进安全生产重点推进项目”之一，安全传感器工程建设得到了国家安全生产监督管理总局和国资委领导的充分支持和肯定。

(3) 弘扬安全文化

各单位在安全生产标准化达标中，开展了一系列形式多样、内容丰富的安全文化宣传活动，通过编制企业《安全生产文化手册》，并发放到各个班组、岗位，工作人员认真学习、贯彻和落实航天科工“安全是生命、安全是责任、安全是效益”的安全生产价值观和“不伤害自己、不伤害别人、不被别人伤害和保护他人不受伤害”的安全生产道德观。许多单位还设置了安全文化墙，张贴了安全生产方针、理念、标语及事故案例等。航天科工四院湖北三江航天险峰电子信息有限公司在设备的显著位置上张贴了危险源辨识及其对策措施表。航天汽车沈阳航天三菱汽车发动机制造有限公司采用“看板管理”、“目视管理”模式，开展安全“三确认”“三训练”“三原则”活动，为员工营造出关爱生命、和谐安全的良好氛围。

2013年以来，航天科工有22家单位荣获国家级奖励，其中有19家单位被评为“全国安全文化建设示范企业”；有3个车间及班组荣获“全国青年安全生产示范岗”称号。航天科工在历年的“全国安全生产月”活动中多次荣获“先进单位”和“优秀组织单位”的光荣称号。

2.4 安全生产标准化工作上水平阶段

第3轮安全生产标准化以“上水平”为建设目标，达到“体系建设求实效、科学技术保安全、安全文化创品牌”的管理目的。在标准化建设期间，航天科工安全生产形势呈现生产安全事故起数大幅下降、生产安全事故死亡重伤人数大幅下降的趋势，2014 年未发生死亡和重伤安全生产事故，创航天科工历史最好水平。

(1) 体系建设求实效

航天科工的第 3 轮安全生产标准化建设，按照国家文件的要求，在安全生产领域重点推进组织体系、制度体系、责任体系、风险控制体系、隐患排查体系、教育体系、监督保证体系、应急管理体系、预警系统、诚信体系等 10 大体系的构建、修正和完善，有效夯实了安全生产"基层、基础、基本功"，并对所属单位提出了"工作流程完整性、工作方法正确性、工作环境安全性、工作要求一致性、工作节奏高效性"的"五性"要求。

2008 年，国资委下发了《中央企业安全生产监督管理暂行办法》，规定了中央企业应当建立健全包括组织体系、制度体系、责任体系、风险控制体系、教育体系、监督保证体系、应急管理体系在内的安全生产管理体系，积极推行和应用国内外先进的安全生产管理方法、体系等，实现安全生产管理的规范化、标准化、科学化、现代化。通过加强安全生产管理体系的运行控制，强化岗位培训、过程督查、总结反馈、持续改进等管理过程，确保体系的有效运行。

2012 年，国务院安全生产委员会办公室下发《关于建立安全隐患排查治理体系的通知》，要求在 2～3 年内在全国基本建立起先进适用的安全隐患排查治理系统。

国家安全生产监督管理总局办公厅关于印发《冶金等工贸行业企业安全生产预警系统技术标准（试行）》的通知要求，申请一级标准化的企业，需按照本标准建立预警系统。各级安全监管部门要把推动冶金等工贸行业企业建立安全生产预警系统，作为落实企业安全生产主体责任、预防生产安全事故的重要途径，督促二、三级企业参照本标准积极开展预警工作，全面辨识企业安全风险，提升安全生产标准化建设水平。

《国务院安全生产委员会关于加强企业安全生产诚信体系建设的

指导意见》要求，以煤矿、金属与非金属矿山、交通运输、建筑施工、危险化学品、烟花爆竹、民用爆炸物品、特种设备和冶金等工贸行业领域为重点，建立、健全安全生产诚信体系，加强制度建设，强化激励约束，促进企业严格落实安全生产主体责任，依法依规、诚实守信加强安全生产工作，实现由“要我安全”向“我要安全、我保安全”转变，建立完善持续改进的安全生产工作机制，实现科学发展、安全发展。

目前航天科工对已经开展的组织体系、制度体系、责任体系、风险控制体系、教育体系、监督保证体系、应急管理体系进行了修订和完善，对预警系统、诚信体系正在组织申请课题，编制管理办法，积极构建。同时积极推进安全生产标准化与职业健康安全管理体系的有机融合，实现考评标准、考评方法和考评程序的统一，通过职业健康安全管理体系的有效运行，来实现安全生产标准，避免“两层皮”现象的出现。航天科工安全生产标准化正逐步融合职业健康安全管理体系。

（2）科学技术保安全

在第3轮标准化建设中，航天科工积极探索型号“科学技术保安全”研究工作，发挥总体设计部系统工程优势，从武器系统设计源头开始引入本质安全理念，在机械制造、固体推进剂装药、型号产品总装测试、大型飞行试验、型号售后服务和综合保障等方面开展了技术安全研究工作，采取了如下措施：一是落实型号总师系统、工程设计与工艺技术人员产品设计的安全职责，型号产品设计安全性评审必须有安全生产总监或型号安全工程师会签；二是每个型号产品要制定安全性保证大纲，从设计方案论证开始，分阶段、分步骤对型号产品设计、生产、试验、飞行试验全过程进行安全性分析；三是开展安全工艺研究和科技成果转化，实行分级负责、分类审核，继续抓好“七新”技术安全评审；四是加强风险控制体系建设，积极推进“安全传感器工程”实施应用，火化工作业基本实现人机隔离和远程操作监控，完善运行规范，保证安全、有效、实用、达标。

航天科工编著并正式出版发行《安全生产标准化达标应知应会手册》和《全国注册安全工程师历年真题详解》两本安全生产工具书，《安全生产标准化达标应知应会手册》是国内第一本由企业编制并直接指导基层单位、车间、班组和从业人员开展安全生产标准化建设的工具书，《全国注册安全工程师历年真题详解》填补了国家注册安全师考试真题解析类图书的空白。

航天科工 2014 年组织 23 次职业病危害较重以上项目专项验收和评审，完成安全评价项目 171 项、职业病危害评价项目 127 项，验收 69 项安全生产重点研究课题，组织总装、火化工品作业单位开展专项安全工艺和本质安全评估体系研究，举办第二届固体推进剂安全技术学术交流会，组织建筑施工等安全技术专题交流，鼓励技术安全人员参与课题研究和标准编制，颁布 4 项航天行业技术安全标准。加强安全传感器工程运行、应用和管理，易燃易爆Ⅰ级危险点实现动态监管，升级搭建符合涉密信息系统分级保护测评要求的视频架构，并开展试点工作。着力从源头进行安全把关，全集团发布 504 项技术安全标准，审核多处重大危险源、几十个 10 人以上作业Ⅰ级危险点，飞行试验“四阶段”技术安全评审 363 次，107 项安全生产技术课题立项和研究。据统计，全集团安全生产技术改造共投入经费 2.9 亿元。

（3）安全文化创品牌

在第 3 轮标准化建设期间，航天科工在“零伤害、零缺陷、零死亡”的理念基础上，提出“零隐患、零违章、零伤害”的新“三零”理念，并且对安全生产提出“零容忍”管理要求。在各单位发放 13 万份《党中央、国务院领导同志安全生产重要论述宣传折页》，组织演讲比赛、宣讲队，七千余人宣讲习近平总书记加强安全生产重要论述，编制第 12 集《生产安全事故警示录》录像片并组织全员观看，征集警句、设计卡通形象、录制宣教短片，70 万人次参加专题讲座，600 余人次参加专题论坛，安全生产文化征文千余篇，创建 20 个航天科工青安岗，荣获全国“安全生产卡通形象创意大赛优秀组织奖”和“职业病防治知识竞赛优胜单位奖”，以实际行动创造了航天特色安全文化品牌。

航天科工的安全生产标准化建设被国资委树立为“中央企业安全生产对标学习先进典型”，并荣获“中央企业安全生产管理提升活动先进单位”，航天科工以安全生产标准化建设为主题内容申报的《基于 PDCA 循环的军工企业集团安全生产标准化管理》获得 2014 年中国航天企业联合会第十六届企业管理现代化创新成果一等奖，《基于安全生产全要素的军工企业集团安全生产标准化管理》获得 2014 年国防科技工业企业管理创新成果一等奖。

第 3 章　航天工业安全生产标准化建设特点

航天工业的安全生产标准化建设历经近 10 年，经历了“打基础、上台阶、上水平”3 个重要阶段，在落实安全生产主体责任、实施科技兴安本质安全战略、积极创建航天特色的安全文化过程中，积累了一些经验做法，体现了航天安全生产标准化的特点。

3.1　标准先行

在安全生产标准化建设过程中，标准既是各单位执行主体，又是机构评分依据，同时也能体现航天专业特色，标准的编制、宣贯、落实、执行和修订对企业安全生产标准化建设尤为重要。

（1）标准的编制

航天科工的安全生产标准化以《工厂安全性评价》为基础，参照了《危险作业安全评审和审批管理规定》、《生产安全事故应急预案编制导则》、《战术导弹飞行试验技术安全规范》、《安全传感器工程技术规范》、《企业安全生产标准化基本规范》、《机械制造企业安全生产标准化规范》等国家、行业标准，以及航天科工内部的《航天科工集团安全生产培训教材》、《固体火箭发动机安全技术培训教材》、《航天班组长安全生产培训教材》等已有成果，使安全生产标准化标准成为涵盖综合管理、现场设备设施、外场试验、职业卫生等全方面的规范、完善、合理、准确、有指导意义的系统性标准。

航天科技在对所涉专业进行分类的基础上，将标准分为综合管理、液体推进、固体推进、火工装置、总装测试、航天电子、航天电源、产品设计、空气动力、专用设备、通用设备与作业 11 个部分。为进一步提高达标建设单位安全生产标准化建设水平，航天科技于 2014 年 5 月组织了航天科技集团公司军工单位安全标准化工作推进会，全面总结了航天科技集团前期达标建设的工作方法，高度凝练了安全标准化建设中的问题和改进方法，为各单位后续达标建设指明了方法和具体途径。

(2) 标准的宣贯

为使所属单位能够正确理解掌握标准的条款和内容，航天科工从总部、院（基地）、厂（所）逐级推进标准宣贯工作。组织编写了标准解析，对标准进行了详细的分解和细化，组织全集团技安处长和专兼职技安员培训班进行全面、系统培训，邀请参与制定标准的专家进行解读和答疑。利用注册安全工程师继续教育培训班和专职技安干部培训班等各种形式，继续宣贯标准，培训骨干。此外，航天科工专门印制上千册标准，下发给各单位，由各单位对全体职工进行培训、宣贯。

同时，航天科工安全评价中心根据年度工作安排，按照行业分类，分别组织火化工单位、企业和建筑施工单位 3 个类别的审核员培训班，面向航天科工各单位，通过标准培训与宣贯，考核合格后，由安全评价中心制发审核员聘书，在聘期内担任安全生产标准化审核员（专家），从而选拔和建立一支安全生产标准化审核员队伍。

通过一系列的培训与宣贯，使航天科工各单位有关人员全面、系统地理解和掌握安全生产标准化评级标准，为各单位开展安全生产标准化活动提供技术基础保障和大批技术骨干。

(3) 标准的落实

各厂（所）层层落实安全生产标准化达标工作，成立安全生产标准化达标领导小组、办公室及专业组，由单位一把手担任领导小组组长、主管领导任副组长，办公室设在安全生产管理部门，具体负责安全生产标准化达标的策划、组织、协调、检查和考核工作。各单位根据实际情况，多次召开领导小组会议，研究、协调、解决达标工作中存在的问题，积极筹措整改经费及所需资源，在人力、物力、财力上给予大力支持。各专业组深入一线督促达标工作，对照标准不留一处死角、不放过一个隐患，对生产作业现场进行地毯式检查，对发现的隐患问题提供整改技术指导意见，确保安全生产标准化标准得到有力执行。

（4）标准的执行

在每年年初，由航天科工发布当年评审计划，安全评价中心在航天科工委托下严格按照年度计划，认真做好策划、组织、资料审核、现场评审、整改、上报等工作。自2008年至今，年均完成50个单位左右的评审任务。在达标建设过程中，对照不同阶段提出的工作目标，审核工作是否达到航天科工要求。出现更改计划的需求，或出现符合中止评审条件的单位时，由安全评价中心报航天科工，航天科工负责修改评审计划、发布中止评审通知。

（5）标准的修订

安全生产标准化标准的编制水平和条款要求的高低，体现了单位标准化整体建设的水平。航天科工以标准为引领，不断根据最新的国家法律法规、标准规范，吸取安全生产标准化实施过程中的经验教训，参考其他行业标准化要求，修订标准化评分标准，推动各项工作开展。2007年，发布了第1版《中国航天科工集团公司安全生产标准化考核评级标准》（Q/QJB 147.1～5—2007）；2011年，发布发第2版《安全生产标准化考核评价》（Q/QJB 147B—2011）；2014年，发布了第3版《安全生产标准化规范》（Q/QJB 228—2014）和《安全生产标准化考核评分细则》（Q/QJB 147B—2014），迄今已经更新了3版安全生产标准化标准，以随时保持标准的先进性。

3.2　行业特色

航天工业是中央直接管理的国有特大型高科技企业，涉及型号武器系统研制生产、建筑施工、危险化学品等多个高危行业，具有科技含量高、风险高、危险点多的特点，被国资委定为安全生产第一类中央企业，安全生产管理难度较大，尤其需要不同类型标准分类指导、突出特色。

(1) 航天工业安全生产工作特点

航天工业的安全生产工作特点主要表现在以下几个方面：

1）危险作业多，安全风险高。航天工业开展的科研生产和试验过程中，经常会涉及易燃易爆、高温高压、有毒有害、登高吊装、电磁辐射等危险作业，涉及危险作业的单位多、人员多、设备多、危险源密集，发生生产安全事故概率高，风险较大，且事故后果和影响较严重。

2）“七新”的大量应用，存在未知风险。近年来，随着航天工业高精尖武器系统的科研生产、试验和售后保障服务等任务的不断增加，以及新设备、新工艺、新材料、新技术、新产品、新投入使用园区和设施、新收购并购公司的出现和大量应用，工艺流程和设备设施更加复杂，同时也带来了新的未知安全风险。另外，航天科工部分单位生产工艺仍然相对落后，危险作业未完全实现隔离操作，特别是部分易燃易爆危险岗位仍然采取手工作业，工作效率低，易造成人员伤亡；部分厂房设备老化，自动化程度不高，作业人员较多，容易发生群死群伤事故；部分作业还存在“三边”（边设计、边施工、边生产）现象，技术状态较复杂，不确定的危险因素较多，易发生事故。

3）危险点数量多，地域分布广。至 2014 年底，航天科工所属单位共有 1000 余个危险点，其中Ⅰ级危险点达 100 余个，主要包括：固体推进剂生产场所、军品总装厂房、火工产品库房、大中型油库等易发生重特大生产安全事故的场所。

航天科工针对上述安全管理特点，在安全生产标准化评审过程中有针对性地进行考核评分，主要有以下几个特点：

1）安全生产标准化实行分级核准制。三级单位由复评机构报申评单位所属院、基地核准；二级单位报航天科工集团核准；一级单位由航天科工报国防科技工业局审核同意后，报国家安全生产监督管理总局核准。

2）经过安全评价机构复评，达到三级或二级乙标准的单位，经整改后，可以重新进行申报，提出升级申请，但必须在复评1年后进行。

3）若某单位在申请安全生产标准化达标复评的当年，发生人员死亡或多人重伤或造成较大影响的生产安全事故，航天科工不予受理复评及其复评申请。

（2）标准分类指导

根据航天科工所属单位生产作业性质，按安全生产涉及的专业分类，可分为11类，分别是：以火工品研制生产为主，以导弹总装为主，以危险化学品生产使用或其他储存使用火工品为主，以制造加工为主，以电子、电气试验为主，以研究试验为主，以建筑施工为主，以动力服务为主，以医疗服务为主，以培训、餐饮、住宿、服务为主，以贸易、仓储为主。但依据这11类编制标准，会出现类别过多、彼此之间难以界定、分值不易分配的缺点，故将11类专业内容合并为5类，保留了火工品研制生产为主和以建筑施工为主两类航天科工特殊专业，其他合并为企业、事业、服务业3类，共计5类标准。

航天科技的航天武器装备安全生产标准化考评细则共11项，分两项通用标准（各单位均适用的综合管理、通用设备与作业）和9项各单位可选用的专业标准。专业标准充分体现航天产品和航天专业特色，包含弹、箭、星、船、无人机等多类航天产品，涉及设计开发、航天产品总装测试、液体推进剂、固体推进剂、火工品、电子、空气动力、机械、非金属材料、化学电池、航天专业大型设备等多个航天专业领域，9项专业标准吸纳了国家标准、国军标、航天行业多项标准的安全要求。

（3）航天工业标准特色

根据航天科工《安全生产标准化考核评分细则》5类标准的考

核项和分值的分配，5 类标准最大的相同点就是基础管理内容一致，都为 300 分，均来自《企业安全生产标准化基本规范》涉及的考核内容。不同点主要体现在第 2 部分设备设施条件：企业标准更侧重于机械设备的考核，包括 17 个考核项、230 分；事业标准更侧于重电气设备设施的考核，包括 18 个考核项、240 分；火化工标准更侧于重航天危险品的考核，包括 24 个考核项、350 分；服务业标准设置了医疗器械、油库油罐、医院、幼儿园等考核内容；建筑施工业标准在现场部分为“施工现场条件要求”，与其他专业均不同。

航天科技针对航天产品高经济成本、前沿科学探索和政治敏感 3 个特点，为降低航天产品研制生产过程固有安全风险、系统提升航天科技集团公司安全生产本质度，航天科技制定了《产品设计考评细则》。该细则把《系统安全性通用大纲》、《系统安全工程手册》、《航天产品安全性保证要求》规定的安全要求明确到设计单位和设计人员的工作中，体现了航天科技安全生产标准化的全面达标、专业达标性。另外，在综合管理部分设计了“创新管理”（含科学管理方法和安全文化建设两个二级要素），鼓励标准化建设单位开展安全技术创新和安全管理创新，加强安全文化建设。

3.3 分级管理

航天科工的安全生产标准化建设分为 5 类标准进行考核，以及对所属单位按不同级别进行管理。本着严格要求、宁缺毋滥的原则，保持航天科工安全生产标准化建设领先行业的需要，航天科工对级别的要求，在前置条件、评分评级和特殊条款设置等方面，都略高于国家标准和行业规范。

3.3.1　前置条件

对于航天科工第 1 轮安全生产标准化，考虑到是首次开展此项工作，在行业甚至全国并无借鉴经验，对申请安全生产标准化评审未设置前置条件。

2011 年开展第 2 轮安全生产标准化时，对前置条件提出了比较严格的要求，规定“单位当年开展安全生产标准化活动，若发生生产安全事故，造成人员重伤、死亡或产生较大社会影响，不得申请复评”。

2012 年国防科工局提出“申请前 12 个月内未发生死亡事故”的要求，航天科工在国防科工局的要求基础上，对申请一级、二级、三级的条件均不同程度加以严格要求，具体为：

1）申请一级单位的，在申请之日前 12 个月内，未发生生产安全和职业健康死亡、重伤、经济损失较大或社会影响较大的责任事故，轻伤指标未超标；

2）申请二级单位的，在申请之日前 12 个月内，未发生生产安全和职业健康死亡、重伤责任事故；

3）申请三级单位的，在申请之日前 12 个月内，未发生生产安全和职业健康死亡责任事故。

航天科工对下一轮申请安全生产标准化评审提出了更严格的前置条件，如：申请单位在申请之日前 12 个月内，未发生生产安全和职业健康重伤、经济损失较大或社会影响较大的责任事故，轻伤指标未超标。

3.3.2　级别要求

为了便于考核、操作、量化，用分数来衡量、量化企业安全生产管理水平与状态，安全生产标准化采取分级管理、定量评分制度。航天科工 1～3 轮安全生产标准化达标的级别设置如下：

1）2008—2010 年，第 1 轮安全生产标准化将考评等级分为一级、二级甲、二级乙和三级，一级为最高。现场评审依据相应考评标准，采取评分方式进行。各级别对应的等级表明单位的安全生产现状如下：

一级：单位安全生产标准化考评得分大于或等于 900 分，且其考核内容的缺项分之和低于 200 分；

二级甲：单位安全生产标准化考评得分大于或等于 900 分，且其考核内容的缺项分之和高于或等于 200 分；

二级乙：单位的安全生产标准化考评得分大于或等于 800 分，小于 900 分；

三级：单位的安全生产标准化考评得分大于或等于 600 分，小于 800 分。

2）2011—2013 年，第 2 轮安全生产标准化在前一轮的基础上开展，各单位安全管理水平普遍有较大程度提高，为此将评审一级的缺项分减至 150 分，同时撤销了三级的标准，将考评等级分为一级、二级甲和二级乙，一级为最高。现场评审依据相应考评标准，采取评分方式进行。各级别对应的等级表明单位的安全生产现状如下：

一级：单位安全生产标准化考评得分大于或等于 900 分，且其考核内容的缺项分之和低于 150 分；

二级甲：单位安全生产标准化考评得分大于或等于 900 分，且其考核内容的缺项分之和高于或等于 150 分；

二级乙：单位的安全生产标准化考评得分大于或等于 800 分，小于 900 分。

3）2014—2016 年，第 3 轮安全生产标准化按照上级要求，将考评等级分为一级、二级和三级，一级为最高，使用百分制，并将缺项分调回至最初要求的占总分的 20%。现场评审依据相应考评标准，采取评分方式进行。评审得分折合成 100 分计算。各级别对应的等级表明单位的安全生产现状如下：

一级：评审得分不低于 90 分，应评审项总分不低于申请考评单位所适用考评标准全部评审项总分的 80%；

二级：评审得分不低于 80 分；

三级：评审得分不低于 70 分。

3.3.3　申请材料的退回、中止评审条款和申请复议的条件

（1）申请材料的退回

航天科工吸取了第 1 轮安全生产标准化建设的经验，从第 2 轮开始，对申评单位提交的申请材料进行文审，并提出了具体要求。若发现下列问题，退回材料，整改后重新申请：

1）申请材料未按格式填写；

2）申请材料前后不一致；

3）申请材料与申请单位实际情况不符；

4）其他影响复评的问题。

连续两次被退回材料的单位 12 个月内不得再提出复评申请。

（2）中止评审条款

航天科工从第 2 轮开始，为保证现场评审顺利进行，制定了以下中止评审的 10 项条款，具体内容如下：

1）复评期间单位发生生产安全或急性职业中毒事故（事件）；

2）弄虚作假，伪造文件和资料，申请复评材料与单位事实严重不符合；

3）在安全生产考试和考核中作弊；

4）Ⅰ、Ⅱ级危险点及关键部位管理失控；

5）单位存在重大事故隐患；

6）现场发现严重违章；

7）未执行国家和航天科工安全生产有关规定；

8）前一次安全生产标准化复评时提出的问题未整改；

9）单位不主动配合复评组工作；

10）其他影响复评组客观评价的情况。

出现以上 10 项中止评审条款之一的，航天科工撤出评审组，印

发专项整改通知；情节严重的将在全集团通报批评，并在年度安全生产考核中给予处罚。被中止评审的申评单位，完成全部整改 6 个月后方可重新申请评审。

（3）申请复议的条件

申评单位对评审结果有异议的，可在现场评审结束后 30 个工作日内向航天科工安全生产监督管理部门提出复议申请；对评审专家和评审人员的不当行为，可以向上一级单位或航天科工安全生产监督管理部门投诉。

3.4 咨询指导

航天科工的安全生产标准化标准分为 3 类条款：一是与国家、行业要求一致的条款，体现了标准的规范性；二是国家、行业没有要求的，航天科工提出了要求，体现了标准的特殊性；三是国家、行业有要求，航天科工提出了更高的管理要求，体现了标准的严谨性。同时为了提高航天科工所属单位对安全生产标准化 3 类条款的理解水平、加深对标准化工作的认知深度，航天科工委托安全评价中心采取集中培训、现场指导、电话咨询等方式方法为各单位提供咨询指导服务。

（1）熟悉理解标准，关注标准规范性

航天科工的安全生产标准化标准是收集、整理了安全生产领域内危险化学品、特种设备、电气、机械等各个不同专业的标准，包括国家标准、行业标准、强制标准、推荐标准等各类标准，是将适合本集团的、易于现场检查操作的条款汇总、分析、加工而来的。以 Q/QJB 147B 为例，整个标准分为基础管理、设备设施条件两大部分，其中基础管理 32 项，设备设施条件分 6 大项，每项又含十几分项，内容十分丰富。安全生产本身又是一门经验学科，定量要求少、定性要求多、安全管理人员素质参差不齐，所属单位安全管理现状不一、管理经验不同。基于以上 3

点原因，各单位对同一条款经常出现不同理解的情况，为安全生产标准化建设设置了障碍。航天科工在每一版标准修订之后，立即组织培训班，对标准条款进行详细解读，对修订条款的前因后果进行补充说明，并进行充分讨论，帮助熟悉理解标准、规范的执行标准。

（2）分析现场问题，强调标准特殊性

安全生产标准化标准中部分条款是航天科工内部一些特殊要求，如：安全生产管理部门负责人必须取得国家注册安全工程师资格、安全操作规程应按照 Q/QJB204 标准编写、中层干部、管理人员、工程技术人员要求每年参加安全和职业卫生培训等，或者高于国家、行业的要求；如：将所属单位分为 A、B、C、D 四类，A 类单位安全管理人员的配备比例必须达到 5‰、作业部门每半年组织应急处置方案演练等。面对这些要求，部分安全生产管理人员一方面难以理解到位，另一方面不愿意严格执行，为了解决这些问题，航天科工委派安评中心逐条进行排查梳理，收集全部特殊要求，通过事故案例分析、安全管理经验教训、现场实际效果等多方面、多角度讲解特殊要求的必要性，有效提高了对标准的认同度。

对于部分存在特殊设备、特殊作业、特殊场所或特殊组织结构的单位，往往在安全管理上也存在一定特殊性，难以通过统一培训得以解决。航天科工委托安评中心组织相关专家，针对单位特殊性进行安全生产标准化现场咨询，一对一地解决存在的问题。比如：对某单位试验场使用的亚洲最大龙门吊，组织了多名在起重机械方面有 30 多年工作经验的专家进行现场指导、会诊，提出具体管理措施。通过现场咨询的方式，有效解决了不同单位存在的安全管理个性问题。

（3）解决实际问题，立足标准常态化

航天科工开展安全生产标准化建设近 10 年，积累了上万条现场查出的问题。并组织专家对查出的问题进行分类、汇总、整理，针对企业、事业、火化工、建筑、服务业不同类别单位，分别编制了常见问题汇总，如电气线路接线错误、砂轮机防护挡板和托架与砂轮的间距过大、危化品作业场所未进行定员定量等。分析这些常见问题在不同场所、不同时间重复性发生的深层次原因，为安全生产标准化建设提供了强有力的技术支撑，为标准化建设效果的常态保持创造了条件。

第二篇　安全生产标准化建设

安全生产标准化工作是国务院安全生产委员会、国家安全生产监督管理总局的重要工作部署，是贯彻执行《安全生产法》，落实安全生产主体责任，预防事故，保障国家和人民生命财产安全，保证企业健康发展的基础性、长期性、前瞻性和战略性工作。航天科工安全生产标准化建设工作开展较早，回顾10年来安全生产标准化工作历程，航天科工积累了较为丰富的安全生产标准化建设经验，本篇主要从建设标准、建设步骤和建设方法3个方面阐述了如何深入开展安全生产标准化建设工作，其主要内容是结合航天科工安全生产标准化3个阶段建设特点，讲述了每个阶段编制和修订标准的主要内容及思路，说明历次增加、删减的要素及其内容和在考评中重点关注的要素及其权重。并对航天科工《安全生产标准化考核评分细则》中的企业标准部分进行了核心要素解读，明确各要素考核内容和现场如何查证等。在严肃评审管理方面，介绍了申评单位自评、各二级单位初评、机构复评工作和集团审核等内容；引用了企业、事业、火化工、建筑施工和服务业5种类型的单位在安全生产标准化建设中的典型实例，见证了安全生产标准化实施成效。

第4章　航天工业安全生产标准化建设标准

航天科工的安全生产标准化建设以“标准先行”为宗旨，把标准作为引领，以标准的不断提升来带动全集团各层级安全生产工作。航天科工首先提出安全生产标准化建设目标，目标符合国家最新法律法规要求和安全生产大环境趋势，并结合航天科工当前安全生产实际情况，将目标分解落实到安全生产标准化建设中，在全集团“横到边、纵到底、全覆盖”地推行安全生产标准化，使航天科工的安全生产标准化建设目标得以贯彻实施。

4.1　标准的建立与修订

建立适用行业特点的安全生产标准化考核评级标准是安全生产标准化建设重要的环节之一，也是安全生产标准化建设成败的关键。航天科工早在2004年就认识到这一点，在开展工厂安全性评价前做了充分调研，并在实施过程中总结的工厂安全性评价工作经验的基础上，参考国内部分行业安全生产标准化标准，建立了《安全生产标准化考核评级》(2007版）标准，后经3年的实施，在2011年修订为《安全生产标准化考核评级》(2011版)，自2014年再次对标准进行修订，目前使用《安全生产标准化考核评分细则》(2014版)，预计在2016年底前再次对标准进行修订，航天科工在安全生产建设中坚持标准的不断改进与提升，使考核评级标准始终与国家最新法规、标准要求相一致，以保持标准的先进性。

(1) 前期实施——《工厂安全性评价》

1999—2006年，航天科工使用航天工业行业标准QJ 3110《工厂安全性评价》和国家安全生产监督管理总局《机械制造企业安全质量标准化考核评级标准》进行了企、事业单位安全性评价，7年中有91个单位通过了安全性评价，其中73个单位安全性评价为优秀级。航天科工通过安全性评价规范了企、事业单位的安全生产管理，部分单位建立了安全生产组织机构，完善了安全生产管理规章制度和安全操作规程，为安全生产标准化工作建立了雏形。

（2）建立标准——《安全生产标准化考核评级》（2007版）

在第1轮标准化建设中，航天科工提出“建立安全体系形成安全管理网络，加大安全投入着力于隐患整改，通过全员培训、宣教等方式提高安全意识”的工作目标。为规范航天科工所属单位各生产岗位、生产环节的安全行为，明确安全生产管理目标，全面考评各单位的安全生产管理，制定可操作的安全考评标准，建立自我约束、持续改进的长效机制，促进安全生产标准化工作的开展，进一步提高航天科工所属单位的安全生产管理水平，航天科工制定《安全生产标准化考核评级》（2007版）标准，该标准的建立开启了航天科工安全生产管理工作新篇章，为所属单位如何开展安全生产标准化建设工作提供了思路、指明了方向，在2007～2010年的4年里，有效地指导了全集团安全生产管理工作，为安全生产管理的改进与提升打下坚实基础。

《安全生产标准化考核评级》（2007版）标准包括综合管理、生产设施与场所和职业卫生、健康3类，共81项。考评总分为1000分。综合管理主要考评企业安全管理体系及其工作的有效性和可靠性，预防工伤事故措施的完善性、操作性和管理人员安全素质的水平及对不安全行为的控制能力，包括18项，分数为245分；生产设施与场所主要考评企业各种生产设备、试验设施和场所的安全性及预防工伤事故发生的技术措施的可靠性，包括57项，分数为690分；职业卫生、健康主要考评企业尘毒作业危害性的大小及预防职业中毒、职业病发生的技术、组织措施的可靠性，包括6项，分数为65分。《安全生产标准化考核评级》（2007版）标准主要考核要素见表4-1。

表 4－1　《安全生产标准化考核评级》(2007 版)

序号	考评项目	序号	考评项目	序号	考评项目
1.1	建立安全生产管理体系	2.2.2	空气压缩机	2.5.6	冲、剪、压、锻造机械
1.2	建立机构，配备技安人员	2.2.3	气瓶	2.5.7	注塑机
1.3	规划和工作计划	2.2.4	压力容器	2.5.8	木工机械
1.4	现代科学管理方法	2.2.5	工业管道	2.5.9	皮带运输机
1.5	安全生产责任制	2.2.6	气焊(割)机	2.5.10	炊事设备
1.6	安全生产规章制度	2.3.1	工业炉窑	2.5.11	登高梯台
1.7	安全目标管理	2.3.2	酸、碱、油槽、硝石槽	2.5.12	铸造机械
1.8	“五同时”	2.4.1	变配电站	2.5.13	铸造熔炼炉
1.9	安全操作规程	2.4.2	电网接地系统	2.5.14	探伤设备
1.10	安全教育	2.4.3	防雷接地	2.5.15	电梯
1.11	安全检查与隐患整改	2.4.4	电气照明	2.5.16	装配线
1.12	危险点控制	2.4.5	电气插座	2.5.17	其他设备
1.13	“三同时”	2.4.6	电气开关	2.6.1	厂区主干道占道率
1.14	工伤事故管理	2.4.7	动力及照明箱(柜)	2.6.2	车间安全通道占道率
1.15	安全管理档案	2.4.8	低压线路	2.6.3	车间设备、设施布局
1.16	安全管理图表	2.4.9	临时线	2.6.4	工位器具摆放
1.17	相关方安全管理	2.4.10	电焊机	2.6.5	生产区域地面状态
1.18	应急救援预案	2.4.11	手持电动工具	2.6.6	生产场地采光
2.1.1	油库及液化石油气站	2.4.12	移动电气设备	2.6.7	仓库
2.1.2	火工品库	2.4.13	电气试验站(台、室)	2.6.8	危险化学品使用现场
2.1.3	危险化学品库	2.4.14	电子设备	2.6.9	产品总装
2.1.4	木材及木制品库	2.4.15	电磁屏蔽室和微波测试室	3.1	有害作业场所检测
2.1.5	车间油库	2.5.1	起重机械	3.2	职业健康体检
2.1.6	油漆作业场所	2.5.2	厂内机动车辆	3.3	职业健康档案
2.1.7	易燃溶剂清洗场所	2.5.3	金属切屑机床	3.4	放射作业管理
2.1.8	试车台(站)	2.5.4	砂轮机	3.5	防尘防毒设备、设施

续表

序号	考评项目	序号	考评项目	序号	考评项目
2.2.1	锅炉和热交换器	2.5.5	风动工具	3.6	警示、应急与个人防护

（3）改进标准——《安全生产标准化考核评级》（2011版）

航天科工自《安全生产标准化考核评级》（2007版）标准实施以来，国家部分安全生产法规及标准的更新，特别是国务院发布了《国务院关于进一步加强企业安全生产工作的通知》，国家安全生产监督管理总局也发布了《企业安全生产标准化基本规范》，对安全生产标准化工作提出了新的要求。为了进一步落实安全生产“零伤害”的理念、“零缺陷”的管理、实现“零事故”的目标，“依靠科技兴安，实现本质安全”的安全生产发展战略，进一步推动安全生产标准化达标活动，促进全集团加大对安全生产的人力、资金、技术等方面的投入，规范所属单位的安全管理，使标准要求与最新法规和规范相符合，与航天科工安全管理水平相适应，航天科工在第2轮标准化建设中提出了“落实主体责任，实施科技兴安战略，着力安全文化建设”的工作目标。在总结《安全生产标准化考核评级》（2007版）标准运行3年经验的基础上，结合航天科工新的安全生产形式，编制了《安全生产标准化考核评级》（2011版）。2011版标准包括综合管理、生产设施与场所两大部分考核内容，考核满分为1 000分。综合管理主要是考核单位安全生产和职业健康管理体系及其工作的有效性和可靠性，预防生产安全事故、职业中毒、职业病等措施的完善性和操作性，人员安全素质的水平及对不安全行为的控制能力，分数为300分；生产设施与场所主要考核单位各种设备设施和场所的安全性，预防生产安全事故、职业中毒、职业病等发生的技术措施的可靠性及与相关标准、技术规范的符合性，分数为700分。《安全生产标准化考核评级》（2011版）主要考核要素见表4-2。

表 4－2　《安全生产标准化考核评级》(2011 版)

序号	考评项目	序号	考评项目	序号	考评项目
1.1	领导机构	2.1.1	可燃液体存储设施	2.4.16	航天专用测试设备及电子设备
1.2	监督管理机构	2.1.2	油漆作业场所	2.4.17	电气试验站(台、室)
1.3	法规、标准、规定	2.1.3	火炸药制品库	2.4.18	其他电气设备
1.4	危险、有害因素辨识	2.1.4	火炸药制品装配和测试场所	2.5.1	起重机械
1.5	责任制	2.1.5	其他危化品储存和使用场所	2.5.2	电梯
1.6	管理制度	2.2.1	锅炉与辅机	2.5.3	场(厂)内专用机动车辆
1.7	操作规程	2.2.2	空气压缩机	2.5.4	金属切削机床
1.8	应急管理	2.2.3	压力容器	2.5.5	砂轮机
1.9	规划和工作计划	2.2.4	气瓶	2.5.6	冲、剪、压、锻造机械
1.10	安全投入	2.2.5	工业管道	2.5.7	铸造机械
1.11	"三同时"	2.2.6	其他压力装置	2.5.8	木工机械
1.12	"五同时"	2.3.1	工业炉窑	2.5.9	炊事设备
1.13	教育培训	2.3.2	酸、碱、油槽、盐槽	2.5.10	登高梯台
1.14	危险点管理	2.4.1	变配电站建筑要求	2.5.11	波峰焊机
1.15	危险作业审批	2.4.2	变压器	2.5.12	装配线和输送机械
1.16	安全检查与隐患整改	2.4.3	高、低压配电室和电容器室	2.5.13	探伤设备
1.17	特种设备管理	2.4.4	电网接地系统	2.5.14	通风及防尘毒设施
1.18	相关方管理	2.4.5	防雷接地	2.5.15	空调制冷机组
1.19	班组安全管理	2.4.6	电气照明	2.5.16	其他机械设备
1.20	岗位安全达标	2.4.7	电气插头、插座	2.6.1	布局
1.21	设计、工艺安全性	2.4.8	电气开关	2.6.2	厂区环境
1.22	外场试验管理	2.4.9	动力及照明箱(柜)	2.6.3	厂房地面状况
1.23	有害作业场所检测	2.4.10	高低压线路	2.6.4	生产场所采光
1.24	职业健康监护	2.4.11	临时线	2.6.5	一般仓库

续表

序号	考评项目	序号	考评项目	序号	考评项目
1.25	个人防护	2.4.12	电焊机	2.6.6	电磁屏蔽室和微波测试室
1.26	事故管理	2.4.13	手持电动工具	2.6.7	洁净厂房(室)
1.27	安全文化	2.4.14	移动电气设备	2.6.8	电装作业场所
1.28	绩效评定和持续改进	2.4.15	烘箱		

2011 版与 2007 版考核标准相比较，改进的考核评级标准在总体框架、考核内容、分数结构及条款的赋分等方面均作了调整，删除了部分不适用条款，同时，根据航天工业发展，增加了一些新条款。根据第 1 轮标准实施情况，对危险设备、危险作业及普遍存在问题的相应条款，加大了赋分权重。修订后的考核评级标准更贴近航天科工安全生产实际，更加有效地指导了航天科工安全生产标准化建设工作，使航天科工安全管理工作上了一个新台阶。

（4）提升标准——《安全生产标准化考核评级》（2014 版）

《安全生产标准化考核评级》（2011 版）经过 3 年的实践，航天科工所属 153 个单位通过了第 2 轮安全生产标准化评审。在达标过程中，各单位以《安全生产标准化考核评级》为依据，逐步落实了安全生产责任制，安全生产水平得到较大提高，安全管理基础得到进一步夯实。但在安全生产标准化复评验收过程中，评审员和各单位技安人员均反映标准存在部分内容过时、要求不统一等问题。随着部分安全生产法规、规范、标准的更新，特别是国防科工局发布了《军工系统安全生产标准化建设实施方案的通知》《军工系统安全生产标准化考核评级办法（试行）》文件，对安全生产标准化的建标立制、组织实施等环节提出了新的规定和要求。为了贯彻落实国务院安全生产委员会办公室对各专业评定标准申报行业标准的要求，进一步推动航天科工安全生产标准化达标活动，促进各单位落实安全生产主体责任、加大安全投入、规范安全管理，使《安全生产标准化考核评级》标准要求与最新法规和标准相符合，与航天科工“十二五”安全生产专题规划相适应，航天科工在第3轮标准化建设中提出“体系建设求实效，科学技术保安全，安全文化创品牌”的工作目标。再次修订了标准为《安全生产标准化考核评分细则》（2014版），同时，编写了《安全生产标准化规范》。

修订后的《安全生产标准化考核评分细则》（2014版）标准包括基础管理、设备设施（施工现场）条件两部分考核内容，满分为1 000分。基础管理考核单位安全生产和职业卫生管理体系及其工作的有效性和可靠性，预防生产安全事故、急性职业病危害事故、职业病等措施的完善性和操作性，人员的安全素质水平及对不安全行为的控制能力，分数为300分；设备设施（施工现场）条件主要考核单位各种设备设施和场所的安全性，预防生产安全事故、急性职业病危害事故、职业病等技术措施的可靠性及与相关标准、技术规范的符合性，分数为700分。《安全生产标准化考核评分细则》（2014版）标准主要考核要素见表4-3。

表4-3　《安全生产标准化考核评分细则》（2014版）

序号	考评项目	序号	考评项目	序号	考评项目
1.1	目标	1.30	事故报告、调查、处理	2.4.15	烘箱
1.2	组织机构	1.31	绩效评定	2.4.16	电子设备及航天专用测试设备
1.3	职责	1.32	持续改进	2.4.17	电气试验站（台、室）
1.4	安全生产投入	2.1.1	火炸药制品库	2.4.18	其他电气设备
1.5	法规规定	2.1.2	火炸药制品装配和测试场所	2.5.1	起重机械
1.6	规章制度	2.2.1	可燃液体存储设施	2.5.2	电梯
1.7	操作规程	2.2.2	涂装作业场所	2.5.3	场（厂）内专用机动车辆
1.8	评估修订	2.2.3	工业槽	2.5.4	金属切削机床
1.9	文件和档案管理	2.2.4	其他危险化学品储存和使用场所	2.5.5	砂轮机

续表

序号	考评项目	序号	考评项目	序号	考评项目
1.10	教育培训	2.3.1	锅炉与辅机	2.5.6	冲、剪、压、锻造机械
1.11	安全文化	2.3.2	空气压缩机	2.5.7	铸造机械
1.12	建设项目“三同时”	2.3.3	压力容器	2.5.8	木工设施
1.13	设备设施运行、报废、拆除管理	2.3.4	气瓶	2.5.9	激光加工设备
1.14	业务与安全“五同时”	2.3.5	工业管道	2.5.10	登高梯台
1.15	设计工艺安全管理	2.3.6	其他压力装置	2.5.11	波峰焊机
1.16	危害因素管理	2.4.1	变配电站建筑要求	2.5.12	装配线和输送机械
1.17	危险作业管理	2.4.2	变压器	2.5.13	探伤设备
1.18	警示标志	2.4.3	高、低压配电室和电容器室	2.5.14	通风及防尘毒设施
1.19	相关方管理	2.4.4	电网接地系统	2.5.15	工业炉窑
1.20	变更	2.4.5	防雷接地	2.5.16	炊事设备
1.21	作业部门	2.4.6	电气照明	2.5.17	其他机械设备
1.22	作业班组	2.4.7	电气插头、插座	2.6.1	布局
1.23	作业岗位	2.4.8	电气开关	2.6.2	厂区环境
1.24	安全检查、整改及预防	2.4.9	电气动力、照明及控制箱(柜)	2.6.3	厂房环境
1.25	预警预测	2.4.10	高低压线路	2.6.4	采光与照明
1.26	危险点和重大危险源监控	2.4.11	临时线	2.6.5	一般仓库
1.27	职业卫生	2.4.12	电焊机	2.6.6	电磁屏蔽室和微波测试室
1.28	个人防护	2.4.13	手持电动工具	2.6.7	洁净厂房(室)
1.29	应急救援	2.4.14	移动电气设备	2.6.8	电装作业场所

第 3 轮安全生产标准化建设与前两轮不同，在制定了《安全生产标准化考核评分细则》的同时还制定了《安全生产标准化规范》。

该规范由范围、规范性引用文件、术语与定义、安全生产标准化基础管理、设备设施条件5部分组成。其中范围：规定了航天科工单位安全生产标准化基本要求，适用于全集团开展安全生产标准化建设工作，以及对安全生产标准化工作的咨询、服务和评审。规范性引用文件：引用了《建筑设计防火规范》等国标、AQ/T 9006《企业安全生产标准化基本规范》等行业标准。术语与定义：包括了AQ/T 9006界定的术语及航天行业特殊术语。安全生产标准化基础管理：总体上将航天科工考评标准内容按照《企业安全生产标准化基本规范》要求的13个一级要素、42个二级要素、87条具体条款进行分类整理、拆分、合并，增加了新要求。设备设施条件：由固体火箭及推进剂研制、生产、运输、试验、销毁设备设施，一般危险化学品使用、加工、存储设备设施，航天专用设备设施，特种设备，通用设备设施，电力设备设施，安全施工设备设施，后勤保障设备设施，厂房建筑与生产环境等9部分组成。

《安全生产标准化考核评分细则》（2014版）和《安全生产标准化规范》的颁布实施，使航天科工安全生产标准化建设工作达到了新的广度和深度。到2016年底，航天科工所属具有一定规模以上的三级单位甚至部分四级单位都要通过第3轮安全生产标准化达标，预计有160个单位，扩大了达标范围，同时还将达标工作深入到作业车间、作业部门、作业岗位，使安全生产标准化建设工作落实到一线岗位。在第3轮安全生产标准化达标工作完成后，航天科工安全生产管理水平将被提升到一个新的高度。

4.2　历次标准各要素变化及权重分析

航天科工安全生产标准化考核评级标准自建立至今，已进行了两次修订。每次修订严格贯彻执行国家最新法规、规范和标准要求，融入了当时的阶段性，以及航天科工安全生产目标、方针、理念，符合了航天科工各阶段发展的需求，保障了航天科工各项事业安全、稳定发展。本节主要对航天科工安全生产标准化各个阶段标准在要素变化和赋分权重方面进行介绍，明确安全生产标准化实施工作重点。

4.2.1 《安全生产标准化考核评级》(2007版) 标准建立

2007—2010年，根据航天科工第1轮标准化的工作目标是："建立安全体系形成安全管理网络，加大安全投入着力于隐患整改，通过全员培训、宣教等方式提高安全意识。"《安全生产标准化考核评级》(2007版) 标准继承了《工厂安全性评价》中综合管理的建立安全生产管理体系、按规定配备技安管理人员、安全生产责任制、安全生产规章制度、"五同时"、安全操作规程、安全教育、安全检查与隐患整改、重大危险源和危险点管理、"三同时"、安全管理档案等要素，以及生产设施与场所的电气设备、机械设备等大部分内容。同时，增加了相关方安全管理、应急救援预案、电气试验站（台、室)、电磁屏蔽室和微波测试室、探伤设备、电梯、装配线等要素，使标准更贴近当时航天科工安全生产的实际情况。《安全生产标准化考核评级》(2007版) 标准综合管理部分将建立安全生产管理体系、配备技安人员、操作规程、安全教育培训、危险点控制等要素作为重点，其中建立安全生产管理体系、配备技安人员各占8分，操作规程占35分，安全教育占40分，危险点控制占20分，安全检查与隐患整改占15分，这几项分数总和将近占综合管理分值比例的50%。由此可见，上述几项要素在此版标准综合管理中的重要度，这也是航天科工第1轮安全生产标准化建设中提出的"建立安全体系形成安全管理网络""通过全员培训、宣教等方式提高安全意识"目标在标准中的体现。作业现场部分将危险化学品、锅炉压力容器、高低压配电室、起重设备等要素作为重点，其中危险化学品占80分、锅炉压力容器占72分、变配电站建筑占50分、起重设备占25分。在实际评审过程中这些重点要素是重点检查内容，也是扣分比较普遍的几个要素。经过近4年的实施，到2010年底，航天科工

138 个单位通过第 1 轮安全生产标准化评审，该标准从整体上普遍提高了航天科工安全生产管理水平，缩小了所属单位在安全生产管理方面的差距，为安全生产标准化工作的深入开展打下了良好的基础。

4.2.2 《安全生产标准化考核评级》(2011 版) 标准改进

2011—2013 年，在航天科工第 2 轮标准化建设中提出的“落实主体责任，实施科技兴安战略，弘扬安全文化建设”工作目标的指导下，航天科工对第 2 轮标准化建设标准进行了修订，新的《安全生产标准化考核评级》(2011 版) 标准主要具有以下几个特色：

1) 将国家及相关部门、航天科工近几年出台的有关安全生产的法规、标准、规定融合进去；

2) 新标准比原标准要严格：一是部分考核项增加了考评内容，二是难点考核项目增加了考评分数和扣分分数，三是增加了“班组安全管理”“危险作业审批”等考核项；

3) 考核项突出航天特色：在原“机械行业标准生产设施与场所”中删除了“煤气站”“制氧站”等不适合航天企业考核项部分，根据 3 年的实际执行情况，再次修订中删除如“风动工具”等个别考核项；同时增加了航天特有的“航天专用测试设备、电子设备”、“波峰焊机”及“外场安全管理”等考核项内容。2011 版标准与 2007 版标准综合管理考核项对比简表见表 4-4。

表 4-4　2011 版标准与 2007 版标准综合管理考核项对比简表

2011 版标准		2007 版标准		备注
序号	名称	序号	名称	
1	综合管理	1	综合管理	
1.1	领导机构	1.1	建立安全生产管理体系	工会参与调至 1.27.4

续表

2011版标准		2007版标准		备注
序号	名称	序号	名称	
1.2	监督管理机构	1.2	建立机构，配备技安员	增加了对独立的安全生产监督管理部门、总监、监督管理人员人数、职业健康管理机构和人员等要求
1.3	法规、标准、规定	新增		原事业1.18
1.4	危险、有害因素辨识	新增		参照《企业职工伤亡事故分类》/《生产过程危险和有害因素分类与代码》
1.5	责任制	1.5	安全生产责任制	增加了各岗位职责，强调文本的有效性、协调性，要点：安全生产，人人有责；一事一主管，事事有人管
1.6	管理制度	1.6	安全生产规章制度	强调制度全面、协调有效，职责明确，对制度名称不强调
1.7	操作规程	1.9	安全操作规程	强调规程全面、有效、合理，应有职业健康内容或规程，可以是规程，也可以是作业文件；"三违"(违章指挥、违规作业、违反劳动纪律或工艺纪律)否决
1.8	应急管理	1.18	应急救援预案	增加了原3.6.2(高毒及放射性作业场所应有应急预案和必要的应急物品)及报警、应急通道、应急物资要求
1.9	规划和工作计划	1.3/1.7	规划和工作计划/安全目标管理	根据上年度安全生产标准化绩效评定制定计划，要求分解责任书并考核
1.10	安全投入	1.4	现代科学管理方法	在原标准1.4/1.3.3/1.14.5增加传感器和本质安全，原事业1.3.3
1.11	"三同时"	1.13	"三同时"	安监总局令第36号[2010]，所有项目都应进行安全预评价和验收评价
1.12	"五同时"	1.8	"五同时"	增加了每月至少进行一次安全生产风险分析(国务院23号)
1.13	教育培训	1.10	安全教育	安监总局令第3号[2006]/国防科工局科工安密第432号[2009]，详见标准正文

续表

2011版标准		2007版标准		备注
序号	名称	序号	名称	
1.14	危险点管理	1.12	危险点控制	《危险点控制管理规定》
1.15	危险作业审批	新增		《危险作业安全评审和审批管理规范》《关于实行危险作业安全审批制度的通知》《关于进一步贯彻实施危险作业安全评审、审批和发布制度的通知》,要求对危险作业进行危险、有害因素辨识和分析及危险作业领导带班、值班
1.16	安全检查与隐患整改	1.11	安全检查与隐患整改	1)主要负责人每年检查危险点;2)隐患整改措施、责任、资金、时限、预案"五到位";3)各类安全检查:综合检查、专业检查、季节性检查、节假日检查、专项检查等;4)日常检查,一班三检、点检、巡检,车间周安全生产检查、月安全生产大检查,企业月安全生产检查、季安全生产大检查、复工复产前安全生产大检查等例检制度
1.17	特种设备管理	新增		在原标准1.15特种设备档案基础上增加,此处主要考核技术档案和检查记录,设备本身在现场各项中检查
1.18	相关方管理	1.17	相关方安全管理	要求更细致
1.19	班组安全管理	新增		重点检查是否已开展此项工作
1.20	岗位安全达标	新增		重点检查是否已开展此项工作
1.21	设计、工艺安全性	新增		重点检查是否已开展此项工作
1.22	外场试验管理	新增		在原事业标准1.21增加部分条款
1.23	有害作业场所检测	3.1	有害作业场所检测	增加了现场物资危险性和检查结果告知牌
1.24	职业健康监护	3.2	职业健康体检	明确上岗前、离岗时、意外时体检,岗中定期体检

续表

2011版标准		2007版标准		备注
序号	名称	序号	名称	
1.25	个人防护	3.6.3/3.6.4	警示、应急与个人防护	强调特种劳动防护用品“三证一标志”:生产许可证、产品合格证、安全鉴定证在有效期内,安全标志齐全
1.26	事故管理	1.14	工伤事故管理	重点检查是否已开展此项工作
1.27	安全文化	新增		重点检查是否已开展此项工作
1.28	绩效评定和持续改进	新增		重点检查是否已开展此项工作
		1.15	安全管理档案	综合管理中每一项都应有见证材料
		1.16	安全管理图表	原要求8个图,新标准中要求4个:安全生产管理体系网络图;危险点和尘毒点分布图;动力管线分布图;配电系统接地网布置图;未要求的其他图:通道分布图,工伤事故频率图,事故年度统计图,多发性及重大事故树形图。其他要求图见标准各项,包括生产设施与场所要求

2011版标准中考核项的建立及考核分数的设定，主要依据考核项的安全风险程度、考核项扣分企业数的多少及管理难度。扣分企业数极少的考核项被删除，考核项的安全风险越大，扣分企业数越多，说明管理难度越大，则考核分数越高。与2007版标准相比主要变化如下：

1）考评程序增加了考评前书面材料初审、复审；

2）考评时增加了终止复评的条件；

3）将原标准的5个部分调整为本标准中的5个评分检查表；

4）将原标准中“职业卫生健康”部分调整至“综合管理”和“生产设施与场所”中，统一企业单位、事业单位、火化工品研制生产单位、服务业单位安全生产标准化评分检查表中“综合管理”的考核项；

5）各检查表中“综合管理”部分增加了危险、有害因素辨识、危险作业审批、特种设备管理、班组安全管理、岗位安全达标、设计、工艺安全性、安全文化、绩效评定和持续改进等考核项；

6）对企业单位安全生产标准化评分检查表中涉及危险化学品考核项的分类和内容进行了调整：将“气瓶”与“气焊（割）机”“工业炉窑”与“铸造熔炼炉”“皮带运输机”与“装配线”等考核项合并，增加了“其他压力装置”“烘箱”“其他电气设备”“波峰焊机”“空调制冷机组”“洁净厂房（室）”“电装作业场所”等考核项，删除了“木材及木制品库”“试车台（站）”、“注塑机”等考核项；

7）对事业单位安全生产标准化评分检查表中涉及危险化学品考核项的分类和内容进行了调整：将“气瓶”与“气焊（割）机”“高（中）频电炉”与“电阻炉”等考核项合并，增加了“其他压力装置”“电气试验站（台、室）”“其他电气设备”“离心台”“波峰焊机”“装配线和输送机械”“空调制冷机组”等考核项，删除了“木材及木制品库”“试车台（站）”“办公室基本安全条件”“建筑机械”等考核项；

8）对火化工品研制生产单位安全生产标准化评分检查表中涉及危险化学品考核项的分类和内容进行了调整：对“火炸药制品库”“危险品装配测试”等考核项重新分类；增加了“其他电气设备”“电梯”“木工机械”，删除了“绝热包覆场所及设备设施”“发动机力学环境场所及设备”“火工品产品分解场所要求”“试验靶场及设备设施”等考核项；

9）建筑施工单位安全生产标准化评分检查表中增加了“设备基本管理”“电动吊篮”“砂轮切割机”“饮用水”“急救器材”等考核项；

10）对服务业单位安全生产标准化评分检查表中涉及危险化学品考核项的分类和内容进行了调整：将“气瓶”与“气焊（割）机”等考核项合并，增加了“其他压力装置”“电气试验站（台、室）”“其他电气设备”“场（厂）内专用机动车辆”“金属切削机床”“空调制冷机组”“运动健身游乐设备设施”等考核内容，删除了“木材及木制品库”“全自动电热水器”“洗衣房及洗衣机械”“消防系统”“餐饮”“食品卫生”“中水系统卫生”“游泳池”“医疗技术”“公共区域卫生管理”等考核项。

在要素赋分方面，除了将2007版的“监管机构建设”“安全教育培训”等相关要素继续作为新标准重点要素外，另增加了“危险、有害因素辨识”“危险作业审批”“特种设备管理”“班组安全管理”“岗位安全达标”“设计、工艺安全性”“安全文化”等重点要素，其中监督管理机构赋25分，教育培训赋45分，依然延续了2007版标准中的重点要素；新增要素危险、有害因素辨识赋10分，危险作业审批赋8分，班组安全管理赋16分，岗位安全达标赋12分，设计、工艺安全性赋8分，安全文化赋5分；调低了部分要素分值，如：操作规程由35分调为18分，危险点管理由20分调为8分，安全检查与隐患整改由15分调为10分。在实际评审过程中加大对重点要素，尤其是新增要素的检查力度。在2011版标准的引导下，航天科工用3年时间完成了153个单位第2轮安全生产标准化评审工作，各单位认真贯彻落实第2轮安全生产标准化建设目标，在安全管理方面自上而下层层落实安全生产责任，推动实施“科技兴安、本质安全”战略，开展形式多样、内容丰富的安全文化活动。在全体员工的共同努力下，航天科工安全管理水平上了一个新台阶。

4.2.3 《安全生产标准化考核评分细则》(2014版）标准提升

2014—2016年，根据航天科工在第3轮标准化建设中提出“体系建设求实效，科学技术保安全，安全文化创品牌”的工作目标，于2013年9月在全集团范围内调研和征求意见，各院（基地）、厂（所）安全管理人员通过邮件、电话、短信等方式对第3轮安全生产标准化标准的形式、内容及评分方式等建言献策。航天科工通过汇总、整理、分析各类意见建议，并参考其他军工集团在安全生产标准化开展过程中的标准使用情况，对原标准《安全生产标准化考核评级》进行了修订。2014 版标准在形式上与 2011 版标准保持一致，分基础管理和设备设施条件两部分。基础管理部分根据《安全生产标准化规范》的内容，将评分要素分为 32 个，共计 300 分；设备设施条件部分根据《安全生产标准化规范》的内容，选择不同类型单位适合的要素，共计 700 分。

（1）2014 版标准体现了航天工业安全生产标准化先进水平

2014 版标准的基础管理部分是以《企业安全生产标准化基本规范》要素为主线编制，设备设施条件部分与上版标准在内容和形式上相似，火化工研制生产单位的考核评分细则参考了《复合固体推进剂研制生产单位安全评价》的技术要求。2014 版标准继承了国家现行标准的相关要求，同时在标准形式、评分要求、科技兴安及责任制落实等方面体现了航天工业安全生产标准化水平的先进性。2014 版标准与国家现行标准的对比关系见表 4－5。

表 4－5　2014 版与国家现行标准的对比表

比较项目	国家现行标准	国家现行标准内容	航天科工 2014 版标准
考核要素	AQ/T 9006—2010	分为 13 个一级要素，42 个二级要素	基础管理部分 32 个条款
责任制	AQ/T 9006—2010	5.2.2 要求了企业主要负责人的责任和各级单位、部门和人员的安全生产职责	在 AQ/T 9006 要求的基础上，增加了 1.21 作业部门、1.22 作业班组、1.23 作业岗位的要求，细化了责任制的内容
科技兴安	AQ/T 9006—2010	未涉及相关内容	1.15 设计工艺安全管理对科技兴安提出了明确要求
重大危险源	AQ/T 9006—2010	5.9 重大危险源监控	1.26 危险点和重大危险源监控在 AQ/T 9006 的基础上增加了危险点的要求
考核要素	QJ 3110A—2007	火化工研制生产相关要求很少，仅 2.1.5 和 2.1.6 等条款涉及	对火化工研制生产类单位单独考核，按操作工序对推进剂生产的各个步骤提出了相关安全要求

续表

比较项目	国家现行标准	国家现行标准内容	航天科工 2014 版标准
技安管理人员配备	QJ 3110A—2007	1.2.3 要求专职技安人员应在 2‰	1.2.6 A 类单位应按不低于从业人员 5‰,B 类单位应按不低于从业人员 3.5‰的比例配备专职的比例,C、D 类单位应按不低于从业人员的 3.5‰的比例配备具有注册安全工程师资格或安全工程专业的安全生产监督管理人员,提高了专职技安人员的比例
车间设备设施布局	QJ 3110A—2007	2.6.4.1、2.6.4.2、2.6.4.3 对加工设备间距提出了要求	按照新发布的《机械加工职业安全卫生设计规范》对加工设备间距做了要求,见 2.6.3.6、2.6.3.7、2.6.3.8
考核要素	QJ 3214—2005	综合管理评价表中考核要素 16 项	基础管理部分考核要素 32 项
考核要素	QJ 3214—2005	包括操作层面的要求,如:表 10 的 2.4 作业安全要求	本评分细则尽量不包括操作层面的要求,而是从安全操作规程的编写中查证,或从现场抽查考试中查证

（2）2014 版与 2011 版标准相比主要变化

1）将原标准名称《安全生产标准化考核评级》改为《安全生产标准化考核评分细则》，评级相关内容不再要求；

2）删除了原标准中“4 一般要求”中的“考评机构”“考评等级”“考评程序”“监督管理”等内容，仅保留“考评内容和方法”；

3）将原标准 5 个评分检查表调整为本标准中的 5 个评分细则；

4）将原标准“综合管理”改为新标准“基础管理”，将原标准“生产设施与场所（生产施工现场）”改为新标准“设备设施条件（施工现场条件）”；

5）各评分细则中“基础管理”部分，在保留了原标准综合管理特色要求的基础上，以《企业安全生产标准化基本规范》的要素为主线，将原标准 28 项调整为 32 项，增加了“评估修订”“文件和档案管理”“设备设施运行、报废、拆除管理”“作业部门”“作业班组”“作业岗位”等考核项；

6）对企业、事业、火化工、建筑施工、服务业单位安全生产标准化评分细则中涉及的内容进行了合并、拆分，并修改了占分比例；

7）将企业、事业单位标准“火灾爆炸危险场所”拆分为新标准的“航天危险品”和“一般危化品”；将原标准“工业炉槽”取消，将“工业炉窑”并入新标准的“机械设备”，将“工业槽”并入“一般危化品”；

8）取消企业、事业单位原标准“空调制冷机组”，保留其中部分考核项，并入“其他机械设备”；

9）企业单位评分细则新增“激光加工设备”考核项；

10）事业单位评分细则新增“水下模态试验”“激光加工设备”考核项；

11）火化工品单位评分细则原标准“火灾爆炸危险场所与设施”中的“可燃液体存储设施”“其他危险化学品场所”与“工业槽”合并组成新标准“一般危险化学品”考核项，原标准“工业炉槽”取消，“工业炉窑”并入新标准的“机械设备”，原标准“氧化剂库”改为“高氯酸铵库”，“推进剂混合”改为“混合”，“危险品装配测试”改为“危险品装配”和“危险品测试和拆（分）解”，“发动机地面试验”改为“地面试验”，取消原标准“木工机械”考核项。

2014 版标准继续将“组织机构”“教育培训”“危险、有害因素辨识”“危险作业审批”“班组安全管理”“设计、工艺安全性”“特种设备管理”等要素作为重点，同时增加了“文件和档案管理”“作业部门”“作业班组”“作业岗位”等重点要素。其中上调了“组织机构”“教育培训”的分值，分别由 25 分、45 分调至 35 分、49 分，这两个要素在连续三版标准中分数始终居高，体现了航天工业在这两方面的重视程度；新增的“作业部门”赋 12 分、“作业班组”赋 15 分、“作业岗位”赋 18 分，说明安全生产标准化建设重在现场管理；同时，将危险点管理调减至 6 分、安全检查与隐患整改调减至8分、危险作业管理调减至6分、相关方管理调减至5，将这些要素的分数权重进行调减并不代表在安全管理上不受重视，而是经过3轮的安全生产标准化建设，在这些要素的管理上，大部分单位已做的比较规范。截至目前，2014版标准已实施两年多，所属单位普遍反映比前两版标准要求更严格，我们相信在此标准的带动下，航天科工全集团安全管理水平将会提升到一个新的高度。

航天科工在《安全生产标准化考核评分细则》（2014版）标准修订时，同时还编制了《安全生产标准化规范》，该规范的内容涵盖了企业、事业、火化工、建筑、服务业单位原标准涉及的所有内容，并补充完善了“综合管理”部分的主要内容，按照《企业安全生产标准化基本规范》的主线重新编制；“设备设施条件”将原标准5类单位全部内容合并、调整为9部分：航天火炸药制品研制、生产、运输、试验、销毁设备设施，危化品使用、加工、存储设备设施，航天专用设备设施，特种设备，通用机械设备，电力设备设施，安装施工设备设施，后勤保障设备设施，厂房建筑与生产环境。此规范对评分细则的实施起到了重要指导作用。

4.3 标准核心要素解读

为使航天工业各类人员进一步理解标准，使之在实际工作中更好地贯彻落实标准，本节依据《安全生产标准化考核评分细则》（2014版）（表1：《企业单位安全生产标准化考核评分细则》）对考评条款核心要素进行了针对性的解释，并对“基础管理”32大项和“设备设施条件”55单项中标注“*”的和安全生产作业中重点管控的条款进行解读。本着党政同责、管业务必须管安全、一岗双责、安全生产人人有责，对主管业务范围内的安全生产工作全面负责，贯彻落实安全生产标准化与岗位职责相结合的原则。具体解读见表4-6基础管理和表4-7设备设施条件。

表4-6 企业单位安全生产标准化考核评分细则重点要素解读列表（一）

标准序号	考核项目	责任部门及岗位职责	分数	重点要素解读
1	基础管理		300	
1.1	目标	主要负责（本单位法人）	5	目标管理指单位（企业）根据自身安全生产实际，制定总体规划和年度工作计划中应有安全生产目标，并在生产经营活动中对所属基层单位和部门在科研生产进行职能分配，且应按职能制定安全生产指标和考核办法
1.1.1		同上	*	建立健全安全生产目标管理制度，规范安全生产目标的制定、分解、实施、考核等。 安全生产目标管理制度：内容符合实际，有目标制定、目标分解、实施绩效和考核内容
1.1.2		同上	1	长远规划中应有安全生产和职业卫生内容，规划目标不低于上级要求。 目标管理：单位长远规划中应有安全生产和职业卫生内容，规划的目标明确，便于实施，不得低于上级的要求
1.1.3		同上	4	根据规划目标、安全生产标准化绩效评定结果、持续改进方案等制定本年度安全生产目标（指标）及实施方案。 年度目标便于考核：应根据企业现状、上级要求、安全生产标准化绩效评定结果和持续改进方案等，制定本年度安全生产工作目标（指标）及实施计划，且应明确落实责任，并在一个年度周期内以便于考核
1.1.4		同上		全员签订安全生产责任书，落实年度目标，并定期总结、考核。全员签订安全生产责任书——应落实年度工作目标，有具体量化指标，责任书内容应根据岗位设置，定期进行总结和考核
1.2	组织机构		35	单位安全生产领导机构是组织、研究、部署本单位安全生产工作，决定安全生产重大事项的决策领导机构，一般指安全生产委员会或安全生产领导小组。安全生产组织机构应按照《中国航天科工集团公司安全生产管理规定》文件规定，建立健全本单位安全生产组织机构，配备各层级的安全生产管理人员

续表

标准序号	考核项目	责任部门及岗位职责	分数	重点要素解读
1.2.1		安全生产委员会	*	建立健全安全生产委员会(以下简称安委会)管理制度,规范安委会的组成、例会、决策等。 单位安委会:全面负责组织、研究和部署本单位安全生产工作,专题研究重要安全生产事项,制定、实施加强和改进本单位安全生产工作的措施。有安全生产委员会管理制度
1.2.2		主要负责(本单位法人)	*	建立以主要负责人为主任的安委会。安委会主任由本单位主要负责人担任,副主任由本单位主管安全生产负责人担任;安委会成员由本单位相关部门主要负责人担任,根据业务分工落实安全生产职责,明确安全生产事项。安委会设立见红头文件,成员变动必须及时更新文件。安委会应建立工作制度文本,应包括安委会职责、议事规程、监督检查及记录等要求;安委会每季度至少召开一次会议,研究本单位安全生产工作,会议记录齐全,与会人员应签到
1.2.3		同上	*	A、B类单位应设置独立的安全生产监督管理部门
1.2.4		安全生产总监 安全生产管理部门	*	安全生产总监、监督管理部门负责人应具有注册安全工程师资格。安全生产总监配备——应按集团公司《安全生产总监管理办法》文件要求,A类和B类单位必须在单位本级设置安全生产总监,职务层级为该厂(所、公司)厂长(所长、总经理)助理级。其他三级单位根据实际情况,可参照设置安全生产总监。安全生产总监任职资格条件如下: 1)具有单位生产经营、安全生产监管相关专业大学本科及以上文化程度,应具备高级技术职称,或具有国家注册安全工程师执业资格; 2)熟悉安全生产法律法规和标准、现代管理知识及行业基本业务,掌握生产经营、安全生产监管等方面的专业知识,应取得相关安全生产培训资格证书; 3)长期从事生产经营管理工作,应具有在基层从事安全生产管理工作2年以上的经历,具有处理复杂安全生产监管事务的工作经验,并在任职期间表现出较强的管理能力
1.2.5		安全生产委员会	12	安全生产委员会每季度应至少召开一次会议

续表

标准序号	考核项目	责任部门及岗位职责	分数	重点要素解读
1.2.6		专、兼职安全管理人员	15	专、兼职安全管理人员配备：A类单位不低于从业人员总数的5‰配备专职人员；B类单位不低于从业人员总数的3.5‰配备专职人员；C、D类单位不低于从业人员总数的3.5‰配备专职或兼职人员；专、兼职安全生产管理人员和安全生产监督管理人员应具备注册安全工程师资格和安全工程专业
1.2.7		职业卫生管理部门及相关人员	6	设置或指定职业卫生管理机构，配备职业卫生管理人员。职业病危害严重的或从业人员超过100人的单位，应配备专职职业卫生管理人员
1.2.8		安全生产管理部门	2	建立各层次安全生产管理体系网络。 安全生产管理体系网络图：单位应建立各层次安全生产管理体系网络，有效实施安全生产工作。单位安全生产体系网络图应与行政体系图区分。单位安全生产管理体系网络图(决策机构是安全生产委员会)，各部门安全生产管理体系网络图(决策机构是安全生产领导小组)
1.3	职责		5	单位应根据航天科工《安全生产责任制管理办法》的有关规定，建立健全各层级的安全生产职责。应形成本单位各级、各部门及相关人员的安全生产职责文本，文本应分级审批后下发执行，其中单位(企业)级文本应由单位(企业)主要负责人批准
1.3.1		单位领导班成员	*	按安全生产人人有责、党政同责、管业务必须管安全、一岗双责等原则建立健全安全生产责任制。 1)主要负责人：安全生产职责应符合《安全生产法》第十八条规定，全面负责安全生产工作，并履行安全生产义务； 2)党政负责人：必须承担协助主要负责人进行安全生产管理的相关职责，并认真履行党政同责的安全生产义务； 3)主管负责人和其他领导：单位主管安全生产负责人和其他领导应按分工不同，明确规定其生产安全、消防安全、交通安全和职业危害管理的具体职责和权限，执行安全生产人人有责、管业务必须管安全、管生产必须管安全

续表

标准序号	考核项目	责任部门及岗位职责	分数	重点要素解读
1.3.2		主要负责人和安全生产主管领导		应明确部门安全生产职责。安全生产职责应与相关管理规范和制度协调一致
1.3.3		各职能部门业务、主管部门及工会组织	5	部门应履行安全生产职责。 各部门负责人:应有安全生产职责,根据各部门职责分工及其危险因素控制措施做出具体规定,其部门主要负责人是本部门安全生产第一责任人。 各级工会:安全生产职责应明确其对安全生产、劳动保护和职业卫生工作的监督,参与和协助重大安全事项的各项具体职责
1.3.4		各职能部门业务主管部门		应明确各岗位人员安全生产职责
1.3.5		岗位人员		岗位人员应熟知并履行安全生产职责。 岗位人员(含岗位管理人员和生产作业岗位人员):应熟知并履行安全生产职责,明确"一岗双责"的要求,针对岗位工作性质建立岗位安全生产职责,并认真执行岗位职责、岗位作业规范、岗位说明书和安全操作规程等

续表

标准序号	考核项目	责任部门及岗位职责	分数	重点要素解读
1.4	安全生产投入	主要负责人	8	单位应建立符合财政部、安监总局关于印发《企业安全生产费用提取和使用管理办法》的文件要求，规范安全生产费用的提取、使用、建帐及相关部门职责、权限。 建立制度：单位主要负责人应保证安全生产投入，应建立健全安全生产费用提取和使用的管理制度，足额提取及合理使用安全生产费用，不断改进和完善本单位的安全生产条件
1.4.1		财务部门	*	财务主管部门应根据财政部、安监总局相关要求建立健全安全生产投入保障制度，规范安全生产费用的提取、使用、建帐及相关部门的职责、权限
1.4.2		财务部门	8	应足额提取、合理使用安全生产费用。建立安全费用台账——安全生产费用作为专项资金，做到专款专用。安全生产费用除进行制度化管理外，还要按财务有关制度实施控制，形成完整和准确的记录档案，建立有效的安全生产费用使用台账
1.4.3		工伤保险管理部门		全员参加社会工伤保险：所有从业人员应参加社会工伤保险，工伤保险缴费证明材料在有效期内
1.5	法规规定		5	单位应对法律法规、标准、规范和其他要求进行识别，并符合《企业安全生产标准化基本规范》的相关要求。设置主管部门负责法律法规和其他要求的识别、获取与更新，以及对合规性、适应性进行评价；建立本单位法律法规适应性清单，及时更新法律法规、标准、规范和其他要求；发放新清单及时收回旧清单

续表

标准序号	考核项目	责任部门及岗位职责	分数	重点要素解读
1.5.1		法律法规收集与更新主管部门	*	应建立健全安全生产法律法规、标准规范及其他要求(以下简称法规规定)的管理制度,规范法规规定的识别、获取、更新、使用,并遵守法规规定。 1)建立识别和获取制度:应明确法律法规、标准、规范和其他要求识别、获取和合规性评价的主管部门,确定获取的渠道、方式,及时识别和获取适用的安全生产、职业卫生等法律法规、标准规范。及时组织识别和获取适用的法规规定,并跟踪、掌握其修订情况。 2)收集:各职能部门应及时识别和获取本部门适用的安全生产、职业卫生法律法规、标准规范,并跟踪、掌握有关法律法规、标准规范的修订情况,及时提供给本单位法律法规收集与更新主管部门进行汇总。 3)适应性评价:每年至少一次对安全生产、职业卫生等法律法规、标准、规范和其他要求的合规性、适应性进行评价。本单位应组织评价小组进行评价,评价组应有安全生产管理部门及相关管理部门人员、工会代表、注册安全工程师等人员参加。 4)修订清单:通过收集、获取及时更新安全生产法律法规、标准规范,并列入清单。各部门应将适用的法规规定及时传达给相关人员。 5)传达与下发:应将识别和获取的法律法规及时传达给从业人员和相关方。并通过相关培训或考试等方式,使从业人员和相关方熟悉新的法律法规的要求,以便规范安全生产行为,保障安全生产
1.5.2		各职能部门业务主管部门	5	
1.5.3		同上		
1.6	规章制度		8	单位应按照安监总局《工业场所职业卫生监督管理规定》和航天科工《安全生产管理规定》的要求,建立健全安全生产制度至少 23 项,职业卫生制度至少 13 项。并应将安全生产、职业卫生规章制度发放到相关工作岗位,规范从业人员的生产作业行为

续表

标准序号	考核项目	责任部门及岗位职责	分数	重点要素解读
1.6.1		安全生产管理部门 职业卫生管理部门	*	建立健全安全生产和职业卫生规章制度。 安全生产规章制度：至少应包含下列内容：安全生产目标考核、安全生产委员会管理制度、安全生产职责、法律法规标准规范管理、安全生产投入、文件和档案管理、风险评估和控制管理、安全生产检查隐患、排查与治理、安全教育培训、特种作业人员管理、设备设施安全管理、建设项目安全设施“三同时”管理、生产设备设施验收管理、生产设备设施报废管理、施工和检维修安全管理、危险点及重大危险源管理、危险物品管理、作业安全管理、相关方及外来人员管理、劳动保护和防护用品管理、应急管理、事故管理、安全绩效评定管理等。 职业卫生规章制度：存在职业病危害的用人单位应当建立职业卫生管理制度，至少应包括下列内容：职业病危害防治责任制度、职业病危害警示与告知制度、职业病危害项目申报制度、职业病防治宣传教育培训制度、职业病防护设施维护检修制度、职业病防护用品管理制度、职业病危害监测及评价管理制度、建设项目职业卫生“三同时”管理制度、劳动者职业健康监护及其档案管理制度、职业病危害事故处置与报告制度、职业病危害应急救援与管理制度、岗位职业卫生操作规程、法律、法规、规章规定的其他职业病防治制度
1.6.2		各职能部门 业务主管部门	4	各部门应负责编制归口的规章制度，及时将适用的法规规定转化为本单位的规章制度。 1）各部门归口编制：各部门应负责编制归口的规章制度，依据国家有关法律、法规、规章、标准和规范进行建立、补充和完善本部门归口的规章制度，并转化为本单位的规章制度。 2）规章制度的完整性：规章制度应覆盖单位的所有科研生产、试验、经营范围，规章制度内容全面，应符合适用的法律、法规和规定，明确部门和岗位职责，与相关文件内容协调。 3）规章制度内容全面：应符合适用的法规规定，明确部门和岗位职责，与相关文件内容协调。 4）规章制度便于查询：安全规章制度应采用固定形式发布，如通过红头文件形式或在企业内部办公网络发布等，发布范围应覆盖制度相关的部门和岗位；应针对不同岗位，发放相应的规章制度，以便岗位查询。 5）规章制度保存与使用：规章制度应固定存放在明显并易于查阅的位置，确保对安全生产、职业卫生管理有效版本，对过期或作废的文件要及时销毁，不能混放，防止误用
1.6.3		同上		
1.6.4		同上	4	
1.6.5		同上		

续表

标准序号	考核项目	责任部门及岗位职责	分数	重点要素解读
1.7	操作规程		10	单位应根据生产特点，分专业、分工艺制定岗位安全技术操作规程，并根据各个岗位安全技术工艺要求，在进行危险源辨识与评估的基础上有针对性地提出控制措施，编制岗位操作规程，操作规程是规范从业人员的作业行为，避免事故的发生
1.7.1		业务主管部门	*	建立健全安全操作规程(要点)。安全操作规程应符合行业标准和规范，突出作业行为的安全性，严禁“三违”行为，符合安全作业流程
1.7.2		安全生产管理部门 业务主管部门	*	安全操作规程应覆盖单位所有生产工序。 安全操作规程汇编:单位(企业)应归集所有的岗位安全操作规程，且应覆盖单位所有生产工序，并发放到相关岗位
1.7.3		安全生产管理部门 业务主管部门	10	各操作规程内容应全面，符合相关法规规定要求和操作实际。 1)安全操作规程内容:应全面，符合相关法规规定要求和操作实际。且设备操作规程不能代替岗位操作规程。 2)安全操作规程修订:当生产结构条件发生变化时，应及时重新组织审查或修订相关的操作规程。对实施作业许可证管理的动火作业、受限空间作业、爆破作业、临时用电作业、高空作业等危险性作业，要制定专项安全技术措施，严格执行集团公司危险作业审批制度，并履行审批与监督。 3)发放、培训与考核:操作规程要发放到各个岗位，有发放记录;要对员工进行培训，要求员工能够熟练掌握所在岗位的操作规程，并应有培训和考核记录，保存培训记录和考试试卷等
1.7.4		业务主管部门		安全操作规程编写——应按照集团公司《安全操作规程编写要求》Q/QJB 204 标准要求，包括:范围、危险源、操作人员要求、作业前、作业中、作业后六大部分

续表

标准序号	考核项目	责任部门及岗位职责	分数	重点要素解读
1.8	评估修订		5	单位应按照《企业安全生产标准化基本规范》的要求，保证每个岗位所使用的法律法规、标准规范、规章制度、操作规程、作业文件、记录格式等是最新有效版本
1.8.1		主要负责人 安全生产管理部门 各职能部门	*	应每年至少一次对法规规定、规章制度、操作规程、记录格式等的运行情况进行检查评估，作出继续有效、修订(更新)或废止的结论。 1)单位主要负责人：每年至少组织一次法规规定、规章制度、操作规程、作业文件、记录格式等的评估，可与管理体系的合规性评价和安全生产标准化的绩效评定工作相结合。
1.8.2		各职能部门 业务主管部门	*	2)评估：单位应每年至少一次对法律法规、标准规范、规章制度、操作规程、作业文件、记录格式等的执行情况进行检查评估，作出继续有效、修订(更新)或废止的结论。检查中核查评估记录。 3)评估修订方式：评估修订可由本单位(企业)自行组织，也可委托有关专业技术咨询中介机构或聘请专家进行。 4)修订：根据执行、评估情况、安全检查中反馈的问题、生产安全事故案例、绩效评定结果，以及持续改进计划等进行有效性和适应性修订，确保其有效和适用。检查中核查修订记录。 5)变更：当本单位发生以下变化时，需要对安全生产管理规章制度、操作规程、作业文件、记录格式等进行变更修订的： a)当国家安全生产法律法规、规程、标准废止、修订或新颁布时； b)当本单位归属、体制、规模发生重大变化时； c)当生产设施新建、扩建、改建时； d)当工艺、技术、路线和设备装置发生变更时； e)当上级安全生产监督部门提出相关整改意见时； f)当安全检查、风险评价过程中发现涉及到规章制度层面的问题时； g)当分析重大事故和重复性事故原因，发现制度性因素时； h)其他相关事项

续表

标准序号	考核项目	责任部门及岗位职责	分数	重点要素解读
1.9	文件和档案管理		5	单位应根据《企业安全生产标准化基本规范》和《职业健康安全管理体系指南》建立健全安全生产过程、事件、活动、检查的安全记录档案，并加强对相关资料的有效管理。并做到及时发放新文件、回收已废止的文件
1.9.1		档案主管部门	*	1）建立制度：应建立文件和档案管理制度，明确安全生产和职业卫生档案归档范围、归档要求、保存周期等。 2）安全生产文件档案：应包括本单位安全生产规章制度、安全操作规程、安全生产职责及主要安全生产过程控制文件、风险评价信息、培训记录、标准化评价报告、事故与事件记录、事故调查报告、检查与整改记录、安全生产会议记录、安全活动记录、应急预案、应急演练信息、相关方管理信息、特种设备及法定检测检验记录、关键设备设施档案及维护、校验记录、技术图纸等。 3）职业卫生文件档案：应包括建设项目职业卫生“三同时”档案；职业卫生管理档案；职业卫生宣传培训档案；职业病危害因素监测与检测评价档案；用人单位职业健康监护管理档案；劳动者个人职业健康监护档案；法律、行政法规、规章要求的其他资料文件
1.9.2		档案主管部门 各职能部门 业务主管部门 经营管理部门	5	及时发放新文件、回收已废止的文件
1.9.3		各职能部门 业务主管部门		主要安全生产过程、事件、活动的安全记录齐全
1.10	教育培训		49	单位应根据《企业安全生产标准化基本规范》的有关规定，保证各类人员的安全培训计划的组织与落实，积极参加集团公司举办的型号“两总”、厂（所）级领导、安全生产管理机构领导和专职安全生产管理人员培训班，并按照有关安全生产法律法规、标准开展分级培训工作。严禁未经安全培训教育或未考试合格的人员上岗作业

续表

标准序号	考核项目	责任部门及岗位职责	分数	重点要素解读
1.10.1		教育培训主管部门	*	应建立健全安全和职业病防治宣传教育培训管理制度，定期识别需求，制定、实施计划和方案，及时监督检查并定期总结
1.10.2		教育培训主管部门及相关人员	*	从事军工危险作业的单位的负责人、主管安全生产领导、安全生产总监、安全管理机构负责人和安全生产管理人员持安全资格证上岗。 1)从事军工危险作业的单位的负责人、主管安全生产领导、安全生产总监、安全管理机构负责人和安全生产管理人员：均应持安全生产资格证上岗，安全资格培训时间不得少于 48 学时，每年再培训时间不得少于 16 学时。资格证书有效期为 5 年。 2)非军工危险作业单位的主要负责人、主管安全生产领导、安全生产总监、安全管理机构负责人和安全生产管理人员：必须具备与本单位所从事的生产经营活动相适应的安全生产知识和管理能力，且应符合法律法规要求必须对其安全生产知识和管理能力进行考核的人员，须经考核合格后方可任职。初次安全培训时间不得少于 32 学时，每年再培训时间不得少于 12 学时。资格证书有效期为 5 年
1.10.3		教育培训主管部门	5	对安全和职业病防治宣传教育培训记录和档案实施分级管理，并对培训效果进行评估和改进
1.10.4		教育培训主管部门及相关人员	15	单位领导、安全生产总监、控股单位主要负责人安全和职业卫生培训持证上岗合格率 100%
1.10.5		同上		型号“两总”安全培训合格率 100%
1.10.6		同上		主管部门负责人、监督管理人员安全和职业卫生培训合格率 100%

续表

标准序号	考核项目	责任部门及岗位职责	分数	重点要素解读
1.10.7		同上		特种作业人员持证上岗率100%。 特种作业的人员:特种作业人员和特种设备作业人员应按照有关安全生产法律法规、标准的要求经专门的作业培训,取得特种作业操作资格证书方可上岗作业。特种作业操作证每3年复审1次。特种作业人员在特种作业操作证有效期内从事作业。连续从事本工种10年以上,严格遵守有关安全生产法律法规的,经原发证机关考核或者从业所在地发证机关同意,特种作业操作证的复审时间可以延长至每6年1次,离开特种作业岗位6个月以上的特种作业人员,应当重新进行理论知识和实际操作考试,经考试合格后方可上岗作业
1.10.8		同上	6	符合QJ 20175要求的航天特种作业人员持证上岗率100%。 航天特种作业人员:应符合《航天特种作业人员安全技术考核要求》QJ20175标准的有关规定,且必须经专门的安全技术培训并考核合格,取得特种作业操作证后方可上岗作业。航天特种作业操作证有效期为6年。特种作业操作证遗失的,应当向原考核发证机关提出书面申请,经原考核发证机关审查同意后,予以补发。特种作业操作证所记载的信息发生变化或者损毁的,应当向原考核发证机关提出书面申请,经原考核发证机关审查确认后,予以更换或者更新
1.10.9		同上		特种设备管理人员和操作人员持证上岗率100%。特种设备安全管理人员、检测人员应当按照国家有关规定取得相应资格,方可从事相关工作

续表

标准序号	考核项目	责任部门及岗位职责	分数	重点要素解读
1.10.10		同上	5	中层干部、管理人员每年安全和职业卫生培训合格率 100%
1.10.11		同上		工程技术人员每年安全和职业卫生培训合格率 100%
1.10.12		同上		班组长每年安全和职业卫生培训合格率 100%
1.10.13		同上		作业部门安全员每年安全培训合格率 100%
1.10.14		同上		新员工安全和职业卫生培训合格率 100%，从事危险作业的新员工实习合格率 100%。 1)新员工上岗前必须经过厂(所)级、车间(研究室)级、班组级三级安全教育培训，且岗前培训时间不得少于 24 学时，每年接受再培训的时间不得少于 8 学时；军工危险作业单位新员工岗前安全培训时间不得少于 72 学时，每年接受再培训的时间不得少于 20 学时；建筑企业及施工单位新员工岗前安全培训时间不得少于 32 学时，每年接受再培训的时间不得少于 20 学时。 2)“七新”培训：在新设备、新工艺、新材料、新技术、新产品、新投入使用园区和设施、新收购并购公司前应对有关人员和操作岗位人员进行专门的安全教育和培训。 3)相关方培训：相关方作业人员进入作业现场前，应由作业现场所在单位对其进行进入现场前的安全教育培训，且应对外来参观、学习等人员进行有关安全规定、可能接触到的危害和应急知识进行安全教育与告知

续表

标准序号	考核项目	责任部门及岗位职责	分数	重点要素解读
1.10.15		同上	8	调换岗位、复岗人员安全和职业卫生培训合格率100%。 调换工种（转岗）、离岗复工人员：操作岗位人员转岗、离岗一年以上重新上岗者，应进行车间级、班组级安全教育培训，经考核合格后，方可上岗工作
1.10.16		同上		全员每年安全和职业卫生培训合格率100%。 全员培训：单位每年应组织全体从业人员进行安全生产和职业卫生培训，培训时间不得少于8学时，且应有培训考核记录
1.10.17		安全生产管理部门 职业卫生管理部门	10	安全生产和职业卫生考试合格率100%
1.11	安全文化		5	安全文化：就是企业及员工的安全意识、安全目标、安全责任、安全素养、安全习惯、安全科技、安全设施、安全监管和各种安全规章制度的总和。 单位应采取多种形式开展安全文化活动，引导和规范全体从业人员的安全行为，逐步形成为全体员工所认同、共同遵守、带有本单位特点的安全价值观，实现法律和政府监管部门要求之上的安全自我约束，保障安全生产水平持续提高
1.11.1		文化建设主管部门	*	配置安全生产教育场地及宣传栏，贯彻集团公司等上级的安全文化。 文化建设主管部门应通过多种形式贯彻集团公司等上级的安全文化，以及创建本单位安全文化建设内容，如：配置安全生产教育场地、宣传栏、宣传口号、标语、相照、图片、网络、视屏、录像、手机微信、安全文化手册等促进员工的安全行为，保障安全生产工作

续表

标准序号	考核项目	责任部门及岗位职责	分数	重点要素解读
1.11.2		同上		企业文化主管部门应将安全文化纳入企业文化范畴
1.11.3		文化建设主管部门 党政工团组织 各部门、 全体员工	5	开展安全文化建设活动并形成各部门及全员参与的具有单位特色的安全文化。 1)党政工团：应认真组织开展全国“安全生产月”宣传教育活动，配置安全生产教育场地及宣传栏，贯彻集团公司等上级的安全文化。 2)各部门：根据业务实际和岗位作业特点积极开展安全文化建设活动，并形成各部门及全员参与的具有单位特色的安全文化。鼓励本单位、本部门内部、各相关方参与单位安全生产管理，自觉遵守安全行为规范。 3)全体员工：应严格遵守有关安全生产、职业卫生的法律法规、标准及各项规章制度和安全生产操作规程，加强行为规范，提高安全生产意识，接受安全教育，认真履行岗位安全职责，杜绝“三违”行为
1.11.4		各部门、各班组		鼓励单位内部、各相关方参与单位安全生产管理
1.11.5		文化建设主管部门 各部门、各班组	5	采取多种形式的安全文化活动，引导全员的安全观和安全行为
1.12	建设项目“三同时”		10	单位新建、扩建、改建和技术改造、技术引进项目(以下统称建设项目)的安全设备设施应与建设项目主体工程同时设计、同时施工、同时投入生产和使用。应对建设项目建议书、可行性研究、初步设计、总体开工方案、开工前安全条件确认和竣工验收等阶段进行规范管理
1.12.1		安全生产管理部门 职业卫生管理部门	*	按相关法规规定，建立健全安全设施、职业卫生“三同时”管理制度。 应按《安全生产法》《职业病防治法》《建设项目职业卫生“三同时”监督管理暂行办法》《建设项目安全设施“三同时”监督管理暂行办法》《企业安全生产标准化基本规范》等相关法律法规和标准规范，建立健全安全设施、职业卫生“三同时”管理制度

续表

标准序号	考核项目	责任部门及岗位职责	分数	重点要素解读
1.12.2		基本建设主管部门 设备设施主管部门 财务主管部门	5	在建设项目可研阶段应委托有相应资质的机构进行安全、职业病危害预评价，初步设计阶段应编制安全和职业病防护设施设计专篇。 1)基本建设主管部门:对可能产生安全、职业病危害的建设项目，应在可行性论证阶段委托有相应资质的机构进行建设项目安全预评价和职业病危害预评价，并经安全生产监督管理部门备案、审查。在初步设计阶段编制《建设项目安全设施设计专篇》《职业病防护设施设计专篇》。对安全、职业病危害严重的建设项目的专项防护设施设计，应先审查后施工。建设项目在竣工验收前，应当进行建设项目安全设施验收评价和职业病危害验收评价。建设项目竣工验收时，对安全设施和职业病防护设施应经安全生产监督管理部门验收合格后，方可投入正式生产或试运行使用。试运行 3 个月后，应委托有相应资质的机构进行安全设施验收评价和职业病危害控制效果评价。 2)设备设施主管部门:应严格把控建设项目所有的设备设施，符合有关法律法规、标准规范的要求;安全设备设施变更应执行变更管理制度，履行变更程序，并对变更的全过程进行危险有害因素辨识、隐患排查和风险控制。 3)财务主管部门:应对建设项目的安全、职业病防护设施所需费用应当纳入建设项目工程预算，并与主体工程同时设计、同时施工、同时投入生产和使用。建设项目的安全、职业病防护设施经验收、投入使用后，应建立财务专项账簿，专门管理安全、职业卫生专项经费
1.12.3		基本建设主管部门		安全、职业病危害预评价报告和安全、职业病防护设施设计专篇应经相关部门审查
1.12.4		同上		职业病危害严重的建设项目的专项防护设施设计，应先审查后施工

续表

标准序号	考核项目	责任部门及岗位职责	分数	重点要素解读
1.12.5		同上	5	安全和职业病防护设施应与建设项目主体工程同时施工
1.12.6		同上		试运行3个月后，建设单位应委托有相应资质的机构进行安全验收评价和职业病危害控制效果评价
1.12.7		同上		建设项目的安全和职业病防护设施经验收后，应与主体工程同步投入使用。 安全生产管理部门、职业卫生管理部门应该认真履行建设项目“三同时”的监管责任，并配合做好安全和职业病防护设施的交付和投入使用
1.13	设备设施运行、报废、拆除管理		5	单位应根据《安全生产法》《特种设备安全法》《企业安全生产标准化基本规范》等有关的法律法规、标准规范建立健全设备设施安全管理制度。应设专人负责特种设备管理
1.13.1		设备设施主管部门	*	设备设施主管部门应建立健全设备设施管理制度，控制特种设备等设备设施采购、租赁、安装、验收、使用、维修、改造、报废、拆除等过程的安全风险。 1)生产设备设施安全管理：设备的设计、制造、安装、使用、检测、维修、改造、拆除和报废，应符合有关法律法规、标准规范的要求。应执行生产设备设施到货验收和报废管理制度，应使用质量合格、设计符合安全要求的生产设备设施。拆除的生产设备设施应按规定进行处置。拆除的生产设备设施涉及到危险物品的，须制定危险物品处置方案和应急措施，并严格按规定组织实施。运行管理对生产设备设施进行规范化管理，保证其安全运行。 2)安全和职业病防护设备设施管理：应设专人负责管理各种安全设备设施、建立台账，必须对安全设备进行经常性维护、保养和定期检测，保证其正常运转。维护、保养、检测应当作好记录，并由有关人员签字。对安全设备设施应制定检维修计划，检维修前应制定方案，检维修方案应包含作业行为风险分析和控制措施。检维修过程中应执行危险因素控制措施并进行监督检查

续表

标准序号	考核项目	责任部门及岗位职责	分数	重点要素解读
1.13.2		业务主管部门设备管理班组和岗位	*	安全和职业病防护设备设施不应随意拆除、挪用或弃置不用；确因检维修拆除的，应采取临时措施，检维修完毕后立即复原
1.13.3		设备设施主管部门	5	设备设施主管部门应专人负责特种设备管理，建立特种设备及其安全附件等完整的台账及技术档案资料、检查表。 1）特种设备安全管理：各单位应当使用取得许可生产并经检验合格的特种设备，禁止使用国家明令淘汰和已经报废的特种设备。特种设备在投入使用前或者投入使用后应按规定办理使用登记，取得使用登记证书，并应置于该特种设备的显著位置。特种设备在采购、租赁、安装验收、使用、维修、改造、报废拆除等过程中应实施风险管控，对特种设备使用的安全附件、安全保护装置应进行定期校验、检修、经常性维护保养和定期自行检查，并作记录。建立特种设备及其安全附件等完整的台账及技术档案资料、检查表。 2）特种设备安全技术档案：应当包括以下内容： a）特种设备的设计文件、产品质量合格证明、安装及使用维护保养说明、监督检验证明等相关技术资料和文件； b）特种设备的定期检验和定期自行检查记录； c）特种设备的日常使用状况记录； d）特种设备及其附属仪器仪表的维护保养记录； e）特种设备的运行故障和事故记录
1.13.4		同上		应制定设备设施年度检维修计划。设备设施大修、改造、拆除应制定包括危害因素辨识、对策措施、应急措施等内容的检维修方案
1.13.5		设备管理班组和岗位		设备设施运行、维护良好

续表

标准序号	考核项目	责任部门及岗位职责	分数	重点要素解读
1.14	业务与安全“五同时”	业务主管部门及相关部门	5	单位应严格按《国务院关于进一步加强企业安全生产工作的通知》做好安全生产“五同时”工作，即计划、布置、检查、总结、评比生产经营工作时，应同时计划、布置、检查、总结、评比安全生产工作
1.14.1		涉及危险作业的单位或部门	*	涉及危险作业的部门或单位每月至少应进行一次全面的安全生产风险分析，由主要负责人、主管生产和安全负责人参加，并形成安全生产风险分析会议决议，且会议决议应得到严格执行。危险作业有申报、评审、审批记录，并应安全生产风险分析资料档案记录完整
1.14.2		各部门	5	各部门应遵守“业务谁主管，安全谁负责”的原则，在“五同时”实施过程中安全生产工作内容一般包括：传达上级安全生产会议精神，总结本单位、本部门上一阶段安全生产工作，分析安全生产现状及存在的问题，部署下一阶段工作，提出相关的要求，以及对安全生产工作进行检查、评比、考核、奖惩等
1.15	设计工艺安全管理		8	单位应严格执行《安全生产法》《职业病防治法》《中央企业安全生产禁令》等法律法规、标准规范的相关要求。严禁违反程序擅自压缩工期、改变技术方案和工艺流程。设计、工艺安全是技术安全管理的重要内容，是实现本质安全的重要途径之一
1.15.1		设备设施主管部门 业务主管部门及相关部门	*	1)设备设施主管部门不应采用国家或行业明令禁止和淘汰的设计、技术、工艺及装备。 2)科研生产部门及相关部门：不得采用国家或行业明令禁止和淘汰的设计、技术、工艺和装备。使用新设备、新工艺、新材料、新技术、新产品、新投入使用园区和设施、新收购并购公司前应进行危险有害因素辨识和风险分析，并根据辨识和评价结果采取风险控制措施和应急处置措施，且应进行危险有害因素辨识评审。有危险有害因素辨识和评审资料

续表

标准序号	考核项目	责任部门及岗位职责	分数	重点要素解读
1.15.2		设计、工艺技术部门 业务主管部门 及相关部门	*	对涉及危险性较大的危险作业的工艺技术文件应进行安全性审查和安全技术交底。 应在产品的设计、生产工艺流程确定时，通过安全分析、方案制定、技术评审等形式，提高设计工艺等源头的安全性。在产品、专项设备设施的设计、工艺规程中应有直接指导操作的安全技术要求，并经过评审。评审结论中提出的问题和建议等，应落实整改措施。有评审、整改或复审记录
1.15.3		同上	8	积极推进科技兴安，效果明显
1.15.4		同上		建立本单位的安全技术标准体系。淘汰落后工艺，提供设计工艺安全性等措施，加强技术安全管理工作，建立健全本单位安全技术标准体系文件、安全技术作业规程和岗位安全操作规程
1.15.5		同上		产品、工艺装备和专用设备设施的设计应按规定进行安全性评审和相应检验
1.15.6		同上		工艺技术文件中应落实安全技术规范要求，必要时，应进行安全性审查
1.15.7		设计、工艺技术部门 业务主管部门 安全生产管理部门		重大安全技术措施应经过评审。 安全生产管理部门：监督检查是否建立了标准制定、发布、实施、检查及监督考核办法，是否强化了技术管理机构的安全生产职能，是否按规定配备了安全技术管理人员。监督检查本单位和相关部门负责人的安全生产技术管理责任制，强化本单位主要技术负责人的技术决策权和指挥权。对实施许可证管理制度的危险性作业要严格落实专项安全技术论证、评审、审批，以及安全技术作业规程和岗位安全操作规程等。有检查、监督记录
1.16	危害因素管理		12	单位应根据《企业职工伤亡事故分类》《生产过程危险和有害因素分类与代码》《企业安全生产标准化基本规范》等标准规范，组织作业人员进行作业活动的危险有害因素辨识，认真加强作业行为的安全管理，对作业活动和作业行为的隐患、设备设施使用的隐患、工艺技术的隐患等进行分析，采取控制措施，防止事故的发生，保证作业安全

续表

标准序号	考核项目	责任部门及岗位职责	分数	重点要素解读
1.16.1		业务主管部门及相关部门	*	应建立健全危害因素管理制度，规范危害因素辨识、风险分析及相应对策措施的制定。 1）科研生产管理部门及相关部门：应建立健全危害因素管理制度，组织作业人员建立相关的作业活动危险有害因素辨识，在辨识的基础上进行风险分析与评价，并采取必要控制措施和风险防范措施。危险有害因素辨识及风险分析应覆盖每个作业活动，描述作业活动流程应清晰，危险有害辨识及风险分析应全面、准确，控制措施和应急处置要科学、合理。 危险有害因素辨识、风险分析与评价应按照以下进行： a）单位应动员全员的所有作业活动（包括常规活动、非常规活动、正常、故障、维修、应急等情况下）、所有作业人员相互之间（包括相关方）、所有设备设施（包括外协、租赁）的使用等进行危险有害因素辨识和风险分析。 b）危险有害因素辨识、风险分析与风险评价内容一般应包括：作业前准备、作业活动、作业岗位、作业群体、人的行为能力和其他人为因素、危险源、危险性质、毗邻影响、相关方、自然因素、事故概率、事故类型、事故原因、控制措施、劳动保护、应急处置等。一般情况下，单位危险有害因素辨识、风险分析与风险评价应有统一或规范的格式，各个作业现场、作业岗位、班组；车间（分厂、部门）、单位等逐级汇总。 c）危险有害因素分类应参照《企业职工伤亡事故分类》《生产过程危险和有害因素分类与代码》。 2）存在危险有害因素的作业场所：应根据危险有害因素的辨识结果全部设置安全警示标识，安全警示标识使用正确、齐全，位置显著，能够起到提示和警示作用。不同场所和设备设施上的安全警示标识设置要正确。根据有害因素正确配备应急处置设施和工具，现场作业人员应正确使用与佩戴个体劳动保护用品。 3）人力资源部门：应对作业活动人员进行危险有害因素及其后果的告知，防护措施（包括设施防护和个体防护）、应急处置措施等相关内容进行培训，培训内容应结合实际作业活动，培训、考核记录要保留完整。培训记录应包括：授课人、受培训人、作业活动类别、存在危险有害因素、培训内容

续表

标准序号	考核项目	责任部门及岗位职责	分数	重点要素解读
1.16.1		业务主管部门及相关部门	*	及培训时间、地点、学时等，授课人及受培训人应据实签名。 4)安全生产管理部门：应配合人力资源管理部门做好作业活动人员安全培训。危险有害因素分析与评价要有针对性，控制措施要全面、科学、合理。每年对本单位危险有害因素及其对策措施进行评估，相关资料要完整。评估应有单位负责人确认的评估报告，整改意见和建议应有闭环管理，整改完成情况应符合安全要求。危险有害因素管理应考虑以下因素： a)一般情况下，单位应针对危险有害因素辨识进行风险识别和分级评价、明确一般风险（风险等级较低）和不容许风险（风险等级较高）。 b)对于等级较高的风险应制定有效的技术和管理措施，其中管理措施一般包括：安全告知、安全教育培训、警示标识、控制措施、安全检查、隐患整改、危险作业评审与审批、安全技术交底等。安全技术措施一般包括：安全预警、安全阻隔、安全防护、本质安全等。 c)构成危险点和重大危险源的应按照本章节 1.26 进行管理
1.16.2		作业班组和作业岗位	6	按作业活动辨识危害因素
1.16.3		业务主管部门及相关部门	4	针对危害因素制定对策措施
1.16.4		同上	2	每年应对危害因素及其对策措施进行评估
1.17	危险作业管理		6	单位应按照《危险作业安全评审和审批管理规范》和集团公司《关于实行危险作业安全审批制度的通知》文件要求建立健全危险作业管理制度。危险作业指科研生产过程中存在易燃易爆、高温高压、有毒有害、登高、吊装，以及其他存在较大安全风险的作业活动。危险作业主要包括：火化工作业、高处作业、吊装作业、特种作业、反向作业、临时作业、检修作业，以及其他可能造成较大人员伤害和财产损失的作业等。危险作业应当进行安全论证、评审、审批，以及安排专人进行现场安全管理，确保安全措施落实和安全规程严格遵守，以及应急措施和处置预案的有效性

续表

标准序号	考核项目	责任部门及岗位职责	分数	重点要素解读
1.17.1		业务主管部门 安全生产管理部门 教育培训部门 及相关人员	*	应按照《危险作业安全评审和审批管理规范》要求建立健全危险作业管理制度。 1)科研生产部门及相关部门:进行危险作业应实行危险作业评审、审批制度的严格落实,并明确和落实相关职责,做到不审批不作业、谁审批谁负责、分级审批、逐级负责和岗位明确、职责明确、过程明确,确保危险作业全过程的安全管理。且应按以下内容进行: a)危险作业项目要根据作业活动的变化进行动态管理。 b)危险作业安全评审:可采用会议评审和会签评审两种形式。评审范围、工艺过程、工作流程、安全措施、应急处置、论证评审内容、工作要求等具体参见《危险作业安全评审和审批管理规范》的相关要求。 c)型号试验必须开展技术安全评审,型号"两总"系统、技安组(安全生产管理人员)和相关专家等参加评审,以及时解决评审中发现的问题。技术安全评审材料要完整,通过评审后交试验组织单位技术安全业务管理部门审核和备案。技术安全评审要依据《系统安全性通用大纲》《航天器和导弹武器系统安全性大纲》《航天器和导弹武器系统安全性评审指南》《航天产品安全性保证要求》等标准。型号试验前应进行"四阶段安全评审"(进场前阶段、进场后阶段、转场前阶段、发射前阶段)。 d)危险作业安全审批:危险作业的安全审批应在安全评审的基础上进行,未按规定要求进行安全评审或安全评审未通过的危险作业不得进行危险作业审批。危险作业审批内容、审批等级及审批时机、审批程序等参见《危险作业安全评审和审批管理规范》的相关要求进行危险作业安全评审和审批。 2)安全生产管理部门:应加强现场专兼职安全生产监督管理人员的现场监督检查,重点监督评审程序、结论和审批表等填写是否完整,现场有无"三违"行为和其他影响作业的安全隐患。并应做好本单位危险作业目录管理,根据本单位作业活动的变化对危险作业目录实行动态管理,其目录应包括作业单位、作业名称、作业地点、六定情况、主要危险描述、应急措施、现场负责人等。

续表

标准序号	考核项目	责任部门及岗位职责	分数	重点要素解读
1.17.1		业务主管部门 安全生产管理部门 教育培训部门 及相关人员	*	3)教育培训部门:应严格落实“三级安全教育”(进场前安全教育、进场后安全教育、岗位安全教育),填写《三级安全教育卡》,各级教育者和受教育人要签字留名才能参加型号试验。试验队要通过会议、专刊、简报和黑板报等形式开展经常性的安全宣传和教育,宣贯各项安全规章制度和管理规定
1.17.2		业务主管部门 安全生产管理部门	1	建立危险作业目录
1.17.3		业务主管部门 设计、工艺技术部门 作业班组和作业岗位	5	对危险作业进行危害因素辨识和分析
1.17.4		业务主管部门 作业班组和作业岗位		严格执行危险作业评审和审批程序
1.17.5		各级安全生产监督管理部门		危险作业抽查、检查记录齐全
1.17.6		各级领导		各级领导:危险作业实行分级管理,危险性较大的危险作业,各级领导应进行带班、值班,认真落实领导安全管理职责,且应现场监督检查记录齐全;领导带班、值班应与作业人员同时上下班

续表

标准序号	考核项目	责任部门及岗位职责	分数	重点要素解读
1.17.7		外场试验参试单位	5	外场试验参试单位应严格执行外场试验相关安全管理规定
1.17.8		同上		应对危险性较大的试验进行产品安全性分析和试验保障条件安全性分析并评审。应有完整的记录和评审结论，并按照归档要求整理归档
1.18	警示标志	业务主管部门 设备设施管理部门	5	单位应根据作业场所的实际情况，按照《安全标志及其使用导则》(GB 2894)要求建立健全本单位内部规定，在存在较大危险、有害因素的作业场所和设备设施上，按照《工作场所职业病危害警示标识》(GBZ 158)、《高毒物品作业岗位职业病危害告知规范》(GBZ/T 203)设置明显的危险提示、警示标志，告知危险的种类、后果、防护措施及应急措施等
1.18.1		各作业现场 安全生产管理部门	*	1)各作业现场：提示、警示不应代替可靠的安全防范措施。 2)安全生产管理部门：应对各类安全标志进行监督检查，检查是否符合《工作场所职业病危害警示标识》《高毒物品作业岗位职业病危害告知规范》的相关要求，提示内容、位置、显著程度和应急处置等是否合理，是否能够起到警示作用
1.18.2		业务主管部门 设备设施管理部门	5	设备设施管理部门和作业部门：应在较大危险、有害因素的作业场所、设备设施上，按照GB 2894标准设置明显的提示、警示标志，告知物质危险性和有害因素的种类、后果、防护措施及应急措施。 1)对产生职业病危害的作业岗位，应当在其醒目位置，设置警示标识和中文警示说明。警示说明应当载明产生职业病危害的种类、后果、预防及应急救治措施等内容。 2)对可能产生职业病危害的设备，应当提供中文说明书，并在设备的醒目位置设置警示标识和中文警示说明。警示说明应当载明设备性能、可能产生的职业病危害、安全操作和维护注意事项、职业病防护及应急救治措施等内容

续表

标准序号	考核项目	责任部门及岗位职责	分数	重点要素解读
1.18.3		作业班组、作业岗位	5	在存在有害因素的作业场所和设备设施上，按照《工作场所职业病危害警示标识》和《高毒物品作业岗位职业病危害告知规范》设置明显的提示、警示标志，告知物质危险性和有害因素的种类、检测结果、后果、防护措施及应急措施
1.18.4		设备设施管理部门		进口设备设施警示标志应翻译为中文
1.19	相关方管理	相关方管理可参阅本《指南》6.5.2	5	单位应对承包商、供应商等，严格进行资格预审、选择合格的供应商和服务商，对其前期准备、作业过程、提供的产品、技术服务进行评估，并做出淘汰或续用等规范管理。应建立合格相关方的名录和档案，根据其作业行为定期识别服务行为风险，并采取行之有效的控制措施。对临时外来人员（包括实习人员、参观人员及其他外来人员等）进行有关安全教育，告知存在的危险、安全注意事项和应急措施，并进行专人带领
1.19.1		业务主管部门 安全生产管理部门	*	1）业务主管部门：应建立健全相关方和外来人员管理制度。不得将生产经营项目、场所、设备发包或者出租给不具备安全生产保障能力或者相应资质的单位或者个人；不得将项目委托给不具备相应资质或条件的相关方。应在与相关方在签订合同（项目协议）时，同时签订安全协议书，发包或出租项目有变更、新增或消减内容时，应重新办理安全协议的相关手续。并对同一区域多个相关方应进行统一协调、管理，定期进行安全检查，发现问题应当及时督促整改。应有对承包商或承租方的安全生产检查记录，并应形成闭环整改。 2）相关部门：相关方选择，资质资料和职业卫生评价应符合下列要求： a）对相关方的营业执照、相应许可证等进行审查，其应符合国家和地方法规要求，并在有效期内。收集并保存其资质、资信、特种作业、特种设备作业、建筑施工、危化品运输、有毒有害作业等相关资质资料，并在有效期内。 b）对经常或长期合作（含长期在单位现场的）相关方，应对其进行安全条件、人员能力、设备设施、

续表

标准序号	考核项目	责任部门及岗位职责	分数	重点要素解读
1.19.1		业务主管部门 安全生产管理部门	*	风险控制、信誉等进行评价，并保存记录，评价应有安全生产监督管理部门参加，宜每年进行一次。 3)安全生产管理部门：应对相关方安全管理进行定期或不定期的监督检查，查证相关方作业现场是否有可靠的安全防范措施，有无事故隐患和“三违”行为；监督检查日常安全时，应涵盖相关方现场，并应保存相关记录
1.19.2		业务主管部门 经营管理部门	5	生产经营项目、场所、设备的承租、承包、出租应符合安全管理规定，相关方资格符合要求，并签订符合规定的安全协议
1.19.3		安全生产 管理部门		应对进入同一作业区的相关方进行统一安全管理
1.20	变更		5	单位应对机构、人员、工艺、技术、设备设施、作业过程及环境等永久性或暂时性变化，主要有管理变更、设备设施变更、工艺技术变更等，变更会使原有的工作内容、方式、方法等发生改变，将会产生新的隐患或使原有风险控制能力被削弱，从而导致的安全风险，针对安全风险应有计划地进行控制措施。变更的实施应履行评审、审批及验收程序，并对变更过程及变更所产生的危险、有害因素进行辨识和风险分析，并予以控制
1.20.1		业务主管部门 及相关部门	*	业务主管部门应制定变更管理制度，控制机构、人员、工艺、技术、设备设施、作业过程及环境等永久性或暂时性的变化导致的安全风险。 1)机构变更：应有上级签发的红头文件，并按职责分工，重新签发安全生产责任书，规定主要负责人的安全生产职责、义务和权利，并执行安全生产“五同时”管理规定。 2)人员的变更：应对新任职的人员按规定进行安全生产培训教育，重新签订新任职人员岗位安全责任书，并执行本章节 1.10 有关规定。 3)工艺、技术、设备设施及环境的变更：应重新进行危险有害因素的辨识，在辨识的基础上分析风险，制定对策措施，认真落实“三同时”的有关规定

续表

标准序号	考核项目	责任部门及岗位职责	分数	重点要素解读
1.20.2		各部门	5	重大变更的实施应履行评审、审批和验收程序
1.20.3		同上		发生变更及新法规规定颁布，各部门应及时进行危害因素辨识、分析，制定对策措施
1.21	作业部门		12	
1.21.1		作业部门及相关部门	*	建立健全安全奖惩制度、班组和岗位安全达标管理制度及反“三违”管理制度，开展班组和岗位安全达标活动。 部门制度建设：作业部门应建立健全安全生产考核与奖惩制度、班组和岗位安全达标管理制度、反“三违”行为管理制度，认真开展班组和岗位安全达标活动
1.21.2		同上	*	安全生产领导小组：各部门以部门主要负责人为组长，成立安全生产领导小组。应建立工作制度和例会制度，检查时查证各部门安全生产领导小组会议原始记录是否齐全完整
1.21.3		同上	6	领导小组每月应至少召开一次安全生产工作会，贯彻上级安全生产要求和安委会要求，分析、布置本部门安全生产工作
1.21.4		同上		部门配备专兼职安全员：部门专兼职安全员应符合条件，定岗明确，具备相应的安全知识和技能，有明确的安全生产职责和任职资格，并按规定参加安全生产知识和技能的培训与考核，且应持证上岗。专兼职安全员应参加部门安全检查和安全生产领导小组会议
1.21.5		同上		安全检查：部门主要负责人每月至少对所辖区域组织一次安全检查，安全检查与隐患整改做到闭环管理，检查记录、隐患整改记录齐全
1.21.6		同上		创建部门特色安全文化，配置安全生产教育场地及宣传栏。 安全文化建设：各部门应建立具有特色、员工认同的安全文化，配置安全生产教育场地及宣传栏，创建“喜闻乐见、应知应会”的安全文化

续表

标准序号	考核项目	责任部门及岗位职责	分数	重点要素解读
1.21.7		同上	6	参加“三同时”和维修项目的验收，并签字。 “三同时”和“七新”安全管理：部门负责人和安全生产管理人员应参加“三同时”和维修项目的验收，并签字。对新设备、新工艺、新材料、新技术、新产品、新投入使用园区和设施、新收购并购公司前应对作业人员进行安全培训，使其掌握新工艺、新技术、新材料、新设备、新产品的技术特性，采取有效的安全防护措施，严格执行安全操作规程
1.21.8		同上		设备设施管理：管辖范围内的设备设施台账完整，有维护保养计划，且应按计划实施维护保养
1.21.9		同上		危险作业安全管理：建立健全危险作业目录及档案，严格执行危险作业评审和审批程序。严格执行安全交底、作业前安全教育、作业中监督检查、作业后安全检查，并做到记录及时归档
1.21.10		同上		危险点安全管理：针对Ⅰ、Ⅱ、Ⅲ级危险点或重点作业岗位应制定应急处置方案或措施，每半年对应急处置方案或措施进行演练，并评估分析、修订和完善
1.21.11		同上		及时对新工艺、新技术、新材料、新设备作业人员进行安全培训
1.21.12		同上		对生产区域内的实习人员、参观人员及其他外来人员进行有关安全教育和告知，并由专人带领。 相关方安全管理：各部门应对相关方进行有效的安全管理，严格执行本章节1.19条款有关规定；对进入生产作业区域的临时外来人员（含实习人员、参观人员及其他外来人员）必须由专人带领，且应进行安全告知及安全培训，安全告知及培训应有记录
1.22	作业班组		15	各作业班组应按上级部门要求开展班组安全达标，班组安全达标，标准全面、合理，符合班组实际。并严格执行安全生产协会《安全管理标准化班组考评细则》和集团公司《班组安全生产标准化》文件要求

续表

标准序号	考核项目	责任部门及岗位职责	分数	重点要素解读
1.22.1		各部门 （作业班组） 人力资源 管理部门	*	按部门要求开展班组安全达标。 各部门（作业班组）：应按业务主管部门要求开展班组安全达标。 人力资源管理部门：应建立班组长花名册，对各位班组长任职资格进行明确，各班组长应具备相应的安全知识和技能，需按规定进行培训，且应持证上岗，每年安全培训合格率应达到 100%，提高班组长现场安全管理水平和现场安全风险管控能力
1.22.2			5	班组安全达标标准全面、合理，符合班组实际
1.22.3		各作业班组		班组内部管理制度齐全、合理并严格执行。 班组内部管理制度：有适合本班组的安全生产管理制度，安全生产责任制、安全操作规程，以及各岗位、各工种现场处置预案；班组全体成员应熟悉，并严格执行安全管理制度、安全职责、安全操作规程和应急预案。班组内部管理有以下内容： 1）班组安全生产制度：各班组应有班前会制度，班前、班中、班后安全生产检查制度（“一班三检”），安全生产活动制度，班组交接班安全管理制度，安全生产检查与整改制度等。各班组应结合实际制定，便于班组成员学习、掌握和执行，且不低于国家、行业、集团公司和本单位的要求。 2）安全生产责任制：各班组应有班长、安全员、各岗位员工的安全生产职责制有效文本，建立健全班组长、带组长、安全员、各岗位操作人员安全职责。 3）安全操作规程：各班组应有各岗位、各工种安全操作规程或各岗位、各工种作业安全指导书。应进行危险有害因素辨识，班组成员熟知本岗位危险源和控制方法，熟悉本岗位应急响应程序和处置方法，熟悉本岗位应急相应程序和方法。 4）班组安全培训：班组要加强班前安全培训制度，有针对性地讲述岗位安全生产与应急救援知识、安全隐患和注意事项等，使班前安全培训形成常态化并筑牢安全生产第一道防线
1.22.4		班组长		班组长任职资格符合要求，具备相应的安全知识和技能，持证上岗

续表

标准序号	考核项目	责任部门及岗位职责	分数	重点要素解读
1.22.5		各作业班组	6	班组危害因素及其对策措施档案齐全：班组应有危险有害因素及其对策措施档案、典型“三违”目录、危险作业目录齐全；每半年以班组为单位开展应急处置方案或措施演练，演练记录和评估资料齐全；班会议、技术交底、安全检查、隐患整改等记录齐全
1.22.6		同上		班组典型“三违”目录齐全，有“三违”积分卡
1.22.7		同上		危险作业目录齐全
1.22.8		同上		每半年以班组为单位开展应急处置方案或措施演练，记录齐全
1.22.9		同上		班会、技术交底、安全检查等记录齐全：建立班组班前、班中、班后安全生产检查（“一班三检”）、重点对象和重点部位安全生产检查（“点检”）、作业区域安全生产巡查（“巡检”），对各类检查的频次、重点、内容提出要求。对查出的问题和隐患要按照“五到位、五落实”原则进行隐患整改，并做到举一反三。各班组应根据不同的岗位制定有针对性的安全检查表，认真落实隐患排查的闭环管理
1.22.10		同上	4	班组现场安全管理：共用设备、工具、车辆、场地等有专人负责，机电设备设施、工装、工具、量具、车辆、劳保用品等使用、维护、保养管理制度齐全；班组作业环境符合安全要求；各岗位作业现场设备设施、工具、个人用品均定置管理；设备设施清扫、维护保养情况良好；职业卫生、劳保用品配备、穿戴正确；安全警示标示张贴正确
1.22.11		同上		班组安全文化：班组文化宣传栏有安全生产内容，开展“手指口述”等多种形式的安全文化活动。通过心想、眼看、手指、口述等形式的安全文化活动，确保班组成员按安全操作规程作业，使全体成员参与安全文化建设

续表

标准序号	考核项目	责任部门及岗位职责	分数	重点要素解读
1.23	作业岗位		18	岗位安全达标是单位根据各岗位生产作业特点，依照国家安全生产法律法规、标准规范等，制定岗位安全标准，规定考评办法，开展达标考评活动。岗位安全达标国家安全生产法律法规、标准规范等在生产作业岗位得到落实的实现的状态。认真贯彻落实《国家安全监督总局 中华全国总工会 共青团中央深入开展企业安全生产标准化岗位达标工作的指导意见》文件要求
1.23.1		各部门（作业岗位）	*	现场无“三违”行为：在作业现场严禁“违章指挥、违章作业、违反劳动纪律”
1.23.2		同上	10	按部门要求开展岗位安全达标活动。 开展岗位安全达标：按部门要求在规定时间内，实现岗位安全达标
1.23.3		同上		岗位人员年龄、学历、知识、技能、上岗资格、职业禁忌症等符合基本要求。 明确岗位达标要求：各部门要结合各岗位的性质和特点，依据国家有关法律法规、标准规范，以及制定的各岗位的安全标准，提出各岗位安全达标的要求，包括：岗位安全达标策划方案、实施工作计划、实施办法、岗位达标实施记录、结果考评、总结、考核及奖惩。 制定岗位安全达标标准：应有岗位安全达标标准、实施作业流程标准化管理，岗位安全标准是该岗位人员作业的综合规范和要求，其内容必须具体全面切实可行。岗位安全标准主要内容如下： 1）岗位人员基本要求：年龄、学历、技能、上岗资格证书、职业禁忌症等； 2）岗位安全知识和技能要求：熟悉或掌握本岗位危险有害因素（危险源）及其预防控制措施、安全操作规程、岗位关键点和主要工艺参数的控制、自救互救及应急处置措施等； 3）行为安全要求：严格按操作规程进行作业，执行危险作业审批、交接班等规章制度，禁止各种不安全行为及与作业无关行为，对关键操作进行安全确认，不具备安全作业条件时拒绝作业等； 4）装备防护品要求：生产设备及其安全设施、工具的配置、使用、检查和维护，个体防护用品的配备和正确使用，应急设备器材的配备、使用和维护等；

续表

标准序号	考核项目	责任部门及岗位职责	分数	重点要素解读
1.23.3		同上	10	5)作业现场安全要求:作业现场清洁有序,作业环境中粉尘、有毒物质、噪声等浓度(强度)符合国家或行业标准要求,工具物品定置摆放,安全通道畅通,各类标识和安全标志选择正确,位置醒目等; 6)岗位管理要求:明确工作任务,强化岗位培训,开展隐患排查,加强安全检查,分析事故风险,铭记防范措施并严格落实到位; 7)其他要求:结合本单位、专业及岗位的特点,提出其他岗位安全生产要求
1.23.4		同上		熟知本岗位安全标准、安全责任书、安全操作规程、设备操作和维护规程、现场应急处置方案、危害因素及对策措施、“三违”行为等。 制定岗位安全达标管理制度:应制定切实可行的岗位安全达标管理制度,并有效贯彻、落实与实施。 岗位安全生产责任制:岗位职责分工必须明确,按部门要求落实岗位职责,认真开展岗位安全达标活动。 岗位安全教育培训:各部门、各班组应针对岗位作业人员的工作特点,设备工艺特性、职业卫生、安全防护、应急处置,以及相关管理制度进行经常性的安全教育培训,培训应保存完整的记录,考核记录应列入岗位员工个人档案
1.23.5		同上	8	正确使用、保管、检查个人防护用品,更换维护周期应与工作实际要求相符
1.23.6		同上		岗位使用工具有清单,定置摆放
1.23.7		同上		设备设施整洁,定期保养,发现问题及时报告

续表

标准序号	考核项目	责任部门及岗位职责	分数	重点要素解读
1.24	安全检查、整改及预防		8	安全检查、隐患排查与治理体系，是单位(企业)分级分类管理的重要举措，各级领导应认真贯彻落实国务院安全生产委员会颁发的《安全生产事故隐患排查治理体系建设实施指南》和《国务院安委会办公室关于建立安全隐患排查治理体系的通知》，以及国家安全生产监督管理总局第 16 号令《安全生产事故隐患排查治理暂行规定》的相关要求
1.24.1		各级领导 各部门 各班组 安全生产管理部门	*	建立健全安全检查、整改及预防制度，规范安全检查、隐患整改及预防。 1)单位应制定安全检查、整改及预防制度，应采取技术、管理措施，及时发现并消除事故隐患。单位负责人和主管领导应组织重点部位、重要设备、危险点的事故隐患排查工作，对隐患进行分析评估，确定危险等级，登记建档，并采取有效的治理和预防措施。 2)对“变更”、“七新”、相关方进入、撤出或改变的，必须及时组织安全检查和隐患排查。 3)安全检查与隐患排查前应制定方案：应明确安全检查和隐患排查目的、范围，选择合适的方法。安全检查与隐患排查方案应依据： a)有关的安全生产法律法规、标准规范等文件要求； b)设计规范、管理标准、技术标准； c)单位的安全生产目标、制度等。 4)隐患整改与治理：应根据安全检查结果制定隐患整改和治理方案，对其隐患及时进行整改，其方案、措施和整改完成后的验证、评估相关内容如下： a)隐患整改与治理方案：应包括目标和任务、方法和措施、经费和物资、机构和人员、时限和要求，重大事故隐患在整改和治理前应采取临时控制措施并制定应急预案； b)隐患整改和治理措施：应包括工程技术措施、管理措施、教育措施、防护措施和应急措施； c)整改和治理完成后，应对整改和治理情况进行验证及效果评估，验证、评估应有书面记录，且应保存完整。

续表

标准序号	考核项目	责任部门及岗位职责	分数	重点要素解读
1.24.1		各级领导 各部门 各班组 安全生产管理部门	*	5)重大事故隐患治理：科研生产经营单位主要负责人应组织制定重大事故隐患整改与治理方案，并组织实施。重大事故隐患整改与治理方案应包括以下内容： a)整改与治理的目标和任务； b)采取的方法和措施； c)经费和物资的落实； d)负责治理的机构和人员； e)整改与治理的时限和要求； f)安全措施和应急预案
1.24.2		各级领导 各部门 各班组 安全生产管理部门	4	安全检查范围应包括：所有与科研生产经营相关的场所、环境、人员、设备设施和活动。 安全检查方法：应根据本单位安全生产的需要和特点，采用综合检查、专业检查、季节性检查、节假日检查、专项检查、日常检查等各类安全检查；在检查中发现的隐患和问题，责任单位应确定整改责任人、整改措施和整改期限，形成闭环管理，并及时向上级部门反馈隐患整改信息；建立健全各类安全检查的职责分工，明确责任
1.24.3		各部门		应分类制定安全检查表，检查表应详尽且可操作，符合相关标准、规范及单位实际
1.24.4		同上		各类检查责任明确，记录齐全，签署完整
1.24.5		同上	4	对检查出的问题和隐患，立即整改并举一反三。不能立即整改的，应制定整改方案，并做到整改措施，责任、资金、时限、预案“五到位”
1.24.6		同上		对于重复发生的问题和非常规隐患，应分析问题产生根源，并采取预防措施

续表

标准序号	考核项目	责任部门及岗位职责	分数	重点要素解读
1.25	预警预测	安全传感器可参阅本《指南》7.2节	5	预警预测是单位(企业)根据科研生产经营状况和隐患排查治理情况,运用定量的安全生产预测预警技术,建立体现本单位安全生产状况和发展趋势的预警指数系统
1.25.1		危险点主管部门	*	易燃易爆场所及Ⅰ级危险点应按照《安全传感器工程技术规范》Q/QJB 171要求实施安全传感器工程
1.25.2		同上	3	制定安全传感器工程管理制度并进行有效管理。 1)制定安全传感器工程管理制度:应严格贯彻执行《安全传感器工程技术规范》、国防科工局颁发的《国防科技工业易燃易爆危险点视频监控系统通用技术规程》和集团公司《安全传感器工程管理办法》等的相关要求,制定适用于本单位安全传感器工程管理制度。 2)安全传感器建设与应用:安全传感器工程适用于安全生产监控和管理的Ⅰ级、Ⅱ级、Ⅲ级危险点、重大危险源、火化工品作业场所、安全生产重点管理部位和科研生产场所等应按照《安全传感器工程技术规范》要求,必须建设和应用实施安全传感器工程。安全传感器工程项目建设中,应符合具体生产现场生产性质所决定的生产要求(防静电等相应要求),并满足防爆、防静电、接地、跨接、防爆等级要求。 3)安全传感器系统升级改造:应按照集团公司有关规定,严格管理程序,分阶段组织开展评审和验收,保持系统硬件和软件版本的相对稳定、受控,确保系统良好运行。 4)视频监控范围:Ⅰ级、Ⅱ级、Ⅲ级危险点、重大危险源及火化工作业场所应设置视频监控系统的场所如下: a)处于Ⅰ级危险点的场所:主要危险源点或者危险工序;主要危险源点所在的车间或者厂房内部,如若干个生产工序所构成的完整区域;危险性建筑物及其周围相关区域。实现整体纵深监视。

续表

标准序号	考核项目	责任部门及岗位职责	分数	重点要素解读
1.25.2		同上	3	b)处于Ⅱ级危险点的场所：主要危险源点或者危险工序；主要危险点所在的车间或者厂房内部，如若干个生产工序所构成的完整区域。实现局部纵深监视。 c)处于Ⅲ级危险点的场所：主要危险源点或者危险工序。 d)单位（企业）认为有必要设置的其他场所。 5)视频监控系统分为三级：根据电气危险场所类别，视频监控系统应符合相应的防爆性能要求。 a)一级视频监控系统实现对Ⅰ级危险点的监控。应采用定焦距镜头摄像机，实现对重点工序、岗位固定点的监视；在不同视角处采用定焦距镜头或带云台、变焦镜头摄像机，实现监视区域内两视角以上的监视。对移动目标或大面积监视区域应采用适当数量的定焦距镜头摄像机，必要时可配置带云台、变焦镜头摄像机，实现区域内的全景监视。在Ⅰ级危险点人流、物流主要出入口附近的室外适当位置，应安装带云台、变焦镜头摄像机（也可利用现有安防视频监控系统），实现对Ⅰ级危险点周边环境的动态监视。视频监控系统对Ⅰ级危险点实现整体纵深监视。 b)二级视频监控系统实现对Ⅱ级危险点的监控。应采用定焦距镜头摄像机，实现对重点工序、岗位的监视，可采用带云台、变焦镜头摄像机实现区域内的监视；监视区域内无盲区。视频监控系统对Ⅱ级危险点实现局部纵深监视。二级视频监控系统应按设定程序自动启停并自动记录。 c)三级视频监控系统实现对Ⅲ级危险点的监控。应采用定焦距镜头的摄像机，实现对重点工序、岗位的监视。电气危险场所（炸药粉尘/气体、液体）内前端设备（如镜头罩、云台、解码器、有线对讲电话和接线盒等）的选型、安装应符合规定要求。 d)一级视频监控系统应全天候运行，采用24 h连续自动记录方式；二、三级视频监控系统应根据工作班制确定其运行时间，系统应在监视点工作前半小时启动，在工作后半小时停机

续表

标准序号	考核项目	责任部门及岗位职责	分数	重点要素解读
1.25.3		安全生产管理部门	2	建立安全生产状况及发展趋势的预警系统：应根据危险有害因素识别，建立风险分析与评估、事故预警预测体系，建立体现本单位安全生产状况和发展趋势的预警指数系统，如安全生产预警指数图、历年工伤事故指示图等
1.26	危险点和重大危险源监控		6	危险点和重大危险源监控是通过危险辨识和评价分级，明确单位（企业）存在的主要危险有害因素和重要的安全管理部位，采取有效地控制管理措施，从源头控制事故和危害，使事故频率降到最低危害及损失降到最小
1.26.1		危险点和重大危险源管理部门	*	建立健全危险点和重大危险源管理制度，规范危险点及重大危险源的辨识、评审分级、登记建档、备案、变更、撤销、标识、检查、监控与管理。 1）制定危险点管理制度：危险点和重大危险源管理部门应当建立健全危险点和重大危险源管理制度，应对危险点的辨识分级、管理职责、管理办法、人员责任落实、检查维护和监控、应急救援、档案管理等做出明确规定。 2）评价、分级管理：应按照《危险点控制管理规定》《易燃易爆危险点分级管理要求》《危险化学品重大危险源辨识》和《关于开展重大危险源监督管理工作的指导意见》等有关规定，对危险点和重大危险源进行辨识，评价过程及分级结果应科学合理，危险点和重大危险源评价等级分为三级。查证单位危险点审定程序是否符合有关规定，其说明如下： a）一级危险点由院、基地、直属单位、公司及该危险点所在的单位重点控制。 b）二级危险点由所在单位和所在部门重点控制。 c）三级危险点由所在部门重点控制。 d）在危险点分级过程中，具有易燃易爆性质的设备、设施和生产、使用、贮存易燃易爆性质的单元，宜采用火灾爆炸指数法计算危险等级；除易燃易爆性质以外的危险设备、设施等宜采用 K.J格莱姆打分法计算危险等级。

续表

标准序号	考核项目	责任部门及岗位职责	分数	重点要素解读
1.26.1		危险点和重大危险源管理部门	*	3)登记与备案：单位对辨识确定的危险点，应填写危险点审定登记表，其中：三级危险点的审定应由厂、所和直属单位安全生产主管部门负责，并报院级安全生产主管部门。一、二级危险点审定应由院级安全生产主管部门负责，直属单位的一、二级危险点的审定由集团公司安全生产主管部门或委托的部门负责。审定后，危险点审定登记表应由危险点所属单位安全生产主管部门归档。一级危险点应报集团公司安全生产主管部门备案。 4)及时更新和调整：单位应对危险点和重大危险源的变更进行及时更新和调整。以下情况应及时进行更新调整： a)当设备设施、周围环境、物品性质、工艺技术要求等情况发生变化，或国家、行业相关标准发生变化时，应及时危险点进行更新和调整； b)危险点应至少每三年评审、审批一次，危险点的新增、撤销、等级变更及复评应严格按《危险点控制管理规定》的有关要求进行
1.26.2		同上	*	按标准辨识、评估危险点和重大危险源，及时登记建档，制定分布图，并按规定备案。 危险点分布图、台账及档案齐全：单位应建立危险点台账，明确责任部门和责任人；单位应有危险点分布图；危险点资料档案齐全。 1)危险点分布图：依据有关标准对本单位的危险设施或场所进行重大危险源辨识与安全评估，制定危险点和重大危险源分布图。 2)危险点台账应明确：危险点名称、危险性质、危险源、六定(定员、定岗、定量、定位、定检、定寿命)、责任人、责任部门、联系电话和应急措施。 3)危险点档案应包括：危险点和重大危险源的辨识、评审分级、登记建档、备案、变更、撤销、标识、检查、监控与管理档案，即危险点审定或评价报告、危险点管理制度、危险点操作规程、教育和培训、隐患和整改情况、事故应急预案、检查记录、维修、保养记录等资料。同时，应及时将危险点相关信息(各类检查情况、问题和隐患、事故情况等)记录在危险点管理档案中

续表

标准序号	考核项目	责任部门及岗位职责	分数	重点要素解读
1.26.3		同上	*	单位主要负责人应每年对所有危险点至少进行一次安全检查。 安全检查记录齐全：单位一级危险点中的重大危险源必须进行安全评价；定期对危险点（重大危险源）进行安全检查：对危险点的级别和相关规定符合性进行安全检查；安全检查应实名制、记录齐全完整、发生问题应及时有效的处理必须形成闭环；各类危险点使用的检测仪器、仪表、工具、设备、设施和安全防护装置应定期进行检测，且在有效期内使用。 危险点的安全检查实行安全检查表方式，对查出的隐患和问题应及时跟踪检查，落实整改。各级人员安全检查频次如下： 1）对一级危险点，院级领导应每年至少检查一次，厂、所领导应每季度至少检查一次，车间或部门领导应每月至少检查一次，班组长应每周至少检查一次，作业人员应负责按规定做好每作业日的检查工作。 2）对二级危险点，厂、所领导应每季度至少检查一次，车间或部门领导应每月至少检查一次，班组长应每周至少检查一次，作业人员应负责按规定做好每作业日的检查、巡检工作。 3）对三级危险点，车间或部门领导应每月至少检查一次，班组长应每周至少检查一次，作业人员应负责按规定做好每作业日的检查、巡查工作。 4）单位危险点主要负责人和主管安全生产负责人应对本单位的危险点进行定期检查，并做好记录。 5）危险点责任人、作业人员应负责日常管理和日检。对各类检查和监控中发现的问题，应及时处理，并上报有关主管部门。 6）具有易燃易爆和毒物泄露性质的一级危险点应建立有效的实时监控系统，随时掌握相关情况，发现问题及时处理并报告有关主管部门

续表

标准序号	考核项目	责任部门及岗位职责	分数	重点要素解读
1.26.4		同上	6	制定危险点及重大危险源安全技术和管理措施
1.26.5		同上		及时对发生变化的危险点及重大危险源进行更新和调整
1.26.6		同上		标识规范、齐全。 各类标识齐全：危险点和重大危险源处应在醒目位置悬挂安全标志和危险点标识牌。危险点安全标志应符合国家标准《安全色》《安全标志及其使用导则》的规定，安全标志牌尺寸参见《易燃易爆危险点分级管理要求》附录C。危险点标识牌的内容应包括：危险点的名称、危险点等级、危险因素、危险物质性质及特性、明确责任单位和安全责任人。当危险点和重大危险源发生变化时（如危险点等级、安全责任人等），应及时更新标识牌
1.27	职业卫生		10	单位应严格执行《职业病防治法》和国家安全生产监督管理总局令第23号《作业场所职业健康监督管理暂行规定》有关规定，做好职业病危害因素的申报等工作
1.27.1		职业卫生管理部门	*	建立健全职业卫生管理制度，规范职业病危害因素的检测、接触职业病危害因素人员的体检、职业病危害因素的申报等。 1）建立制度：应建立健全职业卫生管理制度。 2）辨识、公示：对可能产生职业病危害的场所进行危害因素分类识别，应当在醒目位置设置公告栏，公布有关职业病防治的规章制度、操作规程、职业病危害事故应急救援措施、工作场所职业病危害因素检测结果。 3）场所管理：对存在职业病危害因素的作业场所定期进行监测，并保存监测结果及相关资料。 4）健康档案管理：应配合人力资源管理部门对接触有害作业人员建立职业健康监护档案，建立从事或接触有害作业人员花名册，且应包括：劳动者职业史、既往史和职业病接触史；职业健康检

续表

标准序号	考核项目	责任部门及岗位职责	分数	重点要素解读
1.27.1		职业卫生管理部门	*	查结果及处理情况；对可能产生职业病危害岗位的作业人员，应做好岗前、在岗中、离岗前的职业健康体检，在岗期间的体检应符合规定要求的周期，建议复检的，应在规定时间进行复检。职业健康体检应在具有省级卫生行政管理部门批准的医疗卫生机构进行，并保存完整的个人职业卫生健康体检档案。 5)安全警示与告知：对可能产生职业病危害的设备，应当提供中文说明书，并在设备的醒目位置设置警示标识和中文警示说明。警示说明应当载明设备性能、可能产生的职业病危害、安全操作和维护注意事项、职业病防护及应急救治措施等内容；对产生职业病危害的作业岗位，应当在其醒目位置，设置警示标识和中文警示说明。警示说明应当载明产生职业病危害的种类、后果、预防及应急救治措施等内容。存在严重职业危害的作业岗位，应按照《工作场所职业病危害警示标识》要求设置警示标识和警示说明。 6)应急处置管理：对可能发生急性职业危害的有毒、有害工作场所，应设置报警装置，制定应急预案，配置现场急救用品、设备，设置应急撤离通道和必要的泄险区。对各种防护器具应定点存放在安全、便于取用的地方，并有专人负责保管，定期校验和维护。 7)职业卫生档案应包括：职业病防治责任制、规章制度、操作规程；单位主要负责人、职业卫生管理人员和职业病危害严重工作岗位作业人员等职业卫生培训资料；工作场所职业病危害因素种类清单、岗位分布及作业人员接触情况等资料；职业病防护设施和应急救援设施，以及配置、使用、维护、检修与更换等记录；职业病危害场所检测、评价报告；职业病防护用品配备、发放、维护与更换记录；劳动者职业健康监护档案；建设项目职业卫生“三同时”有关技术资料及备案、审核、审查或者验收等批复文件；职业卫生安全许可证、职业病危害项目申报批复文件；职业病危害事故报告与应急处置记录；其他有关职业卫生管理的资料和文件

续表

标准序号	考核项目	责任部门及岗位职责	分数	重点要素解读
1.27.2		同上		辨识职业病危害场所，并定期委托具有相应资质的机构检测，记录齐全
1.27.3		同上		职业病危害因素的检测结果符合国家或行业标准
1.27.4		人力资源管理部门	6	与劳动者订立劳动合同时，应将工作过程中可能产生的职业病危害及其后果、职业病防护措施如实告知劳动者，并在劳动合同中写明。 人力资源管理部门应配合职业卫生管理部门做好以下工作： 1）在与劳动者订立劳动合同：在与可能产生职业危害的岗位作业人员签订劳动合同时，应告知其危险有害因素，并在劳动合同中注明危险有害种类、后果、预防措施等。 2）职业健康监护：应加强对接触有害作业人员的职业健康监护，防止患有职业病或职业禁忌症（含疑似）人员继续从事职业危害作业，保护员工的健康和安全。 3）职业健康监护档案包括：劳动者姓名、性别、年龄、籍贯、婚姻、文化程度、嗜好等情况；劳动者职业史、既往病史和职业病危害接触史；历次职业健康检查结果及处理情况；职业病诊疗资料；需要存入的有关职业健康监护的其他有关资料。 4）职业健康管理：应建立从事或接触有害作业人员花名册，且应包括：劳动者职业史、既往史和职业病接触史；职业健康检查结果及处理情况；对可能产生职业病危害岗位的作业人员，必须进行岗前、在岗中、离岗前的职业卫生健康体检
1.27.5		职业卫生管理部门	4	对接触有害作业人员进行上岗前、离岗时、在岗期间体检和复检，发生意外事故时及时体检和处置，并将体检报告存档。 在岗期间的职业健康体检，应按照《职业健康监护技术规范》的有关规定确定接触职业病危害作业人员的健康体检周期。需要复查的，应当根据复查要求和时限进行

续表

标准序号	考核项目	责任部门及岗位职责	分数	重点要素解读
1.27.6		人力资源管理部门	4	有禁忌症或职业病人员应调离禁忌岗位。 应对有禁忌症、疑似职业病或职业病人员调离禁忌岗位(原岗位);应将职业健康体检结果如实告知劳动者,应告知职业健康体检结果和各项指标是否在正常范围内,告知是否存在禁忌症、疑似职业病或职业病,并进行有效治疗
1.27.7		职业卫生管理部门		应及时、如实向上级主管部门申报生产过程存在的职业病危害因素
1.28	个人防护		5	单位应建立健全个人防护用品管理制度,为从业人员提供符合国家标准或者行业标准的劳动防护用品,并监督、教育从业人员按照使用规则佩戴、使用
1.28.1		物质采购部门 个人防护主管部门及工会	*	建立健全个人防护用品管理制度,规范需求识别、验收、保管、发放、使用、维护、保养、更新等。 物质采购部门:不得采购和使用无安全标志的特种劳动防护用品,在采购、保管、发放中应严格执行国家标准规范,并遵守本单位相关管理制度。个人防护用品的技术指标应符合要求:特种劳动防护用品国家实行安全标志管理,特种劳动防护用品生产(经销)许可证,有“三证一标志”,即生产许可证、产品合格证、安全鉴定证,以及安全标识,且应各种证件均在有效期内。 个人防护主管部门及工会应做好以下工作: 1)建立个人防护用品管理制度,管理制度应规定采购、验收、保管、发放、使用、更换、报废等内容。 2)应建立健全个人防护用品配置目录,目录应覆盖所有需要配备个人防护用品的岗位。规定个人防护用品配备的标准、规格和更换周期,并应符合《劳动防护用品选择规格》和《劳动防护用品配备标准》的相关要求。 3)个人防护用品的配备应符合岗位要求:个人防护用品应配备齐全,并与岗位实际相对应;提供的职业病防护用品必须符合防治职业病的要求,不符合要求的,不得使用。

续表

标准序号	考核项目	责任部门及岗位职责	分数	重点要素解读
1.28.1		物质采购部门 个人防护主管部门及工会	*	4)个人防护用品发放记录完整:应有发放物品名称、规格、发放时间、领取人签字、下次发放日期等,所有领取人均需签字。 5)凡从事多种作业或在多种劳动环境中作业人员,应按其主要作业的工种和劳动环境配备劳动防护用品。如果配备的劳动防护用品在从事其他工种作业时或在其他劳动环境中确实不能适用,应另行配备或借用所需的劳动防护用品。 6)应有各作业岗位个人防护用品配置目录、标准
1.28.2		安全生产管理部门 财务管理部门 科研生产部门和各班组	5	应有各作业岗位个人防护用品配置目录、标准。 安全生产管理部门:购买的特种劳动防护用品须经安全生产管理部门或者管理人员检查验收。监督检查个人防护用品配备情况,劳动防护用品与岗位作业实际相对应,发放周期应符合标准和规定。劳动防护用品更换、维护记录应齐全完整。监督检查个人防护用品是否正确佩戴和使用,是否按周期进行更换;绝缘工器具是否在检验周期内进行检验,标识是否完整等。 财务管理部门:应当在年度经费使用计划中安排用于配备劳动防护用品的专项经费,并监督其经费使用情况,且不得以货币形式或者其他物品替代应当按规定配备的劳动防护用品。 科研生产部门和各班组:为作业人员提供的劳动防护用品,必须符合国家标准或者行业标准,不得超过使用期限。应对作业人员进行培训,指导作业人员正确佩戴和使用个人防护用品,并监督检查正确佩戴的情况。个人防护用品发放时应有完整记录,领取人应本人签名
1.28.3		个人防护主管部门		个人防护用品配备齐全,符合岗位防护要求,配备标准符合 GB 11651 等要求,更换周期应与实际操作相符。 劳动防护用品分别为特种劳动防护用品和一般劳动防护用品。特种劳动防护用品共有六大类,目录具体见国家安全生产监督总局《特种劳动防护用品安全标志实施细则》,未列入目录的劳动防护用品为一般劳动防护用品

续表

标准序号	考核项目	责任部门及岗位职责	分数	重点要素解读
1.28.4		个人防护主管部门	5	个人防护用品技术指标符合要求；特种劳动防护用品生产(经销)许可证、产品合格证、安全鉴定证在有效内，安全标识齐全
1.29	应急救援		5	单位(企业)应按规定建立应急救援管理体系，成立应急管理机构或指定专人负责应急管理工作。主要负责人应组织编制与科研、生产、经营相适应的应急预案，且应包括：综合预案、专项预案和现场处置方案
1.29.1		主要负责人、各部门、各班组	*	建立健全生产安全(急性职业病危害)事故应急预案。 建立安全生产应急管理机构或指定专人负责安全生产应急管理工作，指定专兼职应急救援队伍。 具有I或II级危险点的单位应建立应急救援队伍或与相关机构签订服务协议。
1.29.2		同上	5	应急预案应要素齐全、职责分明、要点突出、程序合理，与现场处置方案和社会应急救援体系相衔接
1.29.3		同上		每年对应急预案进行演练并评估分析、修订完善。 组织应急演练：应当制定本单位的应急预案演练计划，根据本单位的事故预防重点，每年至少组织一次综合应急预案演练或者专项应急预案演练，每半年至少组织一次现场处置方案演练，可以进行实战演练、模拟演练、桌面演练，并对演练效果进行评估。根据评估结果，修订、完善应急预案，改进应急救援管理工作
1.29.4		同上		应急预案培训：单位应当每年开展应急预案培训，使有关人员了解相关应急预案内容，熟悉应急职责、应急程序和现场处置方案
1.29.5		同上		在可能发生火灾、爆炸等生产安全事故和急性职业病危害事故的工作场所，应配备现场应急用品、设备设施，设置报警装置、应急撤离通道和必要的避险场所
1.29.6		同上		专人保管现场的应急用品，设备设施和防护用具，定期校验、检查、维护、保养，应急时便于取用

续表

标准序号	考核项目	责任部门及岗位职责	分数	重点要素解读
1.30	事故报告、调查、处理		5	单位应按照国务院《生产安全事故报告和调查处理条例》《国防科工生产安全事故报告和调查处理办法》和国家安全生产监督管理总局《(生产安全事故报告和调查处理条例)罚款处罚暂行规定》等有关的法律法规和文件规定，建立健全安全生产和急性职业病危害事故(事件)报告调查管理制度
1.30.1		安全生产管理部门 职业卫生管理部门	*	按照相关法规规定，建立健全安全生产和急性职业病危害事故(事件)报告调查管理制度。 1)建立制度：建立健全安全生产和急性职业病危害事故(事件)报告调查管理制度。 2)对事故档案的真实性、有效性进行管理：按季度、年度对本单位所发生的生产安全事故进行统计分析，并于每季度过后 5 日内和次年 1 月 15 日前报送上级单位安全生产监督管理部门，填制生产安全事故统计报表，实行零报告制度。做好资料档案查备工作如下： a)单起事故应有：现场图、调查记录、分析会议记录、调查报告书、处理决定、防范措施和整改落实情况等资料； b)在一个安全生产标准化复评周期内，所有事故的档案均应齐全
1.30.2		主要负责人 各部门及各类人员	*	发生事故时，应立即启动相关应急预案。 各部门及各类人员：在事故应急管理中应做到如下内容： 1)发生事故时，现场作业人员应立即启动现场处置方案，妥善保护事故现场及有关证据。并通知相关部门负责人立即启动相关的应急预案，单位主要负责人应当立即赶赴现场组织应急救援，并在事故调查处理期间不得擅离职守。 2)事故报告，应按规定的事故报告程序、逐级上报，报送时间间隔准确无误，不得迟报、漏报、谎报、瞒报生产安全和急性职业病危害事故。报送时间要求应按照《生产安全事故报告和调查处理条例》《国防科工生产安全事故报告和调查处理办法》《生产安全事故信息报告和处置办法》和集团公司相关规定执行。 3)事故调查，事故调查应查明事故发生的时间、经过、原因、人员伤亡情况及直接经济损失等。

续表

标准序号	考核项目	责任部门及岗位职责	分数	重点要素解读
1.30.2		各部门及各类人员	*	事故调查组应根据有关证据、资料，分析事故的直接、间接原因和事故责任，提出整改措施和处理建议，编制事故调查报告。 4)事故处理，应按照“依法依规、实事求是、注重实效”进行处理，追究责任人的行政或刑事责任。并认真落实“四不放过”的原则，严格按事故调查处理报告采取整改措施，做到举一反三
1.30.3		同上	*	不得迟报、漏报、谎报、瞒报生产安全和急性职业病危害事故
1.30.4		各相关部门及工会	*	发生事故(事件)后，应按规定成立事故调查组，进行事故调查或配合上级部门的事故调查。 工会部门：应建立单位(企业)、部门(车间)、班组三级工会组织。在安全生产中建立民主监督、民主管理工作机制，号召全体职工参加安全生产宣传教育，督促职工认真履行安全生产、职业卫生义务，并维护个人劳动保护的权利，积极主动地排查事故隐患。工会应参加事故调查与处理
1.30.5		各相关部门、各班组	*	应严格按事故调查处理报告采取整改措施，并举一反三。 各相关部门、各班组：应主动收集本单位和同行业历年生产安全和急性职业病危害事故案例，教育全体职工，并做到举一反三检查本单位、本部门的安全隐患和危险有害场所，杜绝生产安全事故发生
1.30.6		同上	5	单位及相关部门应主动收集本单位和同行历年生产安全和急性职业病危害事故案例
1.31	绩效评定		5	单位应每年至少一次对本单位安全生产标准化的实施情况进行评定，验证各项安全生产制度措施的适宜性、充分性和有效性，检查安全生产工作目标、指标的完成情况。通过安全生产标准化自评，实现“自我检查、自我纠正、自我完善”的动态循环的管理模式，更好、更有效地促进本单位安全生产工作
1.31.1		各部门	*	每年至少按本标准进行一次安全生产标准化自评。自评报告应按规定报上级相关部门

续表

标准序号	考核项目	责任部门及岗位职责	分数	重点要素解读
1.31.2		主要负责人 办公室或安全生产绩效主管部门	*	单位主要负责人:应每年组织并主持召开绩效评定会议,对绩效评定工作全面负责,评定工作应形成正式文件,并将结果向所有部门、所属单位和从业人员通报,作为年度考评的重要依据。单位发生重伤或损失较大的事故,或出现重大变更时,应重新进行绩效评定。 办公室或安全生产绩效主管部门:每年均开展安全生产标准化自评;每年应制定安全生产标准化工作计划和目标,按照本标准和集团公司相关规定开展安全生产标准化自评,保证安全生产标准化体系的有效运行。 1)单位安全生产标准化自评应包括:自评报告、自评汇总表、存在问题登记表、自评结论、整改建议及相关照片、影像资料等。 2)安全生产标准化绩效评定会议记录应包括:会议时间、地点、主持人、记录人、应到会人数、实到会人数、绩效评定情况、主要领导在会议上讲话内容、安全生产标准化运行情况汇报、绩效评定报告初稿等。会议应形成正式文件或会议纪要。 3)应对安全生产标准化绩效评定后,对存在的问题应明确改进措施、资金、计划、责任部门和人员,并做到及时完成整改,并举一反三。 4)安全生产标准化绩效评定应覆盖单位各部门、所属各单位的所有的员工和作业岗位,绩效评定结果应纳入所属部门、单位和员工年度安全绩效考评
1.31.3		同上	*	绩效评定会议应形成正式文件,并将结果向所有部门和从业人员通报,作为年度考评的重要依据
1.31.4		同上	*	单位发生重伤或损失较大的事故,或出现重大变更时,应重新进行绩效评定
1.31.5		各相关部门	5	各相关部门应结合本部门职责和责任书,报告各项安全生产制度措施适宜性、充分性和有效性及安全生产目标的完成情况
1.32	持续改进		5	单位应按《企业安全生产标准化基本规范》要求,做到安全生产工作持续改进

续表

标准序号	考核项目	责任部门及岗位职责	分数	重点要素解读
1.32.1		主要负责人 各部门	5	应根据安全生产标准化的评审结果和绩效评定会议文件，制定安全生产目标、指标、规章制度、操作规程等修订方案并实施，持续改进，不断提高安全绩效。并结合本单位、本部门安全生产标准化的评审和绩效评定结果，明确改进措施、资金、计划、责任部门和人员，保证持续改进工作到位

表 4－7　企业单位安全生产标准化考核评分细则重点要素解读列表（二）

标准序号	考核项目	责任部门及岗位职责	分数	重点要素解读
2	设备设施条件		700	
2.1	航天危险品		50	
2.1.1	火炸药制品库	主要负责人 火炸药制品库主管部门	20	火炸药制品库：航天单位在科研生产过程中涉及研制、加工、试验、拆分、销毁和存放的各种火药、炸药、弹药、引信、火工品、氧化剂的成品和半成品及有燃烧和爆炸危险性原材料的存储场所。 1）航天危险品管理与使用部门应当执行以下要求： a）航天危险品厂房、库房的设计、施工等应委托有相应资质的单位； b）在初步设计前、试运行后应及时委托有资质的单位进行安全评价； c）建立航天危险品安全管理制度、岗位安全责任制和安全操作规程； d）作业人员应进行安全技术培训，持证上岗，增强安全意识；

续表

标准序号	考核项目	责任部门及岗位职责	分数	重点要素解读
2.1.1	火炸药制品库	主要负责人 火炸药制品库主管部门	20	e)定期对航天危险品作业场所、设备进行检查，并做出记录； f)为作业人员配备符合安全要求的劳动防护用品； g)制定应急救援预案、现场处置方案，且定期进行演练。 2)航天危险品管理资料应符合以下规定： a)危险品库及作业场所各类安全防护检测验收资料； b)危险点档案资料齐全，有定期检查记录； c)车间、部门、班组各类规章制度、操作规程、应急预案、危险作业审批等档案资料齐全； d)防雷、防静电检测资料齐全； e)人员、制品登记记录与实际相符
2.1.1.1		火炸药制品库主管部门	*	库房应由具备资质的单位设计，经过安全评价，改变用途应重新评价。 火炸药制品库有以下安全要求： 1)选址建造、厂房布局、危险等级划分、安全距离、防火等级、库房定量等方面都有严格的标准和要求，必须要经过具有相应资质的专业设计院进行设计，建造完毕后要经有资质的机构进行安全验收评价； 2)投入使用前，要经过立项、可研、预评价、试运行一段时间，验收评价合格后才能投入使用； 3)对改变用途的库房也要经过安全验收评价，验收合格后投入使用； 4)现场检查时，被检查单位要提供完整的设计单位资格证明、项目可研报告、预评价报告、试运行记录、验收评价报告等资料
2.1.1.2		同上	*	库房的内外部距离及防护符合《复合固体推进剂厂房危险等级和安全距离的确定》QJ 3144 或《火药、炸药、弹药、引信及火工品工厂设计安全规范》(兵总质[1990]2 号)或《小量火药、炸药及其制品危险性建筑设计安全规范》WJ 2470 等要求。

续表

标准序号	考核项目	责任部门及岗位职责	分数	重点要素解读
2.1.1.2		同上	*	为防止库房发生爆炸时损伤周围其他建筑设施及人员，或引起周围建筑物内火工品殉爆，根据库房内存储危险品种类、数量等的不同，库房危险等级可分为 A、B、C、D 四级，各级危险品库房设计为单层建筑结构，并可采用砖墙承重结构，不得采用独立砖柱及空斗砖墙。其中 A 级又可分为 A_1、A_2、A_3 三个等级，C 级又可分为 C_1、C_2 两个等级。根据所存储火炸药制品的计算药量来划分库房属于哪个等级。每一等级对库房的内外部距离有不同要求，具体要求内容可查阅兵总质[1990]2 号文件、WJ 2470—1997 标准，但要把握以下原则： 1)不同危险等级或不同单库计算药量的两栋仓库之间的最小允许距离，应分别按其各自危险等级及计算药量划分，然后取其中大者； 2)最小允许距离均自两建筑物外墙轴算起； 3)如设转站台，则与建筑物之间最小距离按照转运产品的同类仓库的规定确定
2.1.1.3		同上	*	防雷设施符合《建筑物防雷设计规范》(GB 50057)要求，定期检测，接地电阻符合要求；动力线采取埋地引入，埋地长度符合要求；房屋及防雷设施上无其他金属线路。 各类危险场所的建筑物必须采取防雷措施，有防直击雷和二次雷击的措施；按照危险场所防雷类别，根据国家对防雷设计的有关规范安装防雷设施，各类建筑物的防雷类别参照《小量火药、炸药及其制品危险性建筑设计安全规范》附录 F 或《火药、炸药、弹药、引信及火工品工厂设计安全规范》附录 5 要求；输送各种危险物质的室外金属管道，除应按所输送物质的防雷等级，采取防雷措施外，还应每隔 25 m 左右接一次地；定期对防雷接地进行检测，房屋上及防雷设施上严禁搭设其他金属线路
2.1.1.4		同上	*	电气设备、设施符合防护要求；供电系统形式应为 TN－S 或 TN－C－S，厂房内应为 TN－S；接地装置完好可靠，定期检测，接地电阻符合要求。按照危险场所划分，火炸药制品库房一般属于Ⅱ级以上危险场所。应选用的电气设备的级别和组别不应低于爆炸性混合物的级别和组别。当存

续表

标准序号	考核项目	责任部门及岗位职责	分数	重点要素解读
2.1.1.4		同上	*	在两种以上燃爆性质形成的混合物时，应按照危险程度较高的级别和组别选择防爆电器。电气设备应采用密闭防爆型、Ⅱ类隔爆型 B 级、正压型、充油型、本质安全型、增安型(仅限于灯具及控制按钮)，插座还应满足在断电后，插销才能插入或拔出的要求。开关盒按钮应采用 IP54 级防水防尘型，电气设备要采取可靠的接地措施，采用 TN－S 或 TN－C－S 形式，接地电阻值不大于 4 Ω，且要求定期进行检测，在有效期内
2.1.1.5		火炸药制品库主管部门 库房管理责任人	*	库房防静电设施可靠、有效，定期检测，接地电阻符合要求。 火炸药制品库应有防静电措施，库房应铺设防(导)静电地板和防(导)静电工作台面，防静电工作台的表面应采用静电耗散材料制作，并有良好的接地，台面与地线间的电阻值为 10^6 Ω～10^9 Ω，产品采用正确的防静电接地方式，一般采用直接接地方式，其电阻值不大于 100 Ω，并且要定期进行检测
2.1.1.6		同上	*	储存电火工品的库房内不应使用无线电通信工具，库房周围无强电磁源、振动源。 火工品容易产生静电积聚，在强的电磁环境下容易产生电火花，有引燃或引爆火工的可能。所以库房内严禁使用手机、对讲机等无线通信工具，库房周围严禁设置强电磁源、振动源
2.1.1.7		同上	*	库房内不应有明火 由于库房内存有火炸药制品，所以严禁在库房内设置明火或进行带有明火的物品及作业，库房内严禁吸烟
2.1.1.8		同上	*	地面应为不发火地面

续表

标准序号	考核项目	责任部门及岗位职责	分数	重点要素解读
2.1.1.9		同上	*	同一库房内不应存放性质相抵触的火工品或其他易燃易爆品，失效、报废火工品应隔离存放。 各种危险品应单独存放，当条件受到限制时可分组存放。同一组危险品可以放在一起。库房内严禁存放酸、碱性腐蚀物质及其他易燃易爆品，相互能发生化学反应、燃烧、爆炸的火工品一定要分库存储，要定期检查，发现品质变化、包装破损和超过贮存期限的危险品应及时隔离处理，对失效、报废火工品要隔离存放，严禁存放在其他火工品库房中。详见下列危险品分组存放类别表。 序　号　危险物品名称 第1组　含水不少于25%的消化纤维素； 第2组　发射药，推进剂，装发射药的药包，装发射药的药管，填装发射药的药筒，填装推进剂的火箭发动机，可燃药筒，半可燃药筒； 第3组　黑索今，奥克托今，特屈儿，太安，含黑索今的混合炸药及上述炸药的药柱（块）； 第4组　胶质炸药； 第5组　梯恩梯及其药柱（块）、梯萘炸药，铵梯炸药，地恩梯； 第6组　苦味酸； 第7组　黑火药及其制品，装黑火药的发射药包，装黑火药的发射药管，导火索； 第8组　枪弹； 第9组　杀伤爆破榴弹，迫弹，火箭弹，战术导弹； 第10组　穿甲弹，破甲弹，碎甲弹，反坦克导弹； 第11组　手榴弹，爆破筒，地雷； 第12组　航空炸弹； 第13组　特种手榴弹，特种炮弹（如燃烧、照明、发烟弹等），特种航弹（如燃烧、照明、标志、烟幕、照明航弹等），信号弹，烟火药制品；

续表

标准序号	考核项目	责任部门及岗位职责	分数	重点要素解读
2.1.1.9		同上	*	第 14 组　填装黄磷的手榴弹、炮弹、航弹； 第 15 组　火工品（火帽、底火、雷管、拉火管、曳光管、电爆管、传火具、点火具等）； 第 16 组　扩（传）爆管，导爆索； 第 17 组　引信，发火件； 第 18 组　雷汞，击发药，拉火药； 第 19 组　氮化铅，三硝基间苯二酚铅，四氮烯，针刺药； 第 20 组　二硝基重氮酚； 第 21 组　三硝基间苯二酚； 第 22 组　氮化钠； 第 23 组　信号剂，照明剂，燃烧剂，曳光剂等（应按品种光色不同分间存放）； 第 24 组　硝酸铵，硝酸钾，氯酸钾，硝酸锶，硝酸钡，硝酸钠，过氧化钡，高氯酸铵等氧化剂
2.1.1.10		同上	*	电火工品的发火脚线应有短路措施，应保持短路状态或采取屏蔽措施。 为防止电火工品在测试作业或受雷击时意外发生爆燃、爆炸，电火工品的发火脚线必须采取短路措施，库存时要一直保持短路状态；为防止由于周围较强电磁源等因素干扰而发生爆炸，必要时应采取屏蔽措施
2.1.1.11		同上	*	不应在库内进行与存储、转运无关的作业。 火炸药制品库房非作业场所，所以库房内严禁任何开箱或包装、返检、检验及验收等作业，对需进行以上作业的产品，应将其转移到专门的作业场所进行
2.1.1.12		同上	*	定量、定员、定岗符合要求。根据作业内容合理进行定员、定量，并作最大限度的压岗减员，若危险场所定员超过 10 人还应向上级及航天科工集团备案

续表

标准序号	考核项目	责任部门及岗位职责	分数	重点要素解读
2.1.1.13		同上	8	安全通道畅通，安全出口、安全门、安全窗符合以下要求： 1)窗洞口宽度不小于 1.0 m，窗扇高度不小于 1.5 m，窗台高度不应低于室内地面 0.5 m，窗扇应向外平开，不设置中挺，双层安全窗的窗扇应能同时向外开启，窗户应设置金属网、铁栅和可开启的窗扇，除保温库外，在勒脚处应设置可启闭的活动百叶窗，百叶窗应与窗户上下对应设置；库房内安全出口不少于 2 个，若库房面积小于 220 m^2，可设置一个出口。 2)在离安全出口较远或到达安全出口比较困难时，应设置安全窗。 3)从库房内任何一点到安全出口的距离不应超过 30 m。 4)设置防护屏障的库房其安全出口应设在防护屏障有出口的一面或设置于有隧道的一面。 5)库房的门应该向外开，门洞宽度不宜小于 1.5 m，不应与其他房间的门直对设置，不应设置门槛，不采用吊门、侧拉门或弹簧门，门的开启方式应和疏散方式一致，外门口不应设置台阶，应作坡道
2.1.1.14		同上		温、湿度符合工艺要求。 根据存储火炸药制品的性质控制库房内的温湿度，必要时可采取防潮控温措施，定期检查，做好记录；库房内的易燃、易爆品要采取防止阳光直接照射的措施，可在门窗玻璃上粘贴防强光塑料贴膜
2.1.1.15		同上		防火隔离带、消防通道符合相关要求。 库房设计建造时应采用防火材料，库房周围 35 m 内应无大面积密集枯草和其他易燃物、可燃物，周边应设置 25 m 的防火隔离带，隔离带内的枯草树木应定期清除；库区应设置通往消防水源的消防车通道，并保持畅通，消防车道的宽度不小于 3.5 m，通道上空遇有管架等障碍物时，其净空高度应大于 4 m

续表

标准序号	考核项目	责任部门及岗位职责	分数	重点要素解读
2.1.1.16		同上	8	库房实行人员、制品出入登记制度。 库房应实行双人双锁、双人保管制度,人员出入进行登记核查;库内存储产品的设置标识牌,标明贮存危险物品的名称、数量、入库日期等;对进出库房的产品种类和数量要有总记录,并且记录清晰,妥善保存,便于查证
2.1.1.17		同上		产品包装完好,堆放整齐,堆距、堆高及作业通道应符合规定。 火炸药制品包装完好,必须按批次存放码堆、堆形要稳固、整齐,并便于检查、通风和搬运;炸药制品的码堆高度、箱装最高不应超过 5 箱,装袋最高不应超过 10 层,堆高不应超过 2 m;堆垛与堆垛、堆垛与墙的距离不小于 0.6 m,运输操作通道的距离不应小于 1.5 m,主要通道的宽度不小于 2 m;火工品包装件的堆码高度一般不超过 1.5 m,通风道宽度不小于 0.6 m,包装件与墙之间的距离不应小于 0.6 m。装有采暖系统的库房堆垛与散热器的距离不小于 1 m。火炸药、引信火工品堆放符合《军用爆炸物品或抢械类地面仓库安全评价》(GJB 5310.3—2004)要求,有防止小动物进入的措施
2.1.1.18		同上	4	库房安全管理制度、安全操作规程、应急处置方案齐全有效,现场可查询。 现场应有方便易查的安全操作规程、应急处置方案
2.1.1.19		同上	8	运输危险品的机动车辆应安装导静电装置,车槽内的黑色金属应有木板或导电橡胶板衬垫,进入库房应装防火帽。 在运输危险品时要选择可靠的运输车辆,严禁采用翻斗车、拖斗车、三轮车运输危险品。进入库房区域的机动车辆技术性能完好,采取有效的防静电接地措施;汽车排气装置应设在前下方,并且配备隔热的火花消除器,电瓶车不能漏电,变速调节应采用避免火花窜出的措施
2.1.1.20		同上		装卸危险品时,汽车熄火,汽车前方对着出口,司机不得离开驾驶位置

续表

标准序号	考核项目	责任部门及岗位职责	分数	重点要素解读
2.1.1.21		同上	8	手推车辆应安全可靠,接地措施可靠。 手推车技术状态良好,车部件无裂纹、变形现象;橡胶轮胎无松动或严重磨损现象;有防止碰撞产生火花的措施;车体设防静电接地链条,接地阻值不大于 100 Ω
2.1.1.22		同上		支撑装置应稳固,无损坏、开焊、裂纹等;转动部位灵活,锁紧装置齐全、可靠;接地可靠
2.1.1.23		同上		产品、设备接地可靠
2.1.1.24		同上		产品外覆盖物不应使用易产生静电的塑料布
2.1.2	火炸药制品装配和测试场所	主要负责人 火炸药制品装配和测试场所管理与使用部门	30	火炸药制品装配和测试场所:航天单位在科研生产过程中涉及火工品、点火器、固体火箭发动机等相关的产品的装配和测试作业现场。 1)火炸药制品装配和测试场所管理与使用部门应当执行以下要求: a)火炸药制品装配和测试场所厂房、库房的设计、施工等应委托有相应资质的单位; b)在初步设计前、试运行后应及时委托有资质的单位进行安全评价; c)建立火炸药制品装配和测试场所安全管理制度、岗位安全责任制和安全操作规程; d)作业人员应进行安全技术培训,持证上岗,增强安全意识; e)定期对航天危险品作业场所、设备进行检查,并做出记录; f)为作业人员配备符合安全要求的劳动防护用品; g)制定应急救援预案、现场处置方案,并定期进行演练。 2)火炸药制品装配和测试场所管理资料应符合以下规定: a)有毒、有害作业场所职业卫生检测资料; b)危险点档案资料齐全,有定期检查记录; c)车间、部门、班组各类规章制度、操作规程、应急预案、危险作业审批等档案资料齐全;

续表

标准序号	考核项目	责任部门及岗位职责	分数	重点要素解读
2.1.2	火炸药制品装配和测试场所		30	d)防雷、防静电检测资料齐全； e)严格控制人员出入，人员、制品登记记录与实际相符
2.1.2.1		同上	*	厂房应由具备资质的单位设计并经过安全评价，改变用途应重新评价。 火炸药产品装配和测试厂房按规定在投入使用前要经过立项、可研、预评价、试运行一段时间，验收评价合格后才能投入使用。厂房在选址建造、厂房布局、危险等级划分、安全距离、防火等级、厂房定量等方面都有严格的标准和要求，必须要经过具有相应资质的专业设计单位进行设计，建造完毕后要经有资质的机构进行安全验收评价；对于改变用途的厂房也要经过安全验收评价，验收合格后投入使用。现场检查时，被检查单位要提供完整的设计单位资格证明、项目可研报告、预评价报告、试运行记录和验收评价等资料
2.1.2.2		同上	*	厂房的内外部距离及防护符合 QJ 3144 或 WJ 2470 或《火药、炸药、弹药、引信及火工品工厂设计安全规范》(兵总质[1990]2 号)等要求。 火炸药库房危险等级可分为 A、B、C、D 四级，各级危险品库房设计为单层建筑结构，并可采用砖墙承重结构，不得采用独立砖柱及空斗砖墙。其中 A 级又可分为 A_1、A_2、A_3 三个等级，C 级又可分为 C_1、C_2 两个等级。根据所存储火炸药制品的计算药量来划分库房属于哪个等级。每一等级对库房的内外部距离有不同要求，具体要求内容可查阅兵总质[1990]2 号、WJ 2470—1997 标准，但要把握以下原则： 1)不同危险等级或不同单库计算药量的两栋仓库之间的最小允许距离，应分别按其各自危险等级及计算药量划分，然后取其中大者； 2)最小允许距离均自两建筑物外墙轴算起； 3)如设转站台，则与建筑物之间最小距离按照转运产品的同类仓库的规定确定

续表

标准序号	考核项目	责任部门及岗位职责	分数	重点要素解读
2.1.2.3		同上	*	防雷设施符合《建筑物防雷设计规范》(GB 50057)要求，定期检测，接地电阻符合要求；动力线采取埋地引入，埋地长度符合要求；房屋上及防雷设施上无其他金属线路。 各类危险场所的建筑物必须采取防雷措施，有防直击雷和二次雷击的措施。按照危险场所防雷类别，根据国家对防雷设计的有关规范安装防雷设施，各类建筑物的防雷类别参照《小量火药、炸药及其制品危险性建筑设计安全规范》附录F或《火药、炸药、弹药、引信及火工品工厂设计安全规范》附录五要求。输送各种危险物质的室外金属管道，除应按所输送物质的防雷等级采取防雷措施外，还应每隔25 m左右接一次地。定期对防雷接地进行检测，房屋及防雷设施上严禁搭设其他金属线路
2.1.2.4		同上	*	电气设备、设施符合防护要求；系统接地型式应为TN－S或TN－C－S，厂房内应为TN－S；接地装置完好可靠，定期检测，接地电阻符合要求。 按照危险场所划分，火炸药制品厂房属于Ⅱ级以上危险场所。按照Ⅱ级危险场所电气设备的选型要求，电气设备应采用密闭防爆型、Ⅱ类隔爆型B级、正压型、充油型、本质安全型、增安型(仅限于灯具及控制按钮)，插座还应满足在断电后插销才能插入或拔出的要求，开关盒按钮应采用IP54级防水防尘型，电气设备要采取可靠的接地措施，采用TN－S或TN－C－S形式，接地电阻值不大于4 Ω，并且要定期检测其是否有效
2.1.2.5		同上	*	厂房防静电设施可靠、有效，定期检测，接地电阻符合要求。 为避免生产作业时产生静电电荷并积累到一定数值产生电火花放电，应采取措施消除静电积累。厂房应铺设防(导)静电地板和防(导)静电工作台面，其静电泄漏电阻值为：$1.0\times10^{4}\sim1.0\times10^{8}$ Ω，产品采用正确的防静电接地方式，一般采用直接接地方式，其电阻值不大于100 Ω，且要定期进行检测

续表

标准序号	考核项目	责任部门及岗位职责	分数	重点要素解读
2.1.2.6		同上	*	使用电火工品的建筑物内不应使用无线电通信工具，厂房周围无强电磁源、振动源。 火工品容易产生静电积聚，在强的电磁环境下容易产生电火花，有引燃或引爆火工的可能。厂房内严禁使用手机、对讲机等无线通信工具，周围严禁设置强电磁源、振动源
2.1.2.7		同上	*	厂房内不应有明火。 严禁在厂房内设置明火或进行带有明火的作业，厂房内严禁吸烟
2.1.2.8		同上	*	地面应为不发火地面
2.1.2.9		同上		产品综合测试应隔离操作。 具有燃烧、爆炸危险的产品综合测试必须远程监控、隔离操作
2.1.2.10		同上	*	火工元件应分类放置，专室、专箱存放，标识正确。 不同的火工元件应按照不同性能类别专室、专箱存放，性质相抵触的火工元件不应存放在同一室中，要有标识牌，标明火工元件的种类、数量等，标识正确清晰
2.1.2.11		同上	*	电火工品发火脚应有短路措施，除测量、发火外，应保持短路状态或采取屏蔽措施。 为防止电火工品在测试作业或受雷击时意外发生爆燃、爆炸，电火工品的发火脚线必须采取短路措施，在不测试、通电发火时要一直保持短路状态；为防止由于周围较强电磁源等因素干扰而发生爆炸，必要时应采取屏蔽措施
2.1.2.12		同上	*	火工品电性能检查在专用场所隔离操作，所用仪器在检定有效期内使用；电火工品通路检查应使用符合安全要求的专用测试仪

续表

标准序号	考核项目	责任部门及岗位职责	分数	重点要素解读
2.1.2.13		同上	*	火工品装配使用的工装工具应符合安全要求，不应使用电动工具，使用电热工具时应断电等。 火工品装配使用工具要满足环境要求，应采取必要的防爆、防静电、防产生火花的工具，在火工品装配过程中容易引起事故，严禁使用电动、电热工具
2.1.2.14		同上	*	不应对火工品进行切割、打孔等作业
2.1.2.15		同上	*	厂房配电系统稳定运行，电压变化不超过额定电压±10%
2.1.2.16		同上	*	研制和批产产品不得在同一作业场所并行作业
2.1.2.17		同上	*	厂房内不应存放与装配产品无关的产品或杂物，泄放的燃油、暂不装配的火工品应及时转走。 厂房内产品、作业物品排放整齐，不应存放与产品总装包装工序无关的物品或其他产品，泄放的燃油要及时转走，现场存放要进行装配的火工品存放量应为当班用量，暂不装配的火工品也应该转走
2.1.2.18		同上	*	定量、定员、定岗符合要求。根据作业内容合理进行定员、定量，并作最大限度的压岗减员，若危险场所定员超过 10 人还应向上级及航天科工集团备案
2.1.2.19		同上	12	支撑装置应稳固，无损坏、开焊、裂纹等；转动部位灵活，锁紧装置齐全、可靠；接地可靠
2.1.2.20		同上		加注设备完好，加注管路无老化、破损；加注时，设备、产品防静电接地可靠
2.1.2.21		同上		测试设备应在检定周期内使用；设备及电缆完好，接地可靠
2.1.2.22		同上		振动、过载、称量设备完好，紧固、锁紧装置完好、可靠，接地可靠
2.1.2.23		同上		气源设备在检定周期内，接头牢固；管路符合承压要求，无老化、破损；气瓶和压力容器隔离存放

续表

标准序号	考核项目	责任部门及岗位职责	分数	重点要素解读
2.1.2.24		同上	6	安全通道畅通，安全出口、安全门、安全窗符合要求 安全窗洞口宽度不小于1.0 m，窗扇高度不小于1.5 m，窗台高度不应低于室内地面0.5 m，窗扇应向外平开，不设置中挺，双层安全窗的窗扇应能同时向外开启；危险库房内安全出口不少于2个，若厂房面积小于65 m^2，定员人数不超过3人，可设置一个出口；在离安全出口较远或到达安全出口比较困难时，应设置安全窗；从厂房到安全出口的距离应符合：Ax、Bx、Cx级建筑不应超过15 m，Dx级不应超过20 m；危险性工作间的门不应与其他房间的门直对设置，不采用吊门侧拉式，设置门斗时应采用外门斗，门的开启方式应和疏散方式一致，外门口不应设置台阶，应作坡道
2.1.2.25		同上		夜间作业场所应设应急照明
2.1.2.26		同上		温、湿度符合工艺要求 根据厂房内产品的性质来有效地控制厂房内的温湿度，必要时可采取防潮控温措施，定期检查，做好记录；厂房内的易燃、易爆产品采取防止阳光直接照射的措施，可在门窗玻璃上粘贴防强光塑料贴膜
2.1.2.27		同上	4	防火隔离带、消防通道符合相关要求。 厂房设计建造时应采用防火材料，库区应设置通往消防水源的消防车通道，并保持畅通，消防车道的宽度不小于3.5 m，通道上空遇有管架等障碍物时，其净空高度应大于4 m

续表

标准序号	考核项目	责任部门及岗位职责	分数	重点要素解读
2.1.2.28		同上	8	厂房安全管理制度、安全操作规程、应急处置方案齐全有效，现场可查询
2.1.2.29		同上		运输危险品的机动车辆应安装导静电装置，车槽内的黑色金属应有木板或导电橡胶板衬垫，进入厂房应装阻火器。 在运输危险品时要选择可靠的运输车辆，严禁采用翻斗车、拖斗车、三轮车运输危险品。进入库房区域的机动车辆技术性能完好，采取有效的防静电接地措施；汽车排气装置应设在前下方，并且配备隔热的火花消除器，电瓶车不能漏电，变速调节应采用避免火花窜出的措施
2.1.2.30		同上		装卸危险品时，汽车熄火，汽车前方对着出口，司机不得离开驾驶位置
2.1.2.31		同上		手推车辆应安全可靠，接地措施可靠。 手推车技术状态良好，车部件无裂纹、变形现象；橡胶轮胎无松动或严重磨损现象；有防止碰撞产生火花的措施；车体设防静电接地链条，接地阻值不大于 100 Ω
2.1.2.32		同上		产品、设备可靠接地。严禁出现虚搭、螺母不压实现象
2.1.2.33		同上		气密性试验产品和环境符合要求
2.2	危险化学品		76	
2.2.1	可燃液体存储设施	主要负责人 可燃液体存储设施管理与使用部门	20	可燃液体存储设施包括：独立设置的可燃液体库、独立设置的可燃液体罐、独立设置的可燃液体储罐组及车间内单独布置的用于存储易燃、可燃液体的房间，不包括危险化学品存储库房和火化工库房。 可燃液体包括：汽油、煤油、航空煤油、柴油、可燃机械油、变压器油等易燃、可燃石油类产品，不包括冷却液、液化石油气罐、热处理油槽、危险化学品及火化工等。

续表

标准序号	考核项目	责任部门及岗位职责	分数	重点要素解读
2.2.1	可燃液体存储设施	主要负责人 可燃液体存储设施管理与使用部门	20	1)可燃液体存储设施管理与使用部门应当执行以下要求： a)厂房、库房的设计、施工等应委托有相应资质的单位； b)在初步设计前、试运行后应及时委托有资质的单位进行安全评价； c)消防器材配备齐全； d)建立安全管理制度、岗位安全责任制和安全操作规程； e)作业人员应进行安全技术培训，增强安全意识； f)定期对可燃液体存储设施、设备进行检查，并做出记录； g)为作业人员配备符合安全要求的劳动防护用品； h)制定应急救援预案、现场处置方案，且定期进行演练。 2)火炸药制品装配和测试场所管理资料应符合以下规定： a)有毒、有害作业场所职业卫生检测资料； b)危险点档案资料齐全，有定期检查记录； c)车间、部门、班组各类规章制度、操作规程、应急预案、危险作业审批等档案资料齐全； d)防雷、防静电检测资料齐全； e)严格控制人员出入，人员、物料制品登记记录与实际相符
2.2.1.1		同上	*	电气设施符合防护要求，防雷和防静电设施符合要求。 (1)电气设施 应按照《爆炸和火灾危险环境电力装置设计规范》(GB 50058)标准执行，其爆炸危险区域的等级范围划分应符合本规范附录 B 的规定。该规范爆炸性气体环境电力装置部分规定了爆炸性气体环境的电力设计，电气设备的选择，电气设备防爆结构的选择，变、配电所和控制室的设计、电气线路的设计和安装等的要求。

续表

标准序号	考核项目	责任部门及岗位职责	分数	重点要素解读
2.2.1.1		同上	*	(2)防雷设施 a)《石油库设计规范》(GB 50074)第14.2条和《石油与石油设施雷电安全规范》(GB 15599)规定了金属储罐、非金属储罐人工石油库、汽车槽车和铁路槽车、生产装置和管路的防雷设施。 b)建筑物的防雷区,应根据现行的国家标准《建筑物防雷设计规范》(GB 50057)划分。工艺管道、配电线路的金属外壳(保护层或屏蔽层)在各防雷区的界面处应做等电位连接。在各被保护的设备处,应安装与设备耐压水平相适应的过电压(电涌)保护器。 c)避雷针(网、带)的接地电阻,不宜大于10 Ω。 (3)防静电 《石油库设计规范》(GB 50074)第14.3条和《液体石油产品静电安全规程》(GB 13348)静电防护均有规定
2.2.1.2		同上	*	设施应经过安全评价或评审。 严禁可燃液体存储场所处于非受控状态。评价是指有资质单位对其进行评价,评审是指单位自行评审。 《危险点控制管理规定》(QJ 2867B)中规定各单位应填写完整的危险点审批登记表,报有关部门审定。审定后,该表应有危险点所属单位安全生产管理部门归档。一级危险点应报集团公司安全生产主管部门备案,院级安全生产主管部门应负责组织所属单位对一、二级危险点的审定。集团公司安全生产主管部门或其委托部门应负责直属单位的一、二级危险点的审定,有一级危险点中的重大危险源的单位应委托具有安全评价资质的评价机构或航天系统指定的机构对重大的危险源进行安全评价,危险点应至少3年复评一次。危险点的新增、撤销、等级变更及复评按照相关规定进行

续表

标准序号	考核项目	责任部门及岗位职责	分数	重点要素解读
2.2.1.3		同上	*	容器材质符合要求，无渗漏。 容器材质应选用不易产生静电的金属材质，严禁使用塑料制品
2.2.1.4		同上	*	定量、定员、定岗符合要求。 1)《危险点控制管理规定》中规定：危险点应有安全负责人，明确人员分工和岗位安全责任。 2)《安全传感器工程技术规范》中规定，易燃易爆危险点进行定岗、定员、定量
2.2.1.5		同上		库房布局、建筑耐火等级、防火间距符合要求。 对于独立的石油库、石油储罐、石油储罐区应符合《石油库设计规范》(GB 50074)中对于库房布置、建筑耐火等级、防火间距的要求。对于车间油库应符合《建筑设计防火规范》(GB 50016)中对于建筑的布置、建筑耐火等级、防火间距的要求
2.2.1.6		同上		库房门向外开，消防通道保持畅通
2.2.1.7		同上	6	库房通风良好。 《石油库设计规范》(GB 50074)第 15.2 条规定为“通风”。其中： 1)第 15.2.1 条规定石油库的生产性建筑物应采用自然通风进行全面换气。当自然通风不能满足要求时，可采用机械通风。 2)第 15.2.2 条规定易燃油品泵房和灌油建筑，除应采用自然通风外，还应设置机械排风进行定期排风，其换气次数不应小于 10 次/h；易燃油品地上泵房，当其外墙下部设有百叶窗、花隔墙等常开孔口时，可不设置机械排风设施

续表

标准序号	考核项目	责任部门及岗位职责	分数	重点要素解读
2.2.1.8		同上	8	易燃溶剂库内使用不产生火花的工具。 易燃溶剂库内使用的开启、抽油等工具应采用铜质或不锈钢材质,严禁使用塑料制品
2.2.1.9		同上		应有《危险化学品安全技术说明书》,明确物质特性、灭火方法等
2.2.1.10		同上		不应存放其他易燃物和无关物品
2.2.1.11		同上		应按储存物品的种类和数量配置足够的消防设施和灭火器材 《石油库设计规范》(GB 50074)第 5.0.9 条规定了“消防车道”,第 12 条规定了“消防设施”,包括第 12.1 条“一般规定”、第 12.2 条“消防给水”、第 12.3 条“油罐的泡沫灭火系统”、第 12.4 条“灭火器材配备”、第 12.5 条“消防车设置”和第 12.6 条“其他”。 消防车数量应按照最大需要水量或最大需要泡沫液量进行配备。油库应和临近企业或城镇消防站协商组成联防。消防车库位置应能满足接到火灾报警后,消防车到达火场的时间不超过 5 min 的要求。油库内应设消防值班室,消防值班室应设专用受警录音电话。储油区、装卸区和辅助生产区的值班室内应设火灾报警电话
2.2.1.12		同上		安全管理制度、安全操作规程、应急处置方案齐全有效,现场可查询
2.2.1.13		同上	6	罐体基础牢固,罐体及管道、阀门完好
2.2.1.14		同上		罐体的液位计、呼吸阀齐全可靠、动作灵敏。 存储甲、乙、丙类油品的固定顶油罐,存储甲、乙类油品的卧式油罐,存储丙 A 类油品的地上卧式油罐等的通气道上必须设置阻火器;存储甲、乙类油品的固定油罐和地上卧式油罐的通气管上应装呼吸阀。地上立式油罐应设液位计和高液位报警器,频繁操作的油罐上应装设呼吸阀

续表

标准序号	考核项目	责任部门及岗位职责	分数	重点要素解读
2.2.1.15		同上	6	罐体及管道技术资料完整，定期检验。 罐体及管道应有产品合格证、登记资料、历次检验报告等，根据罐体及管道内物质性质，依据《油罐检验、修理、改建和翻新》(SY/T 6620—2005)标准确定检验周期
2.2.1.16		同上		槽车需持有专用许可证，进入罐区应装设专用排气阻火器，车尾架下设释放静电链条
2.2.2	涂装作业场所	主要负责人 涂装人作业场所管理与使用部门	18	涂装作业场所：是指存在易燃和可燃物质的前处理区、调漆室、喷漆作业场所及烘干室等。 前处理区：由于喷漆前处理作业而存在有限量的易燃和可燃蒸气、各类化学物质的雾、粉尘或积聚可燃性残存物的区域； 调漆室：符合安全卫生规定的专用于调配油漆的房间； 喷漆作业场所：进行喷漆作业的场地和特定的周围空间； 烘干室：用加热方式使漆层进行干燥、固化的操作空间。 1)涂装作业场所管理与使用部门应当执行以下要求： a)厂房、库房的设计、施工等应委托有相应资质的单位； b)在初步设计前、试运行后应及时委托有资质的单位进行安全及职业卫生评价； c)消防器材配备齐全； d)建立安全管理制度、岗位安全责任制和安全操作规程； e)作业人员应进行安全技术培训，增强安全意识； f)定期对涂装作业场所的设施、设备进行检查，并做出记录； g)为作业人员配备符合安全要求的劳动防护用品； h)制定应急救援预案、现场处置方案，且定期进行演练； i)定期进行职业卫生检测，对作业人员进行岗前、岗中、离岗体检并建档。 2)涂装作业场所管理资料应符合以下规定：

续表

标准序号	考核项目	责任部门及岗位职责	分数	重点要素解读
2.2.2	涂装作业场所	同上	18	a)有毒、有害作业场所职业卫生检测资料； b)危险点档案资料齐全，有定期检查记录； c)车间、部门、班组各类规章制度、操作规程、应急预案、危险作业审批等档案资料齐全； d)防雷、防静电检测资料齐全； e)严格控制人员出入，人员、物料制品登记记录与实际相符
2.2.2.1		同上	*	电气设施符合防护要求，防雷和防静电设施符合要求。 喷漆作业场所的电气设施应符合《涂装作业安全规程　涂漆前处理工艺安全及其通风净化》(GB 7692)的第5.4条、《涂装作业安全规程　喷漆室安全技术规定》(GB 14444)的第6.2条、《涂装作业安全规程　涂层烘干室安全技术规定》(GB 14443)的第4.1.3条、《涂装作业安全规程　涂漆工艺安全及其通风净化》(GB 6514)中第5.1.3.1条等条款规定，涂漆作业场所的电器设备应安全可靠、涂漆区内一般不设置电气设备，如必须设置时，应符合GB 50058的规定。 《涂装作业安全规程　安全管理通则》(GB 7691)中第6.10条规定，对于涂装设备配套的防爆电气设备，按原国家技术监督局、原劳动部等11个部门颁发的《关于对实施安全认证的电工产品进行强制性监督管理的通知》进行强制性监督管理。涂装作业场所使用的防爆电器设备，应具有以下产品标记： 1)国家安全认证标志； 2)国家检验单位签发的防爆合格证标记； 3)产品铭牌(包括防爆类型、级别、组别)，铭牌内容不全的由使用单位向销售单位索取补充材料

续表

标准序号	考核项目	责任部门及岗位职责	分数	重点要素解读
2.2.2.2		同上	*	可燃气体浓度报警设施符合要求。 1)《危险点控制管理规定》中规定大型油库(汽油、煤油一种或两种总量为 20 t 以上,含 20 t)为一类危险点,中型油库(汽油、煤油一种或两种总量为 1～20 t)为二类危险点,小型油库(汽油、煤油一种或两种总量为 1 t 以下)为三类危险点。 2)《安全传感器工程技术规范》(Q/QJB 171)适用于中国航天科工集团公司所属航天产品的研制、生产及总装单位中的各类Ⅰ级危险点新建的安全传感器工程,不适用于已有的其他安全监管系统。其他各级危险点新建的安全传感器工程项目可参照执行。可燃浓度报警装置每年应进行一次检测
2.2.2.3		同上	*	作业场所通风良好。 (1)喷漆前处理场所通风 《涂装作业安全规程 涂漆前处理工艺安全及其通风净化》(GB 7692)第 5.1.6 条规定,有机溶剂除油、除旧漆的作业场所必须有良好的通风、严禁吸烟和引入火种,作业过程中不准电瓶车、汽车和金属轮车进入,人员应穿防静电的工作服和不带钉的靴鞋;第 5.2.6 条规定,机械前处理除锈或清理除旧漆必须设置独立的排风系统和除尘系统。 (2)喷漆室通风 《涂装作业安全规程　喷漆室安全技术规定》(GB 14444)中第 8.1 条规定,喷漆室应设置安全通风系统,经过喷漆室的排风量应保证所喷溶剂浓度低于燃烧极限下限值(LFL)的 25%;第 8.2 条规定喷漆室除了应满足安全通风外,任何形式的湿式或干式喷漆室其控制风速均应按本规范规定采用。 (3)调漆室 《涂装作业安全规程　涂漆工艺安全及其通风净化》(GB 6514)中第 5.1.4.2.2 条规定,调漆室内

续表

标准序号	考核项目	责任部门及岗位职责	分数	重点要素解读
2.2.2.3		同上	*	通风换气次数 15 ～25 次/h。 （4）烘干室通风 《涂装作业安全规程　涂层烘干室安全技术规定》（GB 14443）中第 4.3.2.1 条规定，烘干室的安全通风系统应使用有组织气流通风，以保证烘干室内挥发性溶剂或悬浮粉末的浓度低于爆炸下限；第 4.3.2.2 条规定，烘干室内可燃气体最高体积浓度不应超过爆炸下限的 25%，空气中粉末最大含量不应超过爆炸下限的 50%
2.2.2.4		同上	*	定量、定员、定岗符合要求，现场油漆、稀释剂的数量应不超过当班用量。必要时应减至最低工艺用量。 《涂装作业安全规程　涂漆工艺安全及其通风净化》（GB 6514）中第 5.1.4.2.1 条规定，涂漆作业场所允许存放一定量的涂料及辅料，但不应超过一个班的用量；存放涂料的中间仓库应靠外墙布置，并应采用耐火墙和耐火极限不低于 1.5 h 的不燃烧体隔板与其他部分隔开
2.2.2.5		同上	12	油漆和稀料量超过 20 kg 时，应设独立的调漆场所。 《涂装作业安全规程　涂漆工艺安全及其通风净化》（GB 6514）中第 5.1.4.2.1 条规定，调配涂料一般应在调漆室内进行；第 5.1.4.2.3 条规定使用溶剂型涂料较少时（一般少于 20 kg），允许在涂漆区现场配置，但调配人员应严格遵守安全操作规程
2.2.2.6		同上		开桶、搅拌、抽取应使用不产生火花的工具。 使用的开启、抽倒等工具应采用铜质或不锈钢材质，严禁使用塑料制品
2.2.2.7		同上		烘干室应设置温度自动控制报警装置，并定期校验
2.2.2.8		同上		烘干室排气管上应安装防火阀，阀门与循环风机和排风机联锁，且应接地良好

续表

标准序号	考核项目	责任部门及岗位职责	分数	重点要素解读
2.2.2.9		同上	12	厂房建筑耐火等级符合要求，地面采用不燃烧、不发火材料，门窗向外开。 1)厂房建筑的耐火等级根据《建筑设计防火规范》(GB 50016)确定，具体见2.1.1.6解释的第(2)款。 2)根据《建筑设计防火规范》(GB 50016)第3.6.6条，散发较空气重的可燃气体、可燃蒸气的甲类厂房以及有粉尘、纤维爆炸危险的乙类厂房应采用不发火地面，采用绝缘材料作整体面层时，应采用防静电措施
2.2.2.10		同上	6	主要通道宽度应不小于1.2 m，主要通道和应急通道畅通
2.2.2.11		同上		安全管理制度、安全操作规程、应急处置方案齐全有效，现场可查询
2.2.3	工业槽	主管负责人 工业槽管理与使用部门	8	工业槽是指表面处理和热处理设置的各类酸、碱、油槽和盐槽。 1)工业槽管理与使用部门应当执行以下要求： a)厂房、库房的设计、施工等应委托有相应资质的单位； b)在初步设计前、试运行后应及时委托有资质的单位进行安全及职业卫生评价； c)消防器材配备齐全； d)建立安全管理制度、岗位安全责任制和安全操作规程； e)作业人员应进行安全技术培训，增强安全意识； f)定期对设施、设备进行检查，并做出记录； g)为作业人员配备符合安全要求的劳动防护用品； h)制定应急救援预案、现场处置方案，且定期进行演练； i)定期进行职业卫生检测，对作业人员岗前、岗中、离岗体检并建档； j)采用氰化物等剧毒品时储存应双人双锁，安装监控设施，投入料进行记录，帐、物相符。 2)涂装作业场所管理资料应符合以下规定：

续表

标准序号	考核项目	责任部门及岗位职责	分数	重点要素解读
2.2.3	工业槽		8	a)有毒、有害作业场所职业卫生检测资料； b)危险点档案资料齐全，有定期检查记录； c)车间、部门、班组各类规章制度、操作规程、应急预案、危险作业审批等档案资料齐全； d)防雷、防静电检测资料齐全； e)严格控制人员出入，人员、物料制品登记记录与实际相符； f)作业人员岗前、岗中、离岗体检档案资料齐全
2.2.3.1		同上	*	氰电镀槽应有盖、加锁，有监控报警装置，并定期进行安全评价。 1)对于有毒、有害物质的密闭系统，应避免跑、冒、滴、漏。必要时，应配置监测、报警装置。 2)对生产过程中尘、毒危害严重的生产设备，必须设计、安装可靠的事故处理装置及应急防护设施。 3)新建、改建或扩建的电镀生产线及其配套工程，应按照国家有关法律、法规进行安全预评价，其生产设备的设计应符合《生产设备安全卫生设计总则》(GB 5083)的要求，相关的安全设施应按设计要求与主体工程同时建成，同时投入使用
2.2.3.2		同上	3	作业场所通风良好。 1)通风装置的设置应根据有害物的特性和散发规律，工艺设备的结构及其操作特点，合理地确定排风罩的型式和安装方式，在不影响生产操作的情况下尽可能设置密闭排风罩，保证在排风口处具有 7～10 m/s 的风速。 2)设有进风装置的电镀生产线，进风口与排风口的水平距离不应小于 20 m，当小于 20 m 时，进风口应比排风口至少低 6 m。 3)排风口应设置缓冲装置，气体不可直接排出，风管顶部应有帽盖，且排风口应高于屋面 5 m。 4)工艺槽有害气体的排风管应采用防腐材料制作，弱碱槽和热水槽的排风系统的户外管段也可采用镀锌薄钢板。 5)氰化槽和有机溶剂槽的排风系统，其风管的正压段不应穿过其他房间

续表

标准序号	考核项目	责任部门及岗位职责	分数	重点要素解读
2.2.3.3		同上	3	槽体、管道坚固无裂纹，无渗漏。 槽体用硬质材料制作，且有一定的强度和刚度，有防腐蚀措施，酸、碱槽不得用铁制作。槽体要求无裂纹、无渗漏
2.2.3.4		同上		地下槽体，地面部分高度低于 400 mm 的应设置护栏，且槽体围栏应封闭，其高度不应低于1050 mm。 地下槽体应设置防护围栏，高度不低于 1050 mm，特定条件下不应低于 700mm，槽体围栏应封闭
2.2.3.5		同上		槽液在正常范围内。 1)镀槽有槽液高度上下限标识，槽液在正常范围内。 2)自动电镀生产线应具有槽液快速循环和溢流的措施，避免镀槽液面因聚集大量氢气泡而发生氢气爆炸的现象。 3)电加热管的加热区上限位置应低于槽液最低液面 50 mm。 4)所有电加热的槽体均应布置液位计，在加热过程中液面降低至所示液面时，电加热应自动停止，液面低于液位计所示液面时，应无法启动电加热
2.2.3.6		同上		机械搅拌装置运行正常。 槽液搅拌应根据槽液的组成，合理选用空气搅拌、机械搅拌及其他方式搅拌。机械搅拌装置运行正常，无故障
2.2.3.7		同上		易发生火灾的槽体周围应配置相应的灭火器材

续表

标准序号	考核项目	责任部门及岗位职责	分数	重点要素解读
2.2.3.8		同上	3	电气设施与线路符合安全要求。 带电体应用绝缘物完全覆盖住。油漆、清漆和类似产品，不适于单独用作防护正常条件下的电击。采用Ⅱ类设备或等效绝缘做防护。电源接线端子与保护接地端之间的绝缘电阻小于1 Ω。PE线若明设时，应选用≥4 mm^2的铜芯线，不许使用铝芯线。PE线若暗设时(随穿线管接入设备本体)应选用≥2.5 mm^2的铜芯线或≥4 mm^2的铝芯线。PE线不许搭接或串接，接线规范、接触可靠，不要求一定均裸露。明设的应沿管道或床身敷设，暗设的在接线处外部应有接地标志。设备PE线接线间不得涂漆或加绝缘垫
2.2.3.9		同上		电极及导线与槽体之间绝缘良好。 电极及导线与槽体应无接触、绝缘层无老化现象，无损伤。槽内的导电部位保持干净，导电性能良好，正、负极有一定距离。工作期间，能确保正、负极不得接触
2.2.3.10		同上	2	电加热器绝缘有效，定期检测，可靠接地。 电加热要求接地极，接地线连接可靠。接地保护符合《工业与民用电力装置的接地设计规范》中的有关规定
2.2.3.11		同上		用石英玻璃管加热，应有保护措施。 用石英玻璃管加热时，在加热器的外侧有防护装置，以防止工件碰撞或坠落后砸破玻璃管
2.2.3.12		同上		强腐蚀性的危化品作业现场应配置可清洗面部的应急处理装置。 应急处理装置应安装在作业现场能够快速到达的地方，定期检查，保障设备完好有效
2.2.3.13		同上		安全管理制度、安全操作规程、应急处置方案齐全有效，现场可查询

续表

标准序号	考核项目	责任部门及岗位职责	分数	重点要素解读
2.2.4	其他危险化品储存和使用场所	主要负责人 其他危化品储存和使用场所管理与使用部门	30	其他危险化学品是指除了标准中的火炸药及其制品以外，其他具有有毒、有腐蚀性、易燃、易爆的化学品；"场所"包括作业现场使用场所和临时当班存放场所。 1)其他危险化学品储存和使用场所管理与使用部门应当执行以下要求： a)厂房、库房的设计、施工等应委托有相应资质的单位； b)在初步设计前、试运行后应及时委托有资质的单位进行安全及职业卫生评价； c)消防器材配备齐全； d)建立安全管理制度、岗位安全责任制和安全操作规程； e)作业人员应进行安全技术培训，增强安全意识； f)定期涂装作业场所的设施、设备进行检查，并做出记录； g)为作业人员配备符合安全要求的劳动防护用品； h)制定应急救援预案、现场处置方案，且定期进行演练； i)定期进行职业卫生检测，对作业人员岗前、岗中、离岗体检并建档。 2)其他危险化学品储存和使用场所管理资料应符合以下规定： a)有毒、有害作业场所职业卫生检测资料； b)危险点档案资料齐全，有定期检查记录； c)车间、部门、班组各类规章制度、操作规程、应急预案、危险作业审批等档案资料齐全； d)防雷、防静电检测资料齐全； e)严格控制人员出入，人员、物料制品登记记录与实际相符
2.2.4.1		同上	*	电气设施符合防护要求，防雷和防静电设施符合要求。 根据贮存危险化学品的种类，分级、分区安装相应等级的防爆、防腐蚀型电器设施。同时，安装线路、开关、电器等应与之匹配合理

续表

标准序号	考核项目	责任部门及岗位职责	分数	重点要素解读
2.2.4.2		同上	*	甲、乙类生产场所、仓库不应设置在地下或半地下
2.2.4.3		同上	*	甲、乙类厂房、仓库内严禁设置办公室、休息室、员工宿舍
2.2.4.4		同上	*	库区不应存放无关物品，防火区域内不应有其他易燃物品
2.2.4.5		同上	*	通风良好。 通风应以自然通风为主，机械通风为辅，保持通风良好；有防阳光直射库内的隔热、降温等措施；有毒物品应贮存在阴凉、通风干燥的场所，不要露天存放，不要接近酸类物质
2.2.4.6		同上	10	定量、定员、定岗符合要求；作业现场易燃易爆危险化学品不超过当班用量，必要时减至最低工艺量。严格按照库房设计的定量标准进行存储和管理，单位要根据实际合理定员、定岗制度，并严格执行；库房存储不超员、不超量。危险化学品使用和存储场所定量要经过安全评审，定量标识清晰明确，危险化学品作业现场的存放量不应超过当班用量
2.2.4.7		同上		厂房建筑耐火等级和防火间距符合《建筑设计防火规范》表 3.3.2 要求，门向外开，通道畅通。 1）高层库房、高架仓库和筒仓的耐火等级不应低于二级；二级耐火等级的筒仓可采用钢板仓。储存特殊贵重物品的库房，其耐火等级为一级。 2）独立建造的硝酸铵库房、电石库方、聚乙烯库房、尿素库房、配煤库房及车站、码头、机场内的中转仓库，其建筑面积可按本表的规定增加 1.00 倍，但耐火等级不低于二级。 3）装有自动灭火设备的库房，其建筑面积可按照相关规定增加 1.00 倍。 4）石油库内桶装油品库房面积可按现行的国家标准《石油设计规范》执行。 5）煤均化库防火分区最大允许建筑面积可为 12 000 m^2，但耐火等级不应低于二级。 6）本条和本规范有关条文中规定的“占地面积”均指建筑面积

续表

<table>
<tr><th>标准序号</th><th>考核项目</th><th>责任部门及岗位职责</th><th>分数</th><th>重点要素解读</th></tr>
<tr><td>2.2.4.8</td><td></td><td>同上</td><td rowspan="2">10</td><td>与明火、高温等区域有足够安全距离或隔离措施。
危险化学品库房建筑物与明火、散发火花等高温地点间距一般不应小于 30 m，若小于 30 m，要采取一定的防火隔离措施</td></tr>
<tr><td>2.2.4.9</td><td></td><td>同上</td><td>消防器材及其他应急器材、设备、物品完备有效。
使用场所应根据危险化学品的种类和特性配置消防器材和设施，并且器材和设备完好有效；消防器材防火警示、指示标志应漆色醒目、完好；消防设施应布局合理，消防通道畅通；根据贮存危险化学品的种类，分级、分区安装相应等级的防爆型电器设施，安装线路、开关、电器、所使用的工具等应满足相应的防火防爆要求</td></tr>
<tr><td>2.2.4.10</td><td></td><td>同上</td><td>5</td><td>按其危险性质分类、分区、分库、分柜定置存放，存放现场应有《危险化学品安全技术说明书》和《安全标签》。危险化学品的分类见表 4－8。
堆放和贮存方式如下：
1)隔离贮存：在同一房间或同一区域内，不同的物料之间分开一定距离，非禁忌物料间用通道保持空间的贮存方式。
2)隔开贮存：在同一建筑或同一区域内，用隔板或墙，将其与禁忌物料分离开的贮存方式。
3)分离贮存：在不同的建筑物或远离所有建筑的外部区域内的贮存方式。
4)应将贮存物品按其危险性进行分类和品名编号，并根据其特性分别贮存在相应的库房内；严禁将自身能形成爆炸性的物质，相互接触或混合后能引起爆炸或燃烧的物质，以及灭火方法不同的物质同库贮存。
5)危险化学品在出入库前均应进行检查验收、登记，验收内容包括：数量、包装、危险标志。经核对后方可入库、出库，当物品性质未弄清时不得入库或使用。
6)遇火、遇热、遇潮能引起燃烧、爆炸或发生化学反应，产生有毒气体的化学危险品不得在露天</td></tr>
</table>

续表

标准序号	考核项目	责任部门及岗位职责	分数	重点要素解读
2.2.4.10		同上	5	或在潮湿、积水的建筑物中贮存。 7)爆炸物品不准和其他类物品同贮,必须单独隔离限量贮存,仓库不准建在城镇,还应与周围建筑、交通干道、输电线路保持一定安全距离。 8)压缩气体和液化气体必须与爆炸物品、氧化剂、易燃物品、自燃物品、腐蚀性物品隔离贮存。 9)易燃气体不得与助燃气体、剧毒气体同贮。 10)氧气不得与油脂混合贮存,盛装液化气体的容器属压力容器的,必须有压力表、安全阀、紧急切断装置,并定期检查,不得超装。 11)腐蚀性物品,包装必须严密,不允许泄漏。 12)严禁与液化气体和其他物品共存。 13)危险化学品的包装物、容器,必须由审查合格的专业生产企业定点生产,重复使用的危险化学品包装物、容器在使用前,应当进行检查,并作出记录,检查记录应当至少保存2年
2.2.4.11		同上	5	使用的工具、容器等应符合要求。 用塑料制品盛装易燃溶剂时容易产生静电积累,导致易燃溶剂燃烧甚至爆炸,所以严禁使用塑料制品盛装易燃溶剂;在用非塑料制品盛装易燃溶剂时也要做好防静电接地措施
2.2.4.12		同上		容器应完好无渗漏,且加盖。 盛装危险化学品的容器应有盖子防止溅洒;容器应完好无泄漏
2.2.4.13		同上	10	剧毒物应专柜存放,严格执行“五双”制度。作业场所应设有稀释水源,备有公用防毒面具和防毒工作服。实行人员出入登记。 凡产生或使用毒物的作业现场应设有稀释水源,且备有公用的防毒面具和防毒服,并在危险化学品工作场所应设有急救设施,并提供应急处理的方法。对稀释水源、防毒面具、防毒服实行专人管理,标志明显,方便拿取

续表

标准序号	考核项目	责任部门及岗位职责	分数	重点要素解读
2.2.4.14		同上		与水反应的物品应有防潮防水措施。 危险化学品可与水发生化学反应的，危险化学品使用或存储场所应有防潮措施，严禁露天存放
2.2.4.15		同上		使用氢气的建筑物顶内平面应平整
2.2.4.16		同上		开关、阀门、管道无渗漏，标志正确清晰。 危险化学品存储、输送的开关标识清晰；阀门开关转向明确；管道容器等完好，漆色区分明显
2.2.4.17		同上	10	安全管理制度、安全操作规程、应急处置方案齐全有效，现场可查询。 安全操作规程、应急预案应张贴到作业场所
2.2.4.18		同上		按危险化学品的特性及有关规定处理废弃物品或包装容器。 禁止在危险化学品贮存区域内堆积可燃废弃物品；泄漏或渗漏危险化学品的包装容器应迅速移至安全区域；企业应按国家有关规定清除化学废料和清洗盛装危险化学品的废旧容器。对不需要的危险化学品和可能残留危险化学品的空容器，应由供应商进行及时回收，以清除或尽可能减轻对安全、健康和环境的影响，严禁私自处理、任意抛弃、污染环境
2.3	锅炉和压力容器		80	
2.3.1	锅炉与辅机	主要负责人 锅炉和压力容器主管部门与运行管理部门	15	锅炉：将燃料的化学能转化为热能，又将热能传递给水、气、导热油等工质，从而产生蒸汽、热气或通过导热工质输出热量的设备。 锅炉由锅和炉及相配套的附件、自控装置、附属设备组成。锅是指锅炉接受热量，并将热量传递给水、气、导热油等工质的受热面系统，是锅炉中储存或输送锅水或蒸汽的密闭受压部分。炉是指燃料燃烧产生高温烟气，将化学能转化为热能的空间和烟气流通的通道：炉膛和烟道。 辅机包括：引风系统、鼓风系统、除渣系统、循环系统等。

续表

标准序号	考核项目	责任部门及岗位职责	分数	重点要素解读
2.3.1	锅炉与辅机	主要负责人 锅炉和压力容器主管部门与运行管理部门	15	本标准适用于承受压力的、以水为介质的固定式蒸汽锅炉、常压锅炉和热水锅炉。 1)锅炉与辅机管理与使用部门应当执行以下要求： a)使用具有相应许可资质的单位制造并经监督检验合格的锅炉及辅助设备； b)建立健全锅炉及辅助设备使用安全管理制度、岗位安全责任制和安全操作规程； c)配备专兼职管理人员从事锅炉及辅助设备的安全管理工作； d)对锅炉及辅助设备管理人员和操作人员进行安全技术培训，应取得《特种设备作业人员证》，保证其掌握操作技能和预防事故的知识，增强安全意识； e)对锅炉及辅助设备的主要承压部位、安全阀、压力表、安全保护装置、操作机构、控制系统等进行日常维护保养，并做出记录； f)制定锅炉运行应急救援预案，且定期进行演练。 2)锅炉与辅机资料应符合以下规定： a)制造、安装、改造、维修应由具备资质的单位承担，选用的产品应与工况、环境相适应； b)设计文件、产品质量合格证明、监督检验证明、安装技术文件和资料、使用和维护说明等齐全； c)有注册登记，有使用登记证，并按周期进行检验； d)定期检验报告和定期自行检查记录，日常点检和维护保养等记录齐全； e)运行故障和事故记录齐全
2.3.1.1		同上	*	在检验有效期内使用，不超压运行。 1)锅炉定期检验工作包括外部检验、内部检验和水压试验 3 种。 a)锅炉的外部检验一般每年进行一次； b)内部检验一般每 2 年进行一次； c)水压试验一般每 6 年进行一次。 d)对于无法进行内部检验的锅炉，应每 3 年进行一次水压试验。

续表

标准序号	考核项目	责任部门及岗位职责	分数	重点要素解读
2.3.1.1		同上	*	2)电站锅炉的内部检验和水压试验周期可按照电厂大修周期进行适当调整。 3)只有当内部检验、外部检验和水压试验均在合格有效期内,锅炉才能投入运行。 4)除进行正常的定期检验外,锅炉有下列情况之一时,应进行下列检验: a)外部检验:移装锅炉开始投运时,锅炉停止运行一年以上恢复运行时,锅炉的燃烧方式和安全自控系统有改动后。 b)内部检验:新安装的锅炉在运行一年后,移装锅炉投运前,锅炉停止运行一年以上恢复运行前,受压元件经重大修理或改造后及重新运行一年后,根据上次内部检验结果和锅炉运行情况,对设备安全可靠性有怀疑时。 c)水压试验:移装锅炉投运前,受压元件经重大修理或改造后。 5)从事锅炉检验工作的单位和检验人员应按照国家锅炉压力容器安全监察机构的有关规定取得相应项目和级别的资格
2.3.1.2		同上	*	安全阀设置合理,在校验有效期内使用,整定压力合理,完好可靠,有铅封。 1)安全阀每年至少检验一次,每月自动排放试验一次,每周必须手排放试验一次,并做好记录及签名。 2)为防止安全阀的阀瓣和阀座粘住,应定期对安全阀做手动的排放试验,并做好记录。 3)按规定配置,合理安装安全阀。每台锅炉至少应装设两个安全阀(不包括省煤器安全阀)。符合下列规定之一的,可只装一个安全阀: a)额定蒸发量小于或等于 0.5 t/h 的锅炉; b)额定蒸发量小于 4 t/h 且装有可靠的超压连锁保护装置的锅炉。 可分式省煤器出口处、蒸汽过热器出口处、再热器入口处和出口处及直流锅炉的启动分离器,都必须装设安全阀。 4)安全阀必须结构完整,安全可靠,动作灵敏且铅封完好

续表

标准序号	考核项目	责任部门及岗位职责	分数	重点要素解读
2.3.1.3		同上	*	液位计清晰、完好、可靠,开关灵活,无泄露,配置数量合理,水位报警联锁保护可靠。 1)每台锅炉至少应装两只彼此独立的水位表。但符合下列条件之一的锅炉可只装一个直读式水位表: a)额定蒸发量小于或等于 0.5 t 的锅炉; b)电加热锅炉; c)额定蒸发量小于或等于 2 t/h,且装有一套可靠的水位示控装置的锅炉; d)装有两套各自独立的远程水位显示装置的锅炉。 2)水位表必须安装合理,灵敏可靠,且便于观察。水位表与操作地面的距离高于 6 000 mm 时,应加装远程水位显示装置,用远程水位显示装置监视水位的锅炉,控制室内应有两个可靠的远程水位显示装置,同时运行中必须保证有一个直读式水位表正常工作。 3)水位表应有指示最高、最低安全水位和正常水位的明显标志。水位表的下部可见边缘应至少比炉体最高火界高 50 mm,且应至少比最低安全水位低 25 mm,水位表的上部可见边缘应比最高安全水位至少高 25 mm。 4)为防止水位表损坏时伤人,玻璃管式水位表应有防护装置(如保护罩、快关阀、自动闭锁珠等),但不得妨碍观察真实水位。 5)水位表应有放水阀门并接到安全地点的放水管。 6)额定蒸发量大于或等于 2 t/h 的锅炉,应装设高低水位报警(高、低水位警报信号须能区分)、低水位联锁保护装置;额定蒸发量大于或等于 6 t/h 的锅炉,还应装蒸汽超压的报警和联锁保护装置。 7)燃油、煤粉或以气体为燃料的锅炉应装设联锁保护装置。 8)上述装置应灵敏、可靠

续表

标准序号	考核项目	责任部门及岗位职责	分数	重点要素解读
2.3.1.4		同上	*	压力表(包括燃气炉毫巴表)完好可靠,配置数量和规格合理,在校验有效期内使用,有铅封。 1)锅炉必须装有与锅筒(锅壳)蒸汽空间直接相连接的压力表。 2)对于额定蒸汽压力小于 2.5 MPa 的锅炉,压力表精确度不应低于 2.5 级;对于额定蒸汽压力大于或等于 2.5 MPa 的锅炉,压力表的精确度不应低于 1.5 级。 3)根据工作压力选用压力表的量程范围,一般应在工作压力的 1.5～3 倍,最好选用 2 倍。 4)表盘直径不应小于 100 mm,表的刻度盘上应画有最高工作压力红线标志。 5)至少每半年校验一次,铅封完好。 6)压力表装置齐全(包括压力表、存水弯管、三通旋塞)
2.3.1.5		同上	*	燃气炉可燃气体浓度报警和联锁保护装置可靠有效。 燃气锅炉房应按规定设置可燃气体浓度报警装置,并与保护装置联锁,定期校验
2.3.1.6		同上	*	电锅炉绝缘良好,保护接地(零)措施完好可靠
2.3.1.7		同上	*	燃气调压间电气防爆,无可燃物
2.3.1.8		同上	5	燃气放散阀设置符合要求。 燃气放散阀设置符合要求,工作可靠。燃气管道上应装设放散管、取样口和吹扫口,其位置应能满足将管道内燃气或空气吹净的要求,放散管应引至室外,其排出口应高出锅炉房屋脊 2 m 以上,并使放出的气体不致窜入临近建筑物或被吸入通风装置内
2.3.1.9		同上		炉墙无严重漏烟、漏风,燃油炉供油系统无漏油

续表

标准序号	考核项目	责任部门及岗位职责	分数	重点要素解读
2.3.1.10		同上	5	油、气、粉煤炉防爆装置完好。 用油、气、或煤粉作燃料的锅炉，应装有下列功能的防爆连锁装置： 1)燃油、燃气压力低于规定值时，自动切断燃油或燃气的供应； 2)引风机断电时，自动切断全部送风和燃料供应； 3)锅炉压力降低到会发生汽化或水温升高超过规定值时，自动切断燃料供应； 4)循环水泵突然停止运转时，自动切断燃料供应
2.3.1.11		同上	5	水质化验和水处理设施符合要求；水质化验报告填写规范，化验记录齐全；化验药品使用和存放符合要求。 1)锅炉使用和运行管理单位应根据锅炉的参数和汽、水品质的要求，对锅炉的原水、给水、锅水、回水的水质及蒸汽品质定期进行分析。 2)生产水处理设备、药剂和树脂的单位，须取得省级以上(含省级)安全监察机构注册登记；锅炉水处理应能保证锅炉水质符合《低压锅炉水质》标准和《火力发电机组及蒸汽动力设备水汽质量》标准的规定。 水质化验报告的内容包括：每次化验分析的时间、项目、数据及采取的相应措施，均应详细填写在水质化验记录表上。 3)水处理指标、化验药品使用和存放符合要求。
2.3.1.12		同上		停用或备用锅炉保养应有防腐措施
2.3.1.13		同上	5	锅炉辅机(包括换热器)应齐全、完好，无破损、无泄漏，工作正常
2.3.1.14		同上		机械传动部位有可靠的防护措施

续表

标准序号	考核项目	责任部门及岗位职责	分数	重点要素解读
2.3.1.15		同上	5	各类管道无泄漏，保温层完好无损，管道构架牢固可靠。 1)各类管道应能满足工艺设计参数，无泄漏。 2)管道的支承、吊架等构件应牢固可靠。 3)架空敷设管网下方为交通通道时，应有相应的跨高指示及悬挂醒目的警示标志。 4)埋地管道的敷设深度应符合标准规范要求，敷层完整无破损
2.3.1.16		同上		锅炉房通向室外的门应向外开，在锅炉运行期间不应锁住或闩住，保持通道畅通。 1)锅炉房内设备布置便于操作、通行和检修，有足够的光线和良好的通风及必要的降温和防冻措施，地面平整无台阶，且应防止积水。 2)锅炉房通向室外的门应向外开，在锅炉运行期间不准锁住或闩住，锅炉房的出入口和通道应畅通无阻。 3)消防器材充足、齐全，并在有效期内
2.3.2	空气压缩机	主要负责人 空气压缩机主管部门与运行管理部门	15	空气压缩机：气源装置中的主体，是将原动机的机械能转换成气体压力能的装置，是压缩空气的气源发生装置。 空气压缩机是工业企业制造压缩空气的主要设备，应用范围广泛，其生产过程中产生的高压气体是重要危险源，气体贮罐、管道均为受压容器，存在较多的危险因素。所以将空气压缩机的安全状态列为一项重要的考评内容。本标准适用一般环境下使用的固定式空压机。 1)空气压缩机管理与使用部门应当执行以下要求： a)使用具有相应许可资质的单位制造并经监督检验合格的空气压缩机； b)建立健全空气压缩机使用安全管理制度、岗位安全责任制和安全操作规程； c)配备专兼职管理人员从事空气压缩机设备的安全管理工作； d)对空气压缩机管理人员和操作人员进行安全技术培训，保证其掌握操作技能和预防事故的知识，增强安全意识；

续表

标准序号	考核项目	责任部门及岗位职责	分数	重点要素解读
2.3.2	空气压缩机	主要负责人 空气压缩机主管部门与运行管理部门	15	e)对空气压缩机的主要承压部位、安全阀、压力表、安全保护装置、操作机构、控制系统等进行日常维护保养,并做出记录; f)制定空气压缩机应急现场处置方案,且定期进行演练。 2)空气压缩机资料应符合以下规定: a)制造、安装、改造、维修应由具备资质的单位承担,选用的产品应与工况、环境相适应; b)设计文件、产品质量合格证明、监督检验证明、安装技术文件和资料、使用和维护说明等齐全; c)有注册登记,有使用登记证,并按周期进行检验; d)定期检验报告和定期自行检查记录,日常点检和维护保养等记录齐全; e)运行故障和事故记录齐全
2.3.2.1		同上	*	安装环境符合要求。 1)空气压缩机应安装在清凉的环境中,如必须把压缩机安装在炎热多尘的环境时,应通过一个吸入导管从清凉少尘地方吸入空气,尽可能降低空气压缩机吸入空气的湿度。 2)螺杆式压缩机顶部、背部通风口处不能放置任何物件。 3)空压机房区域内应无灰尘、无化学品、无金属屑、无油漆漆雾或喷漆作业。 4)空气压缩机必须有字迹清晰的铭牌和安全、润滑指示标志
2.3.2.2		同上	*	安全阀在校验有效期内使用,整定压力合理,完好可靠,有铅封。 安全阀灵敏可靠,每年校检一次,并铅封完好,介质泄放点安全合理,校检记录齐全。安全阀与本体之间装设截止阀的,运行期间须保持正确工作位置,并有防误操作措施
2.3.2.3		同上	*	压力表完好可靠,规格合理,在校验有效期内使用,有铅封。 压力表:指示灵敏,刻度清晰,每年校验一次,并有计量校对标签,铅封完整,量程为工作压力的2～3倍

续表

标准序号	考核项目	责任部门及岗位职责	分数	重点要素解读
2.3.2.4		同上	*	温度表、液位计(油标)等安全装置(附件)完好可靠。 温度表(计):指示应清晰可靠,符合设备运行要求,严防超温。 液位计(油标):能清晰显示液位,并有明显的最高和最低安全液位标记。定期检查,记录齐全
2.3.2.5		同上	*	电气绝缘可靠,保护接地(零)措施有效。 空气压缩机电气部分绝缘可靠,机壳和电器操作等部位应有接地保护措施
2.3.2.6		同上	10	外露旋转部位应设置防护罩或护栏,螺杆式空压机保护盖安装到位,门、顶盖应关闭。 1)外露的联轴器、皮带传动装置等旋转部位必须设置防护罩或护栏。 2)螺杆式空压机保护盖必须安装到位,门、顶盖关闭好。 3)超温保护措施:驱动功率大于 15 kW 的空压机每级排气均应装有排气温度超温停车装置,停车后只能手动复位
2.3.2.7		同上		电气设备符合要求,机组旁设紧急停车按钮。 1)电气设备符合安全要求,接地电阻≤4 Ω,避雷接地电阻≤10 Ω,检验记录齐全。 2)空压机组旁应设紧急停机按钮或保护装置(开关)。 3)空压机无人看管时,要关闭并锁上所有电箱门
2.3.2.8		同上	5	空压机放置处应通风良好,与墙、柱及设备之间留有足够的空间距离,其区域内作业环境符合要求。 1)机器间内的空气压缩机组,宜单排布置。机器间通道的宽度,应根据设备操作、拆装和运输的需要确定,其净距不宜小于空压机房机组间距列表的规定,见表 4-9。 2)螺杆式空压机与墙、设备之间的净空间距离应在 1 m 以上,控制面板前的距离根据空压机的大小来确定,但最小净空应在 1.06 m 以上

续表

标准序号	考核项目	责任部门及岗位职责	分数	重点要素解读
2.3.2.9		同上	5	运行状态良好，无漏油，储气罐内无积水
2.3.2.10		同上		制氮机设置有超压、过热自动停机联锁装置
2.3.3	压力容器	主要负责人 压力容器运行管理与使用部门	15	压力容器：在工业生产中盛装用于完成反应、传质、传热、分离和储存等生产工艺过程的气体或液体，并能承载一定压力的密闭设备。 在工业企业中使用的各种压力容器，其结构不同，内部介质不同，受力受压不同，具有爆炸、火灾及中毒等危险特性。为确保安全运行，将压力容器的安全状态列为一项重要的考评内容。本标准适用于同时具备下列条件的压力容器：1)工作压力≥0.1 MPa，内直径≥0.15 m，容积≥0.025 m^3；2)介质为气体、液化气体或最高工作温度高于标准沸点的液体。 1)压力容器管理与使用部门应当执行以下要求： a)使用具有相应许可资质的单位制造并经监督检验合格的压力容器； b)建立健全压力容器使用安全管理制度、岗位安全责任制和安全操作规程； c)配备专兼职管理人员从事压力容器设备的安全管理工作； d)对压力容器管理人员和操作人员进行安全技术培训，应取得《特种设备作业人员证》，保证其掌握操作技能和预防事故的知识，增强安全意识； e)对压力容器的主要承压部位、安全阀、压力表、安全保护装置、操作机构、控制系统等进行日常维护保养，并做出记录；有定期巡回检查记录真实有效、保存完好； f)制定压力容器应急现场处置方案，且定期进行演练。 2)压力容器资料应符合以下规定： a)制造、安装、改造、维修应由具备资质的单位承担，选用的产品应与工况、环境相适应； b)设计文件、产品质量合格证明、监督检验证明、安装技术文件和资料、使用和维护说明等齐全；

续表

标准序号	考核项目	责任部门及岗位职责	分数	重点要素解读
2.3.3	压力容器		15	c)有注册登记,有使用登记证,并按周期进行检验; d)定期检验报告和定期自行检查记录,日常点检和维护保养等记录齐全; e)运行故障和事故记录齐全
2.3.3.1		同上	*	安装环境符合要求
2.3.3.2		同上	*	在检验有效期内使用,不超压、超温运行。 1)压力容器定期检验单位及检验人员应取得省级或国家安全监察机构的资格认可,经资格鉴定考核合格并接受当地安全监察机构监督,严格按照批准与授权的检验范围从事检验工作。检验单位及检验人员应对压力容器定期检验的结果负责。 2)压力容器的使用单位及其主管部门,必须及时安排压力容器的定期检验工作,并将压力容器年度检验计划报当地安全监察机构及检验单位。安全监察机构负责监督检查,检验单位应负责完成检验任务。 3)在用压力容器,应按照《压力容器使用登记管理规则》的规定,进行定期检验、评定安全状况和办理注册登记。 4)压力容器的定期检验分为外部检查和内部检查。外部检查是指在用压力容器运行中的定期在线检查,每年至少一次。外部检查可由检验单位有资格的压力容器检验员进行,也可由经安全监察机构认可的使用单位压力容器专业人员进行。内部检验是指在用压力容器停机时的检验。内外部检验应由检验单位有资格的压力容器检验员进行。其检验周期分为: a)安全状况等级为 1、2 级的,每 6 年至少一次; b)安全状况等级为 3 级的,每 3 年至少一次。 5)耐压试验是指压力容器停机检验时,所进行的超过最高工作压力的液压试验或气压试验。对固定式压力容器,每两次内外部检验期间内,至少进行一次耐压试验,对移动式压力容器,每 6 年至少进行一次耐压试验

续表

标准序号	考核项目	责任部门及岗位职责	分数	重点要素解读
2.3.3.3		同上	*	安全阀在校验有效期内使用，整定压力合理，完好可靠，有铅封，介质泄放点安全合理。 安全阀铅封应完好，动作可靠，介质泄放点安全合理。如安全阀与本体之间装设截止阀的，运行期间必须处于正确工作位置，并加铅封
2.3.3.4		同上	*	压力表完好可靠，规格合理，在校验有效期内使用，有铅封。 1)同一系统上的压力表读数应显示相同，压力表应指示灵敏、刻度清晰、铅封完整、在检验周期内使用。 2)压力表量程选用容器工作压力的 2 倍，最小不能小于 1.5 倍，最大不能超过 3 倍。低压容器所用的压力表，其精度一般不应低于 2.5 级，中压及中压以上容器使用的压力表精度不应低于 1.5 级
2.3.3.5		同上	*	液位计完好可靠，无泄漏，有最高、最低液位标记，易燃或毒性程度为极度、高度危害介质的液位计上应装有防泄漏的保护装置
2.3.3.6		同上	*	温度表完好可靠，在校验有效期内使用
2.3.3.7		同上	*	爆破片的工作压力、温度与工作参数相符，安装合理。 1)爆破片单独作泄压装置的，爆破片与容器间的截止阀应处于工作状态，并加铅封； 2)爆破片与安全阀串联使用时，其间所装的压力表和截止阀二者之间不允许积存压力，截止阀打开后应无介质漏出； 3)铭牌上的工作压力及温度应能满足运行要求，安装方向合理、介质泄放必须安全
2.3.3.8		同上	*	电气绝缘可靠，保护接地(零)措施有效

续表

标准序号	考核项目	责任部门及岗位职责	分数	重点要素解读
2.3.3.9		同上	*	本体外观检查无严重腐蚀、缺陷和异常。 1)压力容器的本体、接口部位、焊接接头等部件无裂纹、变形、过热、泄漏等缺陷。 2)外表面无严重腐蚀现象。 3)相邻管道或构件应无异常振动、声响及振动引起的相互磨擦等异常现象
2.3.3.10		同上		快开门式压力容器应具有门、盖联锁装置。 快开门式压力容器应具有门、盖联锁装置,运行良好,无超载、超压、超温及异常振动、声响等现象
2.3.3.11		同上	9	支承(座)完好,安装牢固。 支承(座)完好,基础可靠,无位移、沉降、倾斜、开裂等缺陷,螺栓连接牢固
2.3.3.12		同上		疏水器、排污阀及其管道无泄漏
2.3.3.13		同上	6	液氧站应安装独立的电源避雷器,年度检测合格;储氧容器应有超压报警装置;周围无易燃物,灭火器材齐全有效。 1)氧气(包括液氧)储罐间的防火间距,应不小于相邻两罐中较大罐的半径;与氢气储罐宜分开设置,必须相邻时,其防火间距应不小于相邻两罐较大罐的直径。 2)所有防雷防静电接地装置,应定期检测接地电阻,每年至少检测一次。 3)液氧储罐周围 5 m 范围内,不应有可燃物和设置沥青路面。 4)严禁液氧储罐的使用压力超过设计的工作压力
2.3.3.14		同上		液氯贮罐的贮存量不应超过贮罐容量的 80%
2.3.3.15		同上		热压罐安装位置合理,设置有超温报警装置并和温度控制系统联锁,设置超压报警装置并和压力控制系统联锁

续表

标准序号	考核项目	责任部门及岗位职责	分数	重点要素解读
2.3.4	气瓶	主要负责人 气瓶管理与使用部门	20	气瓶：公称容积不大于 1 000 L，用于盛装压缩气体的可重复充气而无绝热装置的移动式压力容器。高压气瓶：公称工作压力等于或大于 8 MPa 的气瓶。（注：本标准中的压力除特别标注者外，均指表压）。低压气瓶：公称工作压力小于 8 MPa 的气瓶。 在机械工业生产中使用的工业气瓶，结构简单，瓶内承受压力高，应力状况复杂，瓶内介质种类多且性质各异。气瓶在使用中流动性大，多数使用条件恶劣，造成危险因素较多，极易发生火灾爆炸事故。因此，将气瓶列为安全生产标准化重要考评内容。 本标准适于常用的充装永久性气体气瓶、氧气瓶、氢气瓶、二氧化碳气瓶、氨气瓶、溶解乙炔气瓶、液化石油气瓶等工业气瓶。 1）气瓶管理与使用部门应当执行以下要求： a）使用具有相应许可资质的单位制造并经监督检验合格的气瓶； b）建立健全气瓶使用安全管理制度、岗位安全责任制和安全操作规程； c）配备专兼职管理人员从事气瓶的安全管理工作； d）对气瓶管理人员和操作人员进行安全技术培训，保证其掌握操作技能和预防事故的知识，增强安全意识； e）对气瓶的主要承压部位、安全阀、压力表、安全保护装置、等进行日常维护保养，并做出记录； f）制定气瓶应急现场处置方案，且定期进行演练。 2）气瓶资料应符合以下规定： a）制造、安装、改造、维修应由具备资质的单位承担，选用的产品应与工况、环境相适应； b）设计文件、产品质量合格证明、监督检验证明、安装技术文件和资料、使用和维护说明等齐全； c）有注册登记，有使用登记证，并按周期进行检验； d）定期检验报告和定期自行检查记录，日常点检和维护保养等记录齐全。

续表

标准序号	考核项目	责任部门及岗位职责	分数	重点要素解读
2.3.4	气瓶	同上	20	3)在检验有效期内使用，各类气瓶的检验周期如下： a)钢制无缝气瓶：盛装腐蚀性气体的气瓶、潜水气瓶及常与海水接触的气瓶，每 2 年检验一次；盛装一般性气体的气瓶，每 3 年检验一次；盛装惰性气体的气瓶，每 5 年检验一次。对使用年限超过 30 年的气瓶，登记后不予检验，按报废处理。 b)钢制焊接气瓶：盛装腐蚀性气体的气瓶，每 2 年检验一次；盛装一般性气体的气瓶，每 3 年检验一次。对使用年限超过 12 年盛装腐蚀性气体的气瓶，以及对使用年限超过 20 年盛装其他气体的气瓶，登记后不予检验，按报废处理。 c)液化石油气瓶：自制造日期起，第 1 次至第 3 次检验周期均为 4 年；第四次检验周期为 3 年；对 YSP—50 型钢瓶，每 3 年检验一次；对使用年限超过 15 年任何类型的气瓶，登记后不予检验，按报废处理。 d)溶解乙炔气瓶：每 3 年检验一次。 e)气瓶在使用过程中，发现有严重腐蚀、损伤或对其安全可靠性有怀疑时，应提前进行检验。 f)库存和停用时间超过一个检验周期的气瓶，启用前应进行检验
2.3.4.1		同上	*	储存使用环境符合安全要求。 1)使用乙炔气瓶的现场，乙炔气的储量不得超过 30 m^3。乙炔气的储存量超过 30 m^3时，应用非燃烧体或难燃烧体隔离出单独的储存间，其中一面应为固定墙壁；乙炔气的储存量超过 240 m^3（相当 40 瓶）时，应建造耐火等级不低于二级的储瓶仓库，与建筑的防火间距不应小于 10 m，否则应以防火墙隔开。 2)运输可燃气体气瓶时，严禁烟火。运输工具上应备有接地装置和灭火器材。 3)库内附近应设置防毒用具和灭火器材

续表

标准序号	考核项目	责任部门及岗位职责	分数	重点要素解读
2.3.4.2				建立完备的自有气瓶台账。 气瓶使用单位对自有气瓶和租用气瓶的安全使用及按期检验负责，并应建立气瓶台账。自有气瓶档案包括设备注册代码、制造单位名称、产品质量证明书、气瓶名称、气瓶编号、检验单位、检验日期、使用人签字、压力容积等；租用气瓶档案包括气瓶名称、气瓶编号、气瓶容积、气瓶压力、检验日期、使用人签字、气瓶外观（颜色、文字、损伤）等。气瓶档案应保存到气瓶报废为止
2.3.4.3		同上	*	不应使用标志模糊不清的气瓶。气瓶在检验有效期内，瓶体无严重腐蚀和损伤，瓶体有规定的漆色、字体等标记。 气瓶外观无缺陷、无机械性损伤和严重腐蚀现象，气瓶表面漆色、字样和色环标记应符合规定，且有气瓶警示标签。常用气瓶的颜色标志见表4-10
2.3.4.4		同上	*	气瓶安全附件齐全完好，安装牢固，瓶体、瓶嘴无损伤、变形，压力表在校验有效期内。 1）气瓶附件包括：气瓶专用爆破片、安全阀、易熔合金塞、瓶阀、瓶帽、液位计、防震圈、紧急切断和充装限位装置等。气瓶附件应完好有效，紧急切断和充装限位装置应动作灵敏，定期进行检查试验，并应有检测试验记录。 2）气瓶附件制造企业应保证其产品至少可安全使用到下一个检验日期。 3）瓶阀应满足下列要求： a）瓶阀材料应符合相应标准的规定，所用材料既不与瓶内盛装气体发生化学反应，也不影响气体的质量； b）瓶阀上与气瓶连接的螺纹，必须与瓶口内螺纹匹配，并符合相应标准的规定，瓶阀出气口的结构应有效地防止气体错装、错用； c）氧气和强氧化性气体气瓶的瓶阀密封材料，必须采用无油的阻燃材料；

续表

标准序号	考核项目	责任部门及岗位职责	分数	重点要素解读
2.3.4.4		同上	*	d)液化石油气瓶阀的手轮材料，应具有阻燃性能； e)瓶阀阀体上如装有爆破片，其公称爆破压力应为气瓶的水压试验压力； f)同一规格、型号的瓶阀，质量允差不超过 5%； g)非重复充装瓶阀必须采用不可拆卸方式与非重复充装气瓶装配。 4)瓶帽应满足下列要求： a)有良好的抗撞击性； b)不得用灰口铸铁制造； c)无特殊要求的，应配带固定式瓶帽，同一工厂制造的同一规格的固定式瓶帽，质量允差不超过 5%。 5)防震圈的质量允差应不超过 5%。 6)瓶体、瓶嘴无损伤、变形，颜色、标识正确。 7)压力表完好检验校验应在有效期内使用
2.3.4.5		同上	*	气瓶库专库专用，介质性质相抵触的气瓶不应同库、同处存放。 1)气瓶应置于专用仓库储存，气瓶仓库应符合《建筑设计防火规范》的有关规定。 2)比重较大的大乙炔等气瓶的储存仓库或储存间应通风良好，保持温度不升高；严禁其他管线穿过气瓶储存间内；应避免外界火源。 3)比重较大的气瓶库不允许设在地下室或半地下室，因为万一泄露，不能很快散去，易引起火灾爆炸。 4)乙炔瓶的储存仓库或储存间应有专人管理，并设置“乙炔危险”“严禁烟火”的标志。 5)盛装易起聚合反应或分解反应气体的气瓶，必须根据气体的性质控制仓库内的最高温度、规定储存期限，并应避开放射线源。 6)空瓶与实瓶应分开放置，并有明显标志，毒性气体气瓶和瓶内气体相互接触能引起燃烧、爆炸、产生毒物的气瓶，应分室存放，并在附近设置防毒用具或灭火器材

续表

标准序号	考核项目	责任部门及岗位职责	分数	重点要素解读
2.3.4.6		同上	*	气瓶不应曝晒，与明火、热源、实际焊接地点或切割作业点间距不小于 10 m；氧气乙炔气瓶间距不得小于 5 m。 1)气瓶夏季应防止曝晒； 2)气瓶不得靠近热源，可燃、助燃气体气瓶与明火间距应大于 5 m； 3)气瓶必须存储在不易遭受物理损坏或使气瓶内储存物的温度超过 40 ℃的地方
2.3.4.7		同上	*	气瓶内气体不得耗尽，永久气体气瓶的剩余压力应不小于 0.05 MPa，液化气体气瓶应留有不少于 0.5%规定充装量的剩余气体
2.3.4.8		同上	*	与乙炔接触的部件(仪表、管路、附件等)不应使用含量超过 70%的铜、银制品。 1)凡与乙炔接触的附件，严禁选用含铜量大于 70%的铜合金，以及银、锌、镉及其合金材料。如选用含铜量大于 70%的铜合金，会生成乙炔铜，造成乙炔爆炸事故。 2)从劳动保护的角度要求，镉是一种有害金属元素，不宜作为合金元素。银、锌都会与乙炔发生化学反应，产生乙炔银等有极强爆炸力的化合物，不能作为附件中的合金元素。 3)选择易熔合金塞应满足下列要求： a)易熔合金不与瓶内气体发生化学反应，也不影响气体的质量； b)易熔合金的流动温度准确； c)易熔合金塞座与瓶体连接的螺纹应保证密封性
2.3.4.9		同上	*	库房和使用现场气瓶定量符合要求。在同一工作场地的瓶装乙炔超过 30 m^3(5 瓶)时应有防火防爆措施

续表

标准序号	考核项目	责任部门及岗位职责	分数	重点要素解读
2.3.4.10		同上	10	库房和使用现场通风良好,必要时设置氧浓度报警或可燃气体浓度报警装置
2.3.4.11		同上		汇流排的配置及环境符合要求。 1)汇流排的配置应合理,汇流排应按规定使用一种介质,不得混用,以免发生危险; 2)汇流排安装环境应清洁,不得有其他物品堆积,防止杂物进入减压阀; 3)开启汇流排时应注意连接部分,慢慢开启减压阀前的截止阀,避免高压冲击造成减压阀失灵; 4)汇流排不得出现漏气现象
2.3.4.12		同上		不同气体气瓶及空、实瓶分开存放,摆放整齐。 1)不同气体及空瓶与实瓶应分开放置,并有明显标志,毒性气体气瓶和瓶内气体相互接触能引起燃烧、爆炸、产生毒物的气瓶,应分室存放,并在附近设置防毒用具或灭火器材。 2)气瓶放置应整齐,配戴好瓶帽。立放时,要妥善固定;横放时,头部朝同一方向
2.3.4.13		同上	10	使用现场气瓶立放时有可靠防倾倒措施
2.3.4.14		同上		1)乙炔瓶等使用时不应卧放,应装设单向阀,专用扳手在阀上。 2)乙炔气瓶使用时,必须直立,并应采取措施防止倾倒,严禁卧放使用。这是为了防止丙酮随气体喷出,混入焊割具,引起事故
2.3.4.15		同上		氧气瓶压力表、减压器、阀门、接嘴管干净无油污,设备、管线、仪器禁止与其他气体混用。 凡与氧气接触的设备、管道、阀门、仪表及零部件严禁沾污油脂。氧气压力表必须设有禁油标志
2.3.4.16		同上		软管无老化、损伤

续表

标准序号	考核项目	责任部门及岗位职责	分数	重点要素解读
2.3.5	工业管道	主要负责人 工业管道管理与使用部门	8	工业管道：企业、事业单位所属的用于输送工艺介质的工艺管道、公用工程管道及其他辅助管道。在单位（企业）中各种工业管道纵横交错，阀门、接头复杂繁多，长期使用易造成锈蚀，容易发生泄漏而导致火灾、爆炸及中毒事故。本标准将工业管道列为重要的考评项。且适用于输送 $\phi \geqslant$ 160 mm 的液体、气体、液化气体、蒸汽介质或可燃、易爆、有毒介质的工业管道和压力管道等。 1)工业管道管理与使用部门应当执行以下要求： a)使用具有相应许可资质的单位制造并经监督检验合格的工业管道； b)建立健全工业管道使用安全管理制度、岗位安全责任制和安全操作规程； c)配备专兼职管理人员从事工业管道的安全管理工作； d)对工业管道管理人员和操作人员进行安全技术培训，保证其掌握操作技能和预防事故的知识，增强安全意识； e)对工业管道的主要承压部位、安全阀、压力表、安全保护装置、操作机构、控制系统等进行日常维护保养，并做出记录； f)制定工业管道应急现场处置方案，且定期进行演练。 2)工业管道资料应符合以下规定： a)制造、安装、改造、维修应由具备资质的单位承担，选用的产品应与工况、环境相适应； b)设计文件、产品质量合格证明、监督检验证明、安装技术文件和资料、使用和维护说明等齐全； c)承压类工业管道应注册登记，有使用登记证，并按周期进行检验； d)定期检验报告和定期自行检查记录，日常点检和维护保养等记录齐全； e)运行故障和事故记录齐全
2.3.5.1		同上	*	安装规范，在检验有效期内使用，高中压管道有屏护，设计、安装、检测单位资质符合要求。 工业管道安装应选择具有专业资质的单位，使用中应按规定进行检验，检验证明应在有效期内

续表

标准序号	考核项目	责任部门及岗位职责	分数	重点要素解读
2.3.5.2		同上	*	易燃易爆气体、液体输送管道防静电积聚措施可靠。法兰跨接线、导除静电接地装置完好可靠，定期监测合格，并保持记录。 易燃易爆介质管道应连接可靠，电气静电接地不连贯处均应装设电气跨接线和按规定合理布置消除静电的接地装置
2.3.5.3		同上	*	压力表完好可靠，规格合理，在校验有效期内使用，有铅封
2.3.5.4		同上	6	各种阀门应采用不同颜色和不同几何形状的标识，有开关状态标识。 识别符号应涂刷在所有管路交叉点、阀门和穿孔两侧等的管路上，以及其他需要识别的部位。安全标志的使用应符合 GB 2894—96《安全标志》的规定
2.3.5.5		同上		管道漆色标记明显、正确，符合 GB 7231 规定，流向清晰。 此条款主要强调工业管道的漆色、色环、流向指示等标志明显、醒目并符合 GB 7231 的规定。其基本识别色及其含义： 艳绿色——水； 大红色——水蒸气； 浅灰色——空气； 中黄色——气体； 紫色——酸或碱； 棕色——可燃气体； 淡蓝色——氧； 黑色——其他液体

续表

标准序号	考核项目	责任部门及岗位职责	分数	重点要素解读
2.3.5.6		同上	6	管道、阀门完好，无严重腐蚀，无泄漏。 1)工业管道应能满足工艺设计参数。 2)地下或半地下敷设管道应符合有关规程要求，严防腐蚀
2.3.5.7		同上		热力管道保温层完好无损，热补偿装置符合要求。 1)承压管道必须有足够的强度，不允许有深度大于 2 mm 以上的点状腐蚀和超过 200 mm^2 以上的面状腐蚀。 2)热力管道的保温层应完好无损，且热补偿装置应符合有关要求
2.3.5.8		同上	2	地下管道敷层、盖板完好，架空管道支架牢固。 1)管道的支承，吊架等构件均应牢固可靠。 2)架空敷设管网下方为交通通道时，应有相应的跨高指标及悬挂醒目的警示标志。 3)埋地管道的敷设深度应符合标准要求，敷设层完整无破损
2.3.5.9		同上		有本单位管网平面布置图，标记清晰，位置准确
2.3.6	其他压力装置	主要负责人 其他压力装置管理与使用部门	7	其他压力装置：指除前面所提到的承压装置以外的，具有一定压力及危险性的装置和设备。在工业生产中使用承压装置，其内部介质不同，受力受压不同，具有火灾、爆炸等危险特性，为确保安全运行，将此类压力装置列为重要的考评内容。本标准适用于生产作业环现场具有一定压力及危险性的容器装置和设备。 1)其他压力装置管理与使用部门应当执行以下要求： a)使用具有相应许可资质的单位制造并经监督检验合格的压力装置；凡使用单位自制或引进的压力装置时，应经过安全鉴定和安全评审。投入使用前，应先进行安全鉴定和安全预评价，在确定符合安全要求后方可投入使用。

续表

标准序号	考核项目	责任部门及岗位职责	分数	重点要素解读
2.3.6	其他压力装置	同上	7	b)建立健全压力装置使用安全管理制度、岗位安全责任制和安全操作规程。 c)配备专兼职管理人员从事压力装置设备的安全管理工作。 d)对压力装置管理人员和操作人员进行安全技术培训，保证其掌握操作技能和预防事故的知识，增强安全意识。 e)对压力装置的主要承压部位、安全阀、压力表、安全保护装置、操作机构、控制系统等进行日常维护保养，并做出记录；有定期巡回检查记录，且真实有效、保存完好。 f)制定压力装置应急现场处置方案，且定期进行演练。 2)其他压力装置资料应符合以下规定： a)制造、安装、改造、维修应由具备资质的单位承担，选用的产品应与工况、环境相适应； b)设计文件、产品质量合格证明、监督检验证明、安装技术文件和资料、使用和维护说明等齐全； c)工作压力≥0.1 MPa，内直径≥0.15 m，容积≥0.025 m^3的压力装置，应按压力容器进行注册登记，有使用登记证，并按周期进行检验； d)定期检验报告和定期自行检查记录，日常点检和维护保养等记录齐全； e)运行故障和事故记录齐全
2.3.6.1		同上	*	安装规范，在检验有效期内使用，设计、安装、检测单位资质符合要求。 根据压力装置的使用说明进行定期检验，并做好记录
2.3.6.2		同上	*	安全装置(附件)齐全有效，规格合理，在检验有效期内使用，有铅封。 泄压防爆装置、指示装置、自控报警装置、联锁装置等安全附件齐全有效、安装牢固。安全阀、压力表等承压、泄压装置齐全有效，并在检验周期内使用

续表

标准序号	考核项目	责任部门及岗位职责	分数	重点要素解读
2.3.6.3		同上	7	应进行危害因素辨识和分析，并制定对策措施。 按照本章节 1.16 危险因素管理的要求对其他压力装置进行危险有害因素辨识，根据辨识结果制定安全措施与对策
2.3.6.4		同上		配气台管路及仪表防护可靠。 1）配气台管路不得有龟裂、破碎、泄漏等； 2）各类仪表联接牢固，指示正确，定期校验，且在有效期内使用； 3）各类安全防护完好，无缺失，安装牢固可靠
2.4	电气设备设施		194	
2.4.1	变配电站建筑要求	主要负责人 变配电站主管部门运行管理与使用部门	6	变配电站建筑要求：主要指变配电站与其他建筑的间距、通道距离、地势位置、沟槽的要求等。 变电站：交流电源经电力变压器变压后对用电设备供电，不但具有接受和分配电能的作用，还能变化电压。 配电站：站内只有起开闭和分配电能作用的高压装置，母线上无主变压器，具有接受和分配电能的作用。 1）变配电站管理与使用部门应当执行以下要求： a）变配电站建筑选址、设计、建造、设备安装、投入使用前的验收应符合《建筑设计防火规范》（GB 50016）《供配电系统设计规范》（GB 50052），以及属地供电部门的行业要求，使用具有相应许可资质单位制造的并经监督检验合格的变配电设备；凡使用单位自制或引进的电力设备时，应经过安全鉴定和安全评审。投入使用前，应先进行安全鉴定和安全预评价，在确定符合安全要求后方可投入使用。 b）建立健全变配电站安全管理制度、岗位安全责任制和安全操作规程；

续表

标准序号	考核项目	责任部门及岗位职责	分数	重点要素解读
2.4.1	变配电站建筑要求	主要负责人 变配电站主管部门运行管理与使用部门	6	c)配备专兼职管理人员从事变配电站建筑物和设备的安全管理工作； d)对变配电站管理人员和操作人员进行安全技术培训，应取得《特殊专业操作证》保证其掌握操作技能和预防事故的知识，增强安全意识； e)对变配电站的主要电力设备、各种开关、接地系统、防雷系统、各类仪器仪表、操作机构、电力控制系统等进行日常维护保养，并做出记录；有安全检查、日负荷报表、交接班记录，且真实有效、保存完好； f)制定变配电站应急现场处置方案，且定期进行演练。 2)变配电站资料应符合以下规定： a)制造、安装、改造、维修应由具备资质的单位承担； b)设计文件、产品质量合格证明、监督检验证明、安装技术文件和资料、使用和维护说明等齐全； c)变压器、隔离开关、接地防雷系统和其他应定期进行校验的设备应按周期进行检验； d)定期检验报告和定期自行检查记录，日常点检和维护保养等记录齐全； e)运行故障和事故记录
2.4.1.1		同上	3	环境符合要求。 1)与其他建筑物间有足够的消防通道，确保不受毗邻建筑物发生火灾的波及。要求一般消防车能通行（净高不低于 4 m，净宽不小于 3 m 为合格）；禁止消防车道堆放物品、材料等。 2)与爆炸、腐蚀性危险场所有足够间距，能有效地避免外界爆炸危险和腐蚀性因素对变配电站的波及。与在正常时可能出现爆炸性气体混合物的建筑物间距应不小于 15 m，与正常时不可能出现爆炸性气体混合物的建筑物间距应不小于 7.5 m，应在主导风上风向，与腐蚀性场所位置间距不小于 30 m。 3)地势不能低洼，现场无漏雨，无积水痕迹，现场应有可靠防止积水措施

续表

标准序号	考核项目	责任部门及岗位职责	分数	重点要素解读
2.4.1.2		同上	3	通风良好。 根据实际情况，可以是自然通风的方式或机械通风的方式等，设置在地下或地下室的变、配电所，宜装设除湿、通风换气装置
2.4.1.3		同上		变配电室内不应有无关管道通过。 配电室内除本室需用的管道外，不应有其他的管道通过。室内管道上不应设置阀门和中间接头；水汽管道与散热器的连接应采用焊接的方式。配电屏的上方不应敷设管道
2.4.1.4		同上		油浸式变压器设有100%变压器油量的储油池或排(挡)油设施。 此条款是主要考虑变压器油箱一旦破裂，击穿甚至发生火灾时，为防止变压器油的流逸导致扩大事故而设置的，本条款应满足以下要求： 1)车间内安装的油量不小于600 kg的变压器，应设贮油池，池内应铺设卵石； 2)变压器设在建筑物二层或以上及变压器下方有地下室时，应设挡油或排油措施； 3)露天或半露天的变压器，油量不小于1 000 kg时，应设挡油设施； 4)多层建筑物内可燃油电气设备应设置在底层，高层建筑物内不宜装设可燃油电气设备
2.4.1.5		同上	3	变压器室、电容器室、配电室的门窗用非易燃材料制作。 配电装置室应设防火门，并应向外开启，防火门应装弹簧锁，严禁用门闩。充油电气设备间的门若开向不属配电装置范围的建筑物内时，其门应为非燃烧体或难燃烧体的实体门
2.4.1.6		同上		电缆沟隧道进户套管有防水和防止小动物进入的措施，门、窗、孔、洞符合要求。 1)变配电站门的开向：一是整个变电所(室)门应向外开，二是高低压室之间门应向低压侧开，三是相邻配电室间门应双向开。 2)为防止小动物窜入变配电室内导致短路或啃咬绝缘层，所有通向变配电站(室)可开启的门、

续表

标准序号	考核项目	责任部门及岗位职责	分数	重点要素解读
2.4.1.6		同上	3	窗及通风机和自然通风孔、洞，均应设置网孔小于 10 mm×10 mm 的金属网。开启的门窗及孔洞应装设小于 10 mm×10 mm 的金属网。 3)为防止电缆遭水浸或受潮以致降低其绝缘性能，电缆沟隧道进户套管应有防水措施。为防止小动物窜入变配电室内导致短路或啃咬绝缘层应加装防鼠板等设施
2.4.1.7		同上		长度大于 7 m 的配电室应设两个出口，并宜布置在配电室的两端。 此条款的规定是考虑当配电室内发生事故应急时，现场人员能迅速撤离事故现场，救援人员能够迅速地接近事故现场，另外配电室设置的两个出口门应向外开
2.4.2	变压器	主要负责人 变压器运行管理与使用部门	15	电力变压器：具有两个或两个以上的绕组，通过电磁感应，将一个系统的交流电压和电流转变为与其值不同、频率相同的另一个系统的电压和电流，是作为传输电功率用的一种静止的装置。在变配电系统中主要有油浸式变压器和干式变压器。 干式变压器：铁芯和绕组不浸在绝缘液中的一种变压器。 1)变压器管理与使用部门应当执行以下要求： a)电力变压器是变配电系统重要的组成部分，电力变压器如果出现故障会影响上级供电系统。电力变压器选择应符合《供配电系统设计规范》要求，使用具有相应许可资质的单位制造并经监督检验合格的变压器。 b)建立健全变压器运行、检修安全管理制度、岗位安全责任制和安全操作规程。 c)配备专职管理人员从事变压器的安全管理工作。 d)对变压器管理人员和操作人员进行安全技术培训，应取得《特殊专业操作证》及属地电网所规定的进网作业人员等级证书，保证其掌握操作技能和预防事故的知识，增强安全意识。 e)制定变压器故障的应急现场处置方案，且定期进行演练。

续表

标准序号	考核项目	责任部门及岗位职责	分数	重点要素解读
2.4.2	变压器		15	2)变压器资料应符合以下规定： a)应有属地供电部门的变压器供电方案、验收合格证明等； b)变压器制造、安装、改造、维修应由具备资质的单位承担； c)变压器产品质量合格证明、监督检验证明、安装技术文件和资料、使用和维护说明等齐全； d)变压器定期检验报告和定期自行检查记录，日常点检和维护保养等记录齐全； e)运行故障和事故记录
2.4.2.1		同上	6	瓷瓶、套管清洁无裂纹和放电痕迹。 瓷瓶、套管都是保障变压器和发电机带电体和不带电体机械连接的高阻绝缘元件，当它们表面受到污染或受外力作用而发生裂纹或破损时，其绝缘性能会大幅度降低，影响变压器或发电机的安全运行。变压器上的瓷瓶和套管必须定期进行维护，保持清洁完好。瓷瓶和套管表面应达到无积尘、无污染物沉积、无裂纹、无破损。清扫时应停电、放电、挂地线，确保在不带电的情况下进行清扫瓷瓶、套管
2.4.2.2		同上		接地可靠，接地阻值符合要求，有定期检测记录。 查证变压器预防性试验报告和接地电阻测试报告，对接地排、接地桩等进行现场检查（包括足够的机械强度和导电能力，以及对热、腐蚀和意外的防护措施），这些要求的具体数值应符合所属地电管部门安全运行规范的要求
2.4.2.3		同上		高压侧电缆终端头、低压母排无过热和变色

续表

标准序号	考核项目	责任部门及岗位职责	分数	重点要素解读
2.4.2.4		同上	5	油浸式变压器油标清晰，温度低于 85 ℃，油量、油质和油温符合要求，不漏油，有油质绝缘测试及化验报告。 变压器油起着绝缘和导热的双重作用，油量不足、油内积炭多甚至油质发生变化，都会影响其绝缘和导热性能，使变压器发生过热击穿事故。此条款应满足以下要求： 1)变压器油枕油位计一般有－30 ℃、＋20 ℃、＋40 ℃三个正常油位线，根据这三个标志可以判断变压器是否需要加油或放油。 2)油的颜色应为浅黄色，不应变深或变黑，油箱应无泄漏
2.4.2.5		同上		干式变压器外观清洁，无异物，防护罩的门锁有电气联锁
2.4.2.6		同上		干式变压器温度监视装置完好有效，定期检测，有强排风降温装置，工作可靠
2.4.2.7		同上	4	变压器运行正常，无异常响声，有符合规定的遮拦和安全警示标志。 变压器、发电机正常运行时会有均匀轻微的“嗡嗡”声，当其发出“吱吱”“辟啪”或其他不均匀的强烈噪声时，说明变压器内存在着过负荷、接触不良、系统短路或接地、铁磁谐振等不正常状态。 在车间内设置的变压器和发电机附近，必须设明显醒目的“高压危险”等警示标志，对检修或通行时安全距离不够的带电体，应设遮栏、护罩、护板、箱匣等设施。 对电力变压器的下列故障及异常运行方式，应装设相应的保护装置和安全警示标识： 1)绕组及其引出线的相间短路和在中性点直接接地侧的单相接地短路； 2)绕组的匝间短路； 3)外部相间短路引起的过电流； 4)中性点直接接地电力网中外部接地短路引起的过电流及中性点过电压； 5)过负荷； 6)油面降低； 7)变压器温度升高、油箱压力升高或冷却系统故障

续表

标准序号	考核项目	责任部门及岗位职责	分数	重点要素解读
2.4.2.8		同上	4	户外变压器周围应有保证人身安全的操作、巡视通道。 露天或半露天变电所的变压器四周应设高度不低于 1.8 m 的固定围栏或围墙，变压器外廓与围栏或围墙的净距不应小于 0.8 m，变压器底部距地面不应小于 0.3 m。油重小于 1 000 kg 的相邻油浸变压器外廓之间的净距不应小于 1.5 m；油重在 1 000～2 500 kg 的相邻油浸变压器外廓之间的净距不应小于 3.0 m；油重大于 2 500 kg 的相邻油浸变压器外廓之间的净距不应小于 5 m；当不能满足上述要求时，应设置防火墙。 当露天或半露天变压器供给一级负荷用电时，应符合《20 kV 及以下变电所设计规范》(GB 50053—2013)的要求，相邻油浸变压器的净距不应小于 5 m；当小于 5 m 时，应设置防火墙
2.4.2.9		同上		继电器有检修试验记录
2.4.2.10		同上		厂房内的变压器和发电机，应可靠隔离并上锁。防止无关人员随意打开变压器和发电机，导致触电
2.4.3	高、低压配电室和电容器室	主要负责人 高、低压配电室和电容器室运行管理与使用部门	24	高、低压配电室：指有起开闭和分配电能作用的高压配电装置。 电容器室：运行的电力电容器安装或配备的工作室，室内温度不得过高(不得超过环境温度 5 ℃)，室内干燥、通风良好。 1)高、低压配电室和电容器室管理与使用部门应当执行以下要求： a)高、低压配电室和电容器室应符合《电气设备安全设计导则》(GB 4064)要求，使用具有相应许可资质单位制造的并经监督检验合格的高、低压配电设备和电容器； b)建立健全高、低压配电室和电容器室安全管理制度，岗位安全责任制和安全操作规程； c)配备专职管理人员从事高、低压配电室和电容器室的安全管理工作； d)对高、低压配电室和电容器室管理人员和操作人员进行安全技术培训，应取得《特殊专业操作证》，保证其掌握操作技能和预防事故的知识，增强安全意识；

续表

标准序号	考核项目	责任部门及岗位职责	分数	重点要素解读
2.4.3	高、低压配电室和电容器室	同上	24	e)制定高、低压配电室和电容器室故障的应急现场处置方案，且定期进行演练。 2)高、低压配电室和电容器室资料应符合以下规定： a)应有属地供电部门的变压器供电方案、验收合格证明等； b)电力设备和电容器制造、安装、改造、维修应由具备资质的单位承担； c)有产品质量合格证明、监督检验证明、安装技术文件和资料、使用和维护说明等齐全； d)高、低压配电设备和电容器定期检验报告和定期自行检查记录，日常点检和维护保养等记录齐全； e)运行故障和事故记录齐全
2.4.3.1		同上	*	高压电源进线应安装避雷器，定期检测试验。 变配电所应采取措施，防止或减少近区雷击闪络。变配电所沿全线架高避雷线的35 kV架空线，在变电所35 kV电缆进线段应按设计规范规定装设相应的避雷线或避雷器等，有35 kV变压器的变电所的每组母线上及35 kV配电所应按重要性和进线路数等具体条件，在每路进线上或母线上，按规定范规装设避雷器
2.4.3.2		同上	4	瓷瓶、套管、绝缘子清洁无裂纹和放电痕迹。 绝缘件在运行时不能去擦拭，停止运行时又往往被忽略，这样就会造成脏污或裂纹、破损等缺陷被漏检，长期下去就会产生放电、闪络等现象，查证时要认真查看。停止运行时如果对瓷瓶、套管、绝缘子进行清洁，必须按操作规程进行停电、放电、挂地线、验电后作业
2.4.3.3		同上		母线整洁，接点接触良好，相序、标志、漆色符合规定；安全防护措施可靠。 在电气系统中，母线是输送电力的通道，一般用紫铜带或铝带制作，母线在通过电流时会有一定损耗，这种损耗以热源形式散逸出来。母线连接处应无漆色变焦现象，无试温片异常，连接处无熔融现象。母线可以采用封闭式母线槽的安装方式，有效地防止小动物进入

续表

标准序号	考核项目	责任部门及岗位职责	分数	重点要素解读
2.4.3.4		同上	4	配电室内各类电缆及架空线路敷设符合要求。 要求电缆敷设规范，电缆排列整齐，无机械损伤，标识牌正确、清晰，固定可靠，间距符合规定
2.4.3.5		同上		各类电缆的电缆头外表清洁，无漏油，接地可靠。 1）电缆头上无积尘； 2）电缆头应无漏油现象，电缆头漏油破坏其密封性，会影响绝缘，潮气侵入电缆，引起电缆击穿
2.4.3.6		同上	4	断路器为国家许可生产厂家的合格产品，安全可靠，定期维修检测并有记录。 断路器是变配电设备中最关键的部件，它担负着正常运行中接通、分断电力和在异常状态下（如欠电压、过流，短路事故）自动切断电力负荷的作用，断路器按灭弧介质和原理一般有以下6种： 1）空气断路器：利用压缩空气起到灭弧和增强绝缘的作用，并在分、合闸操作中作为驱动动力。 2）多油断路器：油起到灭弧和绝缘两种作用，这种断路器箱内充油较多，一般用于35 kV系统和10 kV系统以及频繁分合闸的生产设备上。 3）少油式断路器：油介质主要起灭弧作用。由于在分合闸操作中燃弧高温可能使触头、触指烧伤，必须定期进行维修。 4）真空断路器：触头密封在真空的灭弧室内，利用真空的高绝缘性能灭弧，触头不易氧化，寿命长，触头行程短，断路器体积较小。 5）六氟化硫断路器：采用惰性气体六氟化硫来灭弧，其特点是断流容量大而体积小，可制成封闭式全绝缘组合电器。但是，六氟化硫是毒性气体，不得出现泄漏现象。

续表

标准序号	考核项目	责任部门及岗位职责	分数	重点要素解读
2.4.3.6		同上	4	6)磁吹断路器:利用断路时流过的大电流产生的磁力,将电弧迅速拉长而吸入灭弧室内冷却熄灭,此种设备目前没有被广泛使用。 对断路器的考评,应符合以下规定: 1)查看断路器型号、规格、生产厂,断路器应采用国家许可生产厂家的产品; 2)断路器油的颜色应为浅黄色,不应变深或变黑,断路器应无渗漏油现象; 3)具有技术档案和定期维修检测记录
2.4.3.7		同上		断路器触头平整,灭弧罩完整。 1)断路器触头平整无结疤; 2)断路器灭弧罩应齐全有效; 3)灭弧罩或触头结疤应及时修复
2.4.3.8		同上		操纵机构有定期维修检测记录,操纵灵活,联锁可靠,脱扣保护合理。 操纵机构是操纵高压断路器的动力部件,它的性能直接影响着高压断路器的安全运行。许多重大事故分析表明,高压断路器“拒分”“拒合”及分合速度达不到要求,大都是由于操纵机构故障或性能不佳造成的,所以它必须是国家许可生产厂的合格产品,并且要定期进行预防性试验。 操纵机构按其储能方式及操纵动力不同,可分为 5 种: 1)手动操纵机构。直接用手操纵机构进行分、合闸,曾广泛用于 10 kV 及以下设备上,但由于其分、合速度及力度都极不稳定,现基本属于淘汰产品。 2)电磁操纵机构。利用直流电源操纵机构进行分、合闸,已经广泛使用于 10 kV 及以下设备上。 3)弹簧储能式操纵机构。它可以手动,亦可以利用交、直流电机为动力,使合闸弹簧储能后进行

续表

标准序号	考核项目	责任部门及岗位职责	分数	重点要素解读
2.4.3.8		同上	4	合闸操作，而在合闸的同时又使分闸弹簧储能，进行分闸操作，它广泛用于 10 kV 设备上。 4）气动式操纵机构。利用压缩空气为动力，操作断路器机构进行分、合闸。一般使用于 110 kV 及以上的设备中。 5）液压式操纵机构。利用氮气储能和压缩油相配合后产生的高压动力来驱动操作机构进行分合闸。一般用于 220 kV 及以上的设备中。 考评时，应满足以下要求： 1）不应使用旧式淘汰操纵机构（各种手力操纵机构以及仿苏 CD2 型操纵机构）； 2）不应使用经电力部门进行预防试验认为有缺陷的操纵机构； 3）定期检测资料应齐全
2.4.3.9		同上		双电源供电或自备发电机组应有可靠的联锁装置，并有联锁试验记录。 1）具有双回路电源的高压配电装置，应有防止两回路同时投入的安全联锁装置； 2）应急电源与正常电源之间应采取可靠措施防止并联运行，保证应急电源的专用性
2.4.3.10		同上	4	电容器补偿控制装置完好，补偿能满足系统要求；电容器外壳无膨胀和漏油，温升符合要求。 1）经补偿后用电设备功率因数的正切值不小于 0.9； 2）电容器接线及布置应符合有关标准的要求，调整合理，并加装保护装置； 3）电容器室内应保持良好的通风，电容器如有异常现象
2.4.3.11		同上		电容器室温度不超过环境温度 5 ℃

续表

标准序号	考核项目	责任部门及岗位职责	分数	重点要素解读
2.4.3.12		同上	4	接地故障保护可靠，有定期测试记录。 1）对每一个变电所必须有一个完整的接地系统，以保证供电系统的安全运行； 2）变电所要有一个总的接地体，其接地电阻应满足不同用途、不同电压等级的电器设备的接地电阻要求； 3）变配电室各种电力设备、设施所有的应接地部分，都必须与接地体可靠地连接； 4）应以电力部门定期检测报告的结论来认定其是否合格
2.4.3.13		同上	3	各种安全用具完好，清洁干净，存放在通风干燥处，防止潮湿，有定期检测记录。 1）各种用具应状态完好，存放合理（防潮、防碰伤）； 2）定期检测资料齐全有效
2.4.3.14		同上		应急照明及指示齐全完好
2.4.3.15		同上		通道符合安全要求，配电装置的长度大于 6 m 时，其柜（屏）后通道应设两个出口，低压配电装置两个出口间的距离超过 15 m 时，应增加出口。 1）当防护等级不低于现行国家标准《外壳防护等级（IP 代码）》（GB 4208）规定的 IP2X 级时，成排布置的配电屏通道最小宽度应符合表 4-11 的规定。 2）当配电屏与干式变压器靠近布置时，干式变压器通道的最小宽度应为 800 mm。 3）高压及低压配电设备设在同一室内，且两者有一侧柜顶有裸露的母线时，两者之间的净距不应小于 2 m。 4）配电装置室的门和变压器室的门的高度和宽度，宜按最大不可拆卸部件尺寸，高度加 0.5 m、宽度加 0.3 m 确定，其疏散通道门的最小高度宜为 2.0 m，最小宽度宜为 750 mm
2.4.3.16		同上		厂房内的高低压配电柜，应可靠隔离并上锁

续表

标准序号	考核项目	责任部门及岗位职责	分数	重点要素解读
2.4.3.17		同上	5	现场所有设备功能性标识齐全、准确，警示标志和工作操作标识符合要求。 变电所、配电室内外要有提示要害部位带电危险的警示标识。电力设备操作手柄或机构上应有操作提示标识。 安全标志的使用方式及式样：电力设备上应有表明已送电或已带电的指示灯、指示用仪表和音响报警，信号装置
2.4.3.18		同上		有可模拟操作的模拟图板或设施。 现场模拟图板指示的运行状态应与设备实际运行状态一致
2.4.3.19		同上		管理制度、操作规程等置于室内墙上，各种记录齐全。 1）各项电气管理制度、操作规程、应急处置预案必须齐全； 2）变配电所（站室）、电气设备、线路的安装、验收、运行、检修资料档案应完整准确； 3）应建立健全各种技术档案及运行、检修、预试的各项记录，并妥善保存
2.4.3.20		同上		严格执行工作票、操作票制度，记录至少保存一年。 1）停送电联系应指定专人进行，非指定人员要求停送电时，值班人员有权不予办理。 2）联系的方法采用工作票、停送电申请单、停送电联系单或电话联系等。 3）停送电联系的时间、内容、联系人、审批人等项目应在上述停送电凭证内写明。 4）严禁采取约时或其他不安全的方式联系停送电。 5）执行工作票进行检修、预试工作时，工作负责人应按操作规程规定办理工作许可、工作延期、工作终结手续。 6）工作票应由主管领导指定的专人签发。 7）工作票签发人不能兼任该项工作的负责人。 8）工作许可人不得签发工作票。

续表

标准序号	考核项目	责任部门及岗位职责	分数	重点要素解读
2.4.3.20		同上	5	9)倒闸操作必须根据电力调度或主管技术人员的命令执行。 10)倒闸操作应严格执行操作票制度，每张操作票只能填写一项操作任务
2.4.3.21		同上		各种技术资料齐全： 1)接地极(网)安装记录； 2)高、低压配电柜安装检查记录； 3)母线安装检查记录； 4)电缆敷设及绝缘检测记录； 5)电气照明安装检查记录等
2.4.4	电网接地系统	主要负责人 电网接地系统运行管理与使用部门	10	电网接地系统：主要指低压配电系统的 TN、TT 和 IT 3 种接地形式，高压输电变配电设备装置等，以及将电气回路中性点接地的接地系统。 TN 系统：电源系统有一点直接接地，负载设备的外露导电部分通过保护导体连接到此接地点的系统。根据中性导体和保护导体的布置，TN 系统的型式有以下 3 种： 1)TN－S 系统：在整个系统中有分开的中性导体和保护导体； 2)TN－C－S 系统：系统中一部分中性导体和保护导体的功能合在一根导体上； 3)TN－C 系统：在整个系统中，中性导体和保护导体的功能合在一根导体上。 TT 系统：是指将电气设备的金属外壳直接接地的保护系统。 IT 系统：电源系统的带电部分不接地或通过阻抗接地，电气设备的外露导电部分接地的系统。 1)电网接地系统管理与使用部门应当执行以下要求： a)电网接地系统应符合《电气装置安装工程接地装置施工及验收规范》(GB 50169)、《供配电系统设计规范》(GB 50052)、《低电压配电设计规范》(GB 50054)的要求，委托具有相应许可资质的单位设计、安装、施工电网接地系统；

续表

标准序号	考核项目	责任部门及岗位职责	分数	重点要素解读
2.4.4	电网接地系统	同上	10	b)建立健全电网接地系统安全管理制度、岗位安全责任制和安全操作规程； c)配备专兼职管理人员从事电网接地系统安全管理工作； d)对电网接地系统管理人员和操作人员进行安全技术培训，保证其掌握操作技能和预防事故的知识，增强安全意识； e)制定电网接地系统故障的应急现场处置方案，且定期进行演练。 2)电网接地系统资料应符合以下规定： a)应有所属地供电部门的变压器供电方案、验收合格证明等； b)电力接地系统设计、安装、改造、维修应由具备资质的单位承担； c)设计文件、安装技术文件和资料使用和维护说明等齐全； d)有电网接地系统定期检验报告和定期自行检查记录，日常点检和维护保养等记录齐全
2.4.4.1		同上	5	系统接地制式应满足要求。 1)电气系统接地制式不同，其安装规范要求也不同。在同一发电机、同一变压器的供电网络中，不应采用两种不同的接地保护方式。 2)保护导体，即 PE 线，要有足够的机械强度和电气连接强度(足够的导电截面)。 3)TN 系统是由工作接地、主干保护线[PE 或 PEN 线、设备保护线(PE 线)]、故障保护装置、重复接地或等电位联结所组成，必须保证系统的整体性、连续性和可靠性。 4)TN 系统按照中性线(N)与保护线(PE)组合情况的不同，可以分为 TN－S、TN－C、TN－C－S 3 种接地形式。在 TN 系统中，所有用电设备外露可导电部分必须与 PE 线或 PEN 线相连，PE 线或 PEN 线严禁接入开关设备，不得断股或断线，在 TN－C－S 系统中，PE 与 N 分开后，就不能再合并，且 N 线绝缘水平应与相线相同。 注：考评时应从系统资料中了解其具体制式和接地网络状态，根据现场查证来认定其是否合格

续表

标准序号	考核项目	责任部门及岗位职责	分数	重点要素解读
2.4.4.2		同上	5	具有爆炸和火灾危险场所应设有专用主干接地线，并在分支线处设置接地装置
2.4.4.3		同上		主干接地或零线（包括车间干线与接地网或自然接地体）至少应有两处及以上相互连接，连接引线应方便定期监测，不得断线、断股或装设开关设备
2.4.4.4		同上		用电设备接入处接地标志应明显。接地线和零线不允许出现任何漏接、错接、混装、串接等现象。零线与接地分开后，不应再合并
2.4.4.5		同上	2	接地装置编号、标志明晰，接地电阻值符合要求，定期检测报告有效，资料齐全。 1）标识明晰：每处接地装置应编号，有标示牌并注明检测日期与数据，图形符号用 E 或“一竖三横”表示，明敷接地干线应涂以宽度相等的黄、绿相间的条纹，中性线宜涂蓝色，自然接地体与人工接地体连接处应有便于断开的连接点，以便于维护和检测接地电阻。 2）资料齐全完整：接地装置的设计资料、施工与变更资料、检测与检查资料必须完整，考评时还应在现场查证其编号、位置。 接地电阻的检测应在干燥季节测量，重复接地测量时必须与主干 PE 或 PEN 线断开，其各类接地电阻合格值见表 4－12
2.4.4.6		同上	3	接地装置的连接应可靠，有足够的机械强度，能防腐蚀、防损伤或有附加保护措施。 1）接地体和接地连线禁止利用可燃液体或气体管道，宜用钢材，其截面应保证足够的机械强度、防腐蚀要求及热稳定要求。接地体、接地线的最小尺寸见表 4－13。 2）接地装置之间一般采用焊接，以保持其电气通路。焊接必须牢固，焊接长度应符合如下要求： a）扁钢为其宽度的 2 倍，四边施焊； b）圆钢为其直径的 6 倍，两面施焊； c）圆钢与扁钢连接时为圆钢直径的 6 倍； d）扁钢与钢管、扁钢与角钢、起重机轨道、建筑物伸缩缝（沉降缝）等处应有弧形或直角形连接结构。 与接地干线连接应使用镀锌细栓，并加防松垫圈

续表

标准序号	考核项目	责任部门及岗位职责	分数	重点要素解读
2.4.4.7		同上	3	接地线或设备外露可导电部分不应用作零线或作为正常时载流导体
2.4.4.8		同上		埋入地下的人工接地极及其引出线应采用热镀锌接头，并采取防腐蚀、防机械损伤的措施
2.4.5	防雷接地	主要负责人 防雷接地系统管理与使用部门	12	防雷接地系统：主要包括接闪器、引下线、接地装置等。 防雷装置：接闪器、引下线、接地装置、电源保护器及其他连接导体的综合。 接地体：埋入土壤中或混凝土基础中作散流作用的导体。 接地线：从引下线断接卡或换线处至接地体的连接导体；或从接地端子、等电位连接带至接地装置的连接导体。 接闪器：直接截止雷击的避雷针、避雷带（线）、避雷网，以及接闪网金属屋面、金属构件。 引下线：连接接闪器与接地装置的金属导体。 1）防雷接地系统管理与使用部门应当执行以下要求： a）防雷接地系统应符合《电气装置安装工程接地装置施工及验收规范》（GB 50169）、《建筑物防雷设计规范》（GB 50057）的要求，委托具有相应许可资质的单位设计、安装、施工防雷接地系统； b）建立健全防雷接地系统安全管理制度、岗位安全责任制和安全操作规程； c）每年雨季前对防雷接地系统进行安全检查，委托有建筑防雷检测资质的单位对防雷系统进行检测检验，并出具防雷检测检验报告，其内容符合防雷安全要求； d）防雷接地系统完好，无断裂、锈蚀，不能搭接其他线路和杂物。 2）防雷接地系统资料应符合以下规定： a）应有每年防雷检测检验合格的证明等； b）防雷接地系统设计、安装、改造、维修应由具备资质的单位承担； c）设计文件、安装技术文件和资料、使用和维护说明等齐全； d）有防雷接地系统定期自行检查、摇测记录，日常点检和维护保养等记录齐全

续表

标准序号	考核项目	责任部门及岗位职责	分数	重点要素解读
2.4.5.1		同上	*	应每年检测一次，对爆炸和火灾危险场所的防雷装置应当每半年检测一次。 1)单位应提供有关防雷的技术档案资料，防雷装置检测周期为一年； 2)对单位内爆炸和火灾危险场所的防雷装置应每半年检测一次
2.4.5.2		同上	3	避雷装置完好，无倒伏、断裂，屋顶金属构件与避雷带等电位连接。 1)建筑物接闪器及引下线应完好，无断裂、烧损脱焊等缺陷； 2)建筑物接闪器及引下线材料规格应符合有关规定，以保证其满足足够的机械强度和热稳定要求
2.4.5.3		同上	3	避雷针(带)安装符合规范。 1)避雷针(带)应完好，无断裂、烧损脱焊等缺陷； 2)避雷针(带)规格应符合有关规定，其引下线须采用焊接工艺，以保证其满足足够的机械强度和热稳定要求
2.4.5.4		同上	3	独立避雷针及其接地装置不应设在行人经常通过的地方，与道路或建筑物出入口及其他接地体的距离应符合《建筑物防雷设计规范》(GB 50057)的规定。 1)防雷装置及其接地装置与道路或建筑物出入口距离应大于 3 m； 2)不大于 3 m 时，应采取均压措施或铺设卵石沥青地面，并有防跨步电压触电的警示标识
2.4.5.5		同上	3	装有避雷针或避雷带的构架上，不宜安设低压线或通信线。 在避雷针、避雷线的构筑物上严禁架设其他线路(低压电力线、通信线、照明线)

续表

标准序号	考核项目	责任部门及岗位职责	分数	重点要素解读
2.4.6	电气照明	主要负责人 电气照明管理与使用部门	10	电气照明：利用电能转变为光能进行人工照明的各种设施。按照照明方式可分为 3 种，一般照明、局部照明和混合照明。按照其使用目的可分为 5 种，正常照明、事故照明、值班照明、障碍照明和装饰照明。 1）电气照明管理与使用部门应当执行以下要求： a）电气照明应符合《供配电系统设计规范》（GB 50052）、《金属切削机床安全防护通用技术条件》（GB 15760）、《机械加工设备一般安全要求》（GB 12266）、《工业与民用供电系统设计规范》（GBJ 52）要求，委托具有相应许可资质的单位设计、安装、施工电气照明系统； b）建立健全电气照明系统安全管理制度、岗位安全责任制和安全操作规程； c）对电气照明系统定期进行安全检查，线路敷设、照明高度、环境因素和照明电压选择符合规范； d）电气照明系统完好，无乱接、乱拉现象，照明器具完好，安全距离符合要求，整洁无异物遮挡。 2）电气照明资料应符合以下规定： a）电气照明系统设计、安装、改造、维修应由具备资质的单位承担； b）设计文件、安装技术文件和资料、使用和维护档案等齐全； c）有电气照明系统定期自行检查记录，日常点检和维护保养等记录齐全
2.4.6.1		同上	*	符合使用场所安全要求。 1）在可燃、助燃、易燃、易爆物体的储存、生产、使用等场所或区域内使用的用电产品，其阻燃或防爆等级应符合特殊场所的要求。 2）用电设备和电气线路的周围应留有足够的安全通道和工作空间。电气装置附近不应堆放易燃、易爆和腐蚀性物品。禁止在架空线上放置或悬挂物品。 3）照明灯具完好率达 100%，凡有易燃物的地方应采取防爆措施。甲、乙类物品库房和丙类液体库房的电气装置，必须符合国家现行的有关爆炸危险场所的电气安全规定。储存丙类固体物品的库房，不准使用碘钨灯和超过 60 W 的白炽灯等高温照明灯具

续表

标准序号	考核项目	责任部门及岗位职责	分数	重点要素解读
2.4.6.2		同上	6	电气照明距地面应大于 2.5 m，小于 2.5 m 时应有防护。 室内一般照明灯具距地面的最低悬挂高度，不宜低于表 4-14 所规定的数值
2.4.6.3		同上		行灯及机床和工作台上使用的局部照明灯，采用安全电压。在金属容器内和特别潮湿场所使用的照明灯，其电压不超过 12 V。 1)机床局部或移动照明必须采用 36 V 或 24 V 安全电压。 2)照明变压器外壳应 PE 可靠，次级线不应接零。 3)行灯应用橡胶耐油缆线，线路无老化、无接头、无破损、无扭结。 4)使用 220 V 整机照明灯高度应不低于 1.8 m(以操作站立面为准)，线路规范完好可靠，灯泡上部应装灯罩。 5)照明灯开关应灵敏有效，局部照明灯灯架完好，灯具可调整在任意允许的工作位置。 6)不论何种电压的照明电源线，均不许只接一根相线后利用床身载流导电
2.4.6.4		同上	4	设施完好，安装牢固、规范，线路绝缘良好
2.4.6.5		同上		使用螺纹灯头时，螺口不应外露，火线不应接在螺口上
2.4.7	电气插头、插座	主要负责人 电气插头、插座管理与使用部门	10	电气插座、插头：是为电气设备提供电源接口的电气设备，也是电气设计中使用较多的电气附件，在实际生产工作中为方便起见，常会私拉乱接电源线和加装电源插座接线板，易引起电击和电气火灾，给人身财产带来重大隐患。 1)电气插头、插座管理与使用部门应当执行以下要求： a)选择正规厂家的合格产品，产品质量和产品参数满足使用要求； b)对插座、插头进行日常检修、维护，定期对接地电阻进行检测； c)检修、维护的电工作业人员应经过教育培训，持证上岗。

续表

标准序号	考核项目	责任部门及岗位职责	分数	重点要素解读
2.4.7	电气插头、插座		10	2)电气插头、插座资料应符合以下规定： a)产品合格证，出厂检验证明等资料齐全有效； b)日常检修、维护记录，接地电阻定期检测记录等齐全
2.4.7.1		同上	*	符合使用场所的安全要求应包括： 1)在可燃、助燃、易燃、易爆物体的储存、生产、使用等场所或区域内使用的用电产品，其阻燃或防爆等级应满足特殊场所的使用要求。 2)用电设备和电气线路的周围应留有足够的安全通道和工作空间。 3)电气装置附近不应堆放易燃、易爆和腐蚀性物品。 4)禁止在架空线上放置或悬挂物品
2.4.7.2		同上	*	接线正确，绝缘良好无破损。插座接线要求如下： 1)单相两孔插座，面对插座，左极接零线，右极接相线； 2)单相两孔插座必须上下安装时，零线在下方，相线在上方； 3)单相三孔插座，面对插座上孔接 PE 线，左极接零线，右极接相线； 4)四孔插座只准用于 380 V 的电源，上孔接 PE 线
2.4.7.3		同上	3	插座应固定使用，安装牢固、规范，与负荷相匹配，漏电保护符合要求。 1)漏电保护选用的插座的电流、电压应与用电负荷相匹配，防止过流烧毁插座； 2)额定漏电动作电流应不高于 30 mA； 3)采用多级保护的用电系统，下一级额定漏电动作电流应小于上一级额定漏电动作电流，防止越级跳闸
2.4.7.4		同上	4	同一场所的交、直流插座及不同电压、电流、频率的插座，应有明显标识。 直流、交流或不同电压的插座在同一场所时，应有明显的标识来加以区分

续表

标准序号	考核项目	责任部门及岗位职责	分数	重点要素解读
2.4.7.5		同上	3	移动电源插座通过道路、通道应有可靠的保护措施，不应串接，漏电保护符合要求。 移动电源插座通过道路、通道时注意事项包括： 1）采取可靠的保护措施，穿过道路、通道时应加设保护（穿钢管或槽钢）； 2）移动电源插座不串接； 3）加装符合要求的漏电保护器
2.4.8	电气开关	主管负责人 电气开关管理与使用部门	10	电气开关：一种基本的低压电器，是用来接通和断开电路的元件。 1）电气开关管理与使用部门应当执行以下要求： a）选择正规厂家的合格产品，产品质量和产品参数满足使用要求； b）对开关进行日常检修、维护，定期对保护接地电阻进行检测； c）检修、维护的电工作业人员应经过教育培训，持证上岗。 2）电气开关资料应符合以下规定： a）产品合格证，出厂检验证明等资料齐全有效； b）日常检修、维护记录，接地电阻定期检测记录等齐全
2.4.8.1		同上	*	符合使用场所的安全要求包括： 1）在可燃、助燃、易燃、易爆物体的储存、生产、使用等场所或区域内使用的用电产品，其阻燃或防爆等级应满足特殊场所的使用要求。 2）用电设备和电气线路的周围应留有足够的安全通道和工作空间。 3）电气装置附近不应堆放易燃、易爆和腐蚀性物品
2.4.8.2		同上	*	绝缘良好无破损。 开关的绝缘部分应良好，无破损，防止人体接触到导体部分

续表

标准序号	考核项目	责任部门及岗位职责	分数	重点要素解读
2.4.8.3		同上	*	不带电的金属外壳有可靠的保护接地(零)措施。 保护接地(零)是为防止电气装置的金属外壳、配电装置的构架和线路杆塔等带电危及人身和设备安全而进行的接地(零),其阻值应定期进行检测,保证保护接地(零)可靠
2.4.8.4		同上	3	安装牢固,其高度离地面 1.2～1.5 m
2.4.8.5		同上	4	闸刀开关应垂直安装,合闸后其闸把向上
2.4.8.6		同上		闸刀开关有防护罩
2.4.8.7		同上	3	开关外壳完好,联锁装置及过流保护装置等灵敏可靠
2.4.9	电气、照明及控制箱(柜)	主管负责人电气、照明及控制箱(柜)管理与使用部门	18	动力、照明及控制箱(柜):具有分配保护功能的动力、照明及控制箱(柜),以及箱(柜)至用电设备、设施的电源线路。车间动力、照明及控制箱(柜)是工厂电力系统中最低一级的电力分配和控制、保护的设施,是保障电力运行最基础的一个环节,它与各工种人员接触的可能性很大,容易出现安全隐患。 1)电气动力、照明及控制箱(柜)管理与使用部门应当执行以下要求: a)选择正规厂家的合格产品,产品质量和产品参数满足使用要求; b)对箱(柜)进行日常检修、维护,箱(柜)门上有电气元件的应进行跨接,箱(柜)内裸露的接线端子应进行屏护,箱(柜)内整洁、无杂物; c)检修、维护的电工作业人员应经过教育培训,持证上岗。 2)电气动力、照明及控制箱(柜)资料应符合以下规定: a)产品合格证,出厂检验证明等资料齐全有效; b)电气动力、照明及控制箱(柜)台账完整; c)日常检修、维护记录齐全

续表

标准序号	考核项目	责任部门及岗位职责	分数	重点要素解读
2.4.9.1		同上	*	一类防雷建筑物的电源进线柜应加装浪涌保护器。 一类防雷建筑物应在电源引入的总配电箱处装设防雷电波侵入的浪涌保护器
2.4.9.2		同上	*	符合使用环境的安全要求。应包括如下条件： 1)触电危险性小的一般生产场所和办公室可采用开启式的配电箱； 2)触电危险性大的、环境较差的车间，如铸造、锻造、热处理、锅炉房、木工房等，应采用封闭式的配电箱(柜)，并装设相匹配的漏电保护装置； 3)有导电粉尘及产生易燃易爆气体的危险作业环境，必须采用密闭式或防爆式的电气设施
2.4.9.3		同上	3	室内落地式的箱柜底面应高出地面 50 mm 以上，室外应高出地面 200 mm 以上
2.4.9.4		同上		各种元器件、仪表、开关及线路接触良好，布置规范，连接可靠，无严重发热、烧损
2.4.9.5		同上	3	各熔断器内的熔断元件与负荷相匹配。 熔断器的选用主要包括熔断器类型选择和熔体额定电流的确定，其选择依据是： 1)根据线路要求和安装条件选择熔断器的型号。 2)根据负载特性选择熔断器的额定电流。 3)选择各级熔体需相互配合，后一级要比前一级小，总闸和各分支线路上电流不一样，选择熔丝也不一样。 4)根据线路电压选择熔断器的额定电压。 5)交流异步电机保护熔体电流不能选择太小(建议 2～2.5 倍电机的额定电流)
2.4.9.6		同上		具有 2 个回路及以上的配电箱板应设总刀闸及分路刀闸；每一分路应接一台电气设备，并按容量选择刀闸或断路器；照明、动力合一的配电箱应分设刀闸或开关

续表

标准序号	考核项目	责任部门及岗位职责	分数	重点要素解读
2.4.9.7		同上	8	箱(柜)体有可靠的保护接地(零)措施,门上有电器元件的应跨接保护。 箱(柜、板)所有的金属构件都必须有可靠的接地(零)保护,以保证其导电的连续性,不允许有任何脱节。接地(零)支线应单独与接地或接零干线相连接,各接地或接零支线不准串连,同时PE线要有足够的机械强度和防止连接处松脱的措施,并要有足够的导电能力
2.4.9.8		同上		地线和零线采用压接时,应压实,不应有松脱、损伤、“一钉多根线”现象
2.4.9.9		同上		需在箱(柜)内操作的,裸露导体应有防触电措施。 为确保电气作业人员检查、维护、操作安全,防止意外触电,应对动力箱(柜)内直接裸露的导电体采取屏护、隔离措施
2.4.9.10		同上		箱(柜)外无裸露带电体,内无裸露线头。 箱(柜)外一般不装裸露带电体,若有必须屏护完好。裸导电体的安装,必须按设计规范规定,保持足够的安全净距或采取必要的安全保护措施(如遮栏、隔板、护罩或包扎绝缘等),并设警告标识和指示信号
2.4.9.11		同上		插座接线正确,漏电保护符合要求
2.4.9.12		同上	4	线路相序、相色正确,标志齐全、清晰,有简单线路图。 所有分配和保护功能的箱(柜)都应有设施本身的编号,单位也可根据有利于管理的原则,按不同使用车间、不同类型统一编号。箱(柜)内每一组开关,熔断器都应有标明其控制对象的对应图标、标号或文字标识,并与实际情况相符
2.4.9.13		同上		箱(柜)体完好无损,开启灵活,内外整洁,无杂物、无积水

续表

标准序号	考核项目	责任部门及岗位职责	分数	重点要素解读
2.4.9.14		同上	4	箱(柜、板)前方(或下方)1.2 m 的范围内应无障碍物;当工艺布置有困难时,照明箱可减至 0.8 m
2.4.9.15		同上		动力、照明及控制箱(柜)每月应由电气专业人员进行维护、检查,并保持记录。 动力、照明及控制箱(柜)维护、检查工作属于电工作业,应由电工作业人员进行,电工作业人员应经过教育培训,持证上岗,并将检查记录存档
2.4.10	高低压线路	主管负责人 高低压线路管理与使用部门	10	高低压线路:在电力系统中 1 kV 以下的电压称为低压,1 kV 以上的电压称为高压,直接供电给用户的线路称为配电线路,如用户电压为 380/200 V,则称为低压配电线路。 1)高、低压线路管理与使用部门应当执行以下要求: a)选择正规厂家的合格产品,产品质量和产品参数满足使用要求; b)对高、低压线路进行日常检修、维护; c)检修、维护的电工作业人员应经过教育培训,持证上岗。 2)高、低压线路资料应符合以下规定: a)产品合格证,出厂检验证明等资料齐全有效; b)高、低压线路台账完整; c)日常检修、维护记录齐全
2.4.10.1		同上	*	符合使用环境的安全要求。 1)在可燃、助燃、易燃、易爆物体的储存、生产、使用等场所或区域内使用的线路应符合《爆炸危险环境电力装置设计规范》(GB 50058)的要求。 2)电气线路的周围应留有足够的安全通道和工作空间。 3)禁止在架空线上放置或悬挂物品

续表

标准序号	考核项目	责任部门及岗位职责	分数	重点要素解读
2.4.10.2		同上	*	电气线路的容量与其负荷相匹配。 根据负荷的大小选择线路的线缆截面积及材质，若线缆的容量小于负荷要求，容易引起线缆发热，严重的可能导致线缆过热，绝缘层燃烧，引发火灾
2.4.10.3		同上	*	室内一般不允许装设裸导线，确须架设应符规定
2.4.10.4		同上	3	室内明设的绝缘线路距地面不小于 2.5 m（水平安装）和 1.8 m（垂直安装），否则须加以保护。绝缘导线至地面的最小距离见表 4－15。 当导线垂直敷设至地面低于 1.8 m 时，应穿管保护
2.4.10.5		同上		室外架空线路与地面、建筑物、树木等的距离符合要求。 1）绝缘导线架空明设应符合《供配电系统设计规范》（GB 50052）要求。 绝缘导线穿管敷设时，管内导线的总面积应小于管子截面积的 40％电线管路与其他管路的间距应符合《供配电系统设计规范》（GB 50052）要求。 2）裸导体线路室内敷设不应与起重机滑线设在同侧，与地面及其他设备、设施的距离应符合《供配电系统设计规范》（GB 50052）要求。 3）无铠装电缆室内明设安全距离应符合有关规范的要求。 4）配电线路不应跨越易燃材料做成的建筑物
2.4.10.6		同上	4	安装牢固、规范，绝缘良好无破损，暂时不用的电气线路切断电源，不裸露
2.4.10.7		同上		安全保护装置齐全、完好。 线路保护装置主要用于各电压等级的间隔单元的保护测控，具备完善的保护、测量、控制、备用电源自投及通信监视功能

续表

标准序号	考核项目	责任部门及岗位职责	分数	重点要素解读
2.4.10.8		同上	4	应分级设置接地故障保护、短路保护、过电流保护、过电压及欠电压保护等装置，并在规定的时间内切断电源或发出报警信号
2.4.10.9		同上		设备的配电线路应按规定设置剩余电流动作保护装置。 在低压电网中安装剩余电流动作保护装置是防止人员触电、电气火灾及电气设备损坏的一种有效的防护措施
2.4.10.10		同上		线路及汇流排上不应悬挂任何物件，线路的保护装置齐全可靠。 1）对每一分支线路都应装有满足线路通断能力的开关、短路保护、过负荷保护和接地保护。保护电器应装在操作维护方便、不易受机械损伤、不靠近可燃物的地方，并应采用避免保护电器运行时意外损坏对周围人员造成伤害的措施。 2）线路穿墙、楼板或埋入地下均应采用穿管或其他措施，穿金属管时管口应装绝缘护套；室外埋设，上面应有保护层，电缆沟应有防火和排水设施
2.4.10.11		同上	3	线路相序、相色正确，标志齐全、清晰。 1）相序排列，上下布线交流 A、N、B、C，直流正、负；水平排列时，面对负荷由左向右，交流 A、N、B、C，直流为正、负。 2）线路相色，交流为：A 相为黄色、N 线黑色、B 相绿色、C 相红色；直流为：正极赭色，负极兰色。 3）地下线路应有清晰的座标或地上标识，以及档案资料
2.4.10.12		同上		电杆直立，拉线、横担瓷瓶及金属构架等符合要求。 1）电杆基础应牢固，杆体完好无露筋、裂缝腐朽等缺陷，其倾斜度不应使杆梢位移大于半个杆梢，终端杆拉线倾斜不得大于一个杆梢。 2）拉线与电杆夹角不应小于 30°，并与线路受力方面对正，混凝土电杆拉线如需从导线间穿过时，拉线应设绝缘子。

续表

标准序号	考核项目	责任部门及岗位职责	分数	重点要素解读
2.4.10.12		同上	3	3)横担应平整,直线杆横担应在受电侧,转角杆和终端杆应在拉线侧。 4)瓷件及绝缘套、垫应完整无裂纹或破损,金属件固定牢固
2.4.10.13		同上		埋地敷设的电缆不应位于地下管道的正上方或正下方。电缆与电缆、管道、道路、构筑物等之间的允许最小净距应符合规定。 埋地敷设的电缆间及其与建筑物、构筑物等的最小净距,应符合现行国家标准《电力工程电缆设计规范》(GB 50217)的有关规定
2.4.11	临时线	主管负责人 临时线管理与使用部门	10	临时线路:为短期或临时使用的用电器提供电源的电线、电缆、分配电装置等统称为临时线路。 1)临时线路管理与使用部门应当执行以下要求: a)临时线使用要办理审批手续; b)选择正规厂家的合格产品临时线路材料和电器元件,产品质量和产品参数满足使用要求; c)对临时线路进行日常检查和维护; d)检修、维护的电工作业人员应经过教育培训,持证上岗。 2)临时线路资料应符合以下规定: a)临时线路审批手续齐全; b)产品合格证,出厂检验证明等资料齐全有效; c)日常检查、检修维护记录齐全
2.4.11.1		同上	*	易燃易爆场所不应架设临时线。 严禁在有爆炸和火灾危险的场所架设临时线
2.4.11.2		同上	*	有可靠的保护接地(零)措施。 对于中性点直接接地电网,临时用电设备必须可靠接零。对中性点不接地电网和不直接接地电网,临时用电设备必须保护接地,并有保护接地体的接地电阻测试报告

续表

标准序号	考核项目	责任部门及岗位职责	分数	重点要素解读
2.4.11.3		同上	*	有完整审批手续，一般场所不超过 15 天使用期。 1)临时线路使用期限一般场所为 15 天。电气工作人员校验电器设备或临时检修的电气线路，以及利用插头接电源的移动式机电设备，使用期不超过一个工作日，且工作完毕即拆除的线路可不办理审批手续，基建工程的临时线路其使用期可按施工期审批。 2)所谓完备的审批手续，首先是申请项目应符合临时接线规定，例如高压电源不准架设临时线，即使通过审批也应认为不合格。其次是申请审批手续必须完整，包括装设地点、用电容量、负责人及审批部门的批准意见、准用期限等，如不完整的认定为不合格。 3)凡发现工厂未报又属本应正规安装但不符合规范要求的线路，不论是否在抽样范围内，即认定为一个不合格点，抽样总数相应增大
2.4.11.4		同上	*	敷(架)设规范、长度及容量与负荷相匹配。 装设临时用电线路必须采用与负荷匹配的橡套软线，而且要求截面能满足负荷要求
2.4.11.5		同上		线路路径应避开易撞、易碰，以及地面通道、热力管道、浸水场所等易造成绝缘损坏的危险地方；当不能避免时，应采取保护措施
2.4.11.6		同上	3	除沿墙敷设的可用塑料护套线外，架空线应使用橡胶绝缘多股绞线，其他情况应使用绝缘良好的橡胶护套软线。 1)临时线所处环境比正规线路恶劣得多，磨擦、潮湿、酸碱腐蚀甚至碾铰、碰撞都可能发生，所以除架空或沿墙敷设的可用塑套胶线以外，必须用橡套软线，穿过通道时还应加设保护(穿钢管或槽钢)。所选用的线截面必须与负荷匹配。 2)临时线沿墙或架空敷设时其主高度户内应高于 2.5 m，户外应高于 4.5 m，跨越道路应高于 6 m，与其他设备、门窗、水管等距离应大于 0.3 m。对由电源箱连接到用电设备之间的线路，要求可以放宽，但不得影响正常生产活动中的通行和操作

续表

标准序号	考核项目	责任部门及岗位职责	分数	重点要素解读
2.4.11.7		同上	2	线路架设时，其高度在室内应大于2.5 m，室外应大于4.5 m，跨越通道应大于6 m，并牢固固定
2.4.11.8		同上		电缆或绝缘导线不得成束架空敷设，不得直接捆绑在设备、脚手架、树木、金属构架等物品上；线路与其他设备、门窗、金属构架等距离应大于0.3 m
2.4.11.9		同上	3	采用“一机、一闸、一盒、一保护”。 临时用电线路必须有一个总开关，这个开关应设在用电设备附近，以便于及时切、合电源，而每一分路则应设置与负荷相匹配的熔断器或过流保护装置
2.4.11.10		同上	2	埋地敷设时应穿管，管内不得有接头，管口应密封；通过道路、通道应有可靠的保护措施。 临时线所处环境比正规线路恶劣得多，磨擦、潮湿、酸碱腐蚀甚至碾铰、碰撞都可能发生，所以除架空或沿墙敷设的可用塑套胶线以外，必须用塑套软线，如穿过通道或埋地敷设时还应加设保护（穿钢管或槽钢）
2.4.12	电焊机	主管负责人 电焊机管理与使用部门	10	电焊机：利用正负两极在瞬间短路时产生的高温电弧来融化电焊条上焊料和被焊材料，使它们结合的一种装置，包括各类弧焊机、电焊机等。 1）电焊机管理与使用部门应当执行以下要求： a）选择正规厂家的合格产品，产品质量和产品参数满足使用要求； b）对电焊机进行日常检修、维护，定期检测电焊机的接地电阻和绝缘电阻； c）操作人员应经过教育培训，持证上岗。 2）电焊机资料应符合以下规定： a）产品合格证，出厂检验证明等资料齐全有效； b）电焊机台账完整； c）日常检修、维护记录，定期检测记录归档保存

续表

标准序号	考核项目	责任部门及岗位职责	分数	重点要素解读
2.4.12.1		同上	*	符合使用环境的安全要求，工作场所通风良好。 1)电焊机和电气线路的周围应留有足够的安全通道和工作空间； 2)电气装置附近不应堆放易燃、易爆和腐蚀性物品； 3)电焊机所在房间应通风良好，有效排出焊接产生的烟尘
2.4.12.2		同上	*	每台焊机应设置独立的电源开关或控制柜，有可靠的保护接地(零)措施。 焊机导电外壳应可靠接地(零)，但应注意工件不要同时接地，因工件常与焊机二次电源相连，与焊机同时接地(零)时，其接地(零)线势必会有短路电流通过
2.4.12.3		同上	*	焊接变压器一、二次线之间及绕组与外壳之间其绝缘电阻不低于 1 MΩ，每半年至少测试一次并记录存档。 构成焊接回路的电缆外皮必须完整绝缘良好(绝缘电阻大于 1 MΩ)，用于高频高压振荡器设备的电缆必须具有相应的绝缘性能。要求每半年至少测试一次，并有记录存档
2.4.12.4		同上	1	建立完备的电焊机台账
2.4.12.5		同上	5	电源线和焊接电缆与电焊机的接线处应有屏护罩。 有许多焊机其电源和焊接电缆接头都是裸露的，极易被人或金属导体触及而造成事故，因此要求这两处必须有可靠的防护，防护罩要将裸露的接线头及裸线部分完全罩住，既要有一定的机械强度又要便于拆接线及线缆
2.4.12.6		同上		一次线无接头和破损，接线长度不应超过 3 m，电源线不应在地面拖拽使用，且不应跨越通道使用。 一次线上不得有接头，不得破损。焊机电源线应采用铜芯橡套电缆长度不应超过 3 m，如确需使用长导线，应在焊机 3 m 范围内增加一级电源控制，并将长导线架空敷设，焊机电源线不得在地面拖曳或跨越通道使用

续表

标准序号	考核项目	责任部门及岗位职责	分数	重点要素解读
2.4.12.7		同上	5	二次线接头不超过三个，连接牢固，无松动，不应利用厂房金属结构、管道、轨道等作二次回路。 焊机二次线连接良好，接头不超过3个，焊机二次电缆截面积应与焊机容量匹配，连接牢固，无松动
2.4.12.8		同上		电焊钳或操作部件应与导线连接紧固，绝缘可靠，且无外露带电体
2.4.12.9		同上	2	焊钳夹紧牢固，绝缘可靠，隔热层完好。 焊钳应符合国家有关规定，能保证在不同角度下夹紧焊条，绝缘良好，手柄隔热层完整，焊钳与导线连接可靠并保持轻便柔软，导体不外露
2.4.12.10		同上		悬挂式电阻焊机吊点应准确，平衡保护装置应可靠
2.4.12.11		同上	2	焊机使用场所清洁，无杂物。 焊机应安放于通风、干燥、无碰撞及剧烈震动、无高温、无易燃品存在的地方，特殊情况下必须采取特殊的防护措施，电焊机要有防止手受伤的措施(机械保护挡板、双手控制、弹键、限位传感装置等)
2.4.12.12		同上		工作区域应相对独立，宜设置防护围栏，并设有警示标志。焊接设备屏护区域应按工作性质及类型选择联锁或光栅保护装置
2.4.13	手持电动工具	主管负责人 手持电动工具管理与使用部门	10	手持电动工具：由电动机或电磁铁驱动的、用来做机械功的设备；一般设计成由电动机与机械部分组成一体，便于携带到工作场所，并能用手握持或悬挂操作的工具。手持电动工具的管理、使用和维护应符合《手持式电动工具的管理、使用、检查和维修安全技术规范》(GB/T 3787)的要求。 1)手持电动工具管理与使用部门应当执行以下要求： a)建立健全手持电动工具安全管理制度、岗位安全责任制和安全操作规程；

续表

标准序号	考核项目	责任部门及岗位职责	分数	重点要素解读
2.4.13	手持电动工具	同上	10	b)配备专兼职管理人员从事手持电动工具安全管理工作； c)手持电动工具使用前或每半年应至少进行一次绝缘检测，并粘贴合格标识。 2)手持电动工具资料应符合以下规定： a)完备的手持电动工具台账； b)国家强制认证标识、产品合格证书、自检报告等资料齐全； c)绝缘电阻检测记录，每班日常检查，定期检验和日常维护保养等记录齐全
2.4.13.1		同上	*	符合使用环境的安全要求。 严禁在易燃易爆环境，如易燃液体、气体或粉尘的环境下操作电动工具
2.4.13.2		同上	*	手持式电动工具应具有国家强制认证标志、产品合格证和使用说明书。 手持式电动工具须经强制性产品认证，应具备 CCC 认证标识、产品合格证及使用说明书
2.4.13.3		同上	*	手持电动工具使用前或每半年应进行一次绝缘检测，绝缘电阻符合规定，建立准确、可靠的记录，并在检测合格工具的明显位置粘贴合格标识。 手持电动工具至少每三个月必须进行一次绝缘电阻的测量，I 类工具不小于 2 MΩ，Ⅱ类工具不小于 7 MΩ，Ⅲ类工具不小于 1 MΩ
2.4.13.4		同上	*	按作业环境选用电动工具，使用Ⅰ、Ⅱ类手持电动工具须装设漏电保护器，Ⅰ类有可靠的保护接地措施(加强绝缘型除外)。 1)在一般作业场所中，应选用Ⅱ类工具；在潮湿的场所或金属构架上、金属物件上，应采用Ⅱ类或Ⅲ类工具；在锅炉、金属容器、管道内及狭窄场所作业应使用Ⅲ类工具。 2)使用Ⅰ类手持电动工具时应配有漏电保护装置，PE 线连接可靠
2.4.13.5		工具	1	建立完备的手持电动工具台账

续表

标准序号	考核项目	责任部门及岗位职责	分数	重点要素解读
2.4.13.6		同上	4	防护罩、盖、手柄无破损和变形松动。 保护性的外壳、盖板、护罩等零件应具有与其规定用途相应的机械强度，并且不借助工具就不能拆下
2.4.13.7		同上		钻头、砂轮等完好，装卡牢固，运转平稳
2.4.13.8		同上	5	开关、插头完好，工作灵敏可靠，无破损，规格符合要求。 1)电动工具的开关应灵敏、可靠，能及时切断电源，无卡滞、沾连等故障。 2)插头损坏率高，在更换时要注意与工具功率和类型匹配，且接线正确，绝不能以任何方式改装插头。 3)需接地的电动工具不能使用任何转换插头
2.4.13.9		同上		电源线采用多股铜芯橡套软电缆，无接头，不跨越通道，绝缘层无破损，长度不应超过 6 m。手持电动工具的绝缘电阻应满足《手持式电动工具的安全》(GB 3883)的要求，必须具有漏电保护和短路保护功能，且在腐蚀、潮湿、高温的场所应采取相应的安全措施
2.4.14	移动电气设备	主管负责人 移动电气设备管理与使用部门	10	移动电气设备：生产场所内非固定安装的电气设备设施。在单位中有些非固定安装的电气设备，如电风扇、电采暖器、无齿锯等，往往无专人管理，经常由于使用不当、接线错误、防护装置损坏而造成事故。 1)移动电气设备管理与使用部门应当执行以下要求： a)建立健全移动电气设备安全管理制度、岗位安全责任制和安全操作规程； b)配备专兼职管理人员从事移动电气设备安全管理工作； c)移动电气设备使用前或每半年应至少进行一次绝缘检测。 2)移动电气设备资料应符合以下规定： a)完备的移动电气设备台账； b)产品合格证书、自检报告等资料齐全； c)绝缘电阻检测记录，每班日常检查，定期检验和日常维护保养等记录齐全

续表

标准序号	考核项目	责任部门及岗位职责	分数	重点要素解读
2.4.14.1		同上	*	符合使用环境的安全要求。 1)在可燃、助燃、易燃、易爆物体的储存、生产、使用等场所或区域内使用的用电产品,其阻燃或防爆等级要求应符合特殊场所的规定。 2)用电设备和电气线路的周围应留有足够的安全通道和工作空间。 3)电气装置附近不应堆放易燃、易爆和腐蚀性物品
2.4.14.2		同上	*	有可靠的保护接地(零)措施。 接地或接零应符合配电系统的接地形式和移动电气的容量要求,连接要满足电气和机械强度,做到正确、可靠
2.4.14.3		同上	*	使用前或每半年应至少进行一次绝缘检测,绝缘阻值不低于 1 MΩ,且有记录。 国家规定低压设备绝缘电阻值不小于 0.5 MΩ 且有检测记录,这类设备间断性使用的,使用前和使用过程中每三个月应进行绝缘电阻检测,其阻值应不少于 0.5 MΩ,并有检测记录
2.4.14.4		同上	1	建立完备的移动电气设备台账
2.4.14.5		同上	3	电源线采用多股铜芯橡套软电缆,无接头,不跨越通道,绝缘层无破损,长度不应超过 6 m
2.4.14.6		同上	3	潮湿等易触电危险场所使用,应装设漏电保护器。 在潮湿等易触电危险场所,应有特殊的用电安全措施,保证在任何情况下人体不触及用电产品的带电部分,并当用电设备发生漏电、过载、短路或人员触电时能自动切断电源
2.4.14.7		同上	3	旋转部位有防手指触及措施,防护罩、遮拦、屏护、盖完好无松动。 防护罩、遮栏、屏护、盖应完好无松动,防护罩(盖)、遮栏、屏护都应防止人手指或其他部位能触及带电或旋转部位。安装要牢固,放置要平衡,无晃动

续表

标准序号	考核项目	责任部门及岗位职责	分数	重点要素解读
2.4.15	烘箱	主管负责人 烘箱管理与使用部门	6	烘箱：在试验和生产场所内用于试验、老化、干燥等作业的电加热设备。烘箱在试验和生产中应用广泛，具有高温灼烫等危险、有害因素，同时在防爆等环境也有特殊的要求。 1）烘箱管理与使用部门应当执行以下要求： a）建立健全烘箱安全管理制度、岗位安全责任制和安全操作规程； b）配备专兼职管理人员从事烘箱安全管理工作。 2）烘箱资料应符合以下规定： a）产品合格证书、自检报告等资料齐全； b）每班日常检查，定期检验和日常维护保养等记录齐全
2.4.15.1		同上	*	符合使用环境的安全要求。 1）在可燃、助燃、易燃、易爆物体的储存、生产、使用等场所或区域内使用的用电产品，其阻燃或防爆等级要求应符合特殊场所的规定。 2）设备和电气线路的周围应留有足够的安全通道和工作空间
2.4.15.2		同上	*	有可靠的保护接地（零）措施。 禁止将大地、保护线、外壳和结构件作为有效电路的一部分
2.4.15.3		同上	*	不应用非防爆烘箱烘易燃易爆物品。 用于特殊的用途，如烘易燃易爆物质，应采用专用易燃易爆烘箱
2.4.15.4		同上	4	线路与负荷匹配，绝缘良好。 线路所用导线的横截面积与工作的负荷匹配，且导线的绝缘层无磨损，并能保护导线不受拉力和扭力的作用
2.4.15.5		同上		仪表、开关、温控系统完好可靠

续表

标准序号	考核项目	责任部门及岗位职责	分数	重点要素解读
2.4.15.6		同上	2	周围无易燃物品,环境温度符合要求。 烘箱附近严禁堆放易燃、易爆等危险物品,并应设置通风、空调等设施控制环境温度
2.4.16	电子设备及航天专用测试设备	主管负责人 电子设备及航天专用测试设备管理与使用部门	8	电子设备及航天专用测试设备:主要指航天生产工艺所用的非标设备和专用测试、试验设备,以及电子装配用的电气电子设备。 1)电子设备及航天专用测试设备管理与使用部门应当执行以下要求: a)建立健全电子设备及航天专用测试设备安全管理制度、岗位安全责任制和安全操作规程; b)配备专兼职管理人员从事电子设备及航天专用测试设备安全管理工作。 2)电子设备及航天专用测试设备资料应符合以下规定: a)产品合格证书、自检报告等资料齐全; b)每班日常检查,定期检验和日常维护保养等记录齐全
2.4.16.1		同上	*	符合使用环境的安全要求。 1)在可燃、助燃、易燃、易爆物体的储存、生产、使用等场所或区域内使用的用电产品,其阻燃或防爆等级要求应符合特殊场所的规定。 2)用电设备和电气线路的周围应留有足够的安全通道和工作空间。 3)电气装置附近不应堆放易燃、易爆和腐蚀性物品
2.4.16.2		同上	*	有可靠的保护接地(零)措施。 保护接地线应采用焊接、压接、螺栓连接或其他可靠方法连接
2.4.16.3		同上	1	建立完备的电子设备及航天专用测试设备台账

续表

标准序号	考核项目	责任部门及岗位职责	分数	重点要素解读
2.4.16.4		同上	3	电子设备的接地电阻一般不大于4 Ω,应定期检测。 电子设备应可靠接地,接地电阻一般设计应小于4 Ω,特殊要求不大于1 Ω,接地电阻定期检测,应建有电子设备接地电阻定期检测记录
2.4.16.5		同上		绝缘性能符合要求。 绝缘电阻值不小于0.5 MΩ,并有检测记录
2.4.16.6		同上	2	设备的危险部位应加装安全防护装置,并标有明显的警示标志。 设备带有旋转部位、裸露带电体的部位应加防护罩等设施,并设置相应的警示标志
2.4.16.7		同上	3	实(试)验室设备的安全附件、特种设施按有关规定进行管理。 设备带有安全阀等安全附件时,应进行定期检验;构成特种设备的,还应按照相关规定进行管理
2.4.17	电气试验站(台、室)	主管负责人 电气试验站(台、室)管理与使用部门	5	电气试验站(台、室)是单位电气系统中最特殊的一个分系统,甚至有独立的电力系统,其特点是:电压高,电流大,试品种类繁多,试验环境要求高,电路连接复杂,多为一次性连接,故试验过程中常常出现绝缘击穿、短路、燃烧甚至爆炸等现象。 1)电气试验站(台、室)管理与使用部门应当执行以下要求: a)建立健全电气试验站(台、室)安全管理制度、岗位安全责任制和安全操作规程; b)配备专兼职管理人员从事电气试验站(台、室)安全管理工作。 2)电气试验站(台、室)资料应符合以下规定: a)产品合格证书、自检报告等资料齐全; b)每班日常检查,定期检验和日常维护保养等记录齐全

续表

标准序号	考核项目	责任部门及岗位职责	分数	重点要素解读
2.4.17.1		同上	5	大型或有爆炸危险的试验台应单独建设，其余应设在车间厂房的一侧，通道畅通。 1)对试验容量大、电压等级高的网络试验或合成回路试验独立的台站，站内试验用变压器油量在 1 000 kg 以上的试验变压器，应设置容量为 100％贮油池及排油设施。 2)被试产品试验时有爆炸危险的，必须放在有防爆性能的试验小室内，且应有排油设施防止喷油影响环境
2.4.17.2		同上		独立高压试验站须加设可靠防雷装置，有定期检测记录。 独立建造的高电压试验站、电气容量试验站等应设计防雷设施。对露天试验区域和高大的试验间及架设线路的金属构架都应设置单体避雷针、架空避雷线和避雷器
2.4.17.3		同上		试验区域不应有休息场所，被测试产品或设备与建筑物的安全距离符合要求
2.4.17.4		同上		试验站台与试验区域要设置固定或移动网栏。充有压力的瓷套管在试验时应加安全网，其区域内所有的门应有联锁装置，且向外开。 试验区应为封闭的禁区，试验人员及试验设备与被试产品之间应设置隔离或屏护，宜采用固定安装的形式，高度不低于 1.7 m，试验区内所有的门必须有联锁装置，门向外开
2.4.17.5		同上		试验台站内有醒目的安全标识并设置警戒线。信号警报联锁装置及通信录音设备齐全可靠。 1)试验区危险部位和门上方应装设红色灯光警告信号，有“高压危险”、“严禁入内”等标识牌。 2)所有安全指示、警告信号、联锁装置必须灵敏可靠。 3)有视觉障碍的较大试验场所应配备齐全、可靠的通信、录音设备，设置视频监控系统

续表

标准序号	考核项目	责任部门及岗位职责	分数	重点要素解读
2.4.17.6		同上	5	高低压开关柜、变压器、调压器、试验油杯、互感器、电容器、发电机组等设备清洁完好、无渗漏，油质、油位、温升、绝缘符合要求。 1)试验用的设备是合格产品，并定期进行电气性能的预防性检测，绝缘性能符合要求。 2)对试验用 6 kV 以上的试验电源的高压开关柜，继电保护要经电业部门和授权单位的定期整定试验，达到动作可靠，有保护整定测试报告。对充油的电气设备必须保证油质、油位符合技术要求，不渗漏，运行温度不超过 85 ℃。 3)电容器壳体不鼓包、不渗油，外观整洁，摆放间距符合要求
2.4.17.7		同上		各种保护、联锁、信号装置灵敏可靠。 1)各种保护装置应及时动作切断电源，保证设备和被试产品的安全。 2)有关部位及通道护栏的电气联锁或机械联锁灵活可靠。 3)试验过程中停送电设备上的指示灯、指示标识必须正确
2.4.17.8		同上		高低压母线排、电缆、控制线路符合电气安装规程要求。 1)高低压母线排固定连接牢靠，应按要求涂刷相序色标。 2)支撑瓷瓶清洁无裂纹，符合绝缘耐压要求。 3)各种电缆按规程敷设，充油电缆的电缆头不得渗油、漏油
2.4.17.9		同上		临时连接的试验线路安全间距符合电压等级的要求。 高压试验线路距人体最小安全距离应按表 4-16 规定执行
2.4.17.10		同上		试验用的仪器仪表符合国家技术标准，经检验合格，并在有效期内使用。 所用试验设备、仪器、仪表都必须符合国家现行技术标准，并有出厂合格证和技术文件。各种仪器仪表应经计量部门校验合格，并应定期复验

续表

标准序号	考核项目	责任部门及岗位职责	分数	重点要素解读
2.4.17.11		同上	5	应按试验台设计要求安装接地装置,不应利用保护接地系统作为大电流放电回路。 1)试验台站的接地系统必须符合设计要求,应为独立完整的接地系统。 2)不允许电力系统的工作接地作为试验用接地。 3)小电流接地系统接地电阻值不得大于 4 Ω,大电流接地系统的接地电阻不得大于 0.5 Ω
2.4.17.12		同上		试验用的接地线,采用专用接地钳、夹,接地线中间不得有接头
2.4.17.13		同上		电气安全用具及防护用品绝缘强度符合试验电压等级要求,存放合理。 1)大型试验台站应配备符合电压等级的电气安全用具,以及相应的备用安全用具。 2)电气安全用具应保存于通风、干燥的场所,防止受潮,防止阳光暴晒或酸、碱、油的腐蚀及污秽,应将安全用具放置在专用的安全用具柜内
2.4.18	其他电气设备	主管负责人 其他电气设备管理与使用部门	10	其他电气设备:除本标准所列电气设备以外的其他电气设备,形式各异,种类繁多,容易发生电气伤害、电气火灾等事故。 1)其他电气设备管理与使用部门应当执行以下要求: a)建立健全其他电气设备安全管理制度、岗位安全责任制和安全操作规程; b)配备专兼职管理人员从事其他电气设备安全管理工作。 2)其他电气设备资料应符合以下规定: a)产品合格证书、自检报告等资料齐全; b)每班日常检查,定期检验和日常维护保养等记录齐全

续表

标准序号	考核项目	责任部门及岗位职责	分数	重点要素解读
2.4.18.1		同上	*	符合使用环境的安全要求。 1)在可燃、助燃、易燃、易爆物体的储存、生产、使用等场所或区域内使用的用电产品,其阻燃或防爆等级要求应符合特殊场所的规定。 2)用电设备和电气线路的周围应留有足够的安全通道和工作空间。 3)电气装置附近不应堆放易燃、易爆和腐蚀性物品
2.4.18.2		同上	*	有可靠的保护接地(零)措施。 1)设备PE线若明敷设时,应选用≥4 mm^2的铜芯线,禁止使用铝芯线,且应沿管道或机身敷设。 2)设备PE线若暗敷设时(随穿线管接入设备本体)应选用≥2.5 mm^2的铜芯线或≥4 mm^2的铝芯线,并在接线处外部应有接地标识。 3)PE线不许搭接或串接,接线规范、接触可靠。 4)设备PE线接线间不得涂漆或加绝缘垫
2.4.18.3		同上	1	建立完备的其他电气设备台账
2.4.18.4		同上	5	绝缘性能符合要求。 对电气设备及线路,应定期测量绝缘电阻。绝缘电阻值应符合规定标准,且与前次测量值比较不应有显著下降
2.4.18.5		同上	5	线路与负荷应匹配,布线整齐合理,线路无破损。 线路必须采用绝缘良好的导线,其截面应能满足用电负荷和机械强度的需要

续表

标准序号	考核项目	责任部门及岗位职责	分数	重点要素解读
2.4.18.6		同上	4	各种仪表、器件准确、完好，在有效期内使用。 各种仪表技术资料齐全，并经有关部门鉴定合格，出具合格证明后才能使用，并应定期复验，保证在有效期内使用
2.4.18.7		同上		各种保护、联锁、信号装置等可靠有效。 1)保护联锁：运行控制装置应与安全防护装置联锁，在设备运行中，防护装置开启时设备不能运转。 2)表示警示的声光(危险)信号应突出明显，其强度、形式等方面要突出区别于其他信号。 3)紧急停车装置：当发生危险时，凡不能迅速通过控制开关来停止设备运行的，或在控制台上不能全部控制运行状态时，应设紧急停车装置。紧急停车装置应保证瞬时动作时能终止设备的一切运动，其开关的形状应区别于一般控制开关，颜色为红色
2.5	机械设备		230	
2.5.1	起重机械	主要负管人 起重机械管理与使用部门	40	起重机械：是指用于垂直升降或者垂直升降并水平移动重物的机电设备，其范围规定为：额定起质量大于或者等于 0.5 t 的升降机；额定起质量大于或者等于 3 t(或额定起重力矩大于或者等于 40 t·m 的塔式起重机，或生产率大于或者等于 300 t/h 的装卸桥)，且提升高度大于或者等于 2 m 的起重机；层数大于或者等于 2 层的机械式停车设备。 起重机械应符合《起重机械安全规程》(GB 6067.1)。 1)起重机械管理与使用部门应当执行以下要求： a)使用具有相应许可资质的单位制造并经监督检验合格的起重机械； b)建立健全起重机械使用安全管理制度、岗位安全责任制和安全操作规程； c)配备起重机械专兼职管理人员从事起重机械的安全管理工作； d)对起重机械管理人员和操作人员进行安全技术培训，应取得《特种设备作业人员证》，保证其掌握操作技能和预防事故的能力，增强安全意识；

续表

标准序号	考核项目	责任部门及岗位职责	分数	重点要素解读
2.5.1	起重机械	同上	40	e)对起重机械的主要受力结构件、安全附件、安全保护装置、运行机构、控制系统等进行日常维护保养,并做出记录; f)配备符合安全要求的索具、吊具,加强日常巡视检查和维护保养,保证索具、吊具安全使用; g)制定起重机机械应急救援预案,且定期进行演练。 2)起重机械资料应符合以下规定: a)制造、安装、改造、维修应由具备资质的单位承担,选用的产品应与工况、环境相适应; b)设计文件、产品质量合格证明、监督检验证明、安装技术文件和资料、使用和维护说明等齐全; c)有注册登记,有使用登记证,并按周期进行检验; d)定期检验报告和自行检查记录,日常点检和维护保养等记录齐全; e)运行故障和事故记录
2.5.1.1		同上	*	在检验有效期内使用。 其检验周期如下: 1)塔式起重机、升降机、流动式起重机每年1次。 2)轻小型起重设备、桥式起重机、门式起重机、门座起重机、缆索起重机、桅杆起重机、铁路起重机、旋臂起重机、机械式停车设备每2年1次,其中吊运熔融金属和炽热金属的起重机每年1次。 3)性能试验中的额定载荷试验、静载荷试验、动载荷试验项目,首检和首次定期检验时必须进行,额定载荷试验项目,以后每间隔1个检验周期进行1次。 4)检验过程中,对确实存在重大隐患的起重机械(如作业环境特殊、事故频发等),检验机构报省级质量技术监督部门经其同意,可以适当缩短定期检验周期,但是最短周期不低于6个月
2.5.1.2		同上	*	易燃、易爆场所使用防爆型起重机械,不应设驾驶室,实际起重质量不应超过起重机械的额定起重质量的80%,速度符合要求

续表

标准序号	考核项目	责任部门及岗位职责	分数	重点要素解读
2.5.1.3		同上	*	卷筒钢丝绳整齐排列,无跳槽、压叠、缠绕。 1)卷筒钢丝绳整齐排列,无跳槽、断丝、压叠、缠绕、塑性变形或麻芯脱出等现象; 2)有防止钢丝绳跳出轮槽的滑轮护罩等装置,且应安装牢靠,无损坏或明显变形
2.5.1.4		同上	*	滑轮、制动器和车轮等零部件状况符合要求。制动器、限位器、指示器等安全装置完好有效,止挡器、缓冲器、超负荷限制器等齐全、完好,工作可靠。 1)滑轮直径与钢丝绳直径应匹配,滑轮转动灵活,无缺损。滑轮、制动器和车轮运行可靠,制动力矩调整符合要求。 2)液压制动器不得漏油。 3)各类运行限位器装置齐全,工作可靠;露天作业的起重机械,各类限位器或限量开关与联锁的电气部分应防雨雪。 4)保护装置应保证刚开启及断开其中一个开关的电源时,整台设备均不能通电运行。 5)音响信号装置、指示器等安全装置完好有效。 6)止挡器、缓冲器、超负荷限制器齐全,无卡位、锈蚀等现象,转动灵活、安全可靠
2.5.1.5		同上	*	两台及两台以上起重机在同一轨道上,应有防碰撞装置且灵敏可靠。 1)防冲撞装置:如起重机已安装红外线式、超声波式、电波式、激光式等防冲击、撞击的装置,应保证起重机运行至需停车的范围时,防冲撞装置发出警报,切断电源,避免碰撞。 2)当两台或两台以上的起重机械或起重小车运行在同一轨道上时,应设置防碰撞装置。在发生碰撞的任何情况下,司机室内的速度不应超过 5 m/s

续表

标准序号	考核项目	责任部门及岗位职责	分数	重点要素解读
2.5.1.6		同上	8	电气设备设施均完好有效，各种防短路、过压、过流、失压与互锁、自锁、联锁等保护装置齐全可靠
2.5.1.7		同上		信号能指示总电源分合状况，喇叭和电铃音响清晰。 1)信号能指示装置：除地面操作的电动葫芦吊车酌情安装外，其余各类起重机均应安装音响信号装置；要求安装牢固，音响清晰，音量适度，开关灵敏可靠；电源宜用 24 V 或 36 V。 2)指示信号装置：起重机的指示信号装置有滑线指示灯、司机室送电指示灯等；起重机主滑线三相都应设亮度明显的指示灯，规范颜色为黄、绿、红色(L1－L3)，当轨长＞50 m 时，滑线两端应设指示灯。 3)司机室送电指示灯电源应接在主闸刀下口(合闸灯亮)，裸露的降压电阻接线口应绝缘良好。 4)室外高于 30 m 的起重机械顶端或者两臂端应设置红色障碍灯
2.5.1.8		同上		有可靠的保护接地(零)措施。 1)起重机轨道应采用重复接地措施，轨长＞150 m 时，应在轨道对角线设置两处接地引下线。 2)电气装置应配备完好，防爆起重机上的安全保护装置、电气元件、照明器材等应符合防爆要求
2.5.1.9		同上		手持操纵器外观完好无破损，承拉线完好有效，紧急停止开关接触良好。紧急停车开关停止运行后，应按启动顺序重新启动才能重新运转
2.5.1.10		同上		吊钩降到最低位置时，卷筒上的钢丝绳最少留有 2 圈，且固定牢靠。当吊钩处于工作位置最高点时，卷筒上宜留有至少 1 整圈的绕绳余量
2.5.1.11		同上		吊钩状况符合要求，钩体无裂纹、缺口或永久变形；断面磨损不超过原尺寸的 10%；吊钩应有防脱钩装置；滑轮转动灵活，轮缘和防护罩无开裂变形

续表

标准序号	考核项目	责任部门及岗位职责	分数	重点要素解读
2.5.1.12		同上	12	扫轨板距轨面不大于 10 mm
2.5.1.13		同上		各类防护罩、盖、栏、板等符合规定，齐全可靠
2.5.1.14		同上		有醒目的色标和吨位标识。 1）现场有醒目的色标，安全标志符合《安全标志及其使用导则》（GB 2894）的规定。 2）在明显部位应标注额定起重质量（吨位），以及检验合格证和设备编号等标识
2.5.1.15		同上		起重机运行平稳同步，无异常声响
2.5.1.16		同上		司机室内的灭火器材有效
2.5.1.17		同上		钢丝绳、吊绳、吊带符合要求；钢丝绳在一个捻节距内断丝数不超过总丝数的 10%；吊具应在检验有效期内使用，有额定载重标识，定置存放；报废或不合格吊具不应在现场存放。 1）钢丝绳、吊绳、吊带的选用应符合要求，连接方法正确； 2）钢丝绳在一个捻节距（指任意一个钢丝绳股环绕一周的轴向距离）内的断丝数达该绳总丝数的 10%，应视为不合格； 3）钢丝绳表面层钢丝腐蚀或磨损达表面原丝径的 40%，应视为不合格； 4）钢丝绳有明显的内部腐蚀、钢丝绳表面有磨损或腐蚀、整股断裂或烧坏的，应视为不合格； 5）钢丝绳发生扭结、死角、硬弯、塑性变形、麻芯脱出等严重变形的应视为不合格； 6）吊具应在检验有效期内使用，有额定载重标识，定置存放，且有明显的载荷标识，报废或不合格吊具不应在现场存放； 7）购置吊具与索具应是具备安全认可资质厂家的合格产品； 8）吊索具应有集中存放，有专人管理和维修保养，存放点有选用规格与对应载荷的标签（标牌），主要使用人员应熟悉并能正确选用

续表

标准序号	考核项目	责任部门及岗位职责	分数	重点要素解读
2.5.1.18		同上	12	起重机滑线不应与裸导线在同侧设置，桥式起重机下方有裸露电源线的，应设置防护板。 1)起重机滑线护板：当司机室位于大车滑线端时，通向起重机的梯子、走台与滑线间应设置防止人员触电的滑线护板；且起重机滑线不应与裸导线在同侧设置； 2)司机室位于大车滑线另一端时，滑线端梁下应设置滑线护板，防止吊索具触及； 3)双层起重机的下层起重机滑线一般应沿全长设置滑线护板(人员与吊索具均不可能触及的除外)，已采用全封闭的安全滑触线的起重机可不装设； 4)桥式起重机下方有裸露电源线的，应设置防护板； 5)滑线护板均应安装牢固，与带电滑线有一定的间距，无脱焊、严重变形、松动
2.5.1.19		同上	8	露天起重机夹轨钳、地锚按规定使用，可靠有效，运行机构电气控制系统有防雨措施。 1)露天起重机械防雨罩、夹轨钳或锚定装置应安全可靠，各类防护罩、盖完整可靠； 2)露天起重机械各运行机构电气控制系统有防雨措施，各类限位或限量开关与联锁的电气部分应有防雨雪装置； 3)起升高度大于 50 m 且露天作业的起重机械应安装风速仪； 4)防雨罩不能替代传动部件的防护罩
2.5.1.20		同上	12	平台与司机室入口水平间隙不超过 15 cm，与司机室地板高度差不超过 25 cm。 1)平台与司机室入口水平间隙不超过 15 cm，危险部位标志应齐全、清晰； 2)司机室地板高度差不超过 25 cm，且运动部件与建筑物、设施、输电线的安全距离符合相关标准

续表

标准序号	考核项目	责任部门及岗位职责	分数	重点要素解读
2.5.1.21		同上	12	淬火用起重机起升机构应设置下行限位装置。 1)淬火用起重机、起升机构应设置下行限位装置,行车在升降、行走的行程末端应设置极限保护装置; 2)运熔融金属及其他危险品的起升机构,每套独立的驱动装置应装有 2 个支持制动器; 3)司机室应有必要的应急逃生措施和安全出入口
2.5.1.22		同上		升降机支撑脚安全保护器完好可靠,工作平台护栏完好。 1)升降机支撑脚安全保护器完好,紧固可靠; 2)各类工作平台护栏完好,有踢脚护板
2.5.1.23		同上		汽车起重机支腿完好可靠,起升高度限位器、幅度指示器、力矩限制器、水平仪、质量指示器等安全保护装置完好有效。 汽车起重机的外伸支腿、起重臂端、回转的配重、各类吊钩滑轮的侧板等应涂以安全标志色
2.5.1.24		同上		冶金起重机符合相关要求。 1)使用冶金起重机的场地不得有易燃、易爆及腐蚀性气体。 2)冶金起重机工作环境温度最低为−10 ℃,最高不超过+50 ℃。 3)司机室应有良好的视野,其水平视野不小于 280°;司机室应设隔离装置、应急装置和逃生措施。 4)冶金起重机和吊运熔融金属及其他危险品的起升机构,各驱动装置应有 2 个制动机构。 5)冶金起重机额定起质量为料箱和被起升物料质量总和

续表

标准序号	考核项目	责任部门及岗位职责	分数	重点要素解读
2.5.2	电梯	主要负责人 电梯管理与使用部门	12	电梯：是一种以电动机为动力的垂直升降机。为了保证各类电梯安全运行，应严格执行《安全生产法》、《特种设备安全监察条例》和《电梯技术条件》(GB/T 10058)的有关规定。 1)电梯管理与使用部门应当执行以下要求： a)使用具有相应许可资质的单位制造并经监督检验合格的电梯； b)使用单位应建立健全相应的电梯安全管理制度、岗位安全责任制和安全操作规程； c)配备专兼职管理人员从事电梯的安全管理工作，对委托电梯维修保养单位的人员进行管理； d)电梯管理人员和操作人员应接受专业技术培训，并取得《特种设备作业人员证》，保证其掌握操作技能和预防事故的知识，增强安全意识； e)对电梯主要受力结构件、安全保护装置、运行机构、控制系统等进行日常维护保养，并做出记录； f)加强日常安全检查和维护保养，保证安全使用； g)制定电梯应急救援现场处置预案，并进行定期演练。 2)电梯资料应符合以下规定： a)电梯应有的产品合格证书、使用说明书、自检报告、安装资料、当地政府质量监督验收部门的验收资料、法定注册登记证和检测检验报告等，并应长期保存； b)检查电梯的维修保养合同、计划、维修保养记录和日常巡视记录等； c)定期检验报告，定期巡视检查及维护保养等记录齐全
2.5.2.1		同上	*	电梯每年由法定检验机构进行检验，在有效期内使用。 1)在用电梯的定期检验周期为一年，由法定检验机构进行检验，并在有效期内使用； 2)电梯整机性能检查内容包括：乘坐舒适感、运行的振动、运行速度、运行的噪音、平层准确度和断电自动平层等

续表

标准序号	考核项目	责任部门及岗位职责	分数	重点要素解读
2.5.2.2		同上	*	由有资质的单位定期维护保养。 1)电梯制造、安装、改造、维修、定保养维护均应由具备资质的单位承担； 2)检查与维修保养单位的合同以及相关方安全协议
2.5.2.3		同上	*	限速器、安全钳、缓冲器、限位器、报警装置以及门的安全装置完整，灵敏可靠。 1)限速器是速度反映和操纵安全钳的装置。限速器上应标明与安全钳动作相应的旋转方向。查验限速器铭牌上的动作速度是否与设备要求相符。限速器的整定值应由厂家调整，不能自己随意调整。若机件损坏或运行不正常，应由厂家检验调整或者换新。 2)安全钳是以机械动作将机械强行制停在导轨上的机构。应查证近期限速器的测试报告和安全钳等装置是否完好可靠。只有将轿厢(或对重)提起，方有可能将安全钳释放。释放后，安全钳应处于正常操纵状态。必须经有资质人员参与调整，电梯才能恢复使用。 3)缓冲器安装在电梯基坑底部。检查缓冲器底座与缓冲器是否配套，以及缓冲器被压缩未能复位时，电梯不能运行的电气开关是否有效。检查缓冲器中心位置、垂直偏差、水平度偏差等是否符合要求。用于轿箱(或对重)的缓冲器由两个组成一套，两个缓冲器应在一个水平面上，其相差不应大于 2 mm。 4)限位器与安全钳联动试验。限位器与安全钳电气开关在联动试验中必须动作可靠，且应使电梯停止运行。 5)曳引机、电动机应工作正常，无过热、无异常响声。曳引绳与钢丝绳断丝数、腐蚀磨损量、变形量、使用长度和固定状态应完好，制动器应运行可靠。曳引钢绳严禁涂润滑油。 6)所有的电气设备及导管、线槽的外露可导电部分均必须连接可靠接地(PE)，PE 线径截面及安装方式应符合相关规定。接地支线应分别直接接至接地干线线柱上，不得互相连接后再接地。随行电缆严禁有打结和扭曲现象。

续表

标准序号	考核项目	责任部门及岗位职责	分数	重点要素解读
2.5.2.3		同上	*	7)额定速度不大于 2.5 m/s 的电梯,机房内钢丝绳与楼板孔洞每边间隙均应为 20～40 mm。额定速度大于 2.5 m/s 的电梯,运行中的钢丝绳与楼板不应有摩擦的可能。 8)报警装置、轿箱内报警装置(警铃、对讲系统、电话、急停按钮)及应急照明等装置完好有效。 9)安全装置完整,且灵敏可靠: a)电梯应安装超负荷限制器、超速和失控保护装置、断相和错相保护装置、撞底缓冲装置、超越上下工作位置保护装置、底坑限速器张紧装置的安全开关和底坑检修盒的急停开关、升降机出入门及井巷口的防护栏应与动力回路联锁的装置等,且以上装置均应完好可靠。 b)电梯门安全装置:电梯的层门必须装有机械电气联锁,轿厢必须装有电气联锁装置,载人电梯轿厢顶部安全舱门必须装有联锁保护装置,载人电梯轿门应装有动作灵敏的安全触板。 c)停层保护装置:电梯必须装有停层保护装置,此装置与轿门联动;停层保护装置必须有电气联锁
2.5.2.4		同上	*	载货电梯应由专职司机操作,并严格限制人员进入。 1)载货电梯专职司机应有电梯特种设备操作人员证,且在有效期内使用; 2)严禁载货电梯载人或当客梯使用
2.5.2.5		同上	*	轿厢内部件固定牢固,轿厢门无变形、开焊,开启灵活,联锁可靠。 1)轿厢结构牢固可靠、运行平稳,轿门关闭时无撞击; 2)轿厢内应设有与外界联系的通信设施和应急照明设施; 3)轿厢门开启灵敏,防夹人的安全装置完好有效,间隙符合要求,联锁装置可靠
2.5.2.6		同上	*	客梯应安装停电自动平层装置。 1)测试电梯自动平层功能,在电梯机房给测试的电梯停电后,电梯自动慢速停在就近平层,电梯门自动开启; 2)电梯自动平层实行后,电梯门不能自动开启时,表示应急电源(蓄电池)缺电

续表

标准序号	考核项目	责任部门及岗位职责	分数	重点要素解读
2.5.2.7		同上		平层准确度符合要求。电梯轿箱平层准确度应满足以下规定： 1)0.63 m/s 的交流双速电梯，在±15 mm 范围内； 2)0.63 m/s$<v\leqslant$1 m/s 的交流双速电梯，在±30 mm 范围内； 3)$v\leqslant$2.5 m/s 的交流双速电梯和直流电梯，均在±15 mm 范围内
2.5.2.8		同上	8	通风、照明、通信、报警、应急灯及故障应急措施齐全、有效。 1)轿厢应设置永久性的照明装置，控制装置上的照度不宜小于 50 Lx，轿厢地板上的照度宜不小于 50 Lx； 2)应有自动再充电的紧急照明电源，在正常情况下，至少能够满足 1 小时。在正常电源一旦发生故障的情况下，应自动接通紧急照明电源
2.5.2.9		同上		轿厢内有《电梯使用须知》。 1)电梯轿厢内应在明显位置张贴《电梯安使用许可证》，并应标出电梯的额定载质量及乘客人数； 2)在轿厢明显处设置《电梯使用须知》或安全使用说明。注明：注册登记及检验合格标志、电梯管理部门、管理人员、安装企业、维修保养企业及相应的应急报警、投诉电话号码
2.5.2.10		同上	4	电梯机房整洁，无多余物。 1)机房内应通风、屏护良好，且清洁、无杂物，有防鼠或小动物的预防措施； 2)机房门应上锁，通向机房、滑轮间和底坑的通道应畅通，且应有永久性照明

续表

标准序号	考核项目	责任部门及岗位职责	分数	重点要素解读
2.5.2.11		同上	4	电梯机房设备、设施的安全防护装置齐全、完好，室内温度正常，灭火器材完好有效。 1）机房中每台电梯应单独装设主电源开关，并有易于识别的标志，该开关位置应能从机房入口处迅速开启或关闭； 2）控制柜（屏）的前面和需要人员操作检查、修理等的部件前面应留有不小于 0.6 m×0.5 m 的空间；曳引机、限速器等旋转部位应安装防护罩； 3）机房室内温度正常，一般不超过 30 ℃。灭火器材及消防设施齐全有效
2.5.3	场（厂）内专用机动车辆	主要负责人 场（厂）内专用机动车辆管理与使用部门	12	场（厂）内专用机动车辆：是指除道路交通、农用车辆以外仅在工厂厂区、仓储库房区、旅游景区、游乐场所等特定区域内使用的专用机动车辆。 1）场（厂）内专用机动车辆管理与使用部门应当执行以下要求： a）使用具有相应许可资质单位制造的并经监督检验合格的场（厂）内专用机动车辆； b）使用单位应建立健全相应的安全管理制度、岗位安全责任制和安全操作规程； c）配备专兼职管理人员从事场（厂）内专用机动车辆的安全管理工作； d）对场（厂）内专用机动车辆管理人员和操作人员进行安全技术培训，应取得《特种设备作业人员证》，保证其掌握操作技能和预防事故的知识，增强安全意识； e）对场（厂）内专用机动车辆主要的制动系统、控制系统等进行日常维护保养，并做出记录； f）加强日常安全检查和维护保养，保证安全使用； g）制定场（厂）内专用机动车辆应急救援处置方案，并进行定期演练。 2）场（厂）内专用机动车辆资料应符合以下规定： a）产品合格证书、使用说明书、自检报告等资料齐全； b）应按周期进行检验，有检测检验报告； c）每班日常检查，定期检验和日常维护保养等记录齐全

续表

标准序号	考核项目	责任部门及岗位职责	分数	重点要素解读
2.5.3.1		同上	*	使用环境符合安全要求。在爆炸危险场所使用的车辆,应符合防爆安全技术要求。 1)使用环境应符合安全要求,车容整洁,防护装置应齐全、完整; 2)运输易燃易爆、剧毒等危险品的车辆或行驶于危险场所的车辆,必须符合相应特殊安全要求; 3)在爆炸危险场所使用的车辆,必须符合防爆安全技术要求
2.5.3.2		同上	*	经检验合格,在有效期内使用。 在用厂内机动车辆定期检验周期为一年,未经检验或超过有效期的不得使用,有检验合格证,且在有效期内使用
2.5.3.3		同上	*	制动系统安全有效,制动距离符合要求
2.5.3.4		同上	*	离合器分离彻底,无异常声响
2.5.3.5		同上	6	转向装置操纵方便,灵活可靠
2.5.3.6		同上		车况良好,仪表、照明灯、喇叭及电气线路等齐全完好。 1)车辆行驶系统应连接紧固;轮胎磨损不应超过标准规定的磨损量,且胎面无损伤。 2)电气系统应完好,应装有电源总开关。大灯、转向、制动灯应完好并有牢固可靠的保护罩。 3)装载易燃易爆危险品的车辆驾驶室内应安装警报器和指示灯。 4)电器仪表应配置齐全,性能可靠。 5)喇叭应灵敏,音量适中;连接电气线路应无漏电
2.5.3.7		同上		动力系统转动平稳,无异常声响,能正常启动、熄火。 1)传动系统应运转平稳,离合器分离彻底,接合平稳,不打滑、无异响; 2)发动机动力性能良好,运转平稳,没有异响,能正常起动熄火

续表

标准序号	考核项目	责任部门及岗位职责	分数	重点要素解读
2.5.3.8			6	全车各部位在发动机运转及停车时线路、管路无漏电、漏油、漏水现象。 1)燃油箱及燃油管路应坚固并有防护装置,防止振动、冲击而发生损坏及漏油现象; 2)燃油箱与排气管的位置应相距 300 mm 以上或设置有效的隔热装置
2.5.3.9				灭火器材有效。 1)车辆根据需要配备随车灭火器,且应在有效期内使用; 2)运送易燃、易爆物品的专用车,必须备有消防器材和相应的安全措施。排气管应安装在车前,尾部应安装接地链。车身应喷有"禁止烟火"字样或标志
2.5.4	金属切削机床	主管负责人 金属切削机床管理与使用部门	30	金属切屑机床:是指用切削、磨削或特种加工方法加工各种金属工件,使之获得所要求的几何形状、尺寸精度和表面质量的机床(手携式除外)。金属切屑机床包括:所有的以切、磨、削等为加工方式的普通金属切削机床,全自动或半自动加工机床,齿轮或螺纹加工机床,电火花加工机床,专用切削机床等。 1)金属切屑机床管理与使用部门应当执行以下要求: a)建立健全金属切屑机床安全管理制度、岗位安全责任制和安全操作规程; b)配备专兼职管理人员从事安全管理工作; c)制定金属切屑机床应急现场处置方案,且定期进行演练。 2)金属切屑机床资料应符合以下规定: a)产品合格证书、使用说明书、自检报告等资料齐全; b)应按周期进行检验,有检测检验报告; c)每班日常检查,定期检验和日常维护保养等记录齐全

续表

标准序号	考核项目	责任部门及岗位职责	分数	重点要素解读
2.5.4.1		同上	12	电气绝缘可靠，保护接地(零)措施有效。 1)箱、柜内清洁干燥，无积尘、积水、积油，无杂物或电器备件。 2)各机构电气开关、手柄定位可靠，各指示灯、指示仪表、操作按钮等标示清楚，使用完好、齐全对应。 3)金属壳体的箱柜 PE 连接应可靠，如箱、柜门上有电器元件时，应将门与箱、柜壳体用塑料铜芯软导线连接
2.5.4.2		同上	10	危险部位的防护罩、盖、栏等齐全，完好可靠，装卡牢固。 1)危险部位安全防护罩、盖、栏应完备可靠。机床外露的旋转部位及运动滑枕的端部应设置可靠的防护罩；不准在机床运行状态下对刀、调整或测量零件；周边应设置操作者能触及的急停按钮。 2)加工原料长度超过机床尾部时应设置防护罩(栏)，当超过部分的长度大于或等于 300 mm 时，应设置有效的支撑架、防护栏或挡板等，且有明显的警示标志。 3)机床周围的减振沟、电缆沟、地下油槽、切屑坑等危险部位，需用罩、盖、栏隔离
2.5.4.3		同上		对于单向转动的部件应在明显位置标出转动方向。 金属切削机床常见的保护装置：各类行程限位装置、过载保护装置、顺序动作电气与机械联锁装置、事故联锁装置、紧急制动装置、机械与电气自锁或互锁装置、音响信号报警装置、光电等自动保护装置、指示信号装置等应完好、可靠，标识正确、清晰
2.5.4.4		同上		各种手柄、按钮、制动、联锁、限位等装置齐全完好，灵敏可靠，标识正确、清晰。 1)操作手柄应档位分明、与图文标示相符、定位可靠，操纵杆不得因振动或齿轮磨损而脱位； 2)单向转动的部件应在明显位置标出转动方向

续表

标准序号	考核项目	责任部门及岗位职责	分数	重点要素解读
2.5.4.5		同上	10	设备紧急停车开关停止运行后，应按启动顺序重新启动才能重新运转
2.5.4.6		同上		防卡具松动脱落装置齐全完好，备有专用清屑工具。 1）各种防止夹具、卡具和刀具松动或脱落的装置应完好，易产生松动的连接部位应有防松脱装置； 2）每台设备应配备清除切屑的专用工具
2.5.4.7		同上		设备工作台上不准摆放未固定的物品
2.5.4.8		同上		车床加工细长料时配有安全防护装置，可靠有效。 加工超长料时，还应设置牢靠有效的支撑架、中心架、防护栏等。各类防弯、防甩装置应可靠有效，且有警示标识
2.5.4.9		同上	8	磨床砂轮无裂纹，木槌敲击无闷哑声，运转无明显端跳。 1）磨床砂轮必须完好无裂纹、无损伤。安装前应目测检查，发现裂损，严禁使用。 2）陶瓷结合剂砂轮在使用前应进行音响检查。木锤敲击时发出清脆声音，允许使用，发出闷声音或哑声音，表示有裂损不准使用。 3）砂轮机运行时，应无明显的径向跳动
2.5.4.10		同上		插床设置防滑枕自动下落的配重装置完好无破损，滑枕下端适当位置涂安全色。 1）工作台纵向移动至极限位置时与上床身间的最小距离、滑枕运动至下端极限位置时与工作台面间的最小距离应符合规定，以保证对可能进入此区间的人体不会产生挤压危险。 2）机床应设置防止运动停止后滑枕自动下落的配重装置，且应封闭于机床内。 3）在滑枕部件下端的适当位置涂安全色，以警告滑枕运动中人或物体不得进入加工区

续表

标准序号	考核项目	责任部门及岗位职责	分数	重点要素解读
2.5.4.11		同上		电火花加工机床可燃性工作液的闪点应在 70 ℃以上,采用浸入式加工,且液面高度与加工电流匹配。 1)电极夹持装置应安全、可靠; 2)机床使用的可燃性工作液的闪点必须在 70 ℃以上,闪点的检验按有关标准的规定; 3)使用可燃性工作液的电火花成形机等,必须采用浸入式加工,且应使液面高度(工件表面到工作液面的最小距离)与工作电流相适应。在工作电流≤50 A 时,液面高度应≥50 mm,工作电流增大,液面高度应相应增加
2.5.4.12		同上	8	高速走丝电火花线切割机的贮丝筒应加防护罩以防止在高速运转中造成的卷入危险。 1)高速走丝电火花线切割机的贮丝筒应加安全防护罩,且防护罩被打开时应有机床停止运行功能。 2)高速走丝电火花线切割机床可燃性工作液的闪点应在 70 ℃以上,且应采用浸入式加工方法,液位应与工作电流相匹配
2.5.4.13		同上		锯床锯条外露部分采用防护罩或安全距离隔离。 1)卧式带锯床的锯轮和带锯条运动部分应用防护罩盖住,锯轮护罩与导向装置间的加工区域用可调式加工区护罩进行防护。 2)立式带锯床的加工区护罩应能调整得与工件保持最小安全距离,即尽可能靠近工件。工作台上所使用的盖条(或垫块),应保证切削刀具两侧的间隙不大于 3 mm。 3)圆锯床的安全罩或挡板的设计应与圆锯片外露部分相适应,以使操作者不受飞溅锯屑的伤害,其位置应尽可能靠近最前使用位置。 4)弓锯床应根据需要设置加工区挡板。锯弓臂上应提供明显标记,以标明锯条的正确安装方法

续表

标准序号	考核项目	责任部门及岗位职责	分数	重点要素解读
2.5.4.14		同上	8	加工中心的门有可靠的联锁装置。 1)加工中心门及加工区域周边应设置固定或可调式的安全防护装置。 2)换刀区域、工件进出的联锁装置或紧固装置应牢固、可靠。 3)任何安全装置应有联锁且开启时可切断动力电源
2.5.4.15		同上		加工可燃材料时应有可靠防护措施。 1)加工可燃材料时应有危险性评估方案，且经过评审。 2)安全防护措施到位，责任落实到人
2.5.5		主管负责人 砂轮机管理与使用部门 砂轮机	12	砂轮机：是用来刃磨各种刀具、工具的常用设备，是以电动机带动砂轮进行手动加工的磨削机械，包括台式、落地式、悬挂式、切割式等砂轮机。 1)砂轮机管理与使用部门应当执行以下要求： a)建立健全砂轮机安全管理制度、岗位安全责任制和安全操作规程； b)配备专兼职管理人员从事安全管理工作； c)制定砂轮机应急现场处置方案，且定期进行演练。 2)砂轮机资料应符合以下规定： a)产品合格证书、自检报告等资料齐全； b)每班日常检查，定期检验和日常维护保养等记录齐全
2.5.5.1		同上	*	砂轮机安装地点应保证人员和设备安全，确保操作者在砂轮两侧有足够的作业空间。 1)砂轮机安装地点确保操作者在砂轮两侧有足够的作业空间，工作面照度应大于或等于 300 Lx； 2)单台设备可安装在人员较少的地方，且在靠近人员方向设置防护网； 3)多台设备应安装在专用的砂轮机房内； 4)有腐蚀性气体，易燃易爆场所以及精密机床的上风侧不应安装砂轮机

续表

标准序号	考核项目	责任部门及岗位职责	分数	重点要素解读
2.5.5.2		同上	*	电气绝缘可靠,保护接地(零)措施有效。 1)电气绝缘和 PE 线应连接可靠,线径截面积及安装方法符合安全要求,可参见"金属切削机床"的有关要求; 2)金属软套管、内部敷设电线的钢管等均不得用作接地导线。起连接作用的螺栓、螺钉或螺母,不准用来连接地线。
2.5.5.3		同上	*	防护罩完整,与砂轮间隙符合技术规定,有足够强度,安装牢固,无破损。 1)砂轮机防护罩的强度、开口角度及与砂轮之间的间隙应符合《磨削机械安全规程》(GB 4674)的相关规定。 2)砂轮机的防护罩要有足够的强度(一般钢板厚度为 1.5～3.0 mm)和有效的遮盖面。悬挂式或切割砂轮机最大开口角度≤180°;台式和落地式砂轮机,最大开口角度≤125°;在砂轮主轴中心线水平面以上开口角度≤65。 3)防护罩安装要牢固,防止因砂轮高速旋转松动、脱落。 4)防护罩与砂轮之间的间隙要匹配。新砂轮与罩壳板正面间隙应为 20～30mm,罩壳板的侧面与砂轮间隙为 10～15 mm
2.5.5.4		同上	*	砂轮无裂纹、无破损,磨损量符合规定,运转平稳可靠,无明显径向跳动。 1)砂轮应无裂纹、无破损;安装前应目测检查,发现裂损,严禁使用;禁止使用受潮、受冻、超过使用期的砂轮。 2) 砂轮机运行应平稳可靠,砂轮磨损量不应超过《磨削机械安全规程》(GB 4674)的相关规定。 3)选用橡胶结合剂的砂轮不许接触油类,树脂结合剂的砂轮不许接触碱类物质,否则会降低砂轮的强度。 4)不准使用存放超过安全期的砂轮,以制造厂说明书为准。 5)砂轮机运行时应平稳,应无明显的径向跳动

续表

标准序号	考核项目	责任部门及岗位职责	分数	重点要素解读
2.5.5.5		同上	4	防护罩的圆周防护部分应能调节或配有可调护板，与砂轮外圆间隙不大于 1.6 mm，并有足够强度
2.5.5.6		同上	4	托架完整无损，与砂轮外圆间隙不大于 2 mm，调整灵活，应有足够的面积和强度，固定牢靠
2.5.5.7		同上	4	砂轮卡盘的直径不得小于砂轮直径的 1/3，切断砂轮用砂轮卡盘的直径不得小于砂轮直径的 1/4。 1)砂轮机卡盘的直径应大于等于砂轮直径的 1/3，砂轮切割机的卡盘直径不得小于砂轮直径的 1/4，以增加卡盘与砂轮的接触面； 2) 砂轮左右的卡盘直径和压紧宽度的尺寸必须相等； 3)卡盘应有足够的刚性，压紧面上紧固后必须保持平整和均匀接触； 4)卡盘应无磨损、变曲、不平、裂纹，不准使用铸铁法兰盘
2.5.5.8		同上		砂轮与砂轮卡盘压紧面之间应衬以柔性材料制的衬垫，其厚度为 1～2 mm，直径比压紧面直径大 2 mm，衬垫应将砂轮卡盘接触面全部覆盖。 1)砂轮与卡盘之间必须衬有柔性材料软垫(如石棉、橡胶板、纸板、毛毡、皮革等)； 2)衬垫厚度为 1～2 mm，直径应比卡盘外径大 2～3 mm，以消除砂轮表面的不平度，增加法兰盘与砂轮的接触面
2.5.6	冲、剪、压、锻造机械	主管负责人 冲、剪、压、锻造机械管理与使用部门	20	冲、剪、压、锻造机械是指通过对材料施加压力、使之产生塑性变形或分离，以获得需要的形状与性能的加工机械；锻造设备是指在锻造加工中用于成形和分离的机械设备。 冲、剪、压、锻造机械是以气体、液体、机械电气传动的锻锤，油、水压力机，螺杆式摩擦压力机及锻造操作机和通过对材料施加压力、使之产生塑性变形或分离，以获得需要的形状与性能的加工机械。主要包括开式或闭式压力机、多功能自动压力机、冲模回转压力机、高速压力机、精密冲裁压力机、剪板机、剪切冲型机、各种液压机、刨边机、校平机、卷弯机等。

续表

标准序号	考核项目	责任部门及岗位职责	分数	重点要素解读
2.5.6	冲、剪、压、锻造机械	同上	20	1)冲、剪、压、锻造机械管理与使用部门应当执行以下要求： a)建立健全冲、剪、压、锻造机械安全管理制度、岗位安全责任制和安全操作规程； b)配备专兼职管理人员从事安全管理工作； c)制定冲、剪、压、锻造机械应急现场处置方案，且定期进行演练。 2)冲、剪、压、锻造机械资料应符合以下规定： a)产品合格证书、使用说明书、自检报告等资料齐全； b)每班日常检查，定期检验和日常维护保养等记录齐全
2.5.6.1		同上	*	锻造机械锤头无裂纹、破损等缺陷。 1)锻造机械锤头应无裂纹、无破损等缺陷，砧体应安装紧固、无松动，以防止在运动中脱落。 2)锤头安装应坚固，无松动，凡使用销、楔处不得设有垫片。 3)固定用的销、楔应无松动，且突出部分应小于 15 m。 4)锤缸的顶部应设有可靠的锤杆缓冲装置
2.5.6.2		同上	*	锻造机械的电机底座安装牢固。 1)锻造机械的电机底座及基础应牢固、可靠，其结合面应紧密，且应采取减震措施；周边留足够的操作空间。 2)螺旋传动机应在底座设置可靠的缓冲装置
2.5.6.3		同上	*	制动器性能良好，与离合器相互协调联锁，制动灵敏，冲压机械无连冲。 1)制动器的共性要求按“起重机械”的有关部分执行。 2)制动器和离合器必须相互协调与联锁，开机时制动器先松闸，离合器稍滞后再结合。 3)联锁或连接均应准确、紧固，工作时稳定、协调。

续表

标准序号	考核项目	责任部门及岗位职责	分数	重点要素解读
2.5.6.3		同上	*	4)行程限位装置、控制装置正确,动作完好有效。 5)刚性离合器的转健、键柄和直键应无断裂。 6)操纵器的杆件、销钉或弹簧应无裂纹、折断。 7)牵引电磁铁触点无粘连,中间继电器触点接触可靠。 8)刚性离合器其曲柄上止点停止角度应≤±5°,气动摩擦离合器其曲柄上止点停止角度应≤10°;正常停机时滑块应停在上止点附近。 9)离合器安装紧固,动作可靠,确保滑块无连冲
2.5.6.4		同上	12	各种手柄、按钮、制动、联锁、限位等装置齐全完好,灵敏可靠,标识正确、清晰
2.5.6.5		同上		压力表在检验周期内使用,有额定工作压力标识,铅封完好,压力机上的压力表必须定期校验,在合格期内使用
2.5.6.6		同上		脚踏杆(操作手杆)与连接杆和旋阀连接牢固,操作灵活,工作可靠。 1)脚踏操作装置的外露部分应有防护罩,脚踏部分有防滑措施; 2)外露在工作台面外部的脚踏开关,均应在开关部位两侧装设防护罩,防止有物体撞压; 3)脚踏杆(操作手杆)与连接杆和旋阀连接牢固,操作灵活,工作可靠
2.5.6.7		同上	8	外露转动部分装设有防护罩,且无变形、破损、脱落、位移和松动
2.5.6.8		同上		上、下砧不平行度不超过1/300,无松动,销楔、横楔无松动
2.5.6.9		同上		操纵机夹钳无裂纹,转动灵活,安全可靠
2.5.6.10		同上		脚踏操作装置的外露部分应有防护罩,脚踏部分应有防滑措施
2.5.6.11		同上		加工小件设有进、退料专用工具或装有灵敏可靠的安全防护装置

续表

标准序号	考核项目	责任部门及岗位职责	分数	重点要素解读
2.5.6.12		同上		剪板机等压料脚平整，危险部位有可靠的防护措施
2.5.6.13		同上		紧急停止开关灵敏可靠
2.5.6.14		同上	8	旋压机工件加热时人员距加热部位 1.5 m 以上。 1）旋压机工件加热时凡距操作者 1.5 m 以内的设备外露的加热部件均应设置齐全、可靠的防护罩或防护网，其安全距离应符合《机械安全防止上下肢触及危险区的安全距离》（GB 23821）的相关规定；防护措施可靠和警示标识齐全。 2）机器工作时，如存在火焰、激光、高压、高温等，应规定人员距火焰、激光、高压、高温的安全距离，以及相应的安全防护措施。 3）机器的各种安全与警告指示应在机器的相应部位上做出明显标识
2.5.7	铸造机械	主管负责人 铸造机械管理与使用部门	8	铸造机械：是利用金属熔炼技术，将金属熔炼成一定要求的液体并浇进铸型里，经冷却凝固、清整处理后得到有预定形状、尺寸和性能的铸件，能用到机械设备，又称为铸造设备。其包括铸造生产过程中的制作砂型、芯型的机械设备，有落箱、清理机械设备和压铸机等 1）铸造机械管理与使用部门应当执行以下要求： a）建立健全铸造机械安全管理制度、岗位安全责任制和安全操作规程； b）配备专兼职管理人员从事安全管理工作； c）制定铸造机械现场应急处置方案，且定期进行演练。 2）铸造机械资料应符合以下规定： a）产品合格证书、使用说明书、自检报告等资料齐全； b）每班日常检查，定期检验和日常维护保养等记录齐全

续表

标准序号	考核项目	责任部门及岗位职责	分数	重点要素解读
2.5.7.1		同上	*	安全装置和防护装置齐全、可靠;电气绝缘可靠,保护接地(零)措施有效。 1)安全装置和防护装置的设置、布局必须能有效防止人肢体触及危险部位,使其保证一定的安全距离,且安装牢固、可靠。 2)凡设备外露的旋转、飞溅、灼烫部位除安装防护装置外,还应有防止挥发性原料扩散的防护罩,以及防止型砂和物件跌落的围裙型金属挡板等安全保护装置。 3)需要经常拆下的安全防护装置,应拆装方便、质量轻。打开安全防护装置有可能造成伤害时,应有安全保护联锁功能,并有明显的指示标牌各开启装置安全操作的说明牌。 4)电气绝缘和 PE 连接的通用要求,参见“金属切削机床”的有关要求。 5)各种金属软套管、钢管及金属设施均不得作为接地装置的引下线。各类起连接作用的螺栓、螺钉或螺母,不准用来连接地线
2.5.7.2		同上	*	设备结构应有足够的强度、刚度及稳定性,基础应坚实。 1)设备结构强度牢固,外壳及安全防护装置必须满足人员身体正常碰撞时不至于造成壳体、防护损伤或变形。 2)设备应安装牢固、稳定性强,基础平稳坚实
2.5.7.3		同上		设备所有管路密封良好,无泄漏
2.5.7.4		同上	4	防尘、防毒设备设施完好有效。 1)每台设备必须装有防尘、防毒设施及装备,且要求完好、有效。 2)防尘、防毒设施应与主机联动,确保工艺设备启动前,防尘、防毒设施先行投入运行,工艺设备停止后,防尘、防毒设备设施再停止运行
2.5.7.5		同上		控制系统灵敏可靠,作业点均有急停开关,安全防护装置齐全

续表

标准序号	考核项目	责任部门及岗位职责	分数	重点要素解读
2.5.7.6		同上	4	夹紧装置的泄压联锁装置应灵敏、可靠。 1)夹紧或合模闭锁装置必须设有能保证被夹工装完全关闭密合后才能执行下一操作的联锁装置或控制装置,并保证不会在工作过程中张开。 2)芯盒加热棒长短适中,线头连接整洁,安全可靠。 3)合型锁型程序必须与压射程序联锁,且保证压铸机泄压联锁可靠,锁型机构必须在合型后保证压铸型可靠锁紧
2.5.7.7		同上	4	压铸机压铸型区有防护装置
2.5.7.8		同上		制芯机芯盒加热棒长短适中,线头连接整洁,安全可靠
2.5.7.9		同上		混砂机防护罩有足够的强度,检修门电气联锁,取样门大小适中,地面保持清洁 1)混砂机防护罩应有足够的强度,检修门应与主机电气联锁,且安全有效。确保检修时,设备完全停止运行。 2)封闭状态下生产的工序,要求在设备的适当位置留有专用取样小门,取样门设置大小合理,以保证操作人员的手不能伸入机内
2.5.7.10		同上		抛(喷)丸(砂)设备密封良好,门(孔)电气联锁。 1)对设备工作时可能发生砂子、弹丸等喷、溅造成危险的工作区,必须采取相应的安全保护措施(如设置安全防护屏)及联锁装置。 2)高速旋转的零部件应进行必要的静平衡或动平衡检验,合格后方能安装使用。 3)设备内壁应装有能抵挡住弹丸冲击和磨损的护板,护板的安装应牢固,且更换应方便。 4)喷丸控制开关应牢固地安装在喷丸设备的喷丸软管或喷枪上,并便于操作者使用,控制开关的控制电压应为安全电压
2.5.7.11		同上		喷灯状况及使用环境符合安全要求

续表

标准序号	考核项目	责任部门及岗位职责	分数	重点要素解读
2.5.8	木工设施	主管负责人 木工设施管理与使用部门	7	木工设施：是指在木材加工工艺中，将木材加工的半成品加工成为木制品的一类基础设备。木工设施包括：木工锯床、木工刨床、木工铣床、木工钻床、榫孔机、木工车床、园棒机、木工研磨机，以及木工多用机床等。 1)木工设施管理与使用部门应当执行以下要求： a)建立健全木工设施安全管理制度、岗位安全责任制和安全操作规程； b)配备专兼职管理人员从事安全管理工作； c)制定木工设施设备的应急现场处置方案，且定期进行演练。 2)木工设施资料应符合以下规定： a)产品合格证书、自检报告等资料齐全； b)每班日常检查，定期检验和日常维护保养等记录齐全
2.5.8.1		同上	*	建筑防火等级符合要求，设备及环境电气装置符合安全要求。 1)仓库建筑耐火等级应符合《建筑设计防火规范》(GB 50016)的相关要求，库房内严禁贮存其他易燃、易爆物品。仓库内应根据作业特点和木材、制品的特性，实现分区、分类储存，并实现定置管理。定置图齐全，储存木材、制品的数量和区域均符合定置图的规定；木料堆垛应整齐、稳实、无晃动，圆木应有防止自行滚动的措施，垛高或设架存放时，高度不宜超过 2 m；库内不得堆放易燃物资及锯末、刨花、木屑等物质，且保持干燥，通风良好。 2)木工车间生产线的工艺流程应畅顺，尽量避免返回，便于生产管理各部门之间应用区域线划分，区域线一般宽为 50 mm，用白色或黄色（安全通道用绿色）材料涂覆或镶嵌在车间地坪上(镶嵌区域线不得高出地坪)。 3)车间工作地面应平整、坚固，且能承受工作时规定的荷重，车间工作地面应经常保持清洁。在工作地周围地面上，不允许存放与生产无关的物料

续表

标准序号	考核项目	责任部门及岗位职责	分数	重点要素解读
2.5.8.2		同上	*	电气绝缘可靠,保护接地(零)措施有效。 1)木工房或木材库内的电机设备应采用封闭型,无火花型(符号:n)或粉尘防爆型; 2)电气线路应能满足防尘要求,导线连接可靠等安全要求; 3)电气绝缘和 PE 线应连接可靠,线径截面积及安装方法符合安全要求; 4)金属软套管、内部敷设电线的钢管等均不得用作接地导线。起连接作用的螺栓、螺钉或螺母不准用来连接地线; 5)不允许使用插销、插座、闸刀等不封闭型电器; 6)照明及所有散热器均应与木料保持足够的间距
2.5.8.3		同上	*	限位装置齐全完好,灵敏可靠。 1)行程较大或行程范围要求较严的木工机械,必须装设限位装置。对吊截锯和横截锯,为了防止锯片摆出工作台伤害操作人员,必须将它的移动距离限制在锯割木料的宽度以内。 2)限位装置根据不同的要求,有自动联锁的,也有固定安装可进行人工调整的,其必须完好、灵敏、可靠
2.5.8.4		同上	*	各旋转部位有防护装置,且完好可靠。 1)凡是外露的旋转部位,都必须安装防护罩或盖。 2)自动进料的纵剖圆锯机,其进料辊筒等处应加罩或遮护板;同时,在送料辊筒的全宽上,应设置分段的反回弹装置。 3)所有的吊截锯机,其平衡锤外露处,凡人员可能接触的部位都应该加防护罩。 4)反向吊截锯(支点在工作台下面)、升降圆锯机、脚踏平衡锯等锯片移动时,防护罩应同时移动,并且通过工件时要盖住工件的上方,不使锯齿外露。 5)万能圆锯机的防护罩应能完全罩住锯片上部和锯轴端头,上锯罩的结构,应能保护操作者不

续表

标准序号	考核项目	责任部门及岗位职责	分数	重点要素解读
2.5.8.4		同上	*	受飞屑和断裂锯齿飞出的伤害，还能控制木屑不向操作者的方向排出。在静止位置时，锯片下部的外露部分应加以防护，以使锯齿齿尖到齿槽之间内弯的圆弧不得外露。此防护装置应能随加工木料的厚度自动进行调整，在锯片对工件作倾斜切削(90°～0°)的整个工作范围内，防护装置均能与工件保持接触。 6)带锯机用带锯条的各个部分，除锯卡、导向辊的底面到工作台之间的工作部位以外，都应有防护罩封闭。 7)锯轮应该完全封闭，锯轮罩的外园面应为整体，锯卡与上锯轮罩之间的防护装置应罩住锯条有正面和两侧。平刨床应有刀轴止动机构，刀轴的制动停转时间应符合标准规定。 8)木工平刨床的刀片安装与调整后，其径向伸出量不得大于 1.1 mm。同一刀片的两端和各刀片之间的径向伸出量允差不得大于 0.05 mm。新刀片的宽度应大于 30 mm，重磨后其宽度不得小于原宽度的 2/3。平刨床应有刀轴止动机构，刀轴的制动停转时间应符合标准规定。 9)压刨床在刀轴上方的顶盖上，应装有防护罩，一是罩住刀轴，二是将导出的刨花引出机外。部分压刨床在机体内设有安全防护装置，应齐全、可靠。 10)开榫机的转速很高，分别采用直刀头、水平刀头或圆锯片等多刀多刃切削。此刀具必须采用封闭的防护罩，链式榫槽机的切削链顶部和转动机构必须加设防护罩
2.5.8.5		同上	*	夹紧、锁紧装置完好可靠，装夹方便，无松脱。 1)设备的紧固件、连接件和锁紧装置，必须完整可靠。旋转部位的紧固件，作业前应进行检查。 2)木工车床应采用爪形顶尖来顶工件，一般不应采用锥形顶尖。如确需使用时，则必须在木材的相应部位牢固地装上 3～5 mm 厚的铁板，使顶尖顶在铁板孔内。

续表

标准序号	考核项目	责任部门及岗位职责	分数	重点要素解读
2.5.8.5		同上	*	3)在木工车床的花盘上装夹工件时,应根据工件和花盘的直径合理地进行装夹。 4)木工研磨机的砂轮装夹应符合标准要求,在装刃磨锯片面或刨刀时,必须牢固;盘式磨光机砂轮盘应加防护罩。 5)有吸铁台面的工作台,电磁吸盘的吸力应可靠。 6)装夹工件和在加工过程中,应有防止因装夹不合理或不可靠而造成回弹伤害的措施
2.5.8.6		同上	*	锯条、锯片、砂轮有检验合格证,无裂纹、破损、变形。 1)锯条的锯齿应锐利,不得有缺齿。锯条不允许有裂纹,锯条的厚度和锯轮直径比例要适当。 2)锯片不允许有任何形状的裂纹,工作时,锯片不允许有明显的振动。考评时,应检查两侧是否有足够的间隙,锯片的转速是否在允许的范围内。锯片的线速度应控制在 60～96 m/s 以内。 3)砂轮必须完好无裂纹、无损伤;安装前应目测检查,发现裂损,严禁使用。禁止用受潮、受冻的砂轮;选用橡胶结合剂的砂轮不许接触油类,树脂结合剂的砂轮不许接触碱类物质,否则会降低砂轮的强度;不准使用存放超过安全期的砂轮;此类砂轮会变质,树脂结合剂的砂轮存放期为 1 年,橡胶结合剂砂轮为 2 年,以制造厂说明书为准
2.5.8.7		同上	4	控制电器应有防短路与过载保护装置。 1)控制电器与木工机械的负荷必须匹配,不许有过载、烧损、发热等现象; 2)线路连接规范,符合电气安装规程的要求; 4)控制电器必须有防止短路与过载的保护装置,且完好有效
2.5.8.8		同上		锯条接头平滑、牢靠,接头数不超过 3 个;平刨台面平滑、光洁,台面开口度符合规定

续表

标准序号	考核项目	责任部门及岗位职责	分数	重点要素解读
2.5.8.9		同上	3	木料摆放整齐、稳固。 1)木料堆场应具有5%～20%的斜度。 2)木料堆垛应整齐、稳妥、无晃动;圆木必须有防止自行滚动的措施;分堆存放,垛间距离一般不少于1.5 m;堆放高度:机械装卸时不大于5 m,人工装卸时不大于2 m。 3)制材场所堆放:应有专门堆放场地,待加工木料应堆放整齐、稳妥,且有防滑、防滚措施。 4)木制品生产场地:木料、半成品、成品应分堆存放,设架存放时,高度不应超过2 m
2.5.8.10		同上		除尘装置完好有效。 1)对生产中会产生大量粉尘的设备应有单机吸尘或集中吸尘的设施,车间空气中的木屑粉尘浓度不得高于3 mg/m^3; 2)除尘装置应经常清洁,不得出现尘土堵塞过滤装置的现象,应保持清洁状态
2.5.8.11		同上		锯末、木屑及时清理,定点存放,有防火措施。 1)及时清除木材加工过程中产生的木屑、粉尘等物质,现场不得存放油料及其他易燃物质; 2)木料场所应合理配置消防设施和消防器材; 3)消防设施和消防器材应定期维护保养,确保其可靠性,且设置地点合理,道路畅通
2.5.8.12		同上		消防设施和灭火器材符合要求,便于取用。 1)所有出(入)口处应有醒目的防火警示标志,作业区域和各安全要害部位的安全标志应按《安全标志及其使用导则》和《消防安全标志》的相关要求设置。 2)消防器材存放处及消防栓处应设置指示标识。 3)消防器材配置应符合《建筑灭火器配置设计规范》的相关要求,且应在检测检验有效期内使用

续表

标准序号	考核项目	责任部门及岗位职责	分数	重点要素解读
2.5.9	激光加工设备	主管负责人 激光加工设备管理与使用部门	10	激光加工设备：利用高功率密度的激光束照射工件，使材料溶化气化而进行穿孔、切割和焊接等的特种加工，英文简称 LBM。激光加工设备包括 3D 打印、激光打标、激光切割等各类新型设备。 1)激光加工设备管理与使用部门应当执行以下要求： a)建立健全激光加工设备安全管理制度、岗位安全责任制和安全操作规程。 b)若有大于 3A 类的激光设备，应指定一名激光安全员负责检查下述防护措施： · 遥控联锁连接器； · 钥匙控制器； · 光束终止器或衰减器； · 警告标示； · 光路、镜反射； · 眼防护装置。 c)配备专兼职管理人员从事安全管理工作。 d)制定激光加工设备的应急现场处置方案，且定期进行演练。 2)激光加工设备资料应符合以下规定： a)产品合格证书、使用说明、自检报告、设备固有的标记等资料齐全； b)每班日常检查，定期检验和日常维护保养等记录齐全
2.5.9.1		同上	*	电气绝缘可靠，保护接地(零)措施有效。 1)激光加工设备的电气应符合《激光设备和设施的电气安全》(GB 10320)标准，且应满足绝缘防电击保护。 2)Ⅰ类设备保证基本绝缘进行防电击保护，还设一个附件的安全措施，应把操作时易触电的部位接到设备固定布线的接地端子上；Ⅱ类设备保证基本绝缘进行防电击保护，还应进行加强绝缘和双重绝缘；Ⅲ类设备采用安全电压(特低电压)进行防电击保护。 3)电气工作区(开关室、控制中心、配电系统、电气机械)只允许符合国家规定的专业人员进入

续表

标准序号	考核项目	责任部门及岗位职责	分数	重点要素解读
2.5.9.2		同上	*	危险部位防护罩、盖、栏等齐全、完好可靠，装卡牢固。 1）对于3B类或4类激光器应使用可靠的防护围封，防护围封可移动部位或检修接头处应贴有警告标识，以避免围封部分分离或接头断开时造成危害； 2）激光防护屏护选择正确，各类防护罩、盖、栏等齐全，完好可靠，装卡牢固
2.5.9.3		同上	6	各种手柄、按钮、制动、联锁、限位等装置齐全完好，灵敏可靠，标识正确、清晰
2.5.9.4		同上		大功率激光发射方向应配置防烧蚀及反射装置。 1）大功率激光发射方向应配置防烧蚀及反射装置。 2）一些特殊的危险应合并考虑以下内容： a）机器类型； b）激光辐射波长； c）机器运转轴的数目； d）光路的复杂性
2.5.9.5		同上	4	防护眼镜防护波长与设备发出的波长一致。 1）防护镜尽可能地配戴舒适，提供视野较广的防护镜，有良好的透气性，避免蒙雾。 2）选择4类激光器防护镜时，特别注意激光辐射性的可承受性和稳定性
2.5.10	登高梯台	主管负责人 登高梯台管理与使用部门	15	登高梯台：是工厂生产活动区域中拥有的活动扶梯、钢直梯、钢斜梯、高处走台、梯间供休息和转向用的中间平台、高处作业平台及梯台所配套使用的护栏。 固定式钢直梯：是指固定在建筑物或设备上且与地面垂直的钢制梯。 固定式钢斜梯：是指固定在建筑物或设备上且与地平面呈30°～75°的钢制梯。 平台：是指为工作人员通行、检修所提供的高于相对基准面的水平场所。 固定式工业防护栏杆：是指沿平台、通道及作业场所敞开边缘固定安装的防护设施。

续表

标准序号	考核项目	责任部门及岗位职责	分数	重点要素解读
2.5.10	登高梯台	同上	15	1)登高梯台管理与使用部门应当执行以下要求： a)建立健全登高梯台安全管理制度、岗位安全责任制和安全操作规程； b)配备专兼职管理人员从事安全管理工作； c)制定登高梯台的安全防护措施，且定期进行检查。 2)登高梯台资料应符合以下规定： a)产品合格证书、自检报告等资料齐全； b)每班日常检查，定期检验和日常维护保养等记录齐全。 c)钢直梯安装后必须认真除锈并做防腐涂装
2.5.10.1		同上	3	钢直梯梯宽、梯级及护笼等尺寸符合要求，可伸缩加长直梯止回装置完好可靠，结构件无严重脱焊、变形、腐蚀、裂纹。 1)梯宽的最佳尺寸为 500 mm，最小尺寸为 300 mm。 2)梯级间隔宜为 300 mm 等距离分布，踏棍宜采用不小于 ϕ20 mm 的圆钢。 3)钢直梯每级踏棍的中心线与建筑物或设备外表面之间的净距离不得小于 150 mm。 4)梯段高不宜大于 9 m。超过 9 m 时宜设梯间平台，以分段交错设梯。攀登高度在 15 m 以下时，梯间平台的间距为 5～8 m，超过 15 m 时，每 5m 设一个梯间平台。平台应设安全防护栏杆。 5)直梯距地平面 2 m 以上部分应设护笼(不包含室外消防用钢直梯)。护笼直径应为 700 mm，其圆心距踏棍中心线为 350 mm，水平圈采用不小于 40 mm×4 mm 的扁钢，间距为 450～750 mm，在水平圈内侧均布焊接 5 根不小于 25 mm×4 mm 扁钢垂直条。 6)钢直梯上端的踏棍应与平台或屋面平齐，其间隙不得大于 300 mm，并在直梯上端设置高不低于 1 050 mm 的扶手。 7)结构件应保持牢固。所有的结构件不得有严重脱焊、变形、腐蚀和断开、裂纹等缺陷，构件表面应光滑无毛刺。安装后的钢直梯不应有歪斜、扭曲、变形及其他缺陷

续表

标准序号	考核项目	责任部门及岗位职责	分数	重点要素解读
2.5.10.2		同上	3	斜梯扶手立柱高度、间隔及梯宽、角度等符合要求，结构件无严重脱焊、变形、腐蚀、裂纹。 1)扶手、立柱高于 1 050 mm，间距小于 1 000 mm。扶手应采用外径为 30～50 mm，壁厚不小于 2.5 mm的管材。立柱宜采用截面不小于 40 mm×40 mm×4 mm 的角钢或外径为 30～50 mm 的管材。除扶手外必须加一根横杆，横杆采用直径不小于 16 mm 圆钢或 30 mm×4 mm 的扁钢，固定在立柱中部。 2)梯宽宜为 700 mm，最大不宜大于 1 100 mm，最小不得小于 600 mm。 3)踏板高、宽适当。应按斜梯不同倾斜角来选择踏步的高和宽，具体尺寸见表 4－17 所示。 4)结构件应保持牢固。所有的结构件不得有严重脱焊、变形、腐蚀和断开、裂纹等缺陷，构件表面应光滑无毛刺。安装后的钢斜梯不应有歪斜、扭曲及其他缺陷。 5)斜梯高于 5 m 时，必须设置梯间平台分段设梯，以供登梯者休息，调节体力，又可减小登、下梯时顺梯跌落的危险程度。 6)踏板多用 4 mm 以上凸纹钢板制成。 7)钢斜梯安装后，必须认真除锈并做防腐涂装
2.5.10.3		同上	8	活动扶梯梯宽、梯长符合标准，梯脚有防滑措施；结构件无松脱、变形、腐蚀；木质梯、竹梯符合要求
2.5.10.4		同上		轮式移动平台护栏完好、无破损，尺寸符合要求，防滑措施齐全、完好，轮子的限位、防移动装置完好有效
2.5.10.5		同上		斜撑无变形，铰链连接可靠，结构件无松脱、裂纹、扭曲、腐蚀、凹陷或凸出等严重变形
2.5.10.6		同上		升降车定期检查或检验，电气符合要求，支撑脚完好可靠，液压密封完好有效

续表

标准序号	考核项目	责任部门及岗位职责	分数	重点要素解读
2.5.10.7		同上	4	走台或平台的护栏扶手高度、立柱与横梁间距、踢脚板高度、承受负荷等符合规定，结构件及台面板无严重破损、脱焊、变形、腐蚀、断裂
2.5.10.8		同上		护栏高度、立柱及立柱与上下结构件的间距符合规定，结构件表面光滑，无毛刺，无歪斜、变形、腐蚀、断裂、脱焊。 1)防护栏杆的高度宜为 1 050 mm。在离地高度小于 20 m 的平台、通道及作业场所的防护栏杆高度不得低于 1 000 mm，在离地高度等于或大于 20 m 高的平台、通道及作业场所的防护栏杆不得低于 1 200 mm。 2) 立柱间隙小于 1 00 mm。 3)横杆与上下结构件的净间距不得大于 380 mm。 4)结构件应保持牢固。所有的结构件不得有严重脱焊、变形、腐蚀和断开、裂纹等缺陷。 5)所有的结构件表面应光滑无毛刺，安装后不应有歪斜、扭曲、变形及其他缺陷。 6)栏杆表面必须认真除锈，并做防腐涂装
2.5.10.9		同上		航天产品用登高梯台符合《航天产品专用梯、台的安全要求》QJ 2891A 规定
2.5.11	波峰焊机	主要负责人 波峰焊机管理与使用部门	6	波峰焊机：是指将熔化的软钎焊料（铅锡合金），经电动泵或电磁泵喷流成设计要求的焊料波峰，亦可通过向焊料池注入氮气来形成，使预先装有元器件的印制板通过焊料波峰，实现元器件焊端或引脚与印制板焊盘之间机械与电气连接的软钎焊。波峰焊机是电路板制造主要设备，已经被广泛应用。因生产过程中需用助焊剂、稀释剂、酒精等易燃品。锡槽熔锡需使用加热器，温度较高，同时产生有害气体。为避免波峰焊机在作业时发生燃烧和烫伤事故，确保设备处于安全状态，将波峰焊机作为安全生产标准化考核项。 1)波峰焊机管理与使用部门应当执行以下要求： a)建立健全波峰焊机安全管理制度、岗位安全责任制和安全操作规程，作操作人员应取得《特种

续表

标准序号	考核项目	责任部门及岗位职责	分数	重点要素解读
2.5.11	波峰焊机	同上	6	设备操作人员证》； b)配备专兼职管理人员从事波峰焊机安全管理工作，且应进行专业培训，取得《特种作业管理人员证》； c)制定波峰焊机的应急现场处置方案，且定期进行演练。 2)波峰焊机资料应符合以下规定： a)产品合格证书、使用说明书、自检报告等资料齐全； b)每班日常检查，定期检验和日常维护保养等记录齐全
2.5.11.1		同上	*	电气绝缘可靠，保护接地(零)措施有效。 1)电气绝缘和PE连接的通用要求，参见2.5.4节“金属切削机床”的有关要求。 2)金属软套管、内部敷设电线的钢管等均不得用作接地导线。起连接作用的螺栓、螺钉或螺母，不准用来连接地线
2.5.11.2		同上		设备安装平稳、无倾斜，进板端、出板端、设备门窗等防护装置齐全
2.5.11.3		同上	3	安全防护及排风装置齐全、有效，通风良好，焊机进出口不应正对风扇或直接吹风的窗口，紧急按钮操作灵敏可靠，有醒目标识。 1)生产工艺与设备宜采取密闭(整体密闭、局部密闭或小室密闭)或负压方式工作。不能密闭时，应设置排风罩。 2)在生产设备合理密闭和通风的基础上宜采取隔离、遥控操作。 3)生产线上的单台通风系统工艺设备宜集合成密闭的工艺系统。 4)在生产过程中可能突然逸出大量有害气体或易造成急性中毒气体的作业场所，应设置事故通风装置及与其连锁的自动报警装置。其通风换气次数应不小于每小时12次。 5)有尘、挥发性溶剂逸出的设备开口部位应设排风装置。 6)装联工艺中的再流焊、波峰焊、浸锡焊及手工焊接等作业点，应设排风装置或烟雾净化装置

续表

标准序号	考核项目	责任部门及岗位职责	分数	重点要素解读
2.5.11.4		同上	3	滚筒、张紧滚轮、链条、链轮、冷却风扇等润滑良好，传动平稳、灵活
2.5.11.5		同上	3	助焊剂、稀释剂传输管路完好、畅通；喷射助焊器喷嘴畅通
2.5.11.6		同上		盛装助焊剂、酒精、稀释剂、填料的容器应加盖；助焊剂、酒精、稀释剂、填料及锡液限量标识明显，不超量
2.5.11.7		同上		炉膛内禁止存放易燃品及杂物
2.5.11.8		同上		环境应洁净、防潮，避免高温，附近无电、磁干扰源，及时清除残渣、氧化物及其他杂物
2.5.11.9		同上		有铅焊接应配备有铅烟净化措施。 1)对存在剧毒且难以消除其危害的工艺过程，应通过采取全自动化生产或遥控操作等措施，实现人与危害现场的隔离。 2)生产过程中产生的剧毒气体应进行无害化处理后再排入公共排气管道系统。 3)从工作间(区)排出的含有尘、毒的废气、废水、废渣应进行相应的无害化治理，使其符合相关的环保排放标准。 4)当作业场所空气中的尘、毒在技术上较难控制时，宜采取以下措施： a)设置密闭操作室，保证新鲜空气供应量不少于每人 30 m^3/h； b)采用送风面具或岗位送风； c)送入空气应符合相关标准的要求
2.5.12	装配线和输送机械	主管负责人 装配线和输送机械管理与使用部门	6	装配线：是人和机器的有效组合，最充分体现设备的灵活性，它将输送系统、随行夹具与在线专机、检测设备有机地组合，以满足多品种产品的装配要求。 输送机械：是指由于机械化(自动化)运输线强大的输送能力和远程输送距离等优越性而获得广泛应用，而且已由单机发展成为输送系统内组成的设备。

续表

标准序号	考核项目	责任部门及岗位职责	分数	重点要素解读
2.5.12	装配线和输送机械	同上	6	装配线是企业生产中的主要设备，其占地面积大，且多人同时作业，组合的设备、设施较多，加之操作不当，维修保养不好或疏于管理，就容易造成伤害事故。其包括所有机械化(自动化)装配线、输送线及各种形式的部件合成线、总成装配线，如：悬挂输送机、鳞板输送机、铸型输送机、装配运输机、皮带输送机等。 1)装配线和输送机械管理与使用部门应当执行以下要求： a)建立健全装配线和输送机械安全管理制度、岗位安全责任制和安全操作规程； b)配备专兼职管理人员从事装配线和输送安全管理工作； c)制定装配线和输送机械的安全防护措施，且定期进行检查。 2)装配线和输送机械资料应符合以下规定： a)产品合格证书、使用说明书、自检报告等资料齐全； b)每班日常检查，定期检验和日常维护保养等记录齐全
2.5.12.1		同上	*	电气绝缘可靠，保护接地(零)措施有效。 1)电气设备的绝缘安全可靠，屏护、防护间距应符合相关规定；PE 线应连接可靠，线径截面积及安装方法应符合相关规定。 2)驱动装置中应设置过载保护装置，且运行可靠。 3)金属软套管、内部敷设电线的钢管等均不得用作接地导线。起连接作用的螺栓、螺钉或螺母，不准用来连接地线
2.5.12.2		同上	*	机械传动部位防护装置齐全完好，无变形和破损。 1)机械化运输线的传动部位、外露的旋转部位均应有防护罩、屏，其结构、尺寸、安装方式等应符合“金属切削机床”中关于防护罩、屏的安全规定。 2)带式输送机：皮带轮和导轮处应加防护罩或在离挤压点大于 1 070 mm 处封闭起来。

续表

标准序号	考核项目	责任部门及岗位职责	分数	重点要素解读
2.5.12.2		同上	*	3)辊式输送机:交替驱动辊轮的相邻轮间应设防护罩,转弯处应设置安全挡板。 4)悬挂输送机:牵引链条的啮合节距增大量不超过 5%;跨越地面、通道或人员上方应装设护网(板),且牢固、屏护可靠。 5)2 m 以下旋转部件的外露部分必须加设防护罩(网),防护罩(网)应完好、无变形和破损,防护罩(网)的具体要求参见"金属切削机床"的有关要求
2.5.12.3		同上	3	跨越地面通道或人员上方应装设护网(板),通道护网、安全围栏、梯台符合要求。 1)人员需要跨越输送线的地段应设置通行过桥,通行过桥的平台、踏板应防滑。 2)输送机械上坡、下坡段或下面有人员通过的部位,应在输送机械的下面设置坚固的防护网(板);输送机械穿越楼层而出现孔口时应设护栏,在人员能接近的重锤张紧装置下方应设立防护栅(栏)。 3)机械手作业区应为全封闭作业环境,周围设置防护栏,并配置可靠的联锁装置
2.5.12.4		同上		翻转机构的锁紧限位装置牢固可靠有效。 1)大型部件翻转机构的锁紧、限位装置应牢固可靠;回转区域应有醒目的安全标识和报警装置,周围 1.5 m 处应设置防护栏。 2)链式输送机上坡、下坡处应设置止退器或捕捉器,并运行可靠
2.5.12.5		同上		起重机械和吊具符合安全要求。 1)自制吊索具的设计、制作、检验等技术资料均应符合相关标准要求,且有质量保证措施,并报本企业主管部门审批。 2)购置吊具与索具应是具备安全认可资质厂家的合格产品。 3)使用单位应对吊具与索具进行日常保养、维修、检查和检验。吊具与索具应定置摆放,且有明显的载荷标识;所有资料应存档。

续表

标准序号	考核项目	责任部门及岗位职责	分数	重点要素解读
2.5.12.5		同上	3	4)起重机械、高空作业车、升降机械等专项安全保护和防护装置齐全、有效。 5)起重机械的联锁、限位,以及行程限制器、缓冲器等防护装置应齐全、有效;制动器应平稳、可靠;急停按钮应配置齐全、可靠。 6)起重进机械的吊具应无裂纹,吊钩颈部不得产生塑性变形,应设有防脱钩装置,且有效。 7)吊具转轴及搭钩等应定期进行无损探伤,探伤检查周期一般为 6～12 个月
2.5.12.6		同上		控制台和装配线、运输线设醒目急停开关和警示标志
2.5.12.7		同上	2	电动工具使用带保护极的插头插座,采用良好护套的铜芯软电缆,使用专用芯线作接地保护,并安装漏电保护器。 1)手持式电动工具应具有国家强制认证标志、产品合格证和使用说明书,并在规定的条件下使用。 2)Ⅰ类、Ⅱ类电动工具应配置剩余电流动作保护装置,PE 线应连接规范,系统保护装置应与所选择的工具匹配;使用Ⅲ类工具时,其隔离电器装置应置于操作危险空间外。 3)电动工具应进行日常检查和定期检测,定期检测每年应至少两次。梅雨季节或工具有损坏时应及时检测,检测应由专业电工检测。绝缘电阻值应符合《手持式电动工具的管理、使用、检查和维修安全技术规程》(GBT 3787)的相关规定。 4)定期检测应建立准确、可靠的记录,并在检测合格工具的明显位置粘贴合格标识
2.5.12.8				运转小车定位准确、夹紧牢固,料架(箱、斗)结构合理,放置平稳
2.5.12.9		同上	1	过桥扶手稳固,踏步高度符合要求,平台防滑可靠 1)登高梯台应符合本章节 2.5.10 相关规定;防护护网(栏)的安全距离应符合《机械 安全防止上下肢触及危险区的安全距离》(GB 23821)的相关规定; 2)通道、梯台和防护网(栏),完好无损

续表

标准序号	考核项目	责任部门及岗位职责	分数	重点要素解读
2.5.12.10		同上	1	地沟入口盖板完好、无变形，沟内清洁、无杂物，不应有积水、积油。 地沟内应无障碍物，应配置应急照明灯
2.5.13	探伤设备	主管负责人 探伤设备管与与使用部门	8	探伤设备：指在不损坏工件或原材料工作状态的前提下，对被检测部件的表面和内部质量进行检查的一种测试设备。主要为磁粉探伤设备、射线探伤设备、着色探伤设备和超声波探伤设备。 1）探伤设备管理与使用部门应当执行以下要求： a）建立健全探伤设备安全管理制度、岗位安全责任制和安全操作规程； b）配备专兼职管理人员从事探伤设备安全管理工作； c）制定探伤设备的安全防护措施，且定期进行检查。 2）探伤设备资料应符合以下规定： a）探伤设备产品合格证书、使用说明书、自检报告等资料齐全； b）每班日常检查，定期检验和日常维护保养等记录齐全
2.5.13.1		同上	4	磁粉探伤行程探头有可靠的自锁和联锁装置。 1）磁粉探伤行程探头应有可靠的自锁和联锁装置，确保通电磁化后不对人体造成伤害； 2）详细参见2.5.4节“金属切削机床”的有关规定
2.5.13.2		同上		机体与绕线外壳的绝缘良好，保护接地（零）措施有效
2.5.13.3		同上		油箱、油管连接可靠，无渗漏。 1）采用湿式磁粉喷撒时，盛装溶液（水或其他物资）的油箱、连接油（水或其他物资）的管道，应连接可靠，无泄漏或渗漏现象； 2）采取有机溶剂清洗时，应注意通风和防止火种
2.5.13.4		同上		超声波探伤移动式电源线绝缘良好，插头插座完好，保护接地（零）可靠

续表

标准序号	考核项目	责任部门及岗位职责	分数	重点要素解读
2.5.13.5		同上	4	现场着色探伤所用的易燃、有毒溶剂不应超过当班用量，存放场所安全可靠，残液要定置存放、及时处置。 1)探伤作业现场存放的易燃、有毒物品和溶剂，不得超过当班用量； 2)现场存放的易燃、有毒物品和溶剂，应设专人保管、专人负责和使用登记，存放场所安全可靠，且有安全保管措施； 3)凡使用完的物品和残液要定置存放，且及时按照相关规定进行专业回收与处置
2.5.13.6		同上		射线辐射许可证、人员上岗证、报警式剂量仪、个体防护措施齐全有效。 1)生产、销售、使用放射性同位素和射线装置的单位，应有许可证、定期检测报告、个人辐射量监测检验报告、个人健康档案等资料，记录应齐全、有效； 2)从事射线检测人员上岗前应进行辐射安全知识的培训，并取得《放射工作人员证》； 3)从事放射工作的人员（操作人员、检修人员、试验人员）进入工业探伤辐射工作场所时，应佩戴报警式剂量仪和专门的防护服，个体防护措施齐全有效； 4)建立完善有效的安全防护管理规章制度、事故应急措施和安全操作规程
2.5.13.7		同上	4	防激光灼伤措施可靠
2.5.13.8		同上		照射室的门、窗、铅板等防护措施完好、达标，联锁齐全可靠。 1)照射室应有可靠的闭锁或门机联锁装置和照射信息指示器，且保证在门关闭后X射线装置才能进行探伤作业。 2)照相室四周围墙、上层有建筑物的天棚及门的屏蔽厚度符合标准规定。作业场所一般选在厂区或车间的一角，操纵室、显影室与照相室之间应有防护墙隔开。 3)探伤室的门、窗、电缆沟、铅板等防辐射措施完好，X射线探伤室屏蔽墙外30 cm处空气比释动能率应小于2.5μGy·h^{-1}。

续表

标准序号	考核项目	责任部门及岗位职责	分数	重点要素解读
2.5.13.8		同上	4	4)控制室应配置监视屏和剂量监测装置。γ射线源的防护罐应带保险锁、源的位置指示器等安全装置。 5)被检测物应放置牢固,且不影响探伤设备的运行、操作
2.5.13.9		同上		各种报警和信号灵敏、准确,通信及警示标志完好。 1)各种报警、信号、通信及警示标志应完好、灵敏、准确、及时有效。 2)各种射线照射室门外应安设警告装置、工作状态指示灯或射线危险标识。 3)照射室必须安装可靠的闭锁或门机联锁装置;室内安装警铃、音响、广播或闪烁灯示警,且安全装置应灵敏、可靠
2.5.13.10		同上		移动式或携带式X射线装置,控制器与X射线管头或高压发生器的连接电缆一般不应短于20 m
2.5.14	通风及防尘毒设施	主管负责人 通风及防尘毒设施管理与使用部门	8	通风及防尘毒设施:是指用于防尘、防毒的通风、除尘、净化、降噪、辐射屏护等装置(以下简称防护设备),是控制职业危害因素发生,使员工避免或减少职业危害的有效手段。 通风及防尘毒设施考核范围含防尘、防毒的通风、除尘、净化、降噪、辐射屏护等装置,但不含一般用来降温的设备或其他设备(如移动风扇、壁扇、吊扇、向内送风制冷降温的空调装置等)。 1)通风及防尘毒设施管理与使用部门应当执行以下要求: a)建立健全通风及防尘毒设施安全管理制度、岗位安全责任制和安全操作规程; b)配备专兼职管理人员从事通风及防尘毒设施安全管理工作; c)制定通风及防尘毒设施的安全防护措施,且定期进行检查。 2)通风及防尘毒设施档案资料应符合以下规定: a)通风及防尘毒设施产品合格证书、使用说明书、自检报告等资料齐全; b)有防护设备的台账(包括设备名称、编号、投入使用时间、分布地点等); c)有防护设备的档案(包括登记表、使用地点、随机技术资料、效果鉴定、运行记录、维修资料等); d)每班日常检查,定期检验和日常维护保养等记录齐全

续表

标准序号	考核项目	责任部门及岗位职责	分数	重点要素解读
2.5.14.1		同上	*	符合使用环境安全要求。 应根据《爆炸危险环境电力装置设计规范》的要求，易燃易爆场所尘、毒排风系统应采用防爆、隔爆设备，且安装线路套管应采用金属材料，并进行静电接地
2.5.14.2		同上	*	电气绝缘可靠，保护接地(零)措施有效。 1)电气绝缘和 PE 连接的通用要求，参见 2.5.4 节“金属切削机床”的有关要求； 2)金属软套管、内部敷设电线的钢管等均不得用作接地导线。起连接作用的螺栓、螺钉或螺母，不准用来连接地线
2.5.14.3		同上	5	闸门、阀门开关灵活可靠，主管道及支管无破损、无泄露、无堵塞。 1)系统中各级除尘或净化装置均能正常运行，除尘或净化效率等运行参数不低于设计参数的 90%； 2)主管道及 70%以上的支管应无破裂、泄漏、堵塞； 3)集尘(毒)风罩 90%(个数)以上完好有效； 4)闸板和阀门开关灵活、可靠，无泄漏
2.5.14.4		同上		安装牢固，无锈蚀。 不产生二次扬尘(毒)或二次污染。通风及防尘毒设备设施的卸灰斗、灰箱密封，不得有二次进风，净化池应定期清理，保持有效、整洁、无异味
2.5.14.5		同上	3	布袋完好，滤料及时更换

续表

标准序号	考核项目	责任部门及岗位职责	分数	重点要素解读
2.5.15	工业炉窑	主管负责人 工业炉窑管理与使用部门	6	工业炉窑：是指在工业生产中用燃料燃烧或电能转换产生的热量，将物料或工件进行冶炼、焙烧、烧结、加热等工序的热加工设备。工业炉窑用于加热设备，其燃料主要有气体燃料、液体燃料、固体燃料和电。使用这些加热设备，容易发生烧伤、触电事故，亦可能构成火灾、爆炸的危险。 1)工业炉窑管理与使用部门应当执行以下要求： a)建立健全工业炉窑安全管理制度、岗位安全责任制和安全操作规程； b)配备专兼职管理人员从事工业炉窑安全管理工作； c)制定工业炉窑的应急预案，且定期进行演练。 2)工业炉窑资料应符合以下规定： a)产品合格证书、使用说明书、自检报告等资料齐全； b)每班日常检查，定期检验和日常维护保养等记录齐全
2.5.15.1		同上	*	铸造熔炼炉升降及起吊装置按照起重机械要求。 凡与熔炼炉相匹配的起重机械，其工作级别应满足高温环境下的作业条件，其金属构件、卷扬机构、吊钩、钢丝绳及安全装置(如限位装置、防护罩等)应符合相关标准要求，详见 2.5.1 节“起重机械”部分
2.5.15.2		同上	*	布线符合规程要求，电气绝缘可靠，保护接地(零)措施有效。 详见 2.5.4 节“金属切削机床”部分
2.5.15.3		同上	2	各种电器应齐全完好，动作灵敏可靠。 各种电器原件完好，无破损，接触良好，接地装置完好、正确
2.5.15.4		同上		各种仪表齐全完好。 1)各种仪表、仪器、指示信号、操作开关等均应符合有关规定，设置合理、明显、可见，位置适当，标识明确。 2)测温仪表、仪器应灵敏可靠，PE 可靠，仪器、仪表反应灵敏、指示正确，并在检验周期内使用

续表

标准序号	考核项目	责任部门及岗位职责	分数	重点要素解读
2.5.15.5		同上		管道、阀门无泄露。 1)气阀要求无松动和泄漏现象，保持其整体性和可靠性；气阀应能按照操作要求使用，开关停在任一位置上，特别是在火焰熄灭时能迅速切断燃料供给。 2)油管、风管及加热管应无裂纹、无泄漏现象，且保持畅通，保温层完好。 3)油嘴应畅通，油温、油(风)压应保持正常，油压(量)及风压(量)相匹配
2.5.15.6		同上	2	附属设施齐全，炉门升降机构完好灵活，外露传动部分和重锤有防护罩，炉门限位及断电联锁装置灵敏可靠。 1)炉门升降机构必须完好，钢丝绳断丝不准超过规定值。重锤配置适当，外露传动部分应设防护罩。 2)炉门升降机构必须完好，如果是水冷却的炉门，要保证管道畅通，冬季管路不冰冻。 3)炉门要有限位装置，进出炉时，要有切断电源的联锁装置。 4)钢丝绳在节距内断丝数不得超过10%，平衡炉门的重锤悬挂应可靠。 5)外露传动部分防护装置应保持正确的安装位置，结构合理。 6)安全装置包括：防护装置、保险装置、信号装置、危险牌示及识别标记，不论采用何种安全装置，均要体现有效性
2.5.15.7		同上		凡距操作者站立面2 m以下设备外露的旋转部件均应设置齐全、可靠的防护罩或防护网。 1)操作者站立面高度在2 m以下的，设备的一切运动、旋转部位必须安装罩、栏、盖。 2)安全装置使人体与生产中危险部位相隔离，要求其保持正确的安装位置，防止人体意外地进入危险区域

续表

标准序号	考核项目	责任部门及岗位职责	分数	重点要素解读
2.5.15.8		同上	2	炉体完整，炉墙、炉衬应严密无泄漏，有良好的排除有害气体和粉尘设施。 1)耐火材料能经受热、腐蚀、摩擦和化学浸蚀，炉体的炉墙要保持完整，不得有缺损。 2)耐火材料及其制品连接的缝隙不得漏气，同时要求炉窑的整体性必须坚固。 3)除尘装置的除尘效果应达到设计要求，其收集罩、风管、除尘器、风机等应齐全完整，无破损，且运转正常。 4)职业危害因素的岗位浓度符合“工作场所有害因素职业接触限值”的有关规定和要求
2.5.15.9		同上	2	锻造炉炉门冷却水通畅，且门上安装排气管。 炉门循环冷却水应保持正常流通，无泄漏，并确保足够的循环水量，炉门上安装有排气管
2.5.15.10		同上		高频电炉周围地面应铺设绝缘垫板。 高频设备周围应保持场地干燥，并铺设耐 25 kV 高压的绝缘橡胶和设置防护遮栏
2.5.15.11		同上		退火、烘模炉炉门开启自动断电装置有效。 1)炉门必须装设保险装置，确保炉门打开时，所有电气设施关闭，停止运行。 2)炉门要有限位装置，进出炉时，要有切断电源的联锁装置
2.5.15.12		同上		箱、坑式电阻炉炉门开启自动断电装置有效，电阻丝固定牢固。 1)炉门要有限位装置和切断电源的联锁装置。 2)测温仪表应灵敏可靠、电阻丝应完好，电气设备接地及防护罩应完好无损
2.5.15.13		同上		气体渗碳炉风扇转动平稳。 炉盖升降机构应保持正常，风扇转动平稳，冷却水管应无堵塞，输油管道应畅通、无渗漏，排气管、漏油器必须畅通

续表

标准序号	考核项目	责任部门及岗位职责	分数	重点要素解读
2.5.15.14		同上	2	铸造熔炼炉浇包及其装置完好，炉坑有护栏或盖板，地面、地坑干燥无积水。 1)浇包金属结构牢固可靠，无严重锈蚀、连结部位旋转灵活。 2)行走机构与升降器可使浇包移动与升降灵活。 3)安全保险装置可靠有效。 4)所有熔炼设备周围的坑必须经常保持干燥，无积水现象，且应在坑的周围设置护栏或者用防护板铺盖，护栏或防护板应符合《固定式钢梯及平台安全要求》(GB 4053)和《机械安全工业楼梯、工作平台和通道的全安设计规范》(GB/T 31255)(有关走台和平台)中的相关规定
2.5.16	炊事设备	主管负责人 炊事设备管理与使用部门	10	炊事机械是用于食品加工的电气设备，主要以剪、切、卷和旋转机械动力，容易造成操作人员的肢体伤害。其主要包括：合面机、绞肉机、压面机、切莱机、馒头机、打蛋机、饺子机、食品搅拌机等。随着炊事机械较普遍使用，安全生产标准化建设中应当加强炊事设备的安全管理。 1)炊事机械管理与使用部门应当执行以下要求： a)建立健全各类炊事机械安全管理制度、岗位安全责任制和安全操作规程；定期对操作人员进行岗位作业安全培训； b)配备专兼职管理人员从事炊事机械和燃气设备的安全管理工作； c)制定炊事机械的安全防护措施，且定期进行安全检查； d)制定厨房机械设备事故和燃气消防应急预案，并定期进行演练。 2)炊事机械档案资料应符合以下规定： a)炊事机械产品合格证书、使用说明书、自检报告等资料齐全； b)有防护设备的台账(包括：设备名称、编号、投入使用时间、分布地点等)； c)有防护设备的档案(包括：登记表、使用地点、随机技术资料、效果鉴定、运行记录、维修资料等)； d)每班日常检查，定期检验和日常维护保养等记录齐全

续表

标准序号	考核项目	责任部门及岗位职责	分数	重点要素解读
2.5.16.1		同上	*	炊事机械传动部位防护措施可靠有效。 炊事机械传动部位的皮带轮、齿轮、链轮与链条、联轴器等，应加防护罩或防护盖，不便安装防护罩的应设置防护栏
2.5.16.2		同上	*	凡有碾、绞、压、挤、切伤可能的部位均应有可靠防护。 1)炊事机械凡可能造成碾、绞、压、挤、切、伤及作业人员肢体的部位，均应设置防护罩、盖、护栏等。 2)加料口应确保操作人员手指不能触及刀口或螺旋部位，加料口较大的其高度应适当增加，否则应设小口径的加料托盘。加高的加料口或托盘应用耐磨蚀的材料制作，具有足够的强度，与加料口的有机连接固定，应能翻转清洗。 3)绞肉机均应备有送料的辅助工具，严禁用手推料。 4)轧辊应便于装拆，调整灵活、定位可靠
2.5.16.3		同上	*	和面机、食品搅拌机等需搅拌操作的容器应加盖、密封，且盖和机联锁。 1)和面机、搅拌机的容器必须加盖密封且盖机联锁。 2)容器盖应采用符合国家有关规定的材料制作。 3)容器盖应设计合理，便于开启，且最好为翻转式；盖与容器开口应匹配，达到封闭盖严；不能自行盖严的应设锁卡装置。 4) 必须设置装有行程限位开关的盖机联锁装置(不论原设计是否有)，联锁开关应固定在容器本体上，启盖(以手不能伸进去为准)即应断电

续表

标准序号	考核项目	责任部门及岗位职责	分数	重点要素解读
2.5.16.4		同上	*	电气绝缘可靠，保护接地(零)措施有效。 1)炊事机械电源线路应符合有关标准的要求，电源引线应穿管敷设，受条件限制若采用橡胶电缆时，应敷设在无泡浸、无高温和无压砸的沿墙壁面；线路不许有接头、破损、老化或过载。 2)随机配备的电气箱柜安全要求，应按 2.5.4 节“金属切削机床”的有关要求执行。 3)电气绝缘和 PE 连接的通用要求，应按 2.5.4 节“金属切削机床”的有关要求执行。 4)金属软套管、内部敷设电线的钢管等均不得用作接地导线。起连接作用的螺栓、螺钉或螺母，不准用来连接地线
2.5.16.5		同上	*	设备的电源控制开关应单机设置，位置应方便作业人员操作。 炊事机械电源控制开关应单机单设，不许几台设备共用一个开关或用距离较远的闸刀控制
2.5.16.6		同上	*	燃气调压间电气防爆，应设置可燃气体浓度报警装置，与排风联锁，现场无可燃物。 1)燃气调压间、燃气表房应有对外通风口，且应远离易燃、易爆和作业场所； 2)燃气调压间、燃气表房均应设置电气防爆、可燃气体浓度报警装置及防爆型排风设施，且应与可燃气体浓度报警装置自动联锁
2.5.16.7		同上	6	燃气主阀控制开关可靠，管道、阀门无老化泄漏。 厨房内的燃气主阀控制开关可靠，管道无老化破损，防燃气泄露措施可靠
2.5.16.8		同上		每台用电设备有单独的按钮控制开关，标识清晰。 每台设备有独立的电气开关、按钮、刀闸，应远离用水的地方，有显著的标识
2.5.16.9		同上		开关、插座及其他电气防水措施合理可靠。 设备开关和专业插座均应设有防尘、防水功能，按钮电气开关应有防护装置，且不防碍操作

续表

标准序号	考核项目	责任部门及岗位职责	分数	重点要素解读
2.5.16.10		同上	4	设备及周围整洁、无油垢、无锈蚀
2.5.16.11		同上		压面机加料处应配备专用刮面板，绞肉机应配备送料的辅助工具。 压面机加料处应有防护装置，防止手指伸入，备有专用刮面板；绞肉机应配备送料的辅助工具，严禁用手推送
2.5.16.12		同上		排油烟设备、设施可靠有效，定期清洗。 1）排油烟设备应按要求定期清洗； 2）烟罩、烟道应设油烟净化装置； 3）烟道应设阻火装置
2.5.16.13		同上		灭火毯摆放合理，防火、应急灭火措施有效。 操作间灭火毯配置合理，摆放位置正确，防火、应急灭火措施有效。各类厨房操作间内应设有可靠的防爆、消防措施
2.5.17	其他机械设备	主管负责人 其他机械设备管理与使用部门	20	其他机械设备：是指不属于通用机械设备（如金属切削、起重运输、冲剪压设备等）外的其他专用、非标、自制等机械设备设施。其中包括：自制设备、冷加工机械设备和类似金属切削、冲剪压等设备，且容易发生绞、碾、物体打击等伤害事故的设备。 1）其他机械设备管理与使用部门应当执行以下要求： a）建立健全各类机械设备安全管理制度、岗位安全责任制和安全操作规程； b）配备专兼职管理人员从事机械设备安全管理工作； c）制定机械设备的安全防护措施，且定期进行检查。 2）其他机械设备资料应符合以下规定： a）机械设备产品合格证书、使用说明书、自检报告、安全论证结论等资料齐全； b）每班日常检查，定期检验和日常维护保养等记录齐全

续表

标准序号	考核项目	责任部门及岗位职责	分数	重点要素解读
2.5.17.1		同上	*	符合使用环境安全要求。 1)安装在易燃易爆场所的设备应采用防爆、隔爆型设备; 2)其他机械设备应设置防电击、防雷击、防静电的绝缘保护措施; 3)其他机械设备使用环境应符合设备安装使用条件,应干燥、清洁、防尘,不得与易燃易爆物品一同安放
2.5.17.2		同上	*	非标、自制设备应经过安全论证。 非标、自制设备应经过安全评审和安全论证,有必要时应进行安全评价
2.5.17.3		同上		离心试验机隔离操作,门机联锁可靠。 离心试验机应有隔离操作系统,门机联锁完好、可靠
2.5.17.4		同上	1	有完备的其他机械设备台账。 设备的台账包括:设备名称、编号、投入使用时间、分布地点、设备管理人员等
2.5.17.5		同上	8	电气绝缘可靠,保护接地(零)措施有效。 1)电气绝缘和 PE 连接的通用要求,参见按 2.5.4 节“金属切削机床”的有关要求。 2)金属软套管、内部敷设电线的钢管等均不得用作接地导线。起连接作用的螺栓、螺钉或螺母,不准用来连接地线
2.5.17.6		同上		防护罩、盖、护栏、各种保险、联锁、过载保护等装置齐全、灵敏可靠,行程限位装置齐全,固定牢靠。 1)易造成伤害事故的机械设备运动部件,都应采用封闭式屏蔽,各种传动装置,必须设置防护装置。

续表

标准序号	考核项目	责任部门及岗位职责	分数	重点要素解读
2.5.17.6		同上	8	2)以操作人员所站立平面为基准,高度在 2 m 以内的各种传动、运动部位,必须有防护罩、盖、栏等防护装置,且安装牢固。 3)联锁、控制装置:在设备运行中,当防护装置开启时,控制装置应与安全防护装置联锁,使设备运转、安全防护装置同时起作用: a)表示警示的声光(危险)信号的显示,在其强度、形式等方面要突出于其他信号; b)有惯性冲撞的运动部件,必须采取可靠的缓冲措施,防止因惯性而造成伤害事故; c)凡需设有联锁装置的操作门(窗、栏、杆)都应设有联锁装置,并且灵敏可靠,凡限制运动件范围的,应设行程限位开关,且固定牢靠、有效。 4)紧急停车装置:在当发生危险时,不能迅速通过控制开关来停止设备运行危险的,或在控制台上不能观察到全部控制状态时,应设紧急停车装置。紧急停车开关应保证瞬时动作时,能终止设备的一切运动,其开关的形状应区别于一般控制开关,颜色为红色。 5)对需设紧急停车装置的设备,应在每个操作位置和需要的地方,都要有紧急停车装置,并便于操作,灵敏可靠
2.5.17.7		同上	5	各种仪表指示灯完好、可靠,安全警示标志齐全
2.5.17.8		同上		传动平稳,工作正常,无噪声、超温、振动、泄漏等异常现象
2.5.17.9		同上	6	气动工具定置定位,防护罩齐全,开关动作灵敏可靠,转动部分无松动。 1)气动工具应定置定位,软管、螺旋管不得相互干涉,气动三联件等符合有关标准的要求。 2)工具的防护罩齐全,开关动作灵敏可靠,转动部分无松动。 3)气动工具必须具备完好无损的防护罩,使用时严禁拆卸。 4)防护罩应有足够强度,防止砂轮破碎时飞出。 5)气动工具的开关和进气阀应灵活可靠、密封良好,能准确控制正反转和停止。关闭后不允许

续表

标准序号	考核项目	责任部门及岗位职责	分数	重点要素解读
2.5.17.9		同上	6	有漏气现象，关闭不严不能使用。 6)管路接头要严密可靠，能承受工作时所必需的压力。 7)铆钉枪或将风管作为铆枪使用时，必须有安全钩将铆头与枪身可靠连接，防止铆头飞出伤人。 8)所有气动工具的风管均应完好，不应有明显磨损、老化、腐蚀等缺陷。 9)橡胶管不应有鼓包或局部漏气现象，储罐以下的钢管和接头处不应泄漏。 10)气管应采用耐压＞1 MPa 的橡胶管，长度＜12 m
2.5.17.10		同上		橡胶塑料机械的机械手活动区域应设置防护栏、屏护，并与动力回路联锁
2.5.17.11		同上		液压釜设置有超温、超压报警和联锁装置、紧急泄压阀门。液压釜盖设置有卡箍限位开关
2.5.17.12		同上		空调制冷机组的安全阀、压力表、测温传感器、液位计完好，在有效期内使用
2.6	厂房与生产环境		70	
2.6.1	布局	主管负责人负责厂房与生产环境布局的管理与使用部门	10	厂房与生产环境布局应符合《中华人们共和国环境保护法》、《中华人民共和国职业病防治法》、《工业企业总平面设计规范》(GB 50187)、《工业企业设计卫生标准》(GBZ 1 —2010)、《工作场所职业病危害警示标识》(GBZ 158—2003)等法律法规要求，有效控制与治理污染物排放。 布局包括总体布局、车间布局、工房布局。总体布局包括建(构)筑物、拟建建筑物位置、厂区通道、卫生防护、绿化等。 1)负责厂房与生产环境布局的管理与使用部门应当执行以下要求： a)新、改、扩建项目必须符合建设申报、审批与备案程序，职评、安评符合法规要求； b)厂房与生产环境布局合理，无严重影响安全生产和职业卫生的情况；

续表

标准序号	考核项目	责任部门及岗位职责	分数	重点要素解读
2.6.1	布局	同上	10	c)安全距离符合《建筑设计防火规范》(GB 50016)的相关要求； d)综合应急预案中涵盖厂区总平面布局的相关内容,如危险点分布、厂区毗邻情况、风向标、逃生方向、消防和医疗救助机构的车程等内容,并定期进行演练。 2)厂房与生产环境布局档案资料应符合以下规定： a)厂房与生产环境总平面图、危险点分布图、污染物排放点分布图、厂区消防外管网分布图、综合管网分布图等资料齐全； b)有防护设备设施的台账(包括设备设施名称、编号、投入使用时间、分布地点等)
2.6.1.1		同上	*	无严重影响安全生产和职业卫生的不合理布局。 现场考察是否存在严重影响安全生产和职业病预防的不合理布局,单位的平面布局应满足： 1)易燃易爆场所与非易燃易爆场所分开。在放散有爆炸危险的可燃气体、粉尘或气溶胶等物质的工作场所,应设置防爆通风系统或事故排风系统。 2)有毒作业与无毒作业场所应分开。可能发生急性职业危害的有毒、有害的生产车间的布置应设置与相应事故防范和应急救援相配套的设施及设备,并留有应急通道。 3)高危作业场所与低危作业场所分开。 4)可能产生严重职业性有害因素的设施远离产生一般职业性有害因素的其他设施,应将车间按有无危害、危害的类型及其危害浓度(强度)分开；在产生职业性有害因素的车间与其他车间及生活区之间宜设一定的卫生防护绿化带
2.6.1.2		同上	4	单位有总平面布置图

续表

标准序号	考核项目	责任部门及岗位职责	分数	重点要素解读
2.6.1.3		同上	6	各建筑物之间的防火间距，以及各建筑物与各种动力管线、道路、铁路的安全距离应符合《建筑设计防火规范》(GB 50016)的相关规定。 现场查看车间、工房工艺布局图，且满足： 1)噪声与振动较大的生产设备宜安装在单层工房内。当设计需要将这些生产设备安置在多层工房内时，宜将其安装在底层，并采取有效的隔声和减振措施。 2)含有挥发性气体、蒸气的各类管道不宜从仪表控制室和劳动者经常停留或通过的辅助用室的空中和地下通过；若需通过时，应严格密闭，并应具备抗压、耐腐蚀等性能，以防止有害气体或蒸气逸散至室内。 3)贮存酸、碱及高危液体物质储罐区周围应设置泄限沟(堰)。 4)防尘和防毒设施应依据车间通风风向、扬尘和逸散毒物的性质、作业点的位置和数量及作业方式等进行设计。经常有人来往的通道(地道、通廊)，应有自然通风或机械通风，并不宜敷设有毒液体或有毒气体的管道。 5)在生产中可能突然逸出大量有害物质或易造成急性中毒或易燃易爆的化学物质的车间(工房)，应设置事故通风装置及其事故排风系统相联锁的泄露报警装置。 6)可能存在或产生有毒物质的车间(工房)应根据有毒物质的理化特性和危害特点配置现场急救用品，设置冲洗喷淋设备、应急撤离通道、必要的泄险区以及风向标。 7)空调厂房及洁净厂房的设计按《洁净厂房设计规范》(GB 50073)等有关现行国家标准执行。 车间、工房有定置图，定置图上应注明物料堆放点、道路及管线等位置，现场查看企业是否按图实现了定置摆放，且车间、工房内无杂物，无图与物不符等状况

续表

标准序号	考核项目	责任部门及岗位职责	分数	重点要素解读
2.6.2	厂区环境	主管负责人 负责厂区环境管理部门	8	厂区环境：是指企业内非生产车间的作业区域、场所，包括厂区道路、管道、绿化、照明及消防等。应符合《中华人民共和国固体废物污染环境防治法》、(中华人民共和国主席令第 58 号)、《建筑设计防火规范》(GB 50016)、《工业企业总平面设计规范》(GB 50187)、《宜噪声污染为主的工业企业卫生防护距离标准》(GB 18083)等法律法规要求。此条款适用于企业内非生产车间的作业区域、场所，包括厂区道路、管道、绿化、照明及消防等，厂区环境作为单位(企业)一个整体考评单元进行考评。 1)负责厂区环境管理部门应当执行以下要求： a)厂区道路平整、管道无破损锈蚀、园林绿化养护完好、厂区照明完好、消防通道无障碍； b)厂区环境卫生整洁，车辆限速和各类安全警示标识牌正确、无损坏； c)安全距离符合《建筑设计防火规范》(GB 50016)的相关要求； d)垃圾和废弃物存放点整洁有序。 2)厂区环境档案资料应符合以下规定： a)有厂房环境平面图、消防设备设施分布图等资料齐全； b)有危险化学品存放点分布图、消防设备设施分布图、厂区环境防鼠药(设施)投放点分布图、园林绿化树种种植分布图等(包括：名称、编号、投入使用时间、分布地点等)
2.6.2.1		同上	6	大门牢固，开启灵活、方便安全
2.6.2.2		同上		厂区道路路面平整、畅通，道路宽度符合要求；排水良好，盖板齐全。厂区道路的一般要求如下： 1)厂区路面应畅通、平整、无台阶、无坑沟。 2)厂区双向主干道宽度不小于 5 m，单向主干道宽度不小于 3 m，且为环形。见厂区道路要求一览表见表 4－18。 3)厂区道路应有明显的人、车分隔线。厂区的人行道宽度应大于 1 m，分流线清晰，且宽度大于 10 cm。 4)路面排水良好，路面平整，盖板齐全，坡度适当

续表

标准序号	考核项目	责任部门及岗位职责	分数	重点要素解读
2.6.2.3		同上	6	限速和警示标牌齐全。 1)厂区门口、危险路段需设置限速标牌和警示标牌,车速一般为 5 km/h。 2)交叉路口若有视线盲区则应设反光镜,反光镜无破损,角度和高度应便于观察道路盲区,避免道路盲区和死角
2.6.2.4		同上		道路施工应有警示牌或护栏,夜间有红色警示灯
2.6.2.5		同上	2	垃圾、废弃物等集中定置存放,有防吹散、防污染措施。 1)工业垃圾和生活垃圾分开存放,并实现定点、定位,垃圾存放点有防吹散、防流失、防渗漏或其他防污染措施。 2)危险固体废物应有专门存放点,存放点有防渗漏措施,不得擅自倾倒、堆放、丢弃、遗撒,且应按国家规定妥善处理
2.6.3	厂房环境	主管负责人 负责厂房环境与使用部门	20	厂房环境包括:厂房布局、作业区的布置、岗位作业安全活动空间、有害作业分布、厂房地面、应急通道、工业管道布置等,且应符合《建筑设计防火规范》(GB 50016)、《建筑灭火器配置设计规范》(GB 50140)、《生产设备安全卫生设计总则》(GB 5083)、《金属热处理生产过程 安全卫生要求》(GB 15735)、《冲压车间安全生产通则》(GB/T 8176)、《锻造车间安全与环保通则》(GB 13318)、《工业企业设计卫生标准》(GB Z1)、《工作场所有害因素职业接触限值》(GB Z2)、《生产设备安全卫生设计总则》(GB 5083)等标准规范要求。此条款适用于直接生产或辅助生产的作业场所。 1)负责厂房环境管理与使用部门应当执行以下要求: a)厂房布局合理、作业区分布安全正确、作业活动空间能保证安全、厂房地面平整、工业管道有序无破损锈蚀、厂房照明满足岗位作业需求且完好、应急通道畅通; b)厂房环境卫生整洁,各工序组织合理有序。

续表

标准序号	考核项目	责任部门及岗位职责	分数	重点要素解读
2.6.3	厂房环境		20	2)厂区环境档案资料应符合以下规定： a)厂房环境总平面图、危险点分布图、污染物排放点分布图、消防器材配置分布图等资料齐全； b)有危险化学品存放点、污染物排放管理与控制措施； c)有防火、防事故专项应急预案，且应定期组织演练
2.6.3.1		同上	5	作业区的布置应保证人员有足够的安全活动空间
2.6.3.2		同上		应将有害作业与无害作业分开布置。 在不影响作业的情况下，应将有害作业与无害作业分开布置。噪声较大的设备应尽量将噪声源与操作人员隔开；工艺允许远距离控制的，可设置隔声操作(控制)室
2.6.3.3		同上	4	作业区地面平坦，无障碍物或绊脚物，坑、壕、池应有盖或护栏；现场无漏雨，地面无积水、积油，垃圾杂物定置存放，及时清理。 地面平坦指高低差不超过5 cm。绊脚物指埋于地下，且凸出地面2 cm以上的管、线、螺钉等非浮放物品。坑、壕、池的确定： 1)坑：深0.5 m、凡脚能踩入坑内的均称坑，无规定面积的要求。 2)壕：深≥0.2 m，宽≥0.1 m。 3)池：指深0.8 m或地上边沿高0.8 m，存放液体的。 凡上述部位均应设置盖板或护栏，且盖板有足够的机械强度，牢固可靠
2.6.3.4		同上		作业区的生产物料、半成品及产品，应用黄色或白色标记在地面上标出其存放范围；摆放整齐、平稳、安全可靠，不超高，不占通道；现场的工模量具定置摆放。 1)根据作业方法、物品性质、特点和使用频率等情况，确定存放位置： a)使用频率高，即经常使用的工具、物品放在附近； b)不常用的东西应整齐地放入箱、柜内，或物品架上；

续表

标准序号	考核项目	责任部门及岗位职责	分数	重点要素解读
2.6.3.4		同上	4	c)很少用的东西应放进公用箱、柜内，由专人妥善保管； d)本着安全、方便的原则确定材料和成品的放置地点； e)危险化学物品(易燃、易爆物质，压缩气体、毒品、腐蚀品等)要有专门的场所存放、保管； f)对于推车等简易搬运工具也应明确规定放置地点(包括工作中暂放的地点)； g)安全通道上，在任何时候都不允许存放物品。 2)按下列原则确定物品的放置方式： a)物料堆放整齐，重物在下，轻物在上，易损物品要固定，易倒物品要绑牢；长物要放倒。 b)立体堆放的材料和物品要限制堆放高度，最高不得超过底边长度的三倍。 c)危险化学物品的放置、保管应符合有关法规、标准的要求。 d)对安全通道和堆放物品的场所要划出明显的界限或架设围栏；堆放物品的场所应悬挂标牌，写明放置物品的名称和要求。 e)在放置物品时，要确认是否保证了安全。 3)摆放整齐，平稳可靠： a)做到定置定位、分类、分区摆放(如摆放在指定的划线或低护栏内)。小件产品应有集装箱，加工物品与墙或与机床轴平行摆放。 b)钢材的摆放应做到靠通道侧应放置整齐。 c)平稳可靠是指堆垛不得有倾斜，不得有晃动。滑动物件要有支架或稳固措施，圆筒产品或工件滚动面不得面向安全通道，应有防滚动措施。 4)工、模、夹具存放应符合安全技术要求： a)工、模、夹具应放置在固定的架子或工具箱、柜中。 b)各种量具等不得放在车床活动面、导轨上。 c)钢丝绳要上架，且有明显标识。

续表

标准序号	考核项目	责任部门及岗位职责	分数	重点要素解读
2.6.3.4		同上	4	d)物品的重心应向下摆放,做到安全稳妥、防止坠落和倒塌伤人。 5)物料摆放不得妨碍操作,对产品坯料加工件要做到限量存放,为白班生产加工量的 1.5 倍,为夜班生产加工量的 2.5 倍。中间库存放量为一周生产加工件的数量,经常活动地带应留有0.6 m的空间。工件、物料摆放不得超高。 a)在垛底与垛高之比为 1∶2 的前提下,垛高不超过 2 m。例如垛底为 1 m,垛高不超过 2 m。 b)大砂箱堆垛不超过 3.5 m,泡沫塑料一类,建议参照大砂箱高度。 c)堆垛间距要合理,便于吊装或保持消防通道畅通
2.6.3.5		同上		通道符合要求。沿通道两边易倾倒、外露突出或锐边等危险部位有防护措施和警示标志。 车行道(厂内叉车等)、人行道宽度符合标准,且通道线明显清晰。车间通道要求见表 4-19。 安全通道应划出醒目标志,交叉处、转弯处应划圆弧形或半圆弧形。危险部位主要指易倾倒、外露突出或锐边物品、人行通道等部位。现场考察危险部位应设置安全标志或防护措施
2.6.3.6		同上	5	冷加工设备间距(以机床操作面计算),小型设备不小于 1.1 m,中型设备不小于 1.3 m,大型设备不小于 1.5 m,便于维修
2.6.3.7		同上		冷加工设备操作面距离墙柱间距,小型设备不小于 1.3 m,中型设备不小于 1.5 m,大型设备不小于 1.8 m,便于维修
2.6.3.8		同上		冷加工设备后面、侧面距离墙柱间距:小型设备不小于 0.8 m,中型设备不小于 1.0 m,大型设备(运输线视同)不小于 1.0 m,便于维修

续表

标准序号	考核项目	责任部门及岗位职责	分数	重点要素解读
2.6.3.9		同上	6	脚踏板完好，材质、高度、宽度符合要求，牢固且防滑
2.6.3.10		同上		灭火器的配置应符合《建筑灭火器配置设计规范》(GB 50140)的相关规定，灭火器、室内消火栓等消防器材摆放合理，标识明显，周边 1 m 范围内无障碍物，且在有效期内。 应保持消防通道畅通，无封死和堵塞现象。按照场所的火灾种类配置合理的灭火器： 1)A 类火灾(固体物质火灾)场所应选择水型、磷酸铵盐干粉、泡沫或卤代烷灭火器。 2) B 类火灾(液体火灾或可溶化固体物质火灾)场所应选择泡沫、碳酸氢钠干粉、磷酸铵盐干粉、二氧化碳、灭 B 类火灾的水型灭火器或卤代烷灭火器。极性溶剂的 B 类火灾场所应选择灭 B 类火灾的抗溶性灭火器。 3) C 类火灾(气体火灾)场所应选择磷酸铵盐干粉、碳酸氢钠干粉、二氧化碳或卤代烷灭火器。 4)D 类火灾(金属火灾)场所应选择扑灭金属火灾的专用灭火器。 5)E 类火灾(带电物体火灾)场所应选择磷酸铵盐干粉、碳酸氢钠干粉、卤代烷或二氧化碳灭火器，但不得选用金属喇叭喷筒的二氧化碳灭火器。 灭火器应设置在位置明显和便于取用的地点，且不得影响安全疏散。灭火器的摆放应稳固，其铭牌应朝外。手提式灭火器宜设置在灭火器箱内或挂钩、托架上，其顶部离地面高度不应大于 1.50 m，底部离地面高度不宜小于 0.08 m。灭火器箱不得上锁
2.6.3.11		同上		厂房有工艺布局和定置图
2.6.4	采光与照明	主管负责人 负责生产场所采光与照明的管理与使用部门	6	采光与照明：生产场所良好的、合理的采光和照明，与保护作业人员的身体健康、保证产品质量和提高劳动生产率有直接关系，是劳动保护的重要内容，因此，此条款适用于生产场所，包括生产作业点、工作台面、安全通道等。应符合《建筑采光设计标准》(GB 50033)、《建筑照明设计标准》(GB 50034)、《工业企业设计卫生标准》(GBZ 1)、《生产设备安全卫生设计总则》(GB 5083)。

续表

标准序号	考核项目	责任部门及岗位职责	分数	重点要素解读
2.6.4	采光与照明	同上	6	1)负责生产场所采光与照明的管理与使用部门应当执行以下要求： a)生产场所、作业点、工作台和安全通道采光照度应符合规范要求，且应不出现眩光，照明设施完好； b)照明线路独立设置，不应与动力电串联，照明线路有可靠的接地保护装置，漏电开关完好，动作灵敏； c)生产场所应急照明完好有效，且布局、数量符合要求。 2)采光与照明档案资料应符合以下规定： a)有生产场所电力分布图、应急照明分布图等相关资料齐全； b)安全检查、应急照明测试检验记录齐全
2.6.4.1		同上	4	照明符合《建筑采光设计标准》(GB 50033)和《建筑照明设计标准》(GB 50034)规定。 生产作业点、工作台面和安全通道普通采光照度符合标准。 1)一般生产车间和工作面上的最低照度值见表 4－20。 2)生产设备内部需要经常观察的部位，应备有照明装置或符合安全电压要求的电源插座。 3)对车间采光也可用采光窗设置来考评。车间采光窗的设置，应满足下列要求(即满足车间一般照明的规定)： a)厂房跨度为大于 12 m 时，本跨厂房的两边应有采光侧窗，窗户的宽度不小于开间长度的一半。 b)多跨厂房相连，边跨墙窗设置符合 a)条提出的要求，相连各跨有天窗，但跨与跨之间不得有墙封死。 c)跨度小于 12 m 的单跨厂房，若屋架下弦高度低于 5 m 时，应按 a)条执行；若屋架下弦高于 5 m单侧有窗户，且宽度不小于开间长度的一半。 d)采光窗符合上述规定的同时，车间通道照明灯应覆盖所有通道。 4)照明灯具完好率达 100%。 5)为限制直接眩光的作用，室内一般照明器距地面的最低悬挂高度，不宜低于表 4－21 的数值

续表

标准序号	考核项目	责任部门及岗位职责	分数	重点要素解读
2.6.4.2		同上	2	应急照明和指示标志齐全、完好、有效。 公共建筑、高层厂房(仓库)及甲、乙、丙类厂房应沿疏散走道和在安全出口、人员密集场所的疏散门的正上方设置灯光疏散指示标志,并符合下列规定: 1)安全出口和疏散门的正上方应采用“安全出口”作为指示标志。 2)沿疏散走道设置的灯光疏散指示标志,应设置在疏散走道及其转角处距地面高度 1.0 m 以下的墙面上,且灯光疏散指示标志间距不应大于 20 m;对于 U 型走道,不应大于 10 m;在走道转角区,不应大于 1.0 m,其指示标志应符合现行国家标准《消防安全标志》(GB 13495)的有关规定
2.6.5	一般仓库	主管负责人 一般仓库管理与使用部门	8	一般仓库:是企业储存材料、成品或半成品的现场,不包括油库、火炸药库、危险化学品库、液化气库等其他危险化学品库。一般仓库是企业储存材料、成品或半成品的现场,其环境状况与安全生产、职业健康关系十分密切,影响较大。而且储存的物资品种多、各种物资性能复杂、危险因素较多,其通道、采光、消防、储存方式等因素直接影响到事故的发生和事故损失的降低。为此,此条款应符合《仓库防火安全管理规则》(中华人民共和国公安部令第 6 号)、《建筑设计防火规范》(GB 50016)、《建筑灭火器配置设计规范》(GB 50140)等法律法规、标准规范要求。 1)一般仓库管理与使用部门应当执行以下要求: a)一般仓库物品分布合理正确、仓储作业活动空间能保证安全、地面平整、没有无关的工业管道、仓库照明满足作业需求且完好、应急通道畅通; b)一般仓库环境卫生整洁,仓储物品组织合理有序; c)仓库照明完好,不应设临时线路。 2)一般仓库档案资料应符合以下规定: a)有一般仓库物品存放分布图、消防器材配置分布图等资料齐全; b)消防设施、器材检测检验有效,在有效使用期内,且配置满足需要; c)有一般仓库现场应急处置预案,且应定期组织演练

续表

标准序号	考核项目	责任部门及岗位职责	分数	重点要素解读
2.6.5.1		同上	*	一般仓库不应存放危险化学品。 现场考察一般仓库不得存放危险化学品。危险化学品是指具有易燃、易爆、有毒、有害等特性，会对人员、设施、环境造成伤害或损害的化学品
2.6.5.2		同上	4	物品分类储存，存放平稳，便于移动，不超高垛放；物品存放区与墙距、梁距、柱距，以及物品之间符合安全距离的要求。 1）物品应分类储存，定置区域线清晰，数量和区域不超限。库房定置内容包括： a）设计库房定置图，悬挂在库房的醒目处； b）对易燃、易爆、有毒及污染环境、属于一般仓库限制贮存物； c）限期贮存物品要用特定的信息表示接近储存期； d）账簿前页应有序号、物品目录及存放点； e）特别定置区域，要用标准符号和无标准符号规定符号表示； f）物品存放的区域、料架号、序号必须和账卡物目录相符。 2）定置区内物品摆放数量不超过规定。物品存放平稳，便于移动，不超高垛放： a）在宽与高之比为 1：2 的前提下，堆放高度不得超过 2 m，砂箱、料箱堆放高度不得超过 3.5 m。 b）物品摆放要平稳，凡人行通道两侧不得有突出物或尖锐物外露。 3）物品存放区与墙距、梁距、柱距，以及物品之间应符合安全距离的要求： a）库存物品应当分类、分垛储存，每垛占地面积不宜大于 100 m^2，垛与垛间距不小于 1 m，垛与墙间距不小于 0.5 m，垛与梁、柱的间距不小于 0.3 m，主要通道的宽度不小于 2 m。 b）物品入库前应当有专人负责检查，确定无火种等隐患后，方准入库。 c）甲、乙类物品和一般物品以及容易相互发生化学反应或者灭火方法不同的物品，必须分间、分库储存，并在醒目处标明储存物品的名称、性质和灭火方法。甲、乙类物品的包装容器应当牢固、密封，发现破损、残缺、变形和物品变质、分解等情况时，应当及时进行安全处理，严防跑、冒、滴、漏

续表

标准序号	考核项目	责任部门及岗位职责	分数	重点要素解读
2.6.5.3		同上	4	仓库内不应设有临时电气线路
2.6.5.4		同上	4	仓库通道符合要求。 车行道、人行道宽度符合标准。车行道宽度不小于3.5 m,人行道宽度不小于1 m。其余内容参见“厂房地面状况”的部分考评内容。路面平坦,无积油积水,无绊脚物。路面主要指通道,其内容参见“厂房地面状况”的部分考评内容。占道率低于5%。 1)占道率的计算公式为:占道率=占道长度(m)/车间通道总长度(m)×100%,车间总长度包括车行道和人行道。 2)通道内存放物件,按实际长度计算占道长度,通道若被物件横向全部堵住,则从堵塞处至就近第一个转弯处的长度计算占道长度
2.6.6	电磁屏蔽室和微波测试室	主管负责人 电磁屏蔽室和微波测试室管理与使用部门	6	电磁屏蔽室:用于隔离外界电磁干扰,保证室内电子、电气设备正常工作,也用于阻断室内电磁辐射向外界扩散。 为防止电磁辐射污染、保护环境、保护职工健康,此条款适用于考评电磁屏蔽室和微波测试室等存在电磁辐射的工作场所,且应符合《电磁辐射防护规定》(GB 8702)、《辐射环境监测技术规范》(HJ/T 61)、《建筑设计防火规范》(GB 50016)等标准规范要求。 1)电磁屏蔽室和微波测试室管理与使用部门应当执行以下要求: a)电磁屏蔽室和微波测试室布局合理、门机联锁装置完好、室内通风良好、应急通道畅通; b)环境卫生整洁,作业工序组织合理有序; c)电力线路完好,动力、照明线路分别设置; d)释放静电装置完好,定期进行检测; e)个体防护用品配置符合规范要求,作业岗位人员应正确佩戴。

续表

标准序号	考核项目	责任部门及岗位职责	分数	重点要素解读
2.6.6	电磁屏蔽室和微波测试室	同上	6	2)电磁屏蔽室和微波测试室档案资料应符合以下规定： a)有职业卫生“三同时”论证、评价报告； b)有电磁辐射接触水平检测报告，且应在有效期内；个体防护用品配置资料齐全，且符合要求； c)有电磁屏蔽室和微波测试室现场应急处置预案，应定期组织演练
2.6.6.1		同上	*	电磁辐射接触水平符合要求，检测报告有效。 电磁辐射符合《电磁环境控制限值》(GB 8702)的电磁辐射防护限值。对超过豁免水平的电磁辐射体，其拥有者必须对辐射体所在的工作场所以及周围环境的电磁辐射水平进行监测，并将监测结果向所在地区的环保部门报告。 1)新建、改建、扩建后的辐射体，投入使用后的半年内提交监测报告。 2)现有的辐射体应有监测报告且在有效期内(半年)
2.6.6.2		同上	3	门开启灵活方便，完好可靠，门机联锁装置完好
2.6.6.3		同上		室内通风设施完好
2.6.6.4		同上		防火措施可靠有效。 室外消火栓应合理配置，且有明显的漆色标志，其 1 m 范围内无障碍物。所有消防器材齐全完好，且灵敏可靠。消防设施、重要防火部位均有明显的消防安全标志
2.6.6.5		同上	3	个体防护措施可靠有效。 操作人员应穿微波防护服，戴微波防护帽和微波防护眼镜等，且防护措施可靠有效

续表

标准序号	考核项目	责任部门及岗位职责	分数	重点要素解读
2.6.7	洁净厂房（室）	主管负责人 洁净厂房（室）管理与使用部门	6	洁净厂房（室）：空气悬浮粒子浓度受控的房间。洁净室主要用于控制产品所接触大气的洁净度及温湿度，使产品能在一个良好的环境空间中生产、制造。洁净室作为工作场所之一，此条款适用于洁净室（区），包括管线、照明、防火、消防等。且应符合《洁净厂房设计规范》（GB 50073）、《洁净室施工及验收规范》（JGJ 71）、《建筑设计防火规范》（GB 50016）。 1）洁净厂房（室）管理与使用部门应当执行以下要求： a）洁净厂房（室）布局合理，风淋装置完好，安全出口和应急疏散门符合要求。 b）可燃气体报警装置完好，且应在检测检验有效期内。 c）电力线路完好，有害气体排风系统完好。 d）个体防护用品配置符合规范要求，作业岗位人员应正确佩戴。 2）洁净厂房（室）档案资料应符合以下规定： a）有职业卫生“三同时”论证、评价报告。 b）有电磁辐射和非电离辐射接触水平检测报告，且应在有效期内；个体防护用品配置资料齐全，且符合要求。 c）有洁净厂房（室）现场应急处置预案，且应定期组织演练
2.6.7.1		同上	*	定量、定员、定岗符合要求
2.6.7.2		同上	*	耐火等级不应低于二级
2.6.7.3		同上	*	安全出口和安全疏散门符合要求，应急照明及指示完好。 洁净厂房每一生产层、每一防火分区或每一洁净区的安全出口数目不应少于2个，但符合下列要求的可设1个： 1）对甲、乙类生产厂房每层的洁净区总建筑面积不超过50 m^2，且同一时间内生产人数不超过5人。 2）对丙、丁、戊类生产厂房，应按现行国家标准《建筑设计防火规范》（GB 50016）的规定设置。

续表

标准序号	考核项目	责任部门及岗位职责	分数	重点要素解读
2.6.7.3		同上	*	3)安全出口应当分散布置,从生产地点至安全出口不应经过曲折的人员净化路线,并应设有明显的疏散标志,安全疏散距离应符合现行国家标准《建筑设计防火规范》(GB 50016)的规定。洁净区与非洁净区、洁净区与室外相通的安全疏散门应向疏散方向开启,并加闭门器。安全疏散门不应采用吊门、转门、侧拉门、卷帘门及电控自动门。洁净厂房内应设供人员疏散用的应急照明。在安全出口、疏散口和疏散通道转角处应按现行国家标准设置疏散标志。在专用消防口处应设置红色应急照明灯
2.6.7.4		同上	*	甲类火灾危险生产场所的气体入口处、洁净室内使用可燃气体处、可燃气体易积聚处应安装与事故排风装置联锁的可燃气体报警装置
2.6.7.5		同上	*	易燃易爆有毒物质管道应明敷
2.6.7.6		同上	3	现场气瓶不宜超过 1 瓶
2.6.7.7		同上	3	洁净室内产生粉尘、有害气体、易燃易爆气体的工艺设备,应设局部排风装置。 1)在下列情况下,局部排风系统应单独设置: a)排风介质混合后能产生或加剧腐蚀性、毒性、燃烧爆炸危险性和发生交叉污染的。 b)排风介质中有毒与无毒,毒性相差很大的。 c)易燃、易爆与一般排风,需要单独设置。 2)洁净室的排风系统设计,应采取下列措施: a)防止室外气流倒灌。 b)含有易燃、易爆局部排风系统的防火防爆装置。 c)排风介质中有害物浓度及排放量超过国家或地区有害物排放浓度及排放量规定时,应进行无害化处理。 d)对含有水蒸气和凝结性物质的排水系统,应设坡度及排放口

续表

标准序号	考核项目	责任部门及岗位职责	分数	重点要素解读
2.6.8	电装作业场所	主管负责人 电装作业场所管理与使用部门	6	电装作业场所：是企业电装作业的直接现场，其作业情况与安全生产、职业健康关系十分密切，影响较大。此条款适用于考核电装作业场所，且应符合《电气装置安装工程施工及验收规范》(GBJ 232)、《建筑设计防火规范》(GB 50016)。 1)电装作业场所管理与使用部门应当执行以下要求： a)电装作业场所布局合理、焊接铅烟排风系统完好、安全出口和应急疏散通道畅通； b)烟雾报警装置和消防报警装置完好，且应在检测检验有效期内； c)消防设施符合要，消防器材齐全完好，且应在检验有效期内，重要防火部位均有明显的安全警示标识； d)个体防护用品配置符合规范要求，作业岗位人员应正确佩戴。 2)电装作业场所档案资料应符合以下规定： a)有职业卫生“三同时”论证、评价报告； b)有铅烟接触水平检测报告，且应在有效期内，个体防护用品配置资料齐全，且符合要求； c)有电装作业场所现场应急处置预案，且应定期组织演练
2.6.8.1			3	通风系统完好，铅烟净化系统完好有效
2.6.8.2				现场酒精和助焊剂的量符合要求。 酒精和助焊剂的现场存放量要在当班限量范围内，放置位置应远离热源、火源
2.6.8.3			3	电烙铁插座装有漏电保护器。 电烙铁插座应装有漏电保护器，电烙铁不使用时放在支架上，使用后及时关闭电源
2.6.8.4				个体防护措施齐全有效，现场作业人员且应正确佩戴

表 4－8　危险化学品的分类

类别	名称	特　性
第 1 类	爆炸品	本类化学品指在外界作用下(如受热、受压、撞击等)，能发生剧烈的化学反应，瞬时产生大量的气体和热量，使周围压力急骤上升，发生爆炸，对周围环境造成破坏的物品，也包括无整体爆炸危险，但具有燃烧、抛射及较小爆炸危险的物品
第 2 类	压缩气体和液化气体	本类化学品系指压缩、液化或加压溶解的气体，并应符合下述两种情况之一者： 1)临界温度低于 50 ℃或在 50 ℃时，其蒸气压大于 294 kPa 的压缩或液化气体； 2)湿度在 21.1 ℃时，气体的绝对压力大于 275 kPa 或在 54.4 ℃时，气体的绝对压力大于 715 kPa 的压缩气体；或在 37.8 ℃时，雷德蒸气压力大于 275 kPa 的液化气体或加压溶解的气体
第 3 类	易燃液体	本类化学品系指易燃的液体、液体混合物或含有固体物质的液体，但不包括由于其危险特性已列入其他类别的液体.其闭杯试验闪点等于或低于 61 ℃
第 4 类	易燃固体、自燃物品和遇湿易燃物品	易燃固体系指燃点低，对热、撞击、摩擦敏感，易被外部火源点燃，燃烧迅速，并可能散发出有毒烟雾或有毒气体的固体，但不包括列入爆炸品的物品。自燃物品系指自燃点低，在空气中易发生氧化反应，放出热量自行燃烧的物品。遇湿易燃物品系指遇水或受潮时，发生剧烈化学反应，放出大量的易燃气体和热量的物品。有的不需明火，即能燃烧或爆炸
第 5 类	氧化剂和有机过氧化物	氧化剂是指处于高氧化态，具有强氧化性，易分解并放出氧气和热量的物质。包括含有过氧基的无机物，其本身不一定可燃，但能导致可燃物的燃烧，与松软的粉末状可燃物能组成爆炸性混合物，对热、震动或摩擦较敏感。有机过氧化物系指分子组成中含有过氧基的有机物，其本身易燃易爆，极易分解，对热、震动或摩擦极为敏感
第 6 类	有毒品	本类化学品系指进入肌体后，累积达一定的量，能与体液和器官组织发生生物化学作用或生物物理学作用，扰乱或破坏肌体的正常生理功能，引起某些器官和系统暂时性或持久性的病理改变，甚至危及生命的物品。经口摄取半数致死量： 固体 LD50≤500 mg/kg，液体 LD50≤2 000 mg/kg，经皮肤接触 24 h，半数致死量 LD50≤1 000 mg/kg，粉尘、烟雾及蒸气吸入半数致死量 LD50≤10 mg/L 的固体或液体
第 7 类	放射性物品	本类化学品系指放射性比活度大于 7.4×10^{4} Bq/kg 的物品
第 8 类	腐蚀品	本类化学品系指能灼伤人体组织并对金属等物品造成损坏的固体或液体。与皮肤接触在 4 h 内出现可见坏死现象，或温度在 55 ℃时，对 20 号钢的表面均匀年腐蚀率超过 6.25 mm/年的固体或液体

表 4-9　空压机房机组间距

名称		空气压缩机排气量 $Q/(m^3/min)$		
		$Q<10$	$10\leqslant Q<40$	$Q\geqslant 40$
		净距/m		
机器的主要通道	机器的主要通道	1.5		2.0
	双排布置	1.5	2.0	
空气压缩机组之间或空气压缩机组与辅助设备之间的通道		1.0	1.5	2.0
空气压缩机组与墙之间的通道		0.8	1.2	1.5

注：1)本表适用于活塞空气压缩机，螺杆空气压缩机按产品情况确定。

2)当必须在空气压缩机组与墙之间的通道上拆装空气压缩机的活塞杆与十字头连接的螺母零部件时，表中 1.5 的数值应适当加大。

3)设备布置时，除保证检修时能抽出气缸中的活塞部件、冷却器中的芯子和电动机的转子或定子外，并宜有不小于 0.5 m 的余量。当列表的间距值或按注 2)加大后的间距值不能满足此要求时，应加大间距。

4)干燥装置操作维护用通道不宜小于 1.5 m。

表 4-10　常用气瓶的颜色标志一览表

序号	充装气体名称	化学式	颜色	字样	字色	色环
1	乙炔	C_2H_2	白	乙炔不可近火	大红	
2	氢	H_2	淡绿	氢	大红	$P=20$，淡黄色单环 $P=30$，淡黄色双环
3	氧	O_2	淡(酞)兰	氧	黑	$P=20$，白色单环 $P=30$，白色双环
4	氮	N_2	黑	氮	淡黄	
5	空气		黑	空气	白	
6	二氧化碳	CO_2	铝白	液化二氧化碳	黑	$P=20$，黑色单环
7	氨	NH_3	淡黄	液氨	黑	
8	氯	Cl_2	深绿	液氯	白	
9	氟	F_2	白	氟	黑	
10	四氟甲烷	CF_4	铝白	氟氯烷(14)	黑	
11	甲烷	CH_4	棕	甲烷	白	$P=20$，淡黄色单环 $P=30$，淡黄色双环

续表

序号	充装气体名称	化学式	颜色	字样	字色	色环
12	天然气		棕	天然气	白	
13	乙烷	C_2H_6	棕	液化乙烷	白	$P=15$，淡黄色单环 $P=20$，淡黄色双环
14	丙烷	C_3H_8	棕	液化丙烷	白	
15	丁烷	C_4H_{10}	棕	液化丁烷	白	
16	液化石油气	工业用	棕	液化石油气	白	
		民用	银灰	液化石油气	大红	
17	乙烯	C_2H_4	棕	液化乙烯	淡黄	$P=15$，白色单环 $P=20$，白色双环
18	氩	Ar	银灰	氩	深绿	$P=20$，白色单环 $P=30$，白色双环
19	氦	He	银灰	氦	深绿	
20	氖	Ne	银灰	氖	深绿	
21	氪	Kr	银灰	氪	深绿	
22	一氧化碳	CO	银灰	一氧化碳	大红	

表 4-11　成排布置的配电屏通道最小宽度（m）

配电屏种类		单排布置			双排面对面布置			双排背对背布置			多排同向布置			屏侧通道
		屏前	屏后		屏前	屏后		屏前	屏后		屏间	前、后排屏距墙		
			维修	操作		维修	操作		维修	操作		前排屏前	后排屏后	
固定式	不受限制时	1.5	1.0	1.2	2.0	1.0	1.2	1.5	1.5	2.0	2.0	1.5	1.0	1.0
	受限制时	1.3	0.8	1.2	1.8	0.8	1.2	1.3	1.3	2.0	1.8	1.3	0.8	0.8
抽屉式	不受限制时	1.8	1.0	1.2	2.3	1.0	1.2	1.8	1.0	2.0	2.3	1.8	1.0	1.0
	受限制时	1.6	0.8	1.2	2.1	0.8	1.2	1.6	0.8	2.0	2.1	1.6	0.8	0.8

注：1)受限制时是指受到建筑平面的限制、通道内有柱等局部突出物的限制；
2)屏后操作通道是指需在屏后操作运行中的开关设备的通道；
3)背靠背布置时屏前通道宽度可按表中双排背对背布置的屏前尺寸确定；
4)控制屏、控制柜、落地式动力配电箱前后的通道最小宽度可按本表确定；
5)挂墙式配电箱的箱前操作通道宽度，不宜小于 1 m。

表 4-12　常用接地电阻允许值 (Ω)

接地类别	允许值
大接地短路电流系统接地(短路电流>500 A)	$R\leqslant 0.5$
小接地短路电流系统接地(短路电流<500 A)	$R\leqslant 10$
大变压器、发电机工作接地(容量>100 kVA)	$R\leqslant 4$
小变压器、发电机工作接地(容量<100 kVA)	$R\leqslant 10$
零线重复接地	$R\leqslant 10$
电器设备保护接地	$R\leqslant 4$
变配电所阀型避雷器接地	$R\leqslant 4$
低压进户线绝缘子接地	$R\leqslant 30$
工业电子设备、X 光机、保护接地	$R\leqslant 10$

注：考评时以接地电阻测试报告为依据，无测试报告的此项认定不合格。

表 4-13　接地体、接地线的最小尺寸

材料种类		地上		地下	
		室内	室外	交流电流回路	直流电流回路
圆钢直径/mm		6	8	10	12
扁钢	截面/mm	60	100	100	100
	厚度/mm	3	4	4	4
角钢厚度/mm		2	2.5	4	6
钢管(管壁厚度)/mm		2.5	2.5	3.5	4.5

表 4-14　室内一般照明器距地面的最低悬挂高度

序号	光源种类	照明器型式	照明器保护角	灯泡功率/W	最低悬挂高度/m
1	白炽灯	带反射罩	10°～30°	100 及以下 150～200 300～500 500 以上	2.5 3.0 3.5 4.0
		乳白玻璃漫射罩	—	100 及以下 150～200 300～500	2.0 2.5 3.0
2	荧光高压汞灯	带反射罩	10°～30°	250 及以下 400 及以上	5.0 6.0
3	卤钨灯	带反射罩	30°及以上	500 1 000～2 000	6.0 7.0
4	荧光灯	无罩	—	40 及以下	2.0

表 4-15　绝缘导线至地面的最小距离

布线方式		最小距离/m
导线水平敷设	屋内	2.5
	屋外	2.7
导线垂直敷设	屋内	1.8
	屋外	2.7

表 4-16　高压试验线路带电部分距人体最小安全距离

工频电压	电压等级/kV	10	20	50	100	150	250	500	800	1 000
	安全距离/m	0.7	1.0	1.5	2.0	2.5	3.0	4.0	6.0	8.0
冲击电压	电压等级/kV	1 000	1 500	2 000	1 500	3 000	3 600			
	安全距离/m	4.0	5.5	7.0	9.5	10.5	11.0			

表 4-17　斜梯不同倾斜角时的踏步高度与宽度

斜梯倾斜角	30°	35°	40°	45°	50°	55°	60°	65°	70°	75°
踏步高度/mm	160	175	185	200	210	225	235	245	255	265
踏板宽/mm	280	250	230	200	180	150	135	115	95	75

表 4－18　厂区道路要求一览表

<table>
<tr><td colspan="3">道路分类</td><td>主要道路</td><td>次要道路</td><td>辅助道路</td><td>厂房引道</td></tr>
<tr><td rowspan="3">路面宽度/m</td><td rowspan="3">汽车</td><td>大型</td><td>7～9</td><td>6～8</td><td>6</td><td rowspan="3">与车间大门宽度相适</td></tr>
<tr><td>中型</td><td>6～7</td><td>3.5～6</td><td>3.5</td></tr>
<tr><td>小型</td><td>3.5～6</td><td>3.5</td><td>3</td></tr>
<tr><td rowspan="3">最大纵坡/%</td><td rowspan="2">汽车</td><td>平原地区</td><td>6</td><td rowspan="2">8～9</td><td rowspan="2">8～10</td><td rowspan="2">8～11</td></tr>
<tr><td>山区</td><td>8</td></tr>
<tr><td colspan="2">蓄电池搬运车</td><td colspan="3">4</td><td>5</td></tr>
<tr><td>最小转弯半径</td><td colspan="6">40～60 t 平板车：15～18 m；15～25 t 平板车：12～15 m；汽车带一辆挂车：9～12 m；二轴载重汽车：8～9 m；三轮汽车、电瓶车：3～4 m</td></tr>
<tr><td rowspan="2">行驶限速</td><td colspan="5">交叉路口、装卸作业区、人行稠密地段、下坡道、转弯时</td><td>15 km/h</td></tr>
<tr><td colspan="5">进出厂房、仓库大门、停车场、加油站、生产现场、倒车时</td><td>5 km/h</td></tr>
</table>

表 4－19　车间通道要求

<table>
<tr><td>车间类型</td><td>通道要求</td><td>宽度/m</td></tr>
<tr><td rowspan="4">一般机械加工车间</td><td>行人通道</td><td>≥1.0</td></tr>
<tr><td>电瓶车单向行驶</td><td>≥1.8</td></tr>
<tr><td>电瓶车对开</td><td>≥3.0</td></tr>
<tr><td>叉车或汽车开进</td><td>≥3.5</td></tr>
<tr><td rowspan="6">冲压车间</td><td>车间主通道</td><td>3.5～5.0</td></tr>
<tr><td>压力机生产线之间的通道：
大型压力机（≥800 t 单点、≥630 t 双点）
中型压力机（160～630 t 单点、160～400 t 双点）
小型压力机（≤100 t）</td><td>
4
3
2.5</td></tr>
<tr><td>从通道边界到厂房构件的距离</td><td>0.2</td></tr>
<tr><td>从通道边界到设备的距离</td><td>0.4</td></tr>
<tr><td>工部（工段）之间的通道</td><td>2.5～4.0</td></tr>
<tr><td>车间过道</td><td>2</td></tr>
</table>

续表

车间类型	通道要求	宽度/m
铸造车间	非机动车	1.5
	叉车、电瓶车	2.0
	汽车	3.5
	手工造型人行道	0.8～1.5
	机器造型人行道	1.5～2.0
锻造车间	走人通道	1.5
	3 t 以下汽车、电力装运机通道	3.0～4.0
	3 t 以上汽车、电力装运机通道	5.0
	铁路线	5.0

表 4-20　一般生产车间和工作面上的最低照度值

序号	车间和工作场所	视觉工作等级	最低照度/Lx		
			混合照明	混合照明中的一般照明	一般照明
1	金属机械加工车间：一般 精密	Ⅱ乙 Ⅰ乙	500 1000	30 75	— —
2	机电装配车间：大件装配 精密小件装配	Ⅱ乙 Ⅰ乙	500 1 000	50 75	— —
3	机电装配试车：地面 试车台	Ⅵ Ⅱ乙	— 500	— 50	30 —
4	焊接车间：弧焊 一般接触焊 一般划线 精密划线	Ⅴ Ⅴ Ⅳ乙 Ⅱ甲	— — — 750	— — — 50	50 50 75 —
5	扳金车间	Ⅴ	—	—	50
6	冲压剪切车间	Ⅵ乙	300	30	—
7	锻工车间	Ⅹ	—	—	—
8	热处理车间	Ⅵ	—	—	30

续表

序号	车间和工作场所	视觉工作等级	最低照度/Lx		
			混合照明	混合照明中的一般照明	一般照明
9	铸工车间：熔化、浇铸 型砂处理、清理 造型	Ⅹ Ⅻ Ⅵ	—	—	30 20 50
10	木工车间：机床区 锯木间 木模区	Ⅲ乙 Ⅴ Ⅳ甲	300 — 300	30 — 30	— 50 —
11	表面处理车间：电镀槽间 酸洗间 光抛间 电源(整流器)室	Ⅴ Ⅵ Ⅲ甲 Ⅶ	— — 500 —	— — 30 —	50 30 — 30
12	喷漆车间	Ⅴ	—	—	50
13	喷砂车间	Ⅵ	—	—	30
14	电修车间：一般 精密	Ⅳ甲 Ⅲ甲	300 500	30 50	— —
15	理化实验室、计量室	Ⅲ乙	—	—	100
16	动力站：压缩机房 泵房 风机房 乙炔发生器房 锅炉房、煤气站的操作层	Ⅵ Ⅶ Ⅶ Ⅶ Ⅶ	— — — — —	— — — — —	30 20 20 20 20
17	控制室：一般控制室 主控制室	Ⅳ乙 Ⅱ乙	— —	— —	75 150
18	热工仪表控制室	Ⅲ乙	—	—	100
19	电话站：人工交换台、转接台 蓄电池室	Ⅴ Ⅶ	— —	— —	50 20
20	广播站(室)	Ⅳ乙	—	—	75

续表

序号	车间和工作场所	视觉工作等级	最低照度/Lx		
			混合照明	混合照明中的一般照明	一般照明
21	仓库：大件贮存 中小件贮存 精细件贮存 工具库	Ⅸ Ⅷ Ⅶ Ⅵ	— — — —	— — — —	5 10 20 30
22	乙炔瓶库、氧气瓶库、电石库	Ⅷ	—	—	10
23	汽车库：停车间 充电间 检修间	Ⅷ Ⅶ Ⅵ	— — —	— — —	10 20 30

注：生产设备必须保证操作点和操作区域有足够的照度，但要避免各种频闪效应和眩光现象。对可移动式设备，其灯光设计按有关专业标准执行。其他设备，照明设计按 GB 50034执行。

表 4-21　室内一般照明器距地面的最低悬挂高度

序号	光源种类	照明器型式	照明器保护角	灯泡功率/W	最低悬挂高度/m
1	白炽灯	带反射罩	10°～30°	100 及以下 150～200 300～500 500 以上	2.5 3.0 3.5 4.0
		乳白玻璃漫射置	—	100 及以下 150～200 300～500	2.0 2.5 3.0
2	荧光高压汞灯	带反射罩	10°～30°	250 及以下 400 及以上	5.0 6.0
3	卤钨灯	带反射罩	30°及以上	500 1 000～2 000	6.0 7.0
4	荧光灯	无罩	—	40 及以下	2.0

4.4 建立评价、考核、监督管理体系

航天科工为进一步规范安全生产标准化评审程序，加强对安全生产标准化评审过程的管理，提高安全生产标准化评审质量，在原《中国航天科工集团公司安全生产标准化考核评级办法》和《关于做好航天科工集团公司 2013 年安全生产标准化考核评级工作的通知》的基础上，建立第 3 轮安全生产标准化评价、考核、监督管理体系。该体系规范了评审级别、评分方法、现场评审内容、中止项和否决项设置等考评条件和方法；明确了咨询指导、自评、预审、申请、受理评审、现场评审、整改审查、审核公告、颁证授牌等考评程序；提出对考评人员和机构的监督管理要求。

4.4.1 考评条件和方法

（1）明确职责分工

航天科工负责统筹管理所属单位安全生产标准化考评工作，制定考评标准，确定安全生产标准化评审机构，报上级主管部门备案；组织安全生产标准化培训工作；组织安全生产标准化现场评审工作；对安全生产标准化工作运行情况进行监督检查；向上级主管部门报告安全生产标准化考评工作情况。委托评审机构承担安全生产标准化评审工作，评审机构的业务接受航天科工的监督与指导。各二级单位督促所属单位深入开展安全生产标准化建设，组织开展安全生产标准化年度审核，并将审核结果报送航天科工。各申评单位应当建立并有效运行安全生产组织体系、制度体系、责任体系、风险控制体系、教育体系、监督保证体系、隐患排查治理体系、预测预控体系、应急管理体系，落实相关行业及上级主管部门规定的各项安全生产工作要求。

（2）明确申请考评条件

申评单位申请安全生产标准化考评应当具备以下基本条件：

1）申请一级单位的，在申请之日前 12 个月内，未发生生产安全和职业健康死亡、重伤、经济损失较大或社会影响较大的责任事故，轻伤指标未超标；

2）申请二级单位的，在申请之日前 12 个月内，未发生生产安全和职业健康死亡、重伤责任事故；

3）申请三级单位的，在申请之日前 12 个月内，未发生生产安全和职业健康死亡责任事故。

现场评审依据为相应的考评标准，采取评分方式进行。航天科工在前两轮标准化评审时按满分 1 000 分制计算，2012 年国防科工局颁布的《军工系统安全生产标准化考核评级办法（试行）》（科工安密［2012］1097 号）文件中规定了评审满分为 100 分制。航天科工为执行国防科工局文件要求、统一评分标准，自第 3 轮安全生产标准化评审工作起，评审得分按公式［评审得分＝（应评审项实际得分/应评审项总分）×100］折合成 100 分计算。并规定：一级评审得分不低于 90 分，应评审项总分不低于申请考评单位所适用考评标准全部评审项总分的 80％；二级评审得分不低于 80 分；三级评审得分不低于 70 分。

（3）明确考评方法

现场评审时根据申请考评单位生产作业性质从《安全生产标准化考核评分细则》标准的表 1～表 5 中选择一种检查表作为考评依据。各检查表的适用范围为：

1）表 1 适用于航天科工所属机械制造或航天产品装配企业单位的安全生产标准化考核评级工作；

2）表 2 适用于航天科工以科研开发为主的事业单位的安全生产标准化考核评级工作；

3）表 3 适用于航天科工以火化工品研制生产为主的单位的安全生产标准化考核评级工作；

4）表 4 适用于航天科工所属建筑施工单位的安全生产标准化考核评级工作；

5）表5适用于航天科工所属物业、动力、酒店、医院、学校等服务业单位的安全生产标准化考核评级工作。

按照相应上述表中的要求，采用资料核对、抽查考核和现场查证的方法据实评分。考评中需要测定量值的项目，使用经过标定合格的仪器、仪表进行检测。若检测方法错误，或检测仪器、仪表不符合技术要求，则检测报告视为无效，且考评条款亦视为不合格。在生产设施与场所评价中，应有的安全设施，实际没有或不完好，则视为不合格；应有的定期测试报告，未定期测试或无资料查证，则视为不合格。对人员安全生产知识抽查考核人数不少于在册职工总人数的5％～10％，并考虑各级人员的代表性。各类生产设备设施的抽查数量：10台/套以下（含10台/套）的全部进行检查；10～100台/套（含100台/套）的，抽查10台/套以上；超过100台/套的，抽查率应大于10％。标准设定的检查表中“＊”表示否定条目，若未满足该条要求，则整个项目不得分。

4.4.2 考评程序

安全生产标准化考评按照咨询指导、自评、预审、申请、受理评审、现场评审、整改审查、审核公告、颁证授牌的程序进行。

（1）咨询指导

申请考评单位在开展单位自评前应请评价机构安全评价中心进行咨询指导，安全评价中心委派资深专家进行指导达标建设。

（2）自评

申请考评单位应当成立自评组织，按照相应考评标准要求进行自评，形成自评报告。申请考评单位的自评组织不得是临时性组织，单位主要负责人应亲自负责。

（3）预审

二级单位或航天科工负责审查所属申请考评单位的自评报告，并组织对申请考评单位进行安全生产标准化预审。申请考评单位通过预审之后，二级单位或航天科工出具预审合格证明，作为申请考评单位的申评依据。

(4) 申请

申请考评单位填写安全生产标准化评审申请表，经审查同意、相关安全生产监督管理部门签署意见后，报送安全评价中心。申请考评单位的安全生产标准化评审申请表按照航天科工现场评审计划提前45个工作日上报。安全生产标准化评审申请表样式及填报要求由安全评价中心统一制定。

(5) 受理评审

安全评价中心对评审申请和相关材料审查合格后，上报航天科工审核；经同意后，遵照航天科工的意见在15个工作日内印发评审通知。评审通知报送相关安全生产监督管理部门。安全评价中心在印发评审通知之日起30个工作日内成立评审组，组织现场评审。

(6) 现场评审

现场评审包括：召开评审组预备会、召开首次会、现场审核、与申请考评单位主要领导沟通、形成初步评审报告、召开末次会等环节。申请考评单位应及时邀请相关安全生产监督管理部门对评审工作进行监督和指导。申请考评单位要认真配合现场评审工作，接受评审组的全面审查。

(7) 整改审查

申请考评单位在现场评审完成后，20个工作日内按照评审组意见完成整改，并报二级单位或航天科工验证后，将整改报告送安全评价中心进行审查。整改报告审查与现场评审合格后，安全评价中心在10个工作日内向申请考评单位出具评审报告，并将评审报告和相关材料报送航天科工审查。对未按时完成整改或整改不合格的申请考评单位，航天科工将不予审查该单位的评审报告和相关材料。《安全生产标准化评审报告》样式及填报要求由安全评价中心统一制定。

(8) 审核公告

航天科工审核公告申请考评单位的航天科工安全生产标准化等级。申请军工单位安全生产标准化等级的，由国防科工局或省级国防工业管理部门审核公告。其他申请考评单位申请国家安全生产标准化等级的审核公告等事宜，按照国家、地方相关程序和要求办理。

(9) 颁证授牌

经公告的单位，由负责审核公告的单位颁发相应等级的安全生产标准化证书和牌匾。

4.4.3 中止评审条件

现场评审过程中发现下列情况之一的，安全评价中心报请航天科工中止评审，撤出评审组。航天科工印发专项整改通知，情节严重的将在全集团通报批评，并在年度安全生产考核中给予处罚。中止评审条件如下：

1) 评审期间发生生产安全和职业健康事故的；

2) 谎报、瞒报、迟报生产安全和职业健康事故的；

3) 弄虚作假，伪造文件和资料，申请材料与单位事实严重不符合的；

4) 拒不执行国家、国防科工局和航天科工有关安全生产规定的；

5) 在安全生产标准化考试和考评中作弊的；

6) 存在严重“三违”行为的；

7) 存在重大生产安全和职业健康事故隐患的；

8) 前一次安全生产标准化现场评审时提出的隐患问题未整改的；

9) 申请考评单位不主动配合评审组工作的；

10) 其他影响评审组客观评价的情况。

被中止评审的单位，在完成全部整改工作的 6 个月后可重新申请评审。

4.4.4 监督管理

(1) 评审机构和人员管理

航天科工早在 2008 年成立了安全生产标准化评审机构——航天

科工集团安全评价中心，并满足上级部门所规定的评审机构设置条件，建立健全了评审机构内部管理制度、教育培训制度、评审档案管理制度、评审专家管理制度和安全生产标准化评审程序文件等，按规定程序组织考评工作。考评工作实行有偿服务。安全评价中心建立了评审人员和评审专家管理档案，按年度向上级主管部门备案。对评审过程中的自评报告、申报材料、现场记录、相关证明材料、评审报告等资料进行整理归档，并按照有关保密规定进行管理。每年进行安全生产标准化评审工作总结，并于当年 12 月 15 日前将年度总结报送上级主管部门。

（2）评审人员和评审专家应当具备的条件

1）评审人员为安全评价中心在职职工，具有注册安全工程师执业资格、安全评价师职业资格或安全生产相关工作经历；

2）评审专家具有注册安全工程师执业资格、安全评价师职业资格或 5 年以上安全生产相关工作经历，中级以上技术职称；

3）评审人员和评审专家应当参加安全生产标准化评审培训；

4）参加军工单位考评工作的评审人员和评审专家应当参加军工涉密业务咨询服务培训。

（3）申评单位管理

申评单位在安全生产标准化证书有效期内应每年进行一次自评，形成自评报告并在单位内部公示，于次年 2 月底前将自评报告报送上级单位、安全评价中心和航天科工，以及相关安全生产监督管理部门。年度自评报告样式及填报要求由安全评价中心统一制定。申评单位在标准化证书有效期内新增重大危险源、Ⅰ级危险点和 10 人以上危险作业场所的，新建、改建、扩建或者迁移生产经营、储存场所的，以及扩大生产经营许可范围的，应暂停使用证书和牌匾，及时报告上级单位、安全评价中心和航天科工及相关安全生产监督管理部门，其安全生产标准化等级需重新确认。申评单位在标准化证书有效期内发生或发现下列情形之一的，由原发证单位撤销其安全生产标准化等级并予以公告：

1）发生不符合相应等级基本条件（详见 4.4.1 节）的生产安全和职业健康事故的；

2）谎报、瞒报、迟报生产安全和职业健康事故的；

3）在标准化证书有效期内未按规定进行年度自评的；

4）拒绝接受监督检查的。

被撤销一级、二级达标等级的单位在完成全部整改工作的 12 个月后方可重新申请考评，恢复撤销前的等级或重新评审等级；完成全部整改工作满 6 个月、但未满 12 个月的，可降低一个等级重新申请考评。被撤销三级达标等级的单位，在完成全部整改工作的 6 个月后方可重新申请考评。被撤销安全生产标准化等级的单位，应当向原发证单位交回证书和牌匾。申评单位在开展安全生产标准化达标建设中应严格遵守有关保密规定。

第 5 章　航天工业安全生产标准化建设步骤

安全生产标准化建设以科学发展观为统领，坚持“安全第一、预防为主、以人为本、综合治理”的方针，牢固树立以人为本、安全发展的理念，全面贯彻《国务院关于进一步加强企业安全生产工作的通知》精神，以落实企业安全生产主体责任为主线，以创新安全监管体制机制为着力点，以《企业安全生产标准化基本规范》为依据，通过企业安全生产标准化建设，全面夯实安全生产工作基础，提高企业防范事故能力，提升安全生产监管水平。加强安全生产标准化建设是强化行业监管，防范生产安全事故，促进安全生产形势稳定好转的重要举措。要消除企业生产经营中的事故隐患，有效控制安全风险，达到本质安全水平，就必须全面开展安全生产标准化建设。但是，安全生产标准化建设工作是一项常态性、长期性、持久性的工作，不是短时间内投入几个人和一定的资金就能实现的，安全生产标准化建设重点在于形成长效机制。这就需要各单位的顶层设计者从全局出发，根据自身情况实施安全生产标准化建设方法和步骤。本章主要从单位自评、各二级单位初评、评审工作、航天科工集团审核等 4 个方面阐述航天科工安全生产标准化建设步骤。

5.1　单位自评

安全生产标准化是一项复杂的系统工程，涉及面宽。为取得较好的预期效果，单位在开展安全生产标准化达标活动前要做充分的准备工作，包括：策划准备及制定目标、开展教育培训、对企业自身现状进行梳理、管理文件制度与修订、实施运行及整改、自评达标等环节。

（1）策划准备及制定目标

策划准备阶段首先要成立领导小组，由企业主要负责人担任领导小组组长，所有相关职能部门的主要负责人作为成员，确保安全生产标准化建设有组织保障。成立执行小组，由各部门负责人、工作人员共同组成，负责安全生产标准化建设过程中的具体问题。制定本单位安全生产标准化建设目标，并根据目标来制定推进方案，分解落实达标建设责任，确保下属各部门在安全生产标准化建设过程中任务分工明确，顺利完成各阶段工作目标。建设安全生产标准化需要企业最高管理者的大力支持及管理层的配合，因此需要由小组长组织召开安全生产标准化领导小组会议进行策划准备及制定相关目标。见表 5－1。

表 5－1　策划准备及制定目标阶段工作步骤

工作步骤	负责人	具体关注工作内容	注意事项
领导决策	通常为最高管理者	作出开展安全生产标准化的决定	形成制度文件
		任命安全生产标准化管理者代表	形成制度文件
		成立安全生产标准化领导小组，明确组织机构分工，领导小组办公室及领导小组的职责	形成制度文件
成立安全生产标准化工作小组(形成制度文件)	管理者代表	配备资源，包括人力、物力、财力等	
		安全生产标准化自评员培训	必要时聘请外部培训老师
		编制安全生产标准化实施方案	形成实施方案
确定安全生产标准化方针、目标等	安全生产标准化主管负责人	充分了解、熟悉航天科工、国防工业安全监管部门对安全生产标准化建设的具体要求	
		结合企业实际情况制定可达到的目标	在全员发布

续表

工作步骤	负责人	具体关注工作内容	注意事项
安全标准化要素分配及发布	安全生产标准化主管负责人	必要时对组织机构进行调整	
		将各要素的责任分配落实到各职能部门	编制职能分配表
		识别资源需求，配置必要的资源（人、财、物）	

（2）开展教育培训

安全生产标准化建设需要全员参与。教育培训首先要解决各层人员对安全生产标准化建设工作重要性的认识，加强其对安全生产标准化工作的理解，从而使企业上至领导下至一线员工重视该项工作，加大推动力度，监督检查执行进度；其次要解决执行部门、人员操作的问题：培训评定标准的具体条款要求是什么，本部门、本岗位、相关人员应该做哪些工作，如何将安全生产标准化建设和企业日常安全管理工作相结合。同时，要加大安全生产标准化工作的宣传力度，充分利用企业内部资源广泛宣传安全生产标准化的相关文件和知识，加强全员参与度，提高思想认识，解决安全生产标准化建设的关键问题。安全生产标准化工作强调全员、全过程、全方位、全天候监督管理原则，因此，进行全员安全生产标准化培训是安全生产标准化工作重点内容之一。企业人力部门根据实际情况，对本单位全员进行培训。见表 5－2。

表 5－2　教育培训工作注意事项表

培训对象	关注点及注意事项
安全生产标准化领导小组，工作小组成员	需进行航天科工下发的《安全生产标准化考核评分细则》及《考评办法》的系统性培训，掌握达标考核方法和要求；或者企业高层及管理层采取自学的方式学习相关内容
各部门管理人员、技术人员、班组长以上人员及专职（兼职）安全生产标准化工作人员	集中进行相关方案的系统性培训，理解分配要素的主要内容、用途和实施，明确安全生产标准化赋予本部门（负责人）的职责

续表

培训对象	关注点及注意事项
基层员工	应进行相关方案的系统性培训,理解安全生产标准化的意义,明确安全生产标准化赋予员工的职责,基本掌握本岗位(作业)危险、有害因素辨识和安全生产检查表(其他检查方法均可)的应用
各部门管理人员、标准化工作人员及班组长	在安全活动月或每周安全活动日期间进行组员的安全生产标准化宣传与培训

(3) 对企业自身现状进行梳理

对照相应专业评分细则,对企业各职能部门及下属各单位安全管理情况、现场设备设施状况进行现状摸底,摸清各单位存在的问题和缺陷;对于发现的问题,定责任部门、定措施、定时间、定资金,及时进行整改并验证整改效果。现状摸底的结果作为企业安全生产标准化建设各阶段进度任务的针对性依据。企业要根据自身经营规模、行业地位、工艺特点及现状摸底结果等因素及时调整达标目标,注重建设过程,做到真实有效可靠,不可盲目追求达标等级。企业自身现状梳理主要内容为以下 4 个方面:

1) 整理归纳日常安全生产管理工作,包括安全生产管理的制度文件、操作规程及作业指导书、记录表单、统计表单及相关安全生产技术控制措施等。充分对现有安全生产管理情况进行现状摸底。

2) 与评分细则进行对照,评估安全生产标准化建设的工作难度及工作量。

3) 结合标准内容,进行查缺补漏,缺少的及时补充,已有但不满足标准化要求的及时进行修订,对于发现的问题及时整改并验证结果。

4) 形成安全生产标准化修正方案,持续改进。

(4) 管理文件制度与修订

安全生产标准化对安全管理制度、操作规程等要求的核心是其内容的符合性和有效性,而不是对其名称和格式的要求。企业要对照评定标准,对主要安全管理文件进行梳理,结合现状摸底所发现的问题，准确判断管理文件亟待加强和改进的薄弱环节，提出有关文件的制度与修订计划；以各部门为主，自行对相关文件进行修订，由标准化执行小组对管理文件进行把关。企业应该按照本企业适用的行业《评分细则》对相应的各要素进行分析，整理要素大纲，确定适用于本单位的有关条款。根据自身行业及地区所属的安全生产标准化相关规定，逐条对照，完善企业的管理文件。

（5）实施运行及整改

根据修订后的安全管理文件，企业要在日常工作中进行实际运行。根据运行情况，对照评定标准的条款，按照有关程序，对发现的问题及时进行整改及完善。安全生产标准化的实施措施就是公司在生产经营和全部管理过程中，自觉贯彻执行安全生产的法律法规、规章制度及各项标准，加强安全生产工作，使人、机、物、环形成良好循环。可进行试运行或者制度文件试行：

1）学习安全生产标准化实施的有关资料与文件，使各部门人员明确自身职责，该怎么做，如何做。

2）试运行前的准备工作：检查各部门协调的资源配置、加强宣传、增加现场标志标识（标准化方面）、制定完整的运行计划。

3）下达实施运行计划，宣布进行安全生产标准化试运行。

4）对试运行符合性进行检查，提出纠正措施和预防措施，持续改进并对效果进行评估。

在正式运行阶段，需要企业不断完善各项管理制度，从管理创新入手，努力提高标准化管理水平，采取有效措施为标准化建设开路，同时应该从基础工作抓起，加强硬件和软件建设，建立安全标准化创建工作的奖励和约束机制，激发广大员工的创建工作热情。

（6）自评达标

企业自评由安全部门组织进行，企业安全部门抽调若干名安全业务骨干，对照《安全生产标准化考核评分细则》，公平、公正、逐条、逐项进行检查，并根据检查结果，依据《安全生产标准化考核评级办法》进行打分，此得分将作为最终申请等级的重要依据。自评达标后应形成自评报告，整改计划表及扣分汇总表。企业在自评材料中，应尽可能对每项考评内容的得分及扣分原因进行详细描述，应能通过申请材料反映企业生产技术工艺及安全管理情况。同时，按照航天科工规定填写安全生产标准化评审申请表，报上级单位安全主管部门，向上级单位申请初评。

根据航天科工《安全生产标准化考核评分细则》，对标准的考核评分的项目、内容、分值进行工作任务分解，使安全生产标准化落实到责任部门、班组和岗位。例如某单位安全生产标准化达标工作任务分工情况见表 5－3。

表 5－3 某单位安全生产标准化达标工作任务分工表

序号	考核项目	考评分数	总经理办公室	人力资源部门	党群工作主管部门及工会	财务主管部门	工程设备主管部门	安全生产监督部门	相关作业班组(作业岗位)
1	基础管理	300							
1.1	目标	5	★	●	▲	●	●	▲	●
1.2	组织机构	35	★	●	●	●	●	▲	●
1.3	职责	5	★	●	●	●	●	▲	●
1.4	安全生产投入	8	▲			★	●	●	●
1.5	法规规定	5	★				●	▲	
1.6	规章制度	8	▲	●	●	●	●	★	●
1.7	操作规程	10	▲				●	▲	★
1.8	评估修订	5	★				●	▲	●
1.9	文件和档案管理	5	★	●			●	▲	●
1.10	教育培训	49	●	★	●	●	●	▲	●
1.11	安全文化	5	▲	●	★	●	●	●	●
1.12	建设项目“三同时”	10	▲			●	★	▲	●
1.13	设备设施运行、报废、拆除管理	5					★	●	▲
1.14	业务与安全“五同时”	5	●				★	▲	●
1.15	设计工艺安全管理	8	●				★	▲	●

续表

序号	考核项目	考评分数	总经理办公室	人力资源部门	党群工作主管部门及工会	财务主管部门	工程设备主管部门	安全生产监督部门	相关作业班组(作业岗位)
1.16	危险有害因素管理	12	●				▲	★	▲
1.17	危险作业管理	6	●				●	▲	★
1.18	警示标志	5	●				●	★	▲
1.19	相关方管理	5	●	●	●	●	★	▲	●
1.20	变更	5	★			●	●	▲	●
1.21	作业部门	12		●			▲	●	★
1.22	作业班组	15		●			▲	●	★
1.23	作业岗位	18		●			▲	●	★
1.24	安全检查、整改及预防	8	●				▲	★	▲
1.25	预警预测	5	●				▲	★	●
1.26	危险点和重大危险源监控	6	▲				●	★	●
1.27	职业卫生	10	▲	★			●	●	●
1.28	个人防护	5	●	▲			●	●	★
1.29	应急救援	5	▲	●	●	●	●	★	●
1.30	事故报告、调查、处理	5	▲	●	●		●	★	
1.31	绩效评定	5	★	▲	▲	●	●	●	●
1.32	持续改进	5	★	●	●	●	●	▲	●
2	设备设施条件	700							
2.1	危险化学品	45							
2.1.1	油库、油罐	15					●	▲	★
2.1.2	其他危险化学品储存和使用场所	30					●	▲	★
2.2	锅炉和压力容器	93							
2.2.1	锅炉与辅机	25					★	●	▲
2.2.2	空气压缩机	15					★	●	▲
2.2.3	压力容器	10					★	●	▲

续表

序号	考核项目	考评分数	总经理办公室	人力资源部门	党群工作主管部门及工会	财务主管部门	工程设备主管部门	安全生产监督部门	相关作业班组(作业岗位)
2.2.4	气瓶	20					★	●	▲
2.2.5	工业管道	8 (缺项)							
2.2.6	其他压力装置	15					★	●	▲
2.3	医疗设施	37 (缺项)							
2.3.1	医疗器械	10							
2.3.2	氧舱	12							
2.3.3	中心供氧站	15							
2.4	电气设备设施	287							
2.4.1	变配电站建筑要求	21 (缺项)							
2.4.2	变压器	35					★	●	▲
2.4.3	高、低压配电室和电容器室	48					★	●	▲
2.4.4	电网接地系统	10					★	●	▲
2.4.5	防雷接地	12					▲	★	●
2.4.6	电气照明	10					▲		★
2.4.7	电气插头、插座	15					▲		★
2.4.8	电气开关	15					▲		★
2.4.9	电气动力、照明及控制箱(柜)	26					▲		★
2.4.10	高低压线路	24					▲		★
2.4.11	临时线	10					▲		★
2.4.12	电焊机	10					★		▲
2.4.13	手持电动工具	14					★		▲
2.4.14	移动电气设备	10					★		▲

续表

序号	考核项目	考评分数	总经理办公室	人力资源部门	党群工作主管部门及工会	财务主管部门	工程设备主管部门	安全生产监督部门	相关作业班组(作业岗位)
2.4.15	电气试验站(台、室)	12 (缺项)							
2.4.16	其他电气设备	15					★		▲
2.5	机械设备	194					★		▲
2.5.1	起重机械	35					★		▲
2.5.2	电梯	21					★		▲
2.5.3	场(厂)内专用机动车辆	10					★		▲
2.5.4	金属切削机床	20					★		▲
2.5.5	砂轮机	12					★		▲
2.5.6	炊事设备	26					★		▲
2.5.7	登高梯台	15					★		▲
2.5.8	高空作业升降车	12					★		▲
2.5.9	运动健身设备设施	10					★		▲
2.5.10	通风及防尘毒设施	8					★		▲
2.5.11	空调制冷机组	10					★		▲
2.5.12	其他机械设备	15					★		▲
2.6	厂房与生产环境	44							
2.6.1	射线防护	12 (缺项)							
2.6.2	厂(场)区环境	5					▲		★
2.6.3	厂房环境	15					▲		★
2.6.4	采光与照明	6					▲		★
2.6.5	一般仓库	6				★			▲
备注	1)★——主办；▲——协助；●——配合。 2)以上表格中没有的项目不要删掉,在考评分数栏内注明“缺项”。 3)凡未完成或经评审组扣分的项目,记入主办、协助、配合部门或班组年度绩效考核,进行年度考核扣分								

5.2 各二级单位初评

二级单位初评是航天科工第3轮安全生产标准化评审程序中不可缺少的重要环节，是各二级单位对所属单位安全生产标准化达标工作监督管理的重要抓手，也是各申评单位提出正式验收申请的必要条件。二级单位初评能为申评单位的自评工作质量把好第一道关，也能够不断总结安全生产标准化建设的先进做法，提取申评单位安全生产工作亮点，推广安全生产标准化建设新经验。

5.2.1 初评目的

二级单位应当督促所属申评单位按照相应考评标准进行自评，并形成自评报告，负责审查申评单位的自评报告，并组织对申评单位进行安全生产标准化现场评审。申评单位通过二级单位初评并取得其出具的初评合格结论之后，经二级单位审核同意后，才能报送航天科工（或安全评价中心）申请验收。因此，各单位应按照现场评审验收计划，至少提前60个工作日向二级单位提出初评申请。二级单位初评范围应包括申评单位所有与科研生产经营相关的场所、环境、人员、设备设施和作业活动，做到横向到边、纵向到底、全覆盖。二级单位初评工作要保证工作流程完整性、工作方法正确性、工作环境安全性、工作要求一致性、工作节奏高效性，通过严要求、找差距、促整改，促进申评单位进一步强化“三基”，使安全生产标准化达标工作更扎实。

5.2.2 初评程序

安全生产标准化的二级单位初评工作由各二级单位组织，按照申评单位专业性质选择至少3个专家，一般分为基础管理组和现场检查组两类，评审工作结构如图5-1所示。

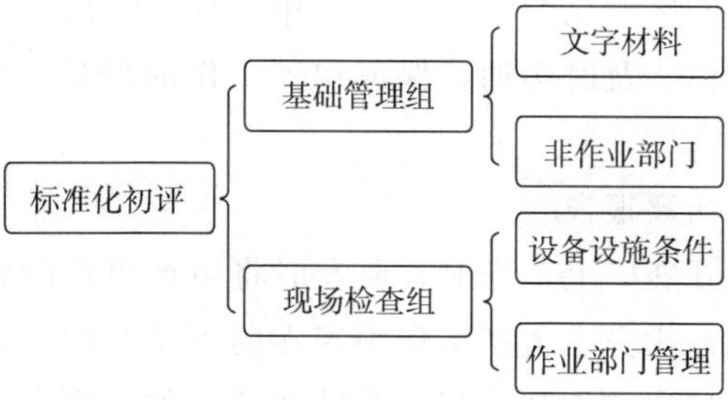

图 5-1　安全生产标准化初评工作结构

基础管理组应负责对申评单位开展安全生产标准化建设过程中形成的文字材料进行审查，并负责对非作业部门进行提问式检查和相关资料查证，如人力资源、职业卫生、设备管理、财务、档案、党工、科研、生产、投资等职能部门。现场检查组在对现场设备设施条件进行审查的同时，应对部门、重点作业班组、岗位的管理情况进行提问式检查。初评程序如下。

（1）召开预备会

二级单位在收到申评单位提出的初评申请后，应结合申评单位的性质和特点，及时协调组织相关专家成立初评组，进驻申评单位开展初评。初评前，初评组要及时召开预备会，熟悉、掌握申评单位相关情况，确定初评范围和重点。预备会要对初评组成员进行分工，确定基础管理组和现场检查组成员，以便开展初评工作。

（2）召开首次会

首次会的主要目的是向申评单位说明评审方法、程序、日程安排及注意事项。在听取申评单位开展安全生产标准化的情况介绍后，初评组要宣布评审组成员分组情况，介绍评审的时间安排，确定申评单位的联络人员配合初评组开展工作。

（3）现场审核

现场审核工作主要包括抽取人员考试、资料审查和现场检查。审核一般采取听、查、看、问的方法，分析、汇总申评单位安全生产标准化开展的客观情况。审核过程中，评审组成员有分工、重点明确、协助合作、及时沟通，保证初评工作的严禁性、全面性、准确性和高效性。

(4) 形成初评报告

初评组在开展以上工作时，要及时将申评单位的各种资料进行汇总、分析，查找安全生产工作中存在的不足和问题，提炼工作亮点。及时召开初评组内部会议，总结初评工作，商定初评意见和结论，形成初评报告。

(5) 召开末次会

末次会的主要内容是：初评组与单位领导交换意见，反馈初评过程中发现的问题和工作亮点，宣布初评结论。

5.2.3 初评重点和注意事项

(1) 初评重点

二级单位开展初评工作时，不仅要按照标准条款对申评单位所有与科研生产经营相关的场所、环境、人员、设备设施和作业活动进行全覆盖、全要素的检查，还要关注以下重点内容。

①资料审查方面

1) 加强“党政同责”的检查力度，检查党委会记录是否有安全生产内容。

2) 加强对总体部、研究所外场大型试验有关安全生产方面的相关内容的检查。

3) 加强对生产、计划等业务部门“五同时”的检查，尤其对临时任务相关情况的检查。

4) 加强对财务、审计部门安全生产费用提取、审计的检查。

5) 加强对主管工艺部门的工艺技术安全性评审（含“七新”安全评审)、安全技术交底的检查。对于已经过安全评审的作业，评审专家不仅要查资料，还应到作业现场实地检查，查看其是否按照评审要求进行作业，是否已将评审时提出的问题落实整改。

6）加强对职业卫生档案管理、接害人员体检等工作的检查。应重点检查安全管理人员和职业卫生管理人员的配备，确认接害人员。查证建设项目“三同时”档案、职业卫生管理档案、职业卫生宣传培训档案、职业病危害因素监测与检测评价档案、用人单位职业健康监护管理档案、劳动者个人职业健康监护档案等 6 项档案。

7）航天特色安全培训要求的内容：单位领导、安全生产总监、控股单位主要负责人及航天系统总师、型号“两总”等安全生产和职业卫生培训的学时及合格率等。

②现场检查方面

1）查证对安全生产管理制度、安全操作规程、作业指导书有关安全生产、职业卫生方面的贯彻执行情况的检查。

2）重大危险源，Ⅰ、Ⅱ、Ⅲ级危险点是否实现安全传感器工程全覆盖；加强对安全传感器工程运行效果的检查。

3）危险作业管理：审批履行情况、作业人员监护、有害及危险作业的安全防护等，检查厂房之间的安全距离，设备间距等。应对危险性较大的试验进行产品安全性分析和试验保障条件安全性分析，并进行专家论证及评审。

4）加强设备安全状态的检查，要求申评单位提供设备名录表，明确设备型号、购置时间、停用、修理、报废等状态，与现场设备状态进行核实，并对特种设备的安全附件定期检测、校验进行核查。查证客梯安装停电自动平层装置等的安全防护措施。

5）按国家安全生产监督管理总局令第 69 号《有限空间安全作业五条规定》等文件，加强对有限空间作业的检查。

6）加强作业现场的动态管控。重点对易燃易爆场所、特种作业、狭小密闭空间、人员密集作业场所等危险部位的检查，采取多问、多交流的方式，根据现场情况分析作业过程中存在的危险危害因素，结合运行中的作业判定现场相关作业，辨识潜在的危险因素，并提出整改意见和建议。

7）通过查证有关工艺、技术、生产调度会、支部党委会等会议记录和危险作业审批、安全检查记录等佐证材料，加强对作业部门的安全检查，重视对潜在的安全隐患及问题的检查。

8）事故教训汲取情况，查证收集同行业具有共性的事故案例，以及对全体干部、职工进行教育，做到举一反三排查事故隐患等。

（2）注意事项

①基础管理组

基础管理组对文字材料的审查应做到“内容全覆盖、形式多样化”，负责文字材料审查的专家应按照标准要素，逐项审查，侧重点在于考察文字材料的符合性、完整性。

基础管理组对非作业部门的提问式检查是航天工业安全生产标准化审查的特色内容，提问对象首选部门主要负责人，特殊情况下也可由部门其他负责人替代，侧重点在于考察部门领导对业务中有关安全生产、职业卫生方面的熟悉程度，以及对安全生产、职业卫生的重视程度。

特别注意的是，资料查证与到部门检查提问的专家互相配合，侧重点明确，在检查过程中要及时沟通、协助审查；在评审组日总结会之前及时进行沟通，查漏补缺，并得出完整的综合管理评审意见。

②现场检查组

现场检查组对设备设施条件的现场检查应细致、严格，按照作业区域逐个厂房、车间、作业工序、作业岗位进行检查，做到全覆盖、不留死角。特别关注：上一轮安全生产标准化评审时提出的问题，本轮自评、初评提出的问题，以及其整改落实情况。同时，对申评单位危险性较大的作业部门应进行现场的资料检查和提问式检查。现场资料检查应对作业部门、作业班组、作业岗位分别进行检查，提问式检查的对象首选作业部门负责人、部门安全员。

特别注意的是，对作业班组和作业岗位的检查，应抽查重点班组和岗位，提问对象为班组长和岗位作业员工，重点提问内容包括：班组安全达标标准和内部管理制度执行情况、重大危险有害因素辨识情况、典型“三违”行为、特种作业和个人防护情况、应急演练及安全文化建设情况等。

二级单位初评组要打破“查资料不看现场、查现场不看资料”的常规做法。资料组要加强对现场的检查，带着资料的问题去现场核实；现场组要加强对作业部门资料的检查。同时，两类检查组及所有初评专家要加强沟通，及时交流，对不确定的问题要及时闭环，形成良性互动，提高初评效率。

5.2.4　初评结论

二级单位初评组在现场审查结束后，在听、查、看、问的基础上，将各种资料进行汇总、分析，并与申评单位领导交换意见后作出初评结论，形成初评报告。

初评报告要全面、细致、严格、客观地反映申评单位安全生产工作水平及安全生产标准工作开展情况。因此，初评组应严格执行标准，将标准作为对申评单位安全生产标准化初评的核心。初评工作要以事实和凭证为依据，以标准为准绳，肯定成绩、指出差距，达到促进申评单位安全生产工作的目的。

初评报告不但要准确对标，也要推广安全生产先进经验。初评组全体成员要以学习的态度积极发现申评单位在安全管理制度、规程、设备、工艺、安全文化、本质安全等方面的优点和亮点，以鼓励和肯定的方式，促进申评单位安全生产工作。初评报告可以采取报告和图片相结合的方式，图文并茂地宣传安全管理正能量。

二级单位在作出初评结论后，一方面要督促申评单位做好初评问题的整改工作，另一方面要积极向航天科工（或安全评价中心）协调现场验收事宜。

5.3 评审工作

为了进一步规范安全生产标准化评审验收工作，航天科工于2008年成立安全生产标准化评审机构，制定了《中国航天科工集团公司安全生产标准化达标评审实施细则》，对所属单位在评审前准备、评审过程中、评审后等环节进行了针对性的管理和指导，具体从以下4个方面对如何开展安全生产标准化评审工作做详细介绍。

（1）评审机构主要职责和管理制度

航天科工于2008年下发了《关于设立中国航天科工集团安全评价中心的批复》文件，将安全评价中心设在具有甲级安全评价资质和二级保密资格的航天建设集团有限公司环境与安全设计研究院，其主要职责为以下6个方面：

1）承担航天科工内部建设项目（工程）的劳动安全评价工作；

2）承担航天科工所属企、事业单位安全生产标准化的考评复评工作；

3）负责航天科工安全评价方法研究，并参与航天科工有关安全规范、标准的编审工作；

4）组织安全评价信息，安全技术方面的交流、研讨，以及相关技术人员培训、考试、取证等工作；

5）承担航天科工安全生产相关业务的咨询、技术支持工作；

6）承办航天科工交办的其他工作。

安全评价中心成立8年以来，严格按照上述6项主要职责开展工作，为航天科工安全生产工作提供了有力的技术支撑。作为整个航天系统唯一的安全评价机构，安全评价中心于2007年取得甲级安全评价资质，业务范围为房屋和土木工程建筑业、仓储业、机械设备制造业、电器制造业、轻工业、纺织业、烟草加工制造业；2010年取得军工武器弹药制造业（限固体火箭发动机及其推进剂）安全评价资质；2014年成功申报化学原料、化学品及医药制造业安全评价资质。2013 年 5 月 21 日，国防科工局下发《关于军工系统安全生产标准化评审机构和考评标准审查结果的通知》，认定航天科工集团公司安全评价中心为军工系统安全生产标准化一级及以下评审机构。安全评价中心根据自身业务发展需要，陆续引进了安全工程、化学工程、军事化学与烟火技术、电气工程、建筑与土木工程、市政工程等专业人才，在职员工总数从 2008 年的 18 人增长到现在的 50 余人，比成立时增长一倍多，其中博士生 3 人，硕士生 15 人，硕、博人数比例不断增加，拥有高工及以上专业技术职称 16 人，安全评价师 22 人，注册安全工程师 20 人；拥有多名中国安全生产协会、国防科工局、航天科工安全生产和职业卫生专家。为满足安全评价、安全生产标准化评审工作需要，在航天科工的支持下，安全评价中心自筹部分资金，先后购买了便携式气体探测器、绝缘电阻测试仪、漏电开关测试仪、氢气报警仪、激光测距仪等专用设备 20 多台(套)，用于生产作业现场的测量和检验，为安全评价、安全生产标准化评审提供了进一步的技术支撑。作为航天科工安全生产工作的技术支撑机构，安全评价中心为航天科工安全生产做了大量的专业指导、技术服务工作，多次受到中国安全生产协会、国防科工局、航天科工的肯定和表扬，曾荣获中国安全生产协会“优秀会员单位”称号。

安全评价中心依照航天科工相关要求，为加强评审机构内部管理，保证安全生产标准化评审工作质量，陆续制定了一系列的管理制度，简要介绍如下：

1）综合管理制度。该制度制定的目的是进一步规范评审机构的内部管理。主要内容包括信息通报制度、跟踪服务制度、评审保密制度、资质和印章管理制度、附则等 5 部分，共计 25 条。

2）培训制度。该制度制定的目的是提高评审人员和评审专家的业务能力和专业素养。主要内容包括培训对象、培训内容、培训管理及考核等，共计 15 条。

3）评审程序文件。该文件的制定是为保证安全生产标准化评审工作能够高效、有序地进行。该文件分为 4 个部分，即评审前、现场评审、评审后工作、附则，共计 23 条。

4）评审实施细则。制定该细则的目的是使评审人员和评审专家明确评审内容和要求，使安全生产标准化评审工作更具体、更明确。本细则包括总则、评审前准备、现场评审、附则 4 个部分，共计 30 条。

5）其他制度。主要包括安全生产标准化评审报告编写要求、安全生产标准化评审质量控制管理规定等。

上述管理的制度有效运行，规范了评审管理，保证了评审机构的正常运转，提高了评审机构的验收工作效率，促进了航天科工安全生产标准化工作顺利开展。

(2) 标准化评审前准备

申评单位应根据航天科工要求制定专项计划，严格按照程序实施，确保考核评级工作顺利进行。按航天科工规定评审程序要求，主动与安全评价中心联系，咨询事项。安全评价中心委派专家，结合申评单位实际情况，对申评单位标准化评审工作开展过程中遇到的问题进行答疑和指导。申评单位应当成立以本单位主要负责人为组长，各部门主要负责人、安全生产管理人员为成员的自评组织，依据相应考评标准要求，按照制定目标、建立机构、策划准备、教育培训、梳理现状、修订管理文件、对标整改、自评打分的程序进行自评，形成自评报告。军工单位填写《军工单位安全生产标准化评审申请》，非军工单位填写《非军工单位安全生产标准化评审申请》上报各院、基地。各院、基地对申评单位的申请材料进行审查，审查合格后，组织对申评单位进行安全生产标准化院级预审。预审合格后，各院、基地在申评单位申请材料上签字盖章，军工单位经省级国防科技工业管理部门签署意见、盖章后报安全评价中心，非军工单位直接报安全评价中心。申评单位应提前 45 个工作日上报申请材料。安全评价中心对评审申请和相关材料进行审查，发现下列问题时，退回材料，申评单位整改后重新申请：

1）申请材料未按格式填写；

2）申请材料前后不一致；

3）申请材料与申评单位实际情况不符；

4）其他影响评审的问题。

申请材料审查合格后，安全评价中心将在 15 个工作日内出具评审通知。申评单位为军工单位的，在收到评审通知后还应及时邀请省级国防科技工业管理部门对评审工作进行监督和指导。申评单位申请材料合格后，安全评价中心成立评审组，根据申评单位作业性质、生产规模、现场布局等实际情况，组织专家进行评审。评审组入驻各单位后，申评单位需提供综合管理方面的相关档案资料、职工花名册（包括职务、所属单位或部门、作业岗位、工种等）、申请材料、标准化开展情况汇报材料、本单位危险源辨识汇总等。

（3）现场评审工作

由评审组组长主持召开安全生产标准化达标评审首次会议。参加首次会议人员为：评审组全体成员、申评单位主要负责人、安委会成员、工会代表、各部门负责人及申评单位上级安全生产业务部门领导等。

会议主要议程：

1）评审组组长介绍评审组成员、参会领导及代表；

2）评审组组长宣布评审日程安排、注意事项、考评人员守则、保密要求及其他有关注意事项；

3）申评单位主要负责人致欢迎辞；

4）申评单位上级领导（或安全生产主管业务部门领导）讲话；

5）航天科工安全生产监督管理部门领导讲话；

6）上级部门领导讲话；

7）申评单位主管安全生产领导汇报本单位安全生产标准化达标工作；

8）评审组组长宣布评审分组情况，并请申评单位为每个评审专业小组配备引导人员。

首次会结束后，评审员从申评单位职工（包括外聘、劳动派遣等人员）花名册中，抽取部分人员进行安全生产基本知识考试。抽取考试人数应占单位在册职工总人数的5%～10%。在综合管理审查中，标准各条款涉及内容均应有相应档案资料，无档案或见证材料视为不合格。在设备设施条件考评中，应有的安全设施实际没有或不完好，则视为不合格；应定期测试的未定期测试或无见证资料，视为不合格。抽查结束后，评审组本着“公平公正、依据标准、实事求是、注重凭证”的原则，依据规定的折算方法计算出最终分数，完成评审报告初稿，向申评单位领导和上级安全生产业务主管部门通报评审情况，并交换意见。

由评审组组长主持召开安全生产标准化达标评审末次会议，参会人员同首次会相同，会议主要议程：

1）评审组组长汇报评审情况并宣布评审结果；

2）国防科工局安全生产监督管理部门领导讲话；

3）省级国防科技工业管理部门领导讲话；

4）航天科工安全生产监督管理部门领导讲话；

5）申评单位上级领导（或安全生产业务主管部门领导）讲话；

6）申评单位主要负责人作表态性发言。

现场评审中提出的不符合项，由申评单位按照评审报告的建议进行整改，并将整改情况在20个工作日内以书面形式并附带整改照片和文字见证资料报其上级主管部门、安全评价中心，安全评价中心对整改材料进行书面审查，必要时进行现场审查。对未按时完成整改或整改不合格的单位，航天科工将不予核准。安全评价中心在收到合格的整改报告后，10个工作日内向申评单位和航天科工提交《安全生产标准化评审报告》。评审工作详细流程如图5-2所示。

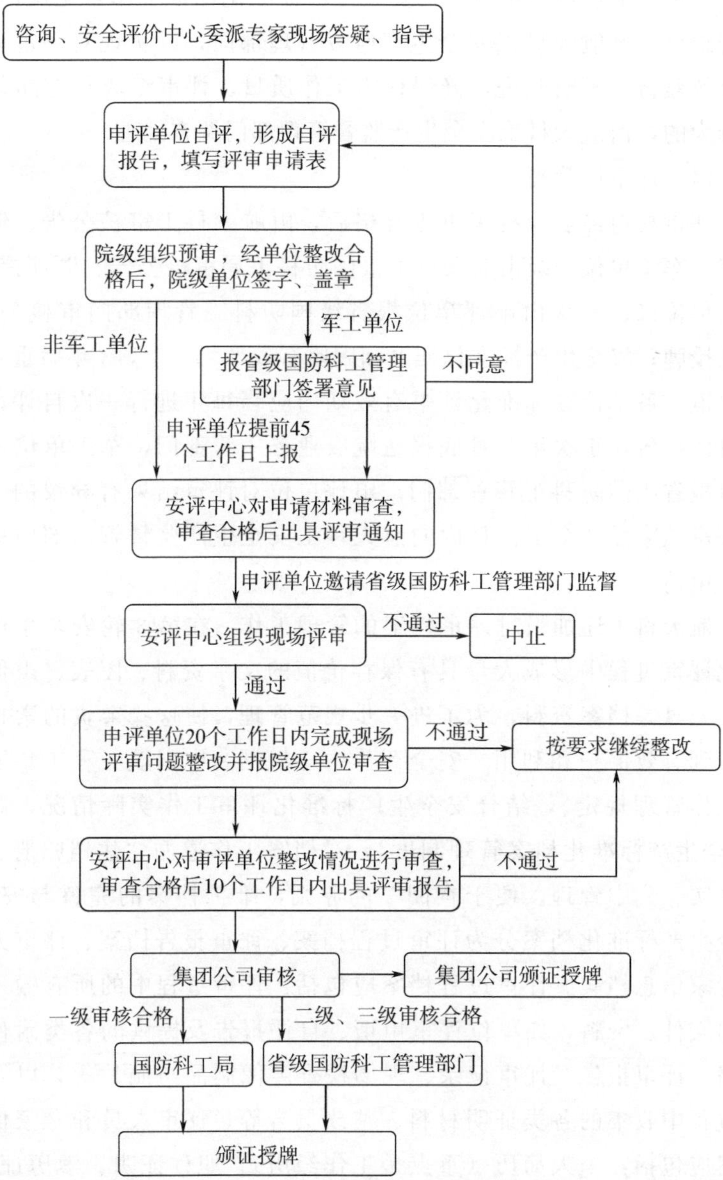

图 5－2　标准化评审工作流程图

评审结束后申评单位填写安全生产标准化评审工作意见反馈表，并密封反馈至航天科工安全生产监督管理部门，以实现对评审人员的有效监督，不断改进，确保评审工作质量。评审组成员有违规违纪行为的，由航天科工安全生产监督管理部门调查处理。

（4）评审后管理

评审材料经航天科工审查合格后，由航天科工审核公告、颁证授牌。军工单位一级由航天科工报国防科工局审核公告、颁证授牌；军工单位二、三级由申评单位报省级国防科工管理部门审核公告、颁证授牌；安全生产标准化证书和牌匾有效期为 3 年，3 年后重新申请评审。各单位在标准化证书有效期内应当每年进行一次自评，形成自评报告，于次年 2 月底报送院级业务主管部门，军工单位还应同时报省级国防科工管理部门。申评单位对评审结果有异议的，可在评审结束后 3 个工作日内向航天科工安全生产监督管理部门提出复议申请。

航天科工还加强对评审档案的管理工作。在第 3 轮安全生产标准化评审过程中形成大量具有保存价值的文字资料、图表、声像制品及光盘等档案资料，为了进一步规范管理，使这些宝贵的素材能够得到有效保护和利用，安全评价中心根据《中国航天科工集团档案工作管理规定》，结合安全生产标准化评审工作实际情况，制定《安全生产标准化档案管理制度》，对档案工作遵循“建档归册、完整详实、集中管理、便于查阅”的原则，维护档案的完整与安全。安全生产标准化档案分为评审过程档案、评审报告档案、评审人员和专家信息档案。评审过程档案应包括：评审过程中的所有输入和输出文件、资料，如单位评审申请、自评报告及提供的各类附件和表格、评审报告、评审记录、现场检查声像制品与照片等，以及评审过程中收集的各类证明材料、整改报告等。评审人员和专家信息档案应包括：个人简历（重点是工作经历）、职称证明、学历证明、执业（职业）资格证明、参加培训及考核情况、各类培训证书、业绩表、现场审核原始记录、被投诉及违规记录、聘用情况等。对评审人员和评审专家信息档案要实行动态管理，根据人员变动和考核情况进行适时更新。同时，对档案的归档、建账、保存、借阅、保密等均作出了详细要求。

5.4　航天科工集团审核

作为安全生产标准化考评体系的一个重要环节，集团审核对评审质量、评审结果的把关起到尤为重要的作用。自航天科工开展安全生产标准化工作以来，通过委派安全生产主管业务部门人员全程参与评审等手段，严格把控每个单位的评审过程和评审质量，充分了解评审过程的实际情况，严格把控评审质量。本节主要从航天科工对评审人员、评审报告、评审等级3个方面进行阐述。

（1）评审人员的聘用与管理

根据航天科工科研生产经营建设发展的需要，航天科工于2010年成立了安全生产专家组。同时，为确保安全生产标准化评审工作质量，充分发挥安全生产专业人才的作用，航天科工在安全生产专家组的基础上进一步扩充，成立了安全生产标准化评审专家库，明确了以下评审专家条件：

1）政治立场坚定，热爱航天事业和安全生产工作，具有良好的职业道德。

2）熟悉国家、行业和航天科工安全生产工作方针政策、法律法规、规章制度和有关技术标准，参加军工涉密业务咨询服务培训及航天科工组织的评审专家培训，并取得证书。

3）具有中、高级技术职称或注册安全工程师、安全评价师执业资格。

4）具有5年以上从事本专业安全生产技术与管理的工作经历，实践经验丰富，具有较高的技术业务水平。

5）能深入现场开展相关业务工作，有较强的现场发现、分析和解决安全生产隐患问题的能力，有较强参与生产安全事故调查分析及安全生产相关检查、审查等能力。

6）涉密级别符合实际评审要求。

7）身体健康，年龄不超过 65 周岁。

按此标准，航天科工在严格审核把关的基础上，选出近 130 名符合要求人员组成安全生产标准化评审专家库。

航天科工为加强对评审专家管理，还制定了评审员管理办法，在严格守法、职业道德、人员取证、评审纪律、教育培训、业务考核、保密安全、奖惩与聘用等方面做了详细规定。评审员考核奖惩主要从评审员的业务水平、工作态度、廉洁自律、遵章守纪、参加培训、保密纪律、有无投诉等方面对每一位评审员进行年底考核打分。根据打分结果，考核结果为不合格的评审员，视情况将给予当面谈话、通知所在单位、航天科工通报、在下年度不予聘用等处罚。同时，连续 3 年得到优秀的评审专家，可以将其列为常聘专家。

（2）评审报告的审核

安全生产标准化现场评审末次会上，评审组根据评审实际情况出具评审报告初稿。现场评审结束后，申评单位根据评审组出具的扣分项问题表进行逐项整改。在规定的时间内整改完成后，先报二级单位进行审查、核实，经二级单位同意后报航天科工安全评价中心进行材料审查。航天科工安全评价中心对照扣分项表，对上报的整改佐证资料逐项进行审查核对，确认后，与申评单位的评审申请及现场出具的评审报告一起装订成正式评审报告上报航天科工审核。航天科工对评审报告内容、质量进行严格审核把关，审核通过后盖章确认。

（3）评审等级的审核与核准

航天科工为了加强对安全生产标准化评审工作的管控，以及对后续安全生产标准化工作的监督管理，航天科工在每一轮安全生产标准化评审过程中，会定期对前一段时间评审工作进行阶段总结，对通过评审单位达标结果进行等级核准，凡未按照规定的时间节点进行对标整改的，整改不彻底、不符合要求的，以及通过现场评审后发生安全生产事故的单位暂停核准，如发生安全生产死亡事故则撤销该单位评审等级的核准。由此可见，评审等级的审核与核准是航天科工对所属单位安全生产标准化达标评审工作管控的重要手段。

第 6 章　航天工业安全生产标准化建设方法

航天科工开展安全生产标准化建设工作近 10 个年头，在安全生产标准化建设工作方面积累了大量的丰富经验，形成了比较成熟、完善的方法和体系，尤其是在“科技兴安、本质安全”，大型试验安全性论证，危险因素辨识，危险作业审批，班组建设，岗位达标，安全传感器应用，危险点和重大危险源监控，工具式防护，安全文化建设，相关方管理，服务业岗位安全作业定置化管理，有限空间安全管理等方面探索、总结出一些独特的管理方法，形成了较为有效的管理模式。本章将分别从企业、事业、火工品研制生产、建筑施工及服务业 5 类单位中选取不同案例，详细介绍这些先进经验和方法，供有关单位学习参考。

6.1　企业单位典型经验、方法介绍

航天科工将所属单位按作业性质不同分为 5 类，其中第一类为企业单位，即航天科工所属以机械制造或航天产品装配为主的单位，这类单位占航天科工单位总数的 2/3 左右。在安全生产标准化建设工作开展之前，企业单位安全管理水平参差不齐，单位之间的差距较大，为了进一步推动各单位的安全管理工作、提升航天科工整体安全管理水平，航天科工通过实施科技兴安战略、推进班组建设等多项措施，各单位安全生产状况得到了极大改观，以下从 3 个方面和选择示例阐述企业单位实施安全生产标准化的成效。

6.1.1　依靠科技兴安，实现本质安全

利用先进的科技手段为安全服务，通过追求企业生产流程中人、

物、系统、制度等诸要素的安全可靠、和谐统一，使各种危险有害因素始终处于受控状态，进而逐步趋近本质型、恒久型的安全目标。在现代社会，一个企业要健康发展，离开科技的支撑是不可能的。安全科技是宏观意义上的科学技术的重要组成部分，体现在安全生产的各个领域及行业，代表着安全生产的发展水平，反应了安全生产的发展方向和内在要求。航天科工坚持“依靠科技兴安，实现本质安全”战略，重视和加强安全科技工作，加快科技成果的创新和推广，各单位也通过多种渠道、采取多样形式贯彻落实科技兴安战略。

（1）开展安全生产课题研究

安全生产课题研究是做好技术安全工作的前提，是提高安全生产管理水平和本质安全度的基础和保障。安全生产课题研究作为航天科工“科技兴安、本质安全”战略的重要举措，紧密结合科研生产中存在的安全问题和安全需求，开展安全技术、标准规范和安全管理课题研究，不断提高科研生产过程和产品的安全性，提升安全科技创新能力，保证各项任务安全顺利进行。航天科工每年开展安全生产课题研究，年初确定安全生产重点项目课题，明确承担课题的单位，确定研究时间和技术要求等。安全生产课题研究分为立项、项目实施和结题验收 3 个阶段。注重安全生产课题研究成果的总结、推广和应用，将成熟的研究成果应用于科研生产实际、不断提升安全生产保障能力和本质安全水平。

（2）开展安全技术与管理论文征集活动

开展安全技术与管理论文征集评选活动，其目的是鼓励各条战线上的广大干部职工及各界有关人士围绕“依靠科技兴安，实现本质安全”战略主线，研讨安全发展的理念、文化、方法和技术。从安全文化、安全法制、安全技术、管理创新等各个方面撰写出有特点、有内容、有新意的安全生产论文，有利于增强安全生产管理经验的交流、推进安全技术进步；有利于提高安全生产意识，营造安全生产氛围；有利于全面推进深入贯彻“党政同责、一岗双责、失职追则”的安全生产责任制，继续开创全面、协调、安全、可持续发展的新局面。

（3）建立企业安全技术标准体系

航天科工要求所属各单位根据行业、企业产品性质编制工艺、产品、试验安全技术标准，若涉及易燃易爆、危险作业和有毒有害作业等，在作业前履行审批程序，对工艺技术文件进行安全性审查和安全技术交底。产品、工艺装备和专用设备设施的设计应按规定进行安全性评审和相应检验。明确工艺技术文件已落实安全技术规范的要求，必要时应进行安全性审查。重大安全技术措施应经过论证及评审。从设计、工艺源头提高本质安全水平。

（4）实施安全人机工程

安全人机工程是运用人机工程学的理论和方法研究“人一机一环境”系统，并使三者在安全的基础上达到最佳匹配，以确保系统高效、经济运行的一门综合性学科。主要分析机械设备及设施在生产过程中的不安全因素，并有针对性地进行可靠性设计、安全维修设计、安全装置设计、安全启动和安全操作设计等。分析研究人的生理、心理特征及人与机器各自的特性与功能，并进行合理的功能分配，以建构不同类型的最佳人机系统。示例如下。

示例：某企业零件冲压作业的人机配合改进

①概况介绍

冲压作业，是指靠压力机和模具对板材、带材、管材和型材等施加外力，使之产生塑性变形或分离，从而获得所需形状和尺寸的工件的成形加工方法。某企业改进前的冲压作业方式如图 6-1 所示。

②背景

冲压作业因效率高、产品质量稳定，在航天科工所属企业被广泛应用。其具有一定的危险性，如：设备结构具有动作失控、开关失灵、模具弹出等危险有害因素，还存在着操作人员动作单调、易疲劳、精力难于集中、麻痹大意、误操作等不安全因素。因而，冲压作业的工艺、技术和安全防护措施的改进，是有待我们研究和完善的课题，包括：改进冲压作业方式、改革冲模结构、实现机械自动化、设计安全模具和设备的防护装置等。由于冲压生产的产品批量一般较大，冲压作业程序多，有送料、定料、出料、清理废屑、润滑、调整模具等操作，因此，有效防止机械失灵和人的误操作，使用冲压作业工艺、技术实现机械自动化是非常必要的，这样能够有效减轻作业人员的劳动强度，保证人身安全。

图 6－1　冲压作业示意图

③解决方法

在冲压作业过程中，冲压机械设备、模具、作业方式对安全影响较大。冲压事故有可能发生在冲压设备的各个危险部位，绝大多数会发生在模具的下行程，且伤害部位主要是操作者的手部。因此，研发冲压作业机械自动化，用机器手代替人工操作危险部位是解决问题的根本途径。

④实际效果

航天科工某企业通过对冲压机械自动化课题研究，在项目立项、研制、实施过程中应用“人机工程学”解决冲压作业的风险，有效降低了冲压机械伤害事故的发生概率。该企业冲压设备自动化如图6－2和图6－3所示。

图6－2　自动化冲压设备图

图6－3　自动化冲压设备机构图

⑤总结

研究分析人与机器相互接触、相互联系的人机工程学，是人机界面中信息传递的安全问题，通过分析人机系统的可靠性，建立人机系统可靠性设计原则，据此设计出安全可靠、经济合理、高效智能的人机系统，让工业机器人代替人的部分危险操作，从根本上将人从危险作业环境中彻底解脱出来，实现本质安全。

6.1.2　深化班组安全建设，夯实安全管理基础

班组是企业最基本的生产单元，也是企业安全管理的最终落脚点，班组安全建设的好坏直接影响着企业各项经营指标的实现。抓好班组安全建设，夯实安全生产基础，使事故预防的能力体现在基层，这是企业确立的长效安全生产的工作战略。企业安全生产的最终落脚点是一线员工，安全生产的目标是全体员工身心健康和实现企业产能、效益最大化。员工的文化素养和安全意识决定着企业的发展前景，班组的安全生产状况决定着企业产能和效益。航天科工领导高度重视班组安全建设，为进一步贯彻落实国家安全生产法律法规和标准，深化安全生产基层、基础和基本功工作，强化班组安全建设，预防生产安全事故，2012 年航天科工下发了《关于开展班组安全生产标准化达标工作的通知》，从班组的安全建设、组织管理、责任落实、规章制度、教育培训等方面进行详细部署。以下是某企业在班组安全生产建设方面的典型示例，展示了安全班组的实际情况，如：坚持“班早会”“班组沙龙活动”，编制《班组管理手册》，开展“岗位改善活动”“典型三违行为图片展”“标杆级设备评”“安全之星评比”等活动，并严格执行“五落实五到位”要求，促进了企业安全班组建设，并取得了良好收效。

示例 1：“班早会”与“班组沙龙活动”

(1) 班组安全管理——“班早会”

班组安全管理是基层管理的主要抓手，建立班组安全生产的组织机构尤其重要，基层班组应建立以班组长为组长，兼职安全员、

员工代表组成的班组安全生产小组，对日常的安全生产、职业卫生工作进行有效管理。班组长、安全员应参加安全生产教育培训，具有相应的任职资格，持证上岗。班组应建立小组例会制度，班组每日召开“班早会”对生产进度、安全质量等工作进行安排，并告知安全及职业卫生注意事项。班组的早会是杜绝“人的不安全行为、物的不安全状态和环境的不安全因素”的重要举措，是最基本的安全预警与行为规范，重在坚持，形成习惯。班组安全生产小组应每月至少开一次安全生产会议，布置传达安全生产工作，对当月安全生产、职业卫生工作进行点评，布置下月有关安全生产、职业卫生等的工作。如图 6-4 所示。

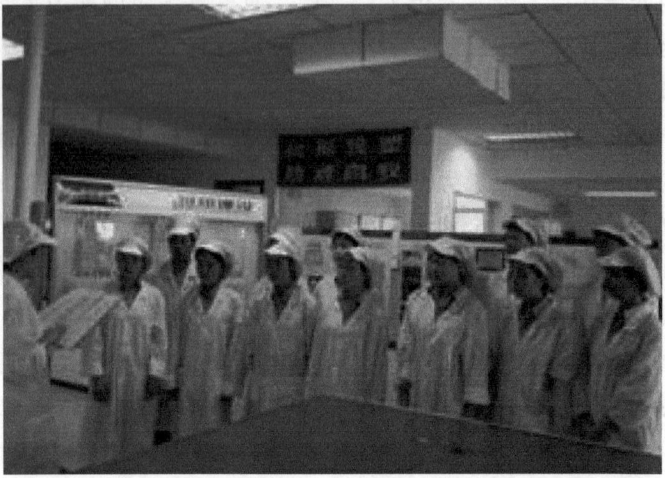

图 6-4 班组早会

当前，伴随着企业的发展，管理规模不断扩大，新设备、新工艺、新材料、新技术、新产品、新投入使用园区和设施、新收购并购公司，即“七新”不断引入，班组长承担的安全责任也不断增加，如何做好安全生产工作，提高班组成员的安全生产意识，以及调动全员的积极性，是每位班组长时刻思考的问题。只有班组成员的安全意识得到提升，才能推进班组安全文化的建设；只有班组成员自觉杜绝“三违”行为，生产安全事故才不会发生。

某企业为了适应发展，在落实安全生产工作中，创办了“班组沙龙活动”，以交流、互动、共享、研讨的方式提升班组长的综合管理能力，如图 6-5 所示。通过每季度一期的“班组沙龙活动”探索实践，逐步完善和规范，并形成了“班组沙龙活动”长效机制。每期“班组沙龙活动”均明确了互动主题：从安全、质量、6S 管理、设备保养、安全作业规范、落实安全操作规程、自觉杜绝“三违”行为、岗位环境改善、生产准时化、班组管理技巧等方面如期开展，得到了良好的收效，有效地提升了班组长的综合管理能力。班组长通过交流、讨论与沟通，取长补短，相互促进、相互帮助，针对安全生产、职业卫生等共性问题提出了改进方案，并得到部门（车间）的支持与监管。

图 6-5　班组沙龙活动

(2) 安全生产责任制

班组应建立健全岗位安全生产责任制，班组长与班组成员签订安全生产责任书，明确各岗位员工的主要工作内容，以及其岗位的危险有害因素辨识、隐患排查与治理、杜绝“三违”、个体防护和应急管理、安全生产考核等要求。

(3) 班组安全管理文件

建立健全安全生产规章制度，是建立班组安全生产长效机制的必要手段。班组安全管理文件主要包括：班前例会制度、岗位安全操作规程、作业指导书、安全检查制度、危险作业审批制度、安全教育培训制度、交接班制度、周安全活动日制度、岗位应急处置预案等。班组明确岗位“一班三检”（班前、班中、班后）和班组“巡检”“点检”要求，班组每周进行一次全面检查。建立班组危险有害因素辨识、危险源基础档案、危险点管理档案、特种作业管理档案，各班组有典型“三违”目录、“三违”积分卡，且齐全。建立班组安全生产绩效奖惩机制。

示例 2：某企业编制《班组管理手册》，指导班组建设

企业编制《班组管理手册》的目的是为充分发挥班组的基层管理作用，通过班组安全建设手段，提高班组全体成员的学习力、执行力、创新力和凝聚力，使班组成为真正意义上的基层安全管理的核心组织，且通过班组的自我管理，自我完善、自我提升，不断加强班组安全管理的长效机制。《班组管理手册》以提升班组管理水平和员工队伍安全素质为重点，增强班组团队的学习能力、创新能力、实践能力，切实加强基层、基础、基本功的“三基”建设，实现企业与员工的和谐发展、共同进步。《班组管理手册》的主要内容包括：车间主任建设班组安全管理的工作职责、班组长工作职责、班会要求、班组的生产计划管理、班组安全管理、班组质量管理、6S管理、班组改善管理、班组优化提升活动、班组看板管理、各岗位应急处置预案及演练、班组管理效果评定、班组长的选拔、教育与培训、正确使用安全警示标识与安全颜色管理规范、职业卫生与个体防护等 16 个方面，规范了班组管理的基本内容和管理方法，是班组管理工作的指导依据，也是建立全员参与的企业安全文化的内容。

示例 3：某企业开展“岗位改善活动”

“岗位改善活动”是指针对员工对本岗位所涉及的工作，发现不足之处，提出相应的改进方法，并实现自我解决和自我完善，最终取得指标性效果。创新是企业发展的永恒动力，是员工个人发展与企业发展的结合点，应用奖励机制推动岗位改善，不仅是企业创新的核心内容，也是调动员工积极性、增加相对收入的举措之一。对安全生产隐患排查与治理起到了突出的作用。某企业深入开展“岗位改善活动”，从管理制度中明确了安全生产方面的评定条件及相应的奖励基金。通过开展岗位改善活动，调动了员工参与安全生产工作的积极性，一线员工能够主动排查隐患、自觉解决安全生产管理中存在的问题，营造出全员关注安全生产工作的氛围。某车间月度岗位改善的看板管理内容如图 6 - 6 所示。

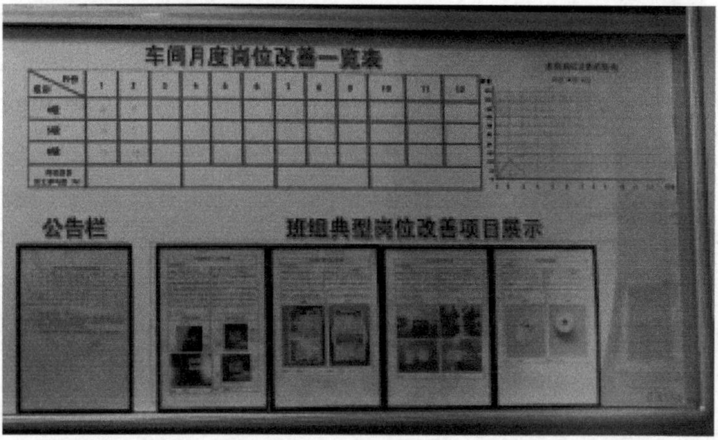

图 6 - 6　看板管理

(4) 教育培训及安全操作

教育培训是提高班组成员安全知识和意识的必要手段，班组内新上岗人员，转岗人员，复岗人员，特种作业人员，新工艺、新技术、新材料、新设备作业人员的安全教育培训合格率应达到 100%。班组应配备相应的安全生产教育培训教材、课件和试题，其内容应全面、有针对性、符合实际。班组作业人员应熟知本岗位的危险有害因素（危险源）及其预防控制措施；熟悉安全操作规程、作业指导书、现场应急处置预案等，正确操作、合理使用设备设施和工具；

掌握本岗位关键点和主要工艺参数的控制；正确佩戴与使用符合规定的劳动防护用品，正确使用安全防护设施，做到定期检查和维护；保证设备设施运行和技术状态正常；特种设备、安全附件及消防设施在有效期内使用，定期维护保养；易燃易爆和危险化学品作业场所应严格执行“六定”有关规定和要求；“七新”项目要经过安全评审或安全评价。

（5）作业现场的安全管理

班组生产作业环境应清洁有序，各类有害因素指标符合国家标准；安全通道畅通，物料、工具定置摆放（不超高、超宽）；设备设施整洁，保管完好，无漏油，无锈蚀，共用设备有专人负责；班组内的设备、工具、车辆及安全设施等安全可靠；安全防护装置、设施齐全可靠，并在检验有效期内使用；安全警示标识正确（包括机床油窗、油标）、完整、清晰、醒目；职业危害作业防护措施齐全有效；长期闲置不用的设备，封存完好；作业现场有安全操作规程或安全作业指导书及作业现场应急处置预案等。以下示例5：某生产工段开展典型“三违”行为图片展示，通过错误案例图片和正确操作示例，形象直观地传达安全操作要求，如图6－7所示；示例6：开展“标杆级”设备评选，如图6－8所示；示例7：开展“安全之星”评比，如图6－9所示。

示例5：典型“三违”行为图例展示

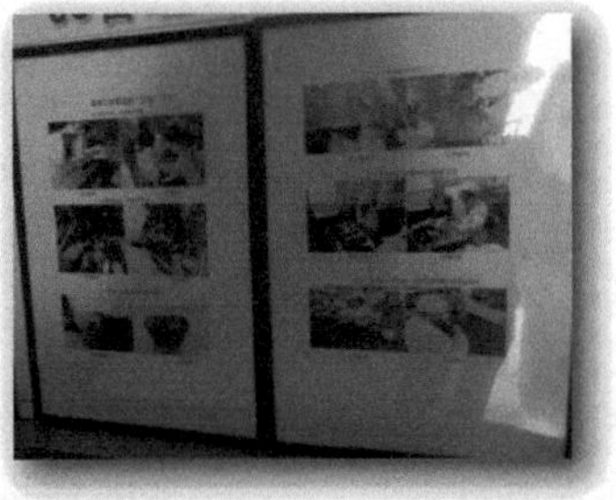

图6－7　典型“三违”行为图片展示

示例 6：开展“标杆级设备评选”

某企业以“树典范、立标杆”，塑造积极向上的安全文化为基本原则，制定设备维护及保养检查评比内容和评分标准，如图 6-8 所示。部门、车间、班组的内部检查评比每周进行一次，公司设备维护保养检查评比每个月进行一次。依据设备维护及保养评分标准，每周对各班组设备的日常使用维护情况进行监督、检查、评比，形成评比记录，主要检查设备的整齐、清洁、润滑、安全等内容，部门内部对设备维护保养到位的优秀员工进行现场奖励。该措施增强了员工对设备自动保养的意识，促进了设备设施的有效利用，减少了设备设施故障，提高了安全性。

图 6-8　标杆级设备评选

示例 7：开展“安全之星”评比

开展“安全之星”评比活动，每月由班组推荐，车间开展月度安全之星评比工作，树立安全生产典型，积极鼓励基层员工参与安全生产管理，提高员工的安全意识，促进班组安全生产管理的制度化、规范化、科学化，如图 6-9 所示。

图 6-9　月度安全之星评比

（6）事故预防与应急处置

班组定期组织岗位应急救援预案演练，班组成员熟练掌握事故防范技能，熟悉自救互救常识及应急处置措施等。作业现场急救用品、器材和防护用具等齐备、有效，作业现场应急设备器材的配备合理、能正确使用和进行定期维护，消防器材齐全、有效。班组成员熟知事故报告程序和内容。

（7）安全文化

班组贯彻落实航天科工《安全文化手册》，定期制作班组安全文化看板、广告栏，充分利用企业报纸、局域网、员工论坛等媒介，宣传报道安全生产知识，采取多种形式宣传企业的安全文化，引导全员建立正确的安全观和有效规范一线员工的安全行为。树立“零伤害、零隐患、零违章”的安全理念，树立“四不伤害”安全价值观。

6.1.3 严格执行“五落实五到位”要求

2015 年 3 月 16 日，国家安全监管总局印发《企业安全生产责任体系五落实五到位规定》。一是必须落实“党政同责”要求，董事长、党组织书记、总经理对本企业安全生产工作共同承担领导责任。二是必须落实安全生产“一岗双责”，所有领导班子成员对分管范围内的安全生产工作承担相应职责。三是必须落实安全生产组织领导机构，成立安全生产委员会，由董事长或总经理担任主任。四是必须落实安全管理力量，依法设置安全生产管理机构，配齐、配强注册安全工程师等专业安全管理人员。五是必须落实安全生产报告制度，定期向董事会、业绩考核部门报告安全生产情况，并向社会公示。六是必须做到安全责任到位、安全投入到位、安全培训到位、安全管理到位、应急救援到位。航天科工主要从以下几个方面进行了布置。

（1）组织机构

明确各单位应建立健全安全生产委员会（以下简称安委会）管

理制度，规范安委会的组成、例会、决策等。建立以主要负责人为主任的安委会。对所属企业分类管理，A、B类单位应设置独立的安全生产监督管理部门。安全生产总监、监督管理部门负责人应具有注册安全工程师资格。明确安委会例会制度，安委会每季度应至少召开一次会议。A类单位应按不低于从业人员5‰、B类单位应按不低于从业人员3.5‰、C和D类单位应按不低于从业人员3.5‰的比例配备专职或兼职的具有注册安全工程师资格或安全工程专业的安全生产监督管理人员。设置或指定职业卫生管理机构，配备职业卫生管理人员。职业病危害严重的或从业人员超过100人的单位，应配备专职的职业卫生管理人员。建立各层次安全生产管理体系网络。

(2) 职责

要求各单位应按“安全生产人人有责”“党政同责”“管业务必须管安全”“一岗双责”等原则建立健全安全生产责任制，安全生产职责应与相关管理规范和制度协调一致。应明确部门安全生产职责，部门应履行安全生产职责。应明确岗位人员安全生产职责，岗位人员应熟知并履行安全生产职责。

(3) 安全生产投入

各单位应根据财政部、安监总局相关要求建立健全安全生产投入保障制度，规范安全生产费用的提取、使用、建帐及相关部门职责、权限。应足额提取、合理使用安全生产费用。所有从业人员应参加社会工伤保险。

(4) 培训教育

各单位教育培训主管部门应建立健全安全和职业病防治宣传教育培训管理制度，定期识别需求，制定、实施计划和方案，及时监督检查并定期总结。从事军工危险作业的单位的负责人、主管安全生产领导、安全生产总监、安全管理机构负责人和安全生产管理人员持安全资格证上岗。对安全和职业病防治宣传教育培训记录和档案实施分级管理，并对培训效果进行评估和改进。单位领导、安全生产总监、控股单位主要负责人的安全和职业卫生培训持证上岗合格率为100%，师、型号“两总”安全培训合格率为100%，主管部门负责人、监督管理人员安全和职业卫生培训合格率为100%，特种作业人员持证上岗率为100%，符合《航天特种作业人员安全技术考核要求》标准要求的航天特种作业人员持证上岗率为100%。特种设备管理人员和操作人员持证上岗率100%。中层干部、管理人员每年安全和职业卫生培训合格率为100%。工程技术人员每年安全和职业卫生培训合格率为100%。班组长每年安全和职业卫生培训合格率为100%。作业部门安全员每年安全培训合格率为100%。新员工安全和职业卫生培训合格率为100%，从事危险作业的新员工实习合格率为100%。调换工种、复工人员安全和职业卫生培训合格率为100%。全员每年安全和职业卫生培训合格率为100%。安全生产和职业卫生考试合格率为100%。

(5) 应急救援

各单位建立健全生产安全（急性职业病危害）事故应急预案，建立安全生产应急管理机构或指定专人负责安全生产应急管理工作，建立专（兼）职应急救援队伍。应急预案应要素齐全，职责分明，要点突出，程序合理，与现场处置方案和社会应急救援体系相衔接。每年对应急预案进行演练并评估分析、修订完善。每年开展应急预案培训，使有关人员了解相关应急预案内容，熟悉应急职责、应急程序和现场处置方案。对可能发生火灾、爆炸等生产安全事故和急性职业病危害事故的工作场所，应配备现场应急用品、设备设施，设置报警装置、应急撤离通道和必要的避险场所。专人保管现场应急用品、设备设施和防护用具，定期校验、检查、维护、保养，应急时便于取用。

6.2 事业单位典型经验、方法介绍

航天科工事业单位主要以武器系统的设计研发为主，在研发过

程中存在大量航天武器系统的论证试验，航天科工高度重视大型试验安全管理。为保障试验顺利进行，航天科工通过组织开展大型试验安全性论证，严格规范作业审批，作业现场定置管理等措施，有效规范了试验管理，取得了较好成效。以下从开展安全性论证、加强大型试验全过程安全管理，严格作业审批、把控作业环节，作业现场实施定置管理，做好“七新”安全管理，确保风险受控 4 个方面阐述航天科工事业单位在科研生产过程中加强安全管理的典型经验和方法。

6.2.1　开展安全性论证，加强大型试验全过程安全管理

6.2.1.1　概况介绍

航天武器系统试验特别是大型试验，具有科技含量高、技术状态复杂、安全风险高、涉及单位多、管理难度大的特点，因此，在武器系统型号设计过程中，需针对不同型号的特点，按照安全性大纲的规定和要求进行专项安全性设计，并在研制和试验过程中开展安全性管理工作，严格控制安全性关键项目，保证武器系统试验过程和使用的安全性。

6.2.1.2　背景

在事业单位的《安全生产标准化考核评分细则》中，基础管理和设备设施条件两部分都涉及到大型试验这一部分内容。在基础管理方面，第 1.17 条危险作业管理中明确提出应对危险性较大的试验进行产品安全性分析和试验保障条件安全性分析并评审；在设备设施条件中，第 2.1 条“航天危险品”中 2.1.1 节“火炸药制品存储、装配、测试场所”就直接涉及大型试验，其他包括场地条件、特种设备、电气设备设施等，也均属于试验条件保障。因此，大型试验安全性论证应用预先危险性分析（PHA，Preliminary Hazard Analysis）方法，重点把控工艺技术安全性设计和安全性分析等环节，对系统中潜在的危险有害因素进行有效识别和控制。

6.2.1.3 解决方法

根据中华人民共和国国家军用标准《装备安全性工作通用要求》(GJB 900A—2012)，大型试验的危险性等级由危险严重性和危险可能性共同确定。

《装备安全性工作通用要求》(GJB 900A—2012)，将危险严重性的危险严重程度分为四级，分别为Ⅰ级（灾难的）、Ⅱ级（严重的）、Ⅲ级（轻度的）、Ⅳ级（轻微的），根据航天武器系统工作的实际情况，危害涉及人员伤亡、职业病及武器系统损伤，规定见表6-1。

表6-1 危险严重性等级

等级	事故说明
Ⅰ级(灾难的)	人员死亡或武器系统毁坏
Ⅱ级(严重的)	人员严重受伤、严重职业病或武器系统严重损坏
Ⅲ级(轻度的)	人员轻度受伤、轻度职业病或武器系统轻度损坏
Ⅳ(轻微的)	不足以导致人员伤害、系统损坏，但会导致非计划性维护或修理

危险可能性根据危险发生的可能程度分为五级，分别为A（频繁）、B（很可能）、C（有时）、D（极少）、E（不可能），根据航天武器系统实际情况，其发生的可能性由武器总体和各个组成个体分别确定，规定见表6-2。

表6-2 危险可能性等级

等级	个体	总体
A(频繁)	频繁发生	连续发生
B(很可能)	在寿命期内会出现若干次	经常发生
C(有时)	在寿命期内可能有时发生	发生若干次
D(极少)	在寿命期内不易发生	不易发生但有理由预期可能发生
E(不可能)	很不容易发生以至于可以认为不会发生	不易发生，但有可能发生

在确定危险的严重性和可能性后，结合航天武器系统工作实际情况，由表6-3确定危险风险指数和决定采取何种措施。

表6-3 危险风险评价（风险评价指数矩阵）

危险严重性等级 危险可能性等级	Ⅰ级（灾难的）	Ⅱ级（严重的）	Ⅲ级（轻度的）	Ⅳ级（轻微的）
A（频繁）	1	3	7	13
B（很可能）	2	5	9	16
C（有时）	4	6	11	18
D（极少）	8	10	14	19
E（不可能）	12	15	17	20

危险的风险指数	建议准则
1～5	不可接受，必须采取新的措施
6～9	不希望有的，必须积极管理和考虑备选措施
10～17	可接受，但需特别关注
18～20	可接受

6.2.1.4 实际效果

下面就某型号武器系统飞行试验的安全性设计、关键环节技术安全性分析及技术安全管理措施3个方面进行介绍。

(1) 安全性设计

安全性设计是武器系统设计工作的重要内容，保证全寿命周期内正常操作下的安全可靠是对设计工作的基本要求。

安全性设计贯穿于武器系统研制的全过程，根据相应的国家军用标准和航天工业标准等要求，在设计阶段组织制定型号武器系统安全性大纲，认真进行危险性分析和风险评价。根据评价结果，有针对性地进行具体的安全性设计工作，首先从设计上保证了产品的安全性在要求的范围内。

①危险性分析及风险评价

根据危险性分析和风险评价方法，对全武器系统进行危险性分析和风险评价，详见表6-4。

表 6-4 全武器系统危险性分析及风险评价

<table>
<tr><th rowspan="2">序号</th><th rowspan="2" colspan="3">危险因素</th><th colspan="3">风险评价</th><th rowspan="2">故障模式</th></tr>
<tr><th>危险严重性等级</th><th>危险可能性等级</th><th>风险指数</th></tr>
<tr><td>1</td><td colspan="3">发射动力装置</td><td>Ⅰ</td><td>E</td><td>12</td><td>误点火造成灾难性后果</td></tr>
<tr><td>2</td><td colspan="3">侧推火箭</td><td>Ⅲ</td><td>E</td><td>17</td><td>误点火损坏尾段、尾罩</td></tr>
<tr><td>3</td><td colspan="3">一、二级发动机</td><td>Ⅰ</td><td>E</td><td>12</td><td>误点火造成灾难性后果</td></tr>
<tr><td>4</td><td colspan="3">滚控燃气发生器</td><td>Ⅱ</td><td>E</td><td>15</td><td>误点火损坏级间段及其设备</td></tr>
<tr><td>5</td><td colspan="3">战斗部</td><td>Ⅰ</td><td>E</td><td>12</td><td>误爆造成灾难性后果</td></tr>
<tr><td>6</td><td colspan="3">安全自毁系统</td><td>Ⅰ</td><td>E</td><td>12</td><td>误自毁造成灾难性后果</td></tr>
<tr><td>7</td><td colspan="3">各类火工品</td><td>Ⅰ、Ⅱ、Ⅲ</td><td>E</td><td>12、15、17</td><td>误点火造成灾难性后果</td></tr>
<tr><td>8</td><td colspan="3">底盘</td><td>Ⅰ、Ⅱ</td><td>E</td><td>12、15</td><td>大梁断裂、刹车或转向失灵，造成车毁人亡</td></tr>
<tr><td>9</td><td colspan="3">吊装</td><td>Ⅱ</td><td>E</td><td>15</td><td>吊装失误造成导弹局部损坏</td></tr>
<tr><td>10</td><td colspan="3">使用维护操作</td><td>Ⅲ</td><td>D</td><td>14</td><td>操作失误造成仪器设备损坏</td></tr>
<tr><td>11</td><td colspan="3">使用文件</td><td>Ⅲ</td><td>E</td><td>17</td><td>文件错误造成返工或仪器设备损坏</td></tr>
<tr><td rowspan="2">12</td><td rowspan="2">环境</td><td>振动环境</td><td>运输、振动、冲击等</td><td>Ⅲ</td><td>D</td><td>14</td><td>导弹及其设备轻度损伤</td></tr>
<tr><td>电磁环境</td><td>摩擦、静电、雷击等</td><td>Ⅰ</td><td>E</td><td>12</td><td>弹毁人亡</td></tr>
</table>

从表 6-4 中可以看出，第 1～7 项与火工品及其点火电路有关，一旦发生事故，后果严重。因而，保证火工品的安全，是安全性设计的重点。

②安全性设计措施

表 6-4 表明，第 1～8 项危险因素都能造成灾难性或严重的危害，除底盘（第 8 项）外，第 1～7 项都与起爆点火火工品有关，而误点火（或误爆）都与点火火工品的点火电路有关，为此，对点火火工品及其点火电路进行了如下安全性设计：

1） 所有火工品都采用了平时断开状态并加短路连接器的火工品连接电路，转场前才对接；

2）点火连接器对接后，弹上仍有继电器常闭触点组成的火工品短路保护，并用钥匙开关（地面控制）控制继电器的切换，在按下“发射予令”按钮后才断开保护；

3）危险程度最高的一、二级发动机、发射动力装置、安全自毁系统的点火火工品还采用了机械式保险装置，当其处于保险状态时，即使点火器意外点火，其火焰被保护机构阻隔，可确保安全；

4）线路设计中，严格控制火工品在发射、飞行过程中转电、配电的时间程序；

5）为确保一级发动机在发射筒内不点火，电路中还串接机械式行程开关；

6）确保安全自毁系统发射前不工作，其行程开关在导弹出筒后才启动程序控制器工作；

7）二级发动机反喷管隔板起爆器采用钝感火工品，实现了火工品钝感化，可避免高静电电压、安全电流大等危险因素，降低了危险程度；

8）规定了火工品的保管、贮存、运输、测试、安装等技术条件，对场地、使用设备和仪器、操作规程都有严格的技术要求及岗位责任制。

采取上述设计后，将点火火工品造成的危险可能性等级降到最低程度，风险指数降到可接受的水平。

除此之外，还对底盘、吊装、航区、网络、软件等进行了安全性分析及设计，使其危险可能性等级降到最低，风险指数达到可接受的水平。

采取上述安全设计后，使导弹武器系统各个环节的危险可能性等级降到最低，风险指数均大于 12 达到可接受的水平（1～9 为不可接受），能确保导弹在运输、总装、测试、发射和飞行过程中的安全。

（2）关键环节技术安全性分析

某型导弹武器系统危险品包括各级发动机、各类火工品及地面的弹射动力装置等。结合靶场大型试验工作流程，对各危险品关键环节的技术安全性及采取的安全性措施进行分析评估。下面以发动机为例，详见表 6 - 5。

表 6 - 5　各级发动机安全性分析

产品名称	风险指数	原因	后果	危险严重性等级	危险可能性等级
药柱	12	意外燃烧	弹毁人亡	Ⅰ(灾难的)	E(不可能)
点火药柱					
引燃药	12	意外燃烧	弹毁人亡	Ⅰ(灾难的)	E(不可能)
环形切割器	15	意外燃烧	发动机推力终止机构损坏	Ⅱ(严重的)	E(不可能)

各级发动机研制过程中均充分开展了安全性设计，所采用的几种装药均具有良好的安全性：丁羟推进剂在国内固体导弹中被广泛使用，具有良好的稳定性，在使用过程中安全性较高；6 - 3 高能烟火剂于 1978 年定型生产，作为引燃药已应用于多种发动机，安全性良好，且在弹上药量极少；黑索金炸药应用广泛，安全性良好，且在弹上药量极少。

各级固体发动机中装药的安全性特性，见表 6 - 6。

表 6 - 6　发动机装药安全性

项目	丁羟推进剂	6 - 3 高能烟火剂	黑索金
摩擦感度/%	16～26	50.2～61.6	76±8
冲击感度/%	8		80±8
发火点/℃	276～284	356～374	爆发点：230 ℃，5 s
燃烧速度/(mm/s)	8～28	12.0～13.0	约 7 000
环境试验考核	经温度、运输、振动、冲击等试验考核	经质子、电子辐照试验考核，经温度、运输、振动、冲击等试验考核	经温度、运输、振动、冲击等试验考核

发动机在靶场的工作状态包括发动机检查、半装弹测试、全装

弹测试、发射阵地测试等几种状态。

①发动机检查

在靶场技术阵地，发动机进行气密检查、分解检查、探伤等工作。为保证安全，采取了下述安全措施：

1）从工作安排上，此种状态不安装真实点火器。

2）发动机进行针对性的环境适应性设计和试验验证。研制阶段通过了温度循环试验、振动试验、冲击试验、公路运输试验等例行试验，这些条件比靶场技术阵地环境条件恶劣得多，发动机在上述各种试验条件下均安全可靠。

②半装弹测试状态

半装弹测试状态下，发动机已与相关舱段对接，且已安装保险机构，但点火器为工艺件。此时对发动机采取了如下安全措施：

1）从工作安排上，发动机不安装真实点火器。

2）保险机构进行开闭栓检查时，不对弹上设备加电，技术上不存在保险机构打开状态下弹上点爆发动机点火器的情况。

3）测试过程中，除喷管需摆动和对保险机构进行开闭栓操作外，对发动机无任何其他操作。

③全装弹测试状态

全装弹测试状态下，各级发动机已与各舱段对接，且均已安装保险机构和真实点火器。此时对发动机采取了如下安全措施：

1）保险机构采用机械保险，测试过程中，不对保险机构进行操作，不打开保险机构；保险机构处于关闭状态，隔断从点火器到发动机的通路，即使点火器意外点火，火焰也无法进入发动机，不会引起发动机意外点火。

2）发动机点火器处于短路保护状态，且不与点火电路对接。

④发射阵地测试状态

此时，整个导弹装入发射装置，参加发射阵地测试，发动机上安装有保险机构、真实点火器，且点火电路与点火器已对接。测试过程中，对发动机的操作只有保险机构开闭栓检查、点火通路检查。

此时安全措施主要有：

1）保险机构进行开闭栓检查时，不对弹上设备加电，技术上不存在保险机构打开状态下弹上点爆发动机点火器的情况。

2）弹上火工品通路的检查，确保在弹上不带电，弹上、地面四个保险栓确实“闭”好的条件下才能进行。

3）为确保点火器不意外点燃，实时监视弹上各“－H 母线”，任一误动作导致“－H 母线”带电时，立即切断弹上地面电源。

这些安全措施从技术上保证了发动机不会被误点燃。

（3）技术安全管理措施

型号导弹武器系统飞行试验靶场工作期间，需对多种危险品进行操作，需使用较高压力进行气检和充气等工作。为确保安全，除在设计上采取了有效的、详细的技术安全防护措施，还必须在操作中切实按各种安全管理规定进行操作，避免意外事故的发生。

为加强型号导弹武器系统飞行试验任务的安全管理工作，确保试验过程中参试人员、产品、设备的安全及试验工作的顺利进行，试验队按照航天科工《关于进一步加强型号飞行试验期间安全管理工作的通知》的精神要求，依据《型号大型试验技术安全管理规定》《型号大型试验技术安全管理规定（试行）》和《型号飞行试验安全监督检查规定》（QJ 3107 — 99），结合任务现场情况，制定专门的技术安全管理规定，并要求各单位在试验过程中严格按照本规定的要求，认真落实岗位责任制，做好技术安全工作。

在组织管理上，明确试验队队长为安全第一责任人，试验队成立技术安全组，并与基地等有关技术人员组成任务技术安全组，在试验领导小组的领导下，具体承担试验期间的技术安全工作。

根据实际情况，对重点环节进行重点把控。确定固体发动机分解、再装，弹头的分解、再装、测试，压力试验，火工品测试，安装火工品后的综合测试，吊装、装填、转运，装弹火工品拆下短路插头进入全集团总检查状态等为安全重点控制阶段。以火工品安全管理为例，对其技术安全管理措施要求如下：火工品必须放在专用箱内，存储在专用的库房内并应分类摆放，火工装置的存储库房应由专人保管，做到双岗双锁，领用实行留名制。火工装置的储存温湿度满足温度 0～40℃，湿度 20%～80%。火工品测试和安装，要求现场和库房区内严禁烟火，消防设施应齐全，过程中必须实行双岗制与自检、互检、专检制度，且试验队技安组进行火工品技术安全检查。测试火工品的一切电器、机械设备和工作台应有静电泄放接地装置，装置不得与避雷保护接地装置连接在一起，两种装置距离应大于 3 m。静电泄放接地装置的接地电阻不得超过 4 Ω，电起爆器的发火脚线应有短路措施，除测量、通电发火外，应一直保持短路状态。火工品在装配、测试与泄爆时，人员必须在指定技术安全区内。火工品测试的供电应设单独电源，并配以专用电连接器。火工品应有专用的测试间并要求测试间入口处应有接地导电铜棒，消防设施齐全有效，导电橡胶板接地经检测必须符合安全要求，测试间控制人员按照定岗人员名单要求，非定岗人员不能进入等。火工品操作人员必须穿戴棉质或防静电的工作服、工作帽、手套与鞋及导电手镯。测试应严格遵守操作细则或规程，并实行双岗制，凡是测试火工品都要报告，并严格执行一岗、二岗责任制，测试现场人员必须是上岗人员。必须严格管理试验期间使用的易燃、易爆等危险物品，落实专人负责，实行领导审批制度，技术安全、保卫人员做好监督检查。对使用剩余的易燃、易爆危险物品应做退库处理等。

6.2.1.5　总结

大型试验是航天工业最具特色的一项工作，科技含量高、技术状态复杂、安全风险高、涉及单位多、管理难度大，开展大型试验安全性论证能有效地对整个试验过程中的安全环节进行把控，使安全生产标准化工作取得实效，进而提升企业安全生产管理能力。

6.2.2　严格危险作业审批

6.2.2.1　背景

航天科工是导弹武器系统的研制和生产单位，在研制试验和生产加工过程中，涉及火化工作业、高处作业、吊装作业、特种作业、反向作业、临时作业、检修作业等可能造成较大人员伤害和财产损失的危险作业。为控制危险作业风险，将危险程度降到最低，航天科工在开展安全生产标准化建设的过程中，提出了实施危险作业审批的要求，依据《关于实行危险作业安全审批制度通知》（研字［2009］20号）的有关要求，遵循“不审批不作业”“谁审批谁负责”“分级审批、逐级负责”和“岗位明确、职责明确、过程明确”的原则，在每次作业前均开展危险作业审批，保证各项措施均能有效落实。

某单位在生产研制过程中，需要使用丙酮等危险化学品研制加工某种材料，应用安全工程学预先危险性分析法（PHA）对上述作业过程中可能存在的危险因素进行了分析，采用作业条件危险性分析法（LEC）对安全生产管理过程中可能存在的危险因素进行了分析，并制定了有针对性的控制措施，提高了使用丙酮研制加工该材料作业过程的安全性。

6.2.2.2 危险作业审批——使用丙酮研制加工某种材料实施过程

1）运用预先危险性分析法对使用丙酮研制加工某种材料过程的危险性进行分析，并制定相应控制措施。见表 6－7。

表 6－7 使用丙酮研制加工某种材料作业过程预先危险性分析结果

危险因素	原因	事故后果	危险等级	预防控制措施
厂房基础设施不符合防火防爆要求	1)厂房未按要求进行防火防爆设计； 2)在施工建设阶段未按防火防爆设计进行施工； 3)防火防爆设施损坏	火灾爆炸	Ⅲ	1)严格执行安全“三同时”制度； 2)作业前对防火防爆设施进行可靠性检查确认
设备、工具不符合防火防爆要求	1)购置设备或工具时未进行安全评价或分析； 2)使用不符合要求的设备或工具	火灾爆炸	Ⅲ	1)严格执行安全“三同时”和“七新”审批制度； 2)作业前对设备工具进行符合性检查

续表

危险因素	原因	事故后果	危险等级	预防控制措施
通风不畅	1)无通风设施； 2)通风设施未开启； 3)通风设施损坏	中毒 窒息	Ⅱ	1)严格执行安全“三同时”制度； 2)定期对通风设施进行检查； 3)作业前提前进行通风 10 min； 4)作业过程中保持通风； 5)安装可燃气体浓度报警仪
危险化学品性质不明	1)无安全技术说明书； 2)未进行安全技术交底	火灾 爆炸	Ⅲ	1)在购置危险化学品时，索取或编制危险化学品安全技术说明书，并向管理人员和操作人员进行安全技术交底； 2)作业前，对安全技术交底情况进行确认
危险化学品使用不当	1)未进行安全技术交底； 2)违规操作	火灾 爆炸	Ⅲ	1)危险化学品“六定”评审； 2)进行安全技术交底； 3)作业前对“六定”情况进行检查
危险化学品存储不当	1)未进行安全技术交底； 2)未核定作业现场应存放危险化学品的最大量和存储要求	火灾 爆炸	Ⅲ	1)危险化学品“六定”评审，规定允许存放的最大量和存放要求； 2)作业前对“六定”情况进行检查
作业现场超员	1)未核定作业现场允许同时在岗的人员数量； 2)未按核定人员数量控制现场人数	人员伤亡扩大	Ⅱ	1)危险化学品“六定”评审； 2)作业前对“六定”情况进行检查
作业现场有明火	1)携带火种进入作业现场； 2)防静电措施或防护不到位。 3)未进行安全技术交底	火灾 爆炸	Ⅲ	1)张贴警示标识； 2)作业前对作业现场和进入人员进行检查

续表

危险因素	原因	事故后果	危险等级	预防控制措施
进入现场未释放静电	1)未进行安全技术交底； 2)未严格执行管理规定要求	火灾爆炸	Ⅲ	1)进行安全技术交底； 2)执行进入厂房前的提醒告知
未穿戴防静电工作服、鞋进入现场	1)未进行安全技术交底； 2)未严格执行管理规定要求	火灾爆炸	Ⅲ	1)进行安全技术交底； 2)执行进入厂房前的提醒告知

2）采用作业条件危险性分析法对安全生产管理过程进行危险性分析，并制定相应的控制措施。见表 6-8。

表 6-8　使用丙酮研制加工某种材料安全管理过程作业条件危险性分析结果

危险源	可能的事故	风险评价值				风险等级	控制措施
		L	E	C	D		
管理人员或操作人员责任不明确	火灾、爆炸、中毒、窒息	3	6	40	720	Ⅰ级	1)明确各级各类人员职责，并通过教育培训、宣传、公告等方式传达至相关人员； 2)执行作业前审批； 3)明确审批原则："不审批不作业""谁审批谁负责""分级审批、逐级负责""岗位明确、职责明确、过程明确"； 4)工艺、技术、计划、安全等有关人员要参与审批
管理制度和操作规程不健全	火灾、爆炸、中毒、窒息	3	6	40	720	Ⅰ级	1)制定并完善火化工作业的管理制度和操作规程，并通过教育培训、宣传、公告等方式传达给相关人员； 2)作业前进行安全技术交底
管理人员和操作人员不具备相应安全意识和知识	火灾、爆炸、中毒、窒息	3	6	40	720	Ⅰ级	1)定期或不定期开展安全教育培训和宣传； 2)作业前进行安全技术交底

依据对使用丙酮研制加工某种材料作业过程和安全生产管理过程进行的危险性分析和制定的控制措施，实施危险作业审批，见表 6－9。

表 6－9　危险作业安全审批表

编号：××××××××

作业单位	××××	作业名称	使用丙酮制作××材料	
作业地点	××××	作业现场负责人	××××	
参加作业岗位和人员	作业岗位：研制加工材料岗；作业人员：×××、×××			
作业时间	××××年××月××日××　时始至××月××日××时止			
主要危险描述	使用丙酮研制加工过程中，如防火防爆、防静电设施不符合要求，丙酮性质不明，使用、存放不当，通风不畅，可能引起火灾、爆炸、急性中毒等；如作业现场人员控制不当，可能会扩大事故的严重程度			
	有无燃烧可能	有	有无爆炸可能	有
安全措施	1)作业人员须经过安全培训，掌握丙酮的危险性和防护措施方可上岗作业。 2)制定制作××材料作业操作规程。 3)作业人员须掌握制作××材料作业操作规程。 4)作业前对防火防爆设施性能(使用防爆型照明、防爆型的通风系统和设备)进行检查确认。 5)作业前对设备工具进行检查确认(禁止使用易产生火花的机械设备和工具)。 6)作业前提前通风 10 min 方可进入现场。 7)作业过程中保持良好通风。 8)作业前检查可燃气体浓度报警仪是否在检测有效期内。 9)对丙酮进行“六定”评审。 10)作业前对“六定”执行情况进行检查。 11)张贴“释放静电”“必须戴防毒面罩”“必须穿防护服”“必须带防护手套”“禁止烟火”等警示标识。 12)作业人员佩戴过滤式防毒面具(半面罩)、戴安全防护眼镜、穿静电工作服、戴橡胶耐油手套等用品。 13)存放室温不宜超过 29 ℃，储区应备有泄漏应急处理设备和合适的收容材料。 编制人(签字)：×××			

续表

班组意见	已向作业人员进行技术安全交底		
	明确现场定岗、定员、定量		
	人员、设备（工具）、产品、工装（吊具）、场所、设施、安全防护（监控）装置等满足作业安全要求		
	其他影响作业安全的隐患和问题：		
	班组长（签字）：		
车间（科室）意见	已对班组检查落实意见逐项复查		
	其他影响作业安全的隐患和问题：		
	车间（科室）主任（签字）：		
工艺部门意见	（签字）：	技安部门意见	（签字）：
单位技术负责人意见	（签字）：		
单位领导意见	（签字）：		
备注			

6.2.2.3　应用效果

通过危险作业审批，有效地控制了丙酮使用过程中存在的风险，避免了火灾、爆炸、中毒等事故的发生，符合安全生产标准化建设的相关要求，确保了职工的人身安全及科研生产活动的顺利进行。

6.2.3　作业现场实施定置管理

6.2.3.1　背景

航天科工是导弹武器系统的研制和生产单位，各类厂房、料场、库房、车间、试验室、设备、公共设施繁多，同时还存在着多家单位共用一个厂房和库房的现象，同一厂房存在多种作业，同库房存放着多家单位的物质等情况。为消除事故隐患、保障员工的人身安全和科研生产正常进行，航天科工使用安全检查表法对厂房环境存在的危险源进行了分析并提出了定制化管理的要求。在全集团广泛应用和推广，使各类厂房、车间、库房、试验室等布局更为合理，现场布置更加规范、有序和安全，确保了科研生产的顺利进行。如图6－10所示。

图6－10　元器件可靠性试验间定置化管理

6.2.3.2　某元器件可靠性试验间实施定置化管理

运用安全检查表法（SCL）对元器件可靠性试验间环境存在的危险源进行分析，见表6－10。

表6－10　元器件可靠性试验间环境安全检查表

序号	检查项目	检查结果
1	是否将有害作业和无害作业分开布置	
2	试验间是否有足够的人员活动空间	
3	地面是否平坦，是否有障碍物或绊脚物	

续表

序号	检查项目	检查结果
4	现场是否漏雨,地面是否有积水、积油	
5	现场垃圾杂物是否定置存放,是否及时清理	
6	现场放置的设备、工量具、试品等,是否摆放在应该的位置并在黄线标示内	
7	现场设备、工量具或试品等,摆放不得占用安全通道	
8	设备间的设备是否有足够安全间距,并能够满足操作、维修、保养的需要	
9	配电柜(箱)等是否完好,且不被遮挡	
10	现场消防设施是否在使用有效期内,且定置摆放,周围 1 m 不得存放物品,且不得遮挡消防设施	
11	现场采光是否充足	
12	应急照明和安全指示标识是否齐全、完好、有效	

6.2.3.3 应用效果

通过实施作业现场定置化管理，有效地排除了因布局不合理、作业现场乱摆乱放等带来的危险，同时改善了工作环境，提升了作业岗位的安全性，满足了员工的安全需求，员工素养得到不断提高，符合安全生产标准化建设的相关要求，为员工的人身安全和科研生产活动的顺利进行提供了有力的保障。

6.2.4 做好“七新”安全管理，确保风险受控

6.2.4.1 背景

随着航天科学技术的发展和科研生产的实际需求，“七新”的作业活动越来越多，随之带来新的危险有害因素有所不同，安全作业风险程度也不断增加。做好源头安全综合管理，是行业发展的需求，也是广大员工对作业环境安全、舒适度不断提高的要求。航天科工的安全生产发展战略为“依靠科技兴安，实现本质安全”，针对研制、生产、试验过程中技术性高、风险较大等特点，在安全生产标准化达标实施过程中进一步规范了“七新”的技术安全管理要求。

6.2.4.2　以某新装置应用安全检查表法对生产试验过程的危险性进行分析

某单位由于科研生产用房比较紧张，计划在长 8700 mm、宽 5500 mm、高 4200 mm 的平房内安装一套真空环境模拟装置。真空环境模拟装置是满足辐射计专项试验的设备，它由真空抽气机组、试验容器、数据采集处理系统、液氮储气装置及其他特殊需求的装备所组成（如图 6－11 所示）。原方案拟采购一个直径 2000 mm、长度 2400 mm 的真空装置，在图 6－12 中左边或者主场低空位处安置 1～2 个有效容积 500 L 或者 1000 L 的低温液体（液氮）储藏设备，以维持－180 ℃的低温连续工作时间大于 24 h。该单位安全管理人员应用安全工程学的评价方法，进行了分析，提出了原有方案存在一定的安全隐患，如：场地间距问题、压力容器管理要求、安全电压和噪声控制等方面，经过技术人员的反复测算，修正了原有方案。

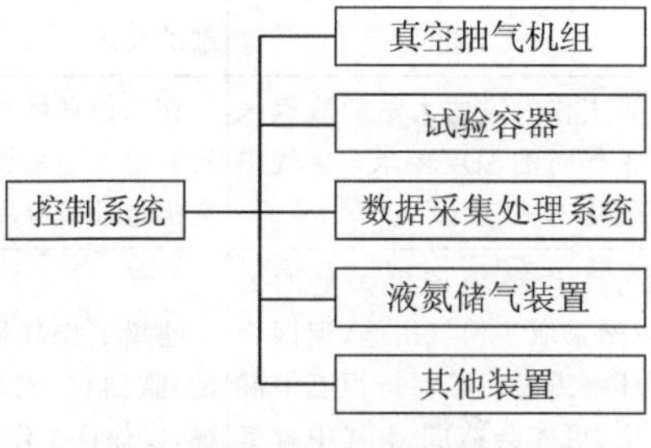

图 6－11　真空模拟装置组成示意图

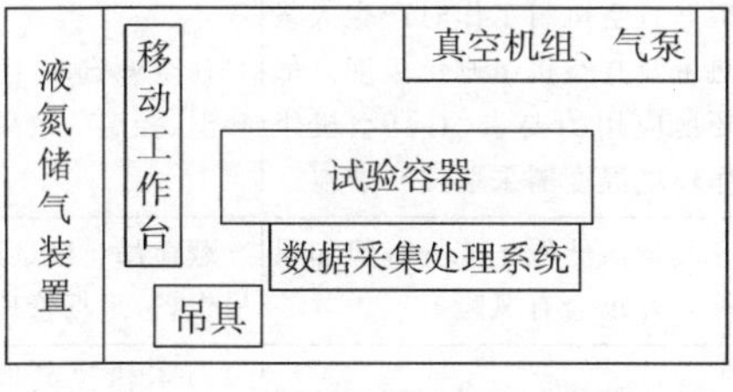

图 6－12　真空安装场地示意图

在方案确认前，聘请 5 位安全专家（含压力容器专业人员）组织召开了专项安全评审会，专家组成员对真空模拟装置的安装场地进行了严格查看，针对真空模拟装置的设计方案，应用安全检查表法，识别了作业过程中存在的危险有害因素，并提出了9个方面的改进建议，详见表6-11。

表6-11　真空模拟装置的安装场地安全专项评审意见

序号	项目	主要危险因素分析	控制要求及建议
1	现场布局	真空机组距场地墙壁过近，因为方案报告示意图中该处进出门的设置位置亦是检测维修真空机组时必须通经之处	真空机组与邻近墙壁的距离不得小于800 mm，将该真空机组进出门从现在设计位置改到北边靠墙东西向开门
2	噪声控制	真空机组区域噪音大，在考虑采取噪音墙降低噪音措施的同时，该门也得同时采取噪音降低措施	隔音墙材料选择：普通隔音墙材料只能起到隔音2～5 dB的效果，但如果选择“吸音棉”隔音墙材料能起到隔音30～40 dB的效果。这样的话，如果真空机组启动或者工作时噪音在70～80 dB，就能达到工作环境噪音限制的要求
3	通风	因为工作时需要大量的液氮来维持工作时的温度要求，空气中会有气化的氮气	在工作环境与真空机组区域都需要安装换气扇来保证工作人员环境与真空机组环境温度的要求
4	监控	因为工作环境产生大量的氮气，虽然采取了换气措施，但因为工作环境需要尽量保持恒温恒湿的要求，可能会造成 空气中含氧量低	建议工作环境安装空气质量（含氧量）监测仪，对空气含氧量等进行监视，以保证工作人员的安全
5	环境温度	根据真空机组工作时产生大量的热量及真空机组避免极度高低温环境应用的要求，对真空机组工作环境温度需采取控制措施	在空调选取上，应该注意起到实际降温、控温的效果
6	吊具	载质量虽然低于0.5 t，但如果不符合要求会有风险	载荷吊车应选用国家正规厂家的起吊设备，现场管理应符合要求
7	液氮储藏罐租赁管理	因为液氮储藏罐属于正压储藏设备，按国家标准需要定期进行性能正常性检测	1）不建议采取租赁形式使用该类设备； 2）按照压力容器的管理要求采购、管理液氮储藏罐

续表

序号	项目	主要危险因素分析	控制要求及建议
8	材料要求	选材及部件如不符合要求，会对后期使用带来安全及管理问题	真空模拟装置的协作厂家提供包括真空罐板材符合国家行业标准的合格生产证、检验报告、关键件（如真空泵等）等资格证明
9	作业人员	液氮如发生泄漏等情况，对作业人员可能造成伤害	考虑工作人员的安全性问题，建议采取人机隔离措施，以免发生真空设备极端情况下的安全问题

通过安全专项评审，设计人员再次修改方案，最终确定真空模拟装置的安装场地符合安全要求，如图 6－13 所示。

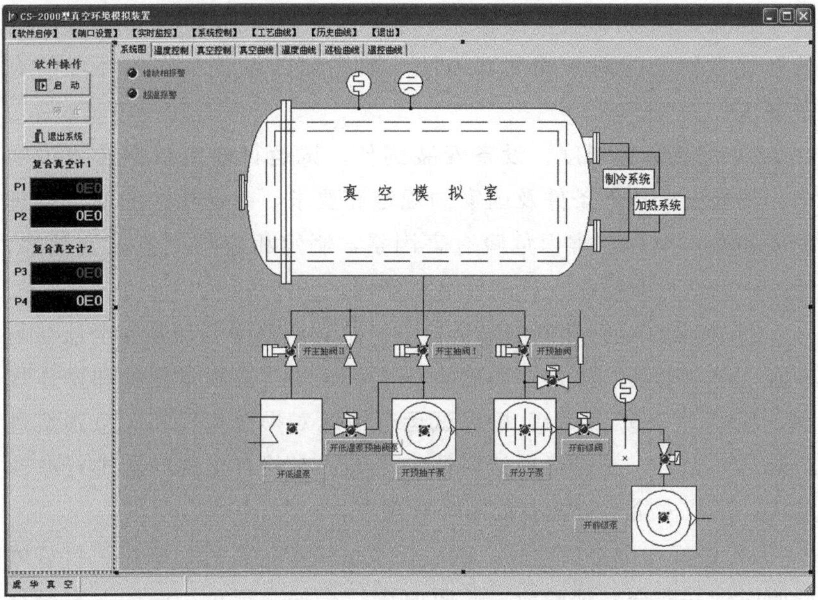

图 6－13　真空模拟装置运行系统示意图

方案确认后，该单位安全管理人员参加了方案的最终审查，首先查看了设计方案有无变化，如有变化，对方案的变化情况进行分析，确认变化内容对安全措施方案有无影响，如有影响要制定相应的安全技术措施，并落实到方案设计中去；更重要的是，要逐一检查安全专项评审中提出的控制要求和建议的落实情况是否在设计中得到体现，如没有得到体现应查找原因，提出对后期的安全管理会有哪些影响，并提出有效的改进意见和控制措施。当设计方案与安全专项评审时的设计方案改变较大时，如真空装置体量变大、安装地点变化、周边设施变化、设备间距变化等，应重新组织开展安全专项评审，重新制定安全控制措施。

6.2.4.3　做好验收把关，保证安全技术措施的落实

1）做好培训教育。设备安装完成后，聘请专业人员对有关人员进行培训，熟悉系统的安全要求及技术指标，熟悉设备的操作程序和安全注意事项，熟悉、掌握真空环境模拟装置和液氮储气装置异常情况的判断和处理方法，熟悉辅助设备及作业环境的有关要求。

2）完善管理制度。设备安装到位，试运行前应根据技术说明书、场地安全技术条件及国家的规定和要求，制定相应的安全管理制度和操作规程，辨识危险有害因素，制定相应的应急处置预案，经审核确认后对操作人员进行宣贯培训。

3）加强试运行期间的安全检查。试运行期间要加强安全监督与检查，对“七新”项目要明确责任人，有效落实规章制度和操作规程，杜绝“三违”行为；根据试运行情况对操作规程和应急预案进行修订和完善，并进行模拟演练和培训，对检查出的问题进行整改落实，形成安全监督检查的闭环管理。

4）做好安全专项验收。试运行或试生产正常后，应在项目整体验收时做好安全专项验收，验收时应结合安全评价、设计方案检查安全技术措施是否落实到位、安全装置是否符合要求，安全技术指标是否符合国家标准要求。《CS－2000 型热真空模拟试验系统》安全验收关注的指标为项目有关的内容，见表 6－12。

表 6－12　安全专项验收检查表

序号	项目	指标要求	实测	结论
1	设备启动噪声	＜82 dB(测试点距离设备 1 m 处)	＜　dB	□符合 □不符合
2	设备稳定运行噪声	＜65 dB(测试点距离设备 1 m 处)	＜　dB	□符合 □不符合
3	设备整体状态	符合要求,运行正常		□符合 □不符合
4	通风换气	排风扇安装及风量符合要求		□符合 □不符合
5	氧气含量监测仪	数量满足要求、运行正常		□符合 □不符合
6	电气设施	符合《安全生产标准化考核评级》要求		□符合 □不符合
7	安全通道及间距	符合《安全生产标准化考核评级》要求		□符合 □不符合
8	医疗急救箱	符合作业现场应急需求,在有效期内		□符合 □不符合
9	低温防护手套	符合使用要求		□符合 □不符合
10	防噪音耳罩	符合使用要求,合格产品		□符合 □不符合
11	压力容器	资料齐全、附件齐全、管道安装规范		□符合 □不符合
12	手动葫芦	资料齐全、载重标识清楚、设备正常		□符合 □不符合
13	规章制度	设备操作规程、应急预案齐全		□符合 □不符合
14	人员资质	特种设备作业人员持证上岗		□符合 □不符合
15	人员培训要求	使用新设备的人员接受了相应的专业培训		□符合 □不符合

验收组长：　　　　验收人：　　　　　　　　　　年　　月　　日

6.2.4.4 应用效果

综上所述，对“七新”项目的前期安全论证和安全评审，实现了安全技术措施的落实，取得了良好收效，真空模拟装置安装场所和设备装置符合《安全生产标准化考核评分细则》（Q/QJB 147B — 2014）和《工业企业设计卫生标准》（GBZ 1 — 2010）相关要求，真空模拟装置安装场所的环境温度、氧含量和设备监控手段符合安全要求，在实际运行中能够有效控制系统风险。因此，对“七新”项目进行前期安全论证与评审是非常必要的，是从项目“设计源头”“预防入手”把好安全关，是有效实现设备设施的本质安全的重要手段。

安全无小事，项目无大小，无论是什么项目，只要是带来了新的危险有害因素，就必须进行危险有害因素辨识和安全评审。要做好“七新”项目的安全管理，就要做到预防为主、责任到位、管控到位、措施到位，才能预防安全生产事故，才能保障科研任务顺利进行，才能实现“科技兴安、本质安全”。

6.3 火工品研制生产单位典型经验、方法介绍

航天科工火工品研制生产单位是指固体推进剂、引信等研制、生产、试验单位，目前航天科工将火工品研制生产单位列为危险性最高的A类单位。航天科工高度重视火工品研制生产单位的安全管理工作，通过开展安全传感器工程，对危险点和重大危险源监控，建立安全生产状况及发展趋势的预警系统等措施，降低火工品研制生产单位的安全风险，保障科研、生产、试验的安全平稳进行。

在此重点介绍航天科工火工品研制生产单位危险点管理情况。

按照《危险化学品重大危险源辨识》（GB 18218）中的定义，危险点是指“在科研、生产、试验和经营过程中可能发生事故（包括急性中毒）并能造成人员死亡或重伤的设备、设施和生产、使用、贮存危险物品的单元”。加强危险点和重大危险源监控管理

一直是行业和航天科工安全生产监督管理的重点工作。2008 年，新版航天行业标准《危险点控制管理规定》（QJ 2867A）颁布实施，在标准中对航天行业“危险点的辨识和评价，危险点管理，检查、维护和监控，事故应急救援，危险点的信息积累和反馈”等内容进行了明确规范。同时，航天科工安全生产系列管理制度中也对危险点管理提出明确要求。如《中国航天科工集团公司安全生产管理规定》第 5 章“危险点与危险作业涉及危险点管理内容”就有 8 条。如：“第二十九条危险点是安全生产管理的重点。按照危险点控制管理规定和易燃易爆危险点分级管理要求，危险点分为Ⅰ、Ⅱ、Ⅲ级。Ⅰ级由院、基地、直属单位、公司及该危险点所在的单位重点控制；……”；“第三十条各单位应建立危险点管理制度和档案，对查出的隐患和问题应及时跟踪检查，落实整改。各级主要负责人和主管安全生产负责人应对本单位的危险点进行定期检查，并做好记录”；“第三十一条危险点应悬挂危险点警示标志牌，标明危险点的名称，明确责任单位和负责人”及“制定应急预案”等内容。

基于以上标准和管理规定要求，在《安全生产标准化考核评分细则》（Q/JB 147B）标准中“1.26 危险点和重大危险源监控”涉及内容共 6 项，包括建立健全危险点和重大危险源管理制度，规范危险点及重大危险源的辨识、评审分级、登记建档、备案、变更、撤销、标识、检查、监控与管理。按标准辨识、评估危险点和重大危险源，及时登记建档，制定分布图，并按规定备案。单位主要负责人应每年对所有危险点至少进行一次安全检查。制定危险点及重大危险源安全技术和管理措施。及时对发生变化的危险点及重大危险源进行更新和调整。标识规范、齐全等，共计 6 分。

因此，基层单位要紧扣有关要求，准确、科学、系统开展本单位的危险点系列管理活动，规范危险点的管理。

(1) 运用作业条件危险性分析法（风险值＝LEC），准确评定各级危险点

依据《危险点控制管理规定》(Q/QJ 2867A)，应采用有效方法针对危险源、危险点进行准确评定。针对单位科研生产、试验性质，运用作业条件危险性分析法对各危险作业场所进行评定，并依次确定各级危险点。采用K·J格莱姆打分法确定危险点等级的标准：可能造成两人以上（包括两人）死亡或危险性数值 $D \geqslant 160$ 的设备、设施和作业场所为Ⅰ级危险点；可能造成死亡、多人重伤或 $160 > D \geqslant 70$ 的设备、设施和作业场所为Ⅱ级危险点；可能造成重伤 $70 > D \geqslant 20$ 的设备、设施和作业场所为 Ⅲ级危险点。

经航天科工及院审定，现有危险点情况见表6-13。

表6-13 危险点情况

序号	单位	危险点名称	等级	危险点位置	编号
1	×××	固体发动机装配厂房A	Ⅰ级	06区	A01
2	×××	固体发动机装配厂房B	Ⅰ级	06区	A02
3	×××	点火器生产装配厂房	Ⅰ级	06区	A03
4	×××	固体发动机试车台	Ⅰ级	06区	A04
5	×××	油库	Ⅰ级	08区	A05
6	×××	火工品周转库A	Ⅰ级	06区	A06
7	×××	火工品周转库B	Ⅰ级	06区	A07
8	×××	发动机周转库	Ⅰ级	06区	A08
9	×××	固体发动机装配厂房	Ⅰ级	×××基地	A09
10	×××	固体发动机无损检测厂房	Ⅰ级	06区	A10
11	×××	×××试验台	Ⅱ级	08区	B02
12	×××	点火器试验厂房	Ⅱ级	06区	B03
13	×××	×××综合试验台	Ⅱ级	08区	B04
14	×××	×××工厂试验台	Ⅱ级	08区	B05
15	×××	×××试验台	Ⅱ级	08区	B06
16	×××	×××试验台	Ⅱ级	08区	B07

续表

序号	单位	危险点名称	等级	危险点位置	编号
17	×××	×××试验台	Ⅱ级	08 区	B08
18	×××	×××试验台	Ⅱ级	08 区	B09
19	×××	×××基地试验区	Ⅱ级	×××试验区	B10
20	×××	×××试验台	Ⅲ级	06 区	C05
21	×××	剪板机	Ⅲ级	包装产品分公司	C06
22	×××	剪板机	Ⅲ级	×××车间	C07
23	×××	冲床、剪板机	Ⅲ级	×××车间	C08
24	×××	射线检测厂房	Ⅲ级	08 区	C09

建立危险点平面分布图（此图省略），制定危险点审定登记表如图 6－14 所示。

危险点审定登记表

单　位	×××所	填报日期		填报人	×××
危险点名称	×××燃料动力站	所在部门	×××	审定等级	一级

危险性质：

该场所主要作为试验区燃料供给厂房，该厂房还暂时存放试验过程产生的废航空煤油、废酒精，并按类分别存放。厂房定员共 5 人，设备操作人员 3 人，燃料供给 2 人。厂房定量航空煤油 20000Kg，酒精 20000Kg；存在火灾爆炸危险。

危险等级计算：

根据 K．J 格莱姆打分法计算：

L=1；　E=6；　C=40

D=L×E×C= 1×6×40=240

D>160，确定为一级危险点

填报单位意见：

同意按一级危险点申报。

年　月　日（章）

审定单位意见：

同意

年　月　日（章）

危险点审定登记表

单　位	×××所	填报日期		填报人	×××
危险点名称	×××发动机试车台	所在部门	×××	审定等级	二级

危险性质：

该场所位于×××试验区 ，试验台除发动机试验设备外，厂房外东南侧还配有容量 $20M^3$ 液氧储罐1台，用于×××试验。该试车台设置试验主管3人，测量系统操作人员5人，设备操作人员3人，火工品操作人员8人（试验用火工品安装）。危险品种类：固体复合推进剂，定量500Kg，存在火灾爆炸危险。

危险等级计算：

根据K．J格莱姆打分法计算：

L=1； E=6； C=15

D=L×E×C= 1×6×15=90

70≤D<160，确定为二级危险点

填报单位意见：

同意按二级危险点申报。

年　月　日（章）

审定单位意见：

同意

年　月　日（章）

危险点审定登记表

单　位	×××所	填报日期		填报人	×××
危险点名称	×××发动机试车台	所在部门	×××	审定等级	三级

危险性质：

该场所位于×××试验区 ，主要用于×××试验。该试车台设置试验主管2人，测量系统操作人员5人，设备操作人员3人，火工品操作人员2人（试验用火工品安装）。场所主要存在火灾、起重伤害危险。

危险等级计算：

根据K．J格莱姆打分法计算：

L=3；E=1；C=7

D=L×E×C= 3×1×7=21

20≤D<70，确定为三级危险点

填报单位意见：

同意按三级危险点申报。

2015年 9 月　日（章）

审定单位意见：

同意

年　月　日（章）

图 6－14　危险点审定登记表示意图

（2）建立危险点管理制定，严格危险点管控

根据单位危险点的审定情况，《安全生产标准化考核评分细则》(Q/JB 147B）及职业健康安全和环境管理体系要求，建立了《危险点控制管理规定》，如图 6－15 所示。在制度中明确了相关管理要求：危险点的划分审定、危险点管理要求、人员要求等，根据这些管理要求，对危险点进行建档、备案、变更、撤销、标识、检查、监控与管理。

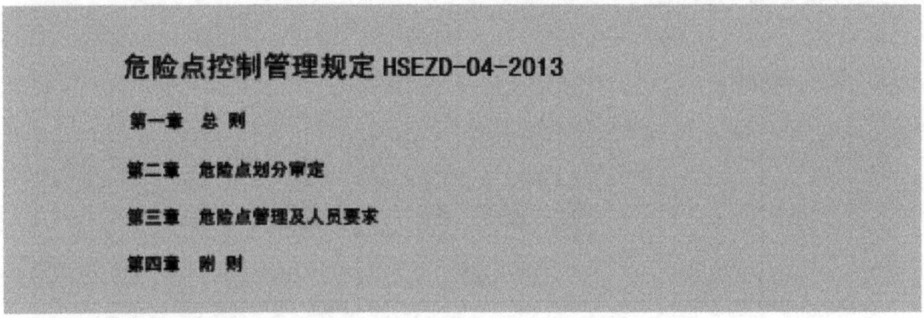
危险点控制管理规定 HSEZD-04-2013

第一章　总 则

第二章　危险点划分审定

第三章　危险点管理及人员要求

第四章　附 则

图 6－15　《危险点控制管理规定》示意图

（3）完善危险点档案

危险点档案内容包括：危险点控制管理卡片，危险点管理责任书，危险点部位照片，危险点平面位置图，危险点作业人员名单，特种设备及安全附件情况，规章制度登记表，安全检查及信息反馈示意图。如图 6－16～图 6－18 所示。

（4）严格危险点的监督检查

制定了专门的危险点安全检查表格，使危险点的安全检查符合下列要求：

1）单位主要负责人每年至少对本单位的所有危险点进行一次现场安全检查。

2）Ⅰ级危险点，厂、所领导每季度至少进行一次检查，车间或部门领导每月至少检查一次，班组长每周至少检查一次，作业人员负责按规定做好每作业日的检查及巡查工作；Ⅱ级危险点，厂、所领导每季度至少检查一次，车间或部门领导每月至少检查一次，班

组长每周至少检查一次，作业人员应负责按规定做好每作业日的检查及巡查工作；Ⅲ级危险点，车间或部门领导每月至少检查一次，班组长每周至少检查一次，作业人员负责按规定做好每作业日的检查及巡查工作。

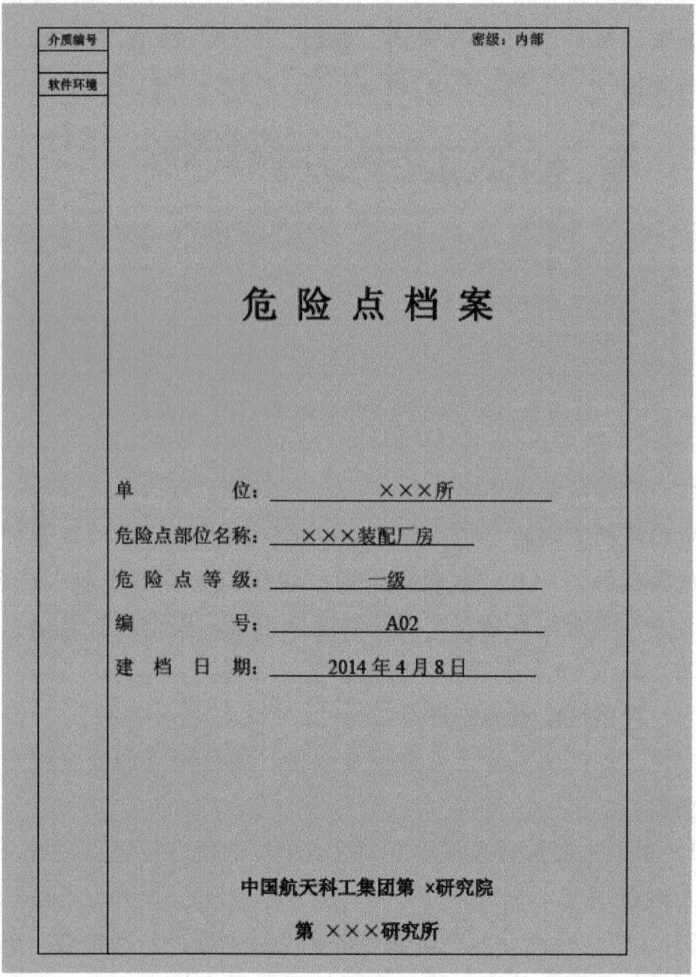

介质编号

软件环境

密级：内部

危险点档案

单　　　　位：×××所

危险点部位名称：×××装配厂房

危 险 点 等 级：一级

编　　　　号：A02

建 档 日 期：2014年4月8日

中国航天科工集团第 ×研究院

第 ×××研究所

图6-16　危险点档案示意图

危险点控制管理卡片

单位	×××所	填报日期		填报人	×××
危险点名称	×××发动机装配厂房	所在部门	×××	危险等级	一级

危险性质：

该厂房位于×××，该厂房主要从事固体火箭发动机总装、喷漆作业，存在火灾、爆炸危险。

危险源：固体复合推进剂

危险性质：主要为火灾、爆炸

定员：9 人

定量：5000Kg

危险等级计算：

根据 K. J 格莱姆打分法计算：

L=1；　E=6；　C=40

D=L×E×C= 1×6×40=240

D>160，确定为一级危险点

填报单位意见：

同意按一级危险点申报。

年　月　日

审定单位意见：

详见三院《关于三院 2014 年危险点审定结果的通报》 院生[2014]　×××号

2014 年 4 月 8 日

图 6－17　危险点控制管理卡片示意图

3）作业人员负责日常管理和检查、巡查。对各类检查和监控中发现的问题，应及时处理或上报。

4）安全生产主管部门根据本单位危险点的具体情况（如危险点等级、设备、设施特点和隐患情况等）定期组织安全监督检查、专业检查和重点抽查等。

5）在各级、各类检查中，检查人员应按要求认真检查，并做好检查情况记录，填写相应的安全检查表（如图 6－19 所示），对于检查中发现的隐患和问题，应及时采取措施，限期整改；对一时难以整改的隐患和问题，应及时上报并采取临时性防范措施。做好危险点安全检查留名记录，并保存。

危险点安全管理责任书

兹确定 ×××发动机装配厂房 **为** 一 **级危险点，其安全生产管理由单位第一责任人全面负责。**

危险点名称：×××发动机装配厂房　**级别：**一级　**编号：**A02

所在部位：×××××　**危险性质：**　火灾　爆炸

管理内容：

依据《危险点控制管理办法》相关管理要求；科研生产、试验过程中杜绝“三违”行为；涉及易燃易爆场所严格执行“三定”要求；按规定对危险点定期进行安全检查；防止意外火灾、爆炸事故；每年组织安全生产事故应急救援预案演练。

厂、所第一负责人	车间（处、室）第一负责人	班组第一负责人

图 6－18　危险点安全管理责任书示意图

6）对检查中发现的各种问题和隐患及时下发“隐患整改通知单”，单位和现场责任人应及时采取相应的措施，限期整改，消除隐患。

<table>
<tr><th colspan="5">×××危险点安全检查表</th></tr>
<tr><td>单 位</td><td colspan="2">×××</td><td>单位责任人</td><td>×××</td></tr>
<tr><td>危险点名称</td><td colspan="2">固体发动机装配厂房</td><td>危险点位置</td><td>06 区</td></tr>
<tr><td>危险点级别</td><td colspan="2">一 级</td><td>危险点性质</td><td>火灾爆炸</td></tr>
<tr><td>检查日期</td><td colspan="2">20 年 月 日</td><td>危险点编号</td><td>A01</td></tr>
<tr><td rowspan="3">参加安全检查人员</td><td>领 导</td><td colspan="3"></td></tr>
<tr><td>机关人员</td><td colspan="3"></td></tr>
<tr><td>单位人员</td><td colspan="3"></td></tr>
<tr><td rowspan="2">安全检查内容</td><td>制度落实情况</td><td colspan="3">是否签订安全管理责任书 □
岗位安全职责是否清楚 □
规章制度、操作规程是否健全 □
有无事故应急救援预案 □
安全检查制度是否落实 □
危险作业制度是否落实 □
（符合要求打√ 不符合要求打×）</td></tr>
<tr><td>现场安全落实情况</td><td colspan="3">有无危险点标识 □
安全通道是否畅通 □
消防器材是否齐备完好 □
物品摆放是否整齐 □
定员、定量是否符合规定 □
危险作业是否符合规定 □
其他问题：
（符合要求打√ 不符合要求打×）</td></tr>
<tr><td>存在的问题</td><td colspan="4"></td></tr>
<tr><td>整改完成情况</td><td colspan="4">签字：</td></tr>
<tr><td colspan="5">被查单位领导签字：</td></tr>
</table>

图 6－19　×××危险点安全检查表示意图

7）危险点的有关检测应符合安全要求：危险点设备用检测仪器、仪表和工具应齐全完好，在检定周期内合格有效；危险点作业用设备、设施和安全防护装置应进行经常性维护、保养，并定期检测，保证正常使用；维护、保养和检测应作记录，并由有关人员签字；危险点设备、设施的接地电阻和避雷装置应定期检测并合格，保证完好、有效。

8）危险点安全标识齐全，并应符合《安全色》（GB 2893）、《安全标志及其使用导则》（GB 2894）的规定；标识牌的尺寸、内容应符合《易燃易爆危险点分级管理要求》（GJB 6219）附录C的相关规定。各类危险点均应在醒目位置悬挂安全标志和危险点标识牌。当危险点情况发生变化时（如危险点等级、安全责任人等）应及时更新危险点标识牌。

（5）编制各级危险点专项应急预案，认真组织开展应急演练工作

按照航天科工安全生产管理规定和安全生产标准化标准，各级危险点均制定了安全生产专项应急预案，针对危险点存在的危害因素和应急特点，制定针对性的处置措施，如图6－20所示。应急预案和应急处置措施切实符合实际状况，并每年定期开展应急演练工作。一方面强化应急救援预案的实际操作和应对能力，同时根据演练实际情况，完善预案，确保其有效，在应急管理过程中切实发挥作用。

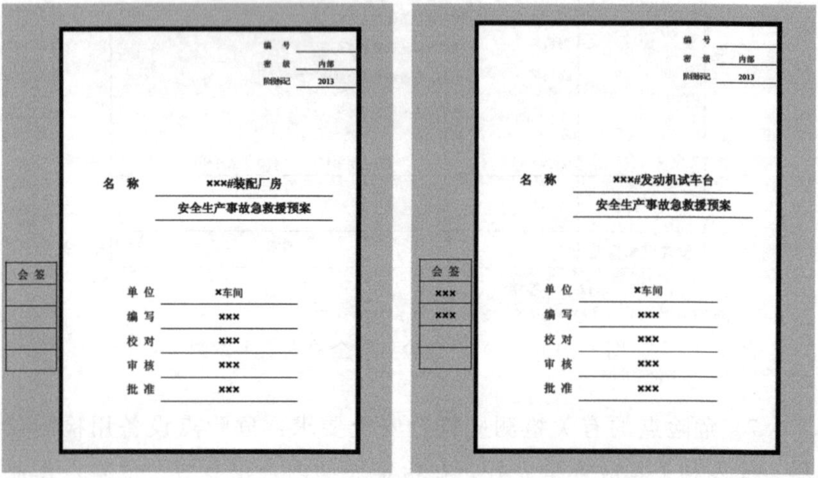

图6－20　安全生产事故急救援预案示意图

总之，各级危险点应严格按照有关管理规定和标准，通过准确评价、完善制度、严格管理、监督检查，以及危险因素进行有效辨识与控制，来降低安全风险。在安全生产标准化建设工作中，应按

照有关要素开展相关工作，使其满足标准要求。危险点的管理核心是落实责任部门和责任人、加强安全管理培训教育、落实安全检查制度、实现作业过程安全管控，实施动态管理，确保安全运行。

6.4　建筑施工单位典型经验、方法介绍

目前，国内建筑施工行业具有较高的危险性，国家安监总局将建筑施工行业列入五大高危行业。航天科工下属建筑施工单位统一划归中国航天建设集团有限公司管理，并将建筑施工单位列为B类单位，在危险程度上仅次于A类火化工品研制生产单位。航天科工对危险有害因素管控极为重视，施工现场工具式防护措施应用比较广泛，在多年的安全生产实践中已形成了具有航天特色的安全文化。近年来，航天科工的建筑施工行业安全生产形势较为稳定，未发生重伤及以上生产安全事故。以下从3个方面进行介绍。

6.4.1　建立重大危险源辨识与评估机制

危险有害因素辨识与评价是重要的安全技术之一，运用该项技术可以对建设工程施工生产和经营管理全过程存在的各种危险源进行系统化、规范化辨识、评价、分类，是采取不同的措施实施管理的基础，不能正确进行危险源识别评价就不能有效地对危险有害因素实施安全管控。因此，建立危险有害因素的辨识与评价，特别是重大危险源的辨识与评价机制，是建设工程施工安全管理的必要条件。

建设工程施工企业具有劳动密集型行业特点，从业人员的文化水平、科学技术知识总体不高。管理人员具有一定的文化和专业素质，但安全工程专业知识相对贫乏；作业人员基本为农村劳动力，对于施工中存在的危险有害因素认知更是缺失；建设施工活动的流动性和露天作业特点是导致危险有害因素识别难度加大的主要原因。建设工程施工企业必须制定危险有害因素辨识、评价、分类与管理的办法和程序，并应深入宣传贯彻，掌握危险有害因素辨识与评价技术，才能做好后续安全生产管理工作。

建设工程施工危险有害因素分布于分部分项工程施工和作业、经营管理活动、施工生产经营管理场所涉及的人、机、料、法、环等要素中。其中建设工程生产施工场所、设备、设施及危险物品的使用、存储、搬运、加工存在的潜在危害可能发生群死群伤事故，重大机械设备事故会造成重大不良社会影响。建立危险有害因素辨识、风险评价和风险控制程序，运用投入产出过程分析方法，找出导致事故发生危险的有害因素；对易燃易爆危险因素采用火灾爆炸指数法进行风险评价，其他危险作业采用作业条件危险性评价法进行风险评价。同时，将构成建设工程施工重大危险源的危险性较大的分部分项工程、危险点和危险作业采用危险有害因素辨识和危险、风险评价表（表 6－14)、重大危险源告知牌（表 6－15)、重大危险源全周期跟踪管理控制表（表 6－16)，对危险性较大的分部分项工程、危险点和危险作业实施专项安全管理，进行分级分类、重大危险源监控、登记建档备案、制订专项应急预案和现场处置预案，并实施全过程跟踪、监控和撤除销项管理，告知从业人员采取预防、应急措施，制定并落实重大事故防范安全管理措施，从施工方案策划（方案编写、审批)、实施（措施落实)、检查（检查监测)、处理（整改闭环管理）等方面有效地开展安全防范。

表 6－14 危险有害因素辨识和危险、风险评价表

序号	危险源名称	危害因素	可能导致的事故	可能导致的职业病	状态			评价方法				危险等级	风险等级
								作业条件危险性评价法					
					正常	异常	紧急	L	E	C	$D=L\times E\times C$		

表 6-15　重大危险源告知牌

工程名称：　　　　　　　　项目经理：　　　　　　　　安全负责人：

序号	重大危险源 作业活动名称/部位	发生场所 部位及时段	危险因素	可能导致的 事故	防范及控制 措施

紧急联系人：　　　　　　　　　　　　电话：

表 6-16　重大危险源全周期跟踪管理控制表

重大危险源 名称和等级		重大危险源审定 等记日期		重大危险源 形成日期	
重大危险源 备案立项日期		重大危险源 启用时间		重大危险源 撤除消项日期	
重大危险源 验收					
重大危险源 生产施工情况					
重大危险源 危险运行控制					

通过危险源辨识、编制风险评价表、不可容许风险清单、重大风险清单等系列安全检查表，抓住产生作业危险有害因素的部位和环节，对危险性较大分部分项工程、危险点和危险作业等重大危险源，实施全过程跟踪监控和撤除销项管理，从 P（策划）、D（实施）、C（检查）、A（处理）4 方面有的放矢地开展了安全防范实施

安全管控，方便了各级管理人员开展工作，实现了系统规范标准化管理，杜绝了重大安全生产事故发生，显著降低了一般事故发生率。

6.4.2　施工现场工具式防护应用

建筑施工现场绿色、安全、文明、标准化施工是创建企业品牌的重要抓手，而施工现场工具式防护的应用则是对绿色、安全、文明、标准化理念最好的诠释，其不仅使我们节约人力、物力、财力资源，也可以大大提高工作效率，有效地促进施工现场本质安全度的提升。以下是施工现场工具式防护应用举例。

1）基坑临边、区域隔离工具式安全防护，见表 6-17。

表 6-17　基坑临边、区域隔离工具式安全防护

类型	固定工具式安全防护，如图 6-21 所示	可移动工具式安全防护，如图 6-22 所示
使用部位	1)施工现场基坑临边； 2)样板展示、安全体验区； 3)办公、生活、施工区等	1)办公、生活、施工区等； 2)现场人施工道路两侧； 3)场区材料加工及堆放区域
主要用途	1)场区区域划分； 2)基坑临边防护	1)场区区域划分； 2)区域警示隔离
主要材料	1)50 mm 方钢制作立柱； 2)30 mm 方钢制作边框； 3)底色为科工蓝安全警示喷绘	1)30 mm 方钢制作； 2)底色为科工蓝安全警示喷绘
警示颜色	1)基坑临边采用红白色相间油漆； 2)其他部位采用黄黑色相间油漆	采用黄黑色相间油漆

图 6-21　固定工具式安全防护

图 6-22　可移动工具式安全防护

2）工具式钢筋加工防护棚，见表 6-18。

表 6-18　工具式钢筋加工防护棚

类型	固定工具式钢筋加工防护棚，如图 6-23 所示	可移动工具式钢筋加工防护棚，如图 6-24 所示
使用部位	1)施工现场加工作业区域； 2)地下室顶板加工作业区域	1)现场固定工具式安全防护附近； 2)基坑垫层上加工作业区域； 3)楼层上加工作业区域
主要用途	1)防止作业人员遭受物体打击伤害； 2)防止机械加工设备暴晒和雨淋	1)防止作业人员遭受物体打击伤害； 2)防止机械加工设备暴晒和雨淋
主要材料	1)150 mm 方钢制作立柱； 2)50 mm 方钢制作上部支架； 3)50 mm 厚木板双层防护； 4)安全警示喷绘	1)150 mm 方钢制作立柱； 2)10 mm 厚钢板和 50 mm 木板双层防护
警示颜色	1)基坑临边采用红白色相间油漆； 2)其他部位采用黄黑色相间油漆。 3)警示喷绘采用科工蓝为底色	立柱、框架采用黄黑色相间油漆

图 6-23　固定工具式钢筋加工防护棚

图 6-24　可移动工具式钢筋加工防护棚

3）工具式安全通道，见表 6-19。

表 6-19　工具式安全通道

类型	落地工具式安全通道，如图 6-25 所示	悬挑工具式安全通道，如图 6-26 所示
使用部位	1)施工现场行人和车辆通道； 2)进入主体作业出入口	进入主体作业出入口

续表

主要用途	防止车辆、行人遭受物体打击伤	防止作业人员遭受物体打击伤害
主要材料	1)100 mm 方钢制作立柱； 2)50 mm 方钢制作上部支架； 3)50 mm 厚木板双层防护； 4)安全警示喷绘	1)160 mm 工字钢悬挑； 2)16 mm 钢丝绳拉结； 3)50 mm 厚木板双层防护； 4)安全警示喷绘
警示颜色	1)立柱、支架采用黄黑色相间油漆； 2)警示喷绘采用科工蓝为底色	1)框架采用黄黑色相间油漆； 2)警示喷绘采用科工蓝为底色

图 6-25　落地工具式安全通道

图 6-26　悬挑工具式安全通道

4) 施工升降机防护，见表 6-20。

表 6-20　施工升降机防护

类型	独立工具式施工升降机防护，如图 6-27 所示	整体工具式施工升降机防护，如图 6-28 所示
使用部位	适合设置在楼层阳台处	进入主体作业出入口
主要用途	防止车辆、行人遭受物体高处坠落打击伤	防止作业人员遭受物体高处坠落打击伤害
主要材料	1)50 mm 方钢制作立柱； 2)30 mm 方钢制作框架； 3)钢板网用于立面防护	1)钢管搭设整体防护架； 2)30 mm 方钢和钢板网制作工具式防护门，用于立面防护； 3)其余部位用密目网和竹胶板封闭； 4)架体每层与主体设置拉结点
警示颜色	整体采用黄黑色相间油漆	1)架体采用黄色油漆； 2)防工具式防护门采用黑黄色油漆

图6-27　独立工具式施工升降机防护

图6-28　整体工具式施工升降机防护

5）塔式起重工具式机防护，见表6-21。

表6-21　塔式起重机工具式防护

类型	防爬护栏，如图6-29所示	附墙安拆操作平台，如图6-30所示	操作人员通道，如图6-31所示
使用部位	塔身根部	塔吊附墙与塔身连接处	塔身与主体连接处
主要用途	1)防止无关人员攀爬塔吊； 2)防止发生高处坠落伤害	防止附墙安拆作业时发生高处坠落伤害	防止塔吊操作人员登塔时发生高处坠落伤害
主要材料	1)50 mm方钢制作立柱； 2)30 mm方钢制作框架； 3)钢板网用于立面防护	1)30 mm方钢制作框架； 2)钢板网用于底部水平面防护	1)50 mm方钢制作立柱； 2)30 mm方钢制作框架； 3)160 mm槽钢制作底部主梁； 4)5 mm厚木板用于底部水平防护
警示颜色	整体采用黄色油漆	整体采用黄黑色相间油漆	整体采用黄黑色相间油漆

图6-29　防爬护栏

图6-30　附墙安拆操作平台

图6-31　操作人员登塔通道

6）工具式竖向临边、水平洞口防护，见表6－22。

表6－22　工具式竖向临边、水平洞口防护

类型	工具式竖向临边防护，如图6－32所示	工具式水平洞口防护，如图6－33所示
使用部位	适合设置在楼层竖向临边洞口处	适合设置在楼层较大水平洞口处
主要用途	防止作业人员发生高处坠落伤害	1)防止作业人员发生高处坠落伤害； 2)防止下部作业人员遭受物体打击伤害
主要材料	1)50 m方钢制作立柱； 2)30 m方钢制作框架； 3)膨胀螺栓固定立柱及框架	1)50 m方钢制作立柱； 2)30 m方钢制作框架； 3)膨胀螺栓固定立柱及框架； 4)根部用薄铁皮加设一道踢脚板； 5)水平部位用钢管和竹胶板封堵严密
警示颜色	整体采用红白色相间油漆	整体采用红白色相间油漆

图6－32　工具式竖向临边防护

图6－33　工具式水平洞口防护

6.4.3　推进安全文化建设，激发安全生产动力

建筑施工企业具有人员（特别是作业人员）文化水平不高、安全法制观念不强、安全素养不佳的普遍现象，这对于作为高危行业的建筑施工安全管理来说，是一项不得不认真面对的重要课题。

有效推动企业安全文化建设，营造丰富多彩的安全文化氛围，促进企业安全发展、科学发展。定期颁发《安全工作简报》，悬挂安全横幅，张贴标语、宣传画，制作安全文化墙，传播安全知识，营造安全文化氛围，可以内化员工安全思想，外化员工安全行为，培育员工安全自觉性。如图6－34～图6－36所示。

图 6-34　标语、横幅

图 6-35　施工现场安全教育宣传栏

图 6-36　独具特色的文化墙

安全宣传、教育是提高作业人员的安全意识和提升安全素养的根本途径，安全教育要“以人为本”，可组织安全教育周、建立项目民工夜校、设立班组安全生产园地、出版安全通信、播放安全宣传片、发放宣传资料，及时报导安全生产工作和安全生产先进事例，有效引导全体员工树立正确的安全生产观。如图 6 - 37 和图 6 - 38 所示。

图 6 - 37　视频安全管理知识培训

图 6 - 38　消防队面授消防灭火知识

深入开展案例式和体验式安全教育培训（如图 6 - 39 所示），通过走心入脑的鲜活案例警醒，亲身经历体验感受，对作业现场危险因素真实存在并很可能形成事故的各种不安全状态、不安全行为、环境和管理的不安全缺陷形成深刻认识，触发“我要安全”的心理反应及采取安全措施的行为反应，消除安全生产事故认知盲点，消除不知不畏、盲从和麻木思想，通过安全预防措施建议和应急预案现场演练活动，提高全体员工应对突发事件的处置能力。

图 6-39 案例式和体验式安全教育

积极开展安全生产知识有奖竞猜、安全知识竞赛、安全专题演讲、安全咨询、安全宣誓、宣言等各类安全活动（如图 6-40 所示），调动员工广泛参与的积极性，召开经验交流会和组织观摩学习，互相借鉴提高，广撒安全种子，孕育安全果实。

图 6-40 开展安全教育专题活动

安全文化具有安全理念渗透和安全行为养成的催化作用，它能使安全生产管理人员和作业人员在耳濡目染的熏陶下，汲取安全营养，提升员工的安全意识、知识和能力，潜移默化地激发安全责任落实，把“安全第一”变为每个员工常态化的自觉行为，绽放安全之花。

6.5 服务业单位典型经验、方法介绍

航天科工的服务业单位包括：医疗卫生、动力运行保障、后勤保障、物流、宾馆饭店等单位。由于服务业单位人员存在着文化水平参差不齐、流动性较大的情况，在管理上存在着作业类型差异较

大、风险管控种类较多的问题，很难形成统一的管理模式等特点。因此，服务业单位在安全生产、职业卫生管理方面已经形成了一些具有自身特点和行业特色的管理方法。本节将从安全生产和职业卫生管理、相关方安全管理、危险点风险管控 3 个方面，选取部分服务业单位典型示例进行详细介绍。

6.5.1 做好职业卫生管理，从危害因素分析入手

某医疗机构在职业卫生管理方面，重点抓住了制度建设、工作场所监测、职业健康监护、高危和易感人群的观察、安全卫生措施、个人防护用品配备、健康教育和健康促进、建设项目职业卫生“三同时”管理、应急预案及应急设施的配备等内容，并在安全生产标准化达标实施过程中针对规范职业卫生管理工作提出了有害岗位职业病危害告知、职业病危害申报、危害因素管控和安全防护等内容。以电离辐射危害因素为例，对于怎样做好职业卫生管理，采取了安全工程学的预先危险性分析法（PHA），对电离辐射作业过程中各环节存在的危害因素进行了分析，并提出了对策措施，实现了各环节危害因素的有效管控，确保了作业安全。

按照危险、有害因素导致事故的成因和危害、危险的程度，将危害等级划分为四级，根据预先危险性分析（PHA）方法对电离辐射作业进行分析，详见表 6 - 23 和表 6 - 24。

表 6 - 23 危害等级划分

危害等级	影响等级	可能造成的伤害和损失
Ⅳ级	破坏性的	会造成灾难性事故，必须立即排除并进行重点防范
Ⅲ级	危险的	会造成人员伤亡和系统破坏，要立即采取防范措施
Ⅱ级	临界的	有可能造成轻微的伤害和损坏，应立即采取措施
Ⅰ级	安全的	不需要采取措施

表6-24 电离辐射作业预先危险性分析

序号	危害因素	触发事件	形成事故原因事件	事故后果	危害等级	安全对策措施
1	电离辐射	制度不健全或不适用	违反电离辐射安全管理法规、规章	人身伤害	Ⅱ级	1)依法制定规章制度； 2)定期检查评估
2		作业人员不具备上岗资质	不具备电离辐射相关知识，违反安全操作规程	人身伤害 财产损失	Ⅲ级	1)作业人员必须经培训考核合格方可上岗作业； 2)作业人员按要求接受继续教育； 3)教育培训内容应包括应急处置知识
3		作业人员未按要求穿戴劳动防护用品或防护不到位	作业人员受到超量电离辐射	人身伤害	Ⅱ级	1)为作业人员配备符合要求的劳动防护用品； 2)对作业人员进行健康监测； 3)对劳动防护用品的防护效果进行检测
4		工作场所防护不到位	作业人员受到超量电离辐射	人身伤害	Ⅱ级	1)工作场所应进行防护验收检测； 2)定期对工作场所防护设施进行状态检测
5		电离辐射装置故障	作业人员受到超量电离辐射	人身伤害	Ⅱ级	1)电离辐射装置应经过验收、检测合格方可投入使用； 2)定期对电离辐射装置进行检测
6		档案不健全	作业人员、场所、设备设施的既往状态无法追溯	人身伤害 财产损失 法律风险	Ⅱ级	按法规建立健全人员、场所、设备设施档案，实施动态管理

根据表6-23危害等级划分和表6-24预先危险性分析结果，提出针对电离辐射作业的职业卫生日常管理要点和管控措施，详见表6-25。

表 6－25　电离辐射职业卫生管理工作要点与管控措施

管理内容	管理措施		日常工作要点
制度建设	结合职业病防治法，建立 13 项制度： 1）职业病防治责任制度； 2）职业病危害警示与告知制度； 3）职业病危害项目申报制度； 4）职业卫生宣传教育培训制度； 5）职业病危害防护设施维护检修制度； 6）职业病防护用品管理制度； 7）职业病危害监测及评价管理制度； 8）建设项目职业卫生“三同时”管理制度； 9）职业健康监护及其档案管理制度； 10）职业病危害事故处置与报告制度； 11）职业病危害事故应急救援与管理制度； 12）职业卫生操作规程； 13）其他职业卫生管理制度	制定辐射安全与防护管理制度，从管理体系与岗位职责、防护与安全保卫、操作规程、设备检修维护、教育培训、台账管理、放射性废物管理、环境监测与个人剂量监测、应急管理等方面，规范电离辐射安全与防护各环节管理要求	1）及时将适用的法规规定转化为本单位的规章制度。 2）每年对制度执行情况至少进行一次检查评估，做出继续有效、修订或废止的结论评估依据包括： a）法规、规章； b）上级单位制度； c）本单位制度执行情况。 3）制度便于相关岗位查询，作业人员知晓相关制度
人员管理	电离辐射作业人员持证上岗		建立工作人员台账，实施动态管理
	配备个人剂量计		每人配备两支，颜色有明显区别，避免混淆，一支送检一支使用。严禁两支剂量计在同一监测期间内交替使用
	定期接受继续教育		1）经卫生行政主管部门培训合格颁发《放射作业人员证》，取证后每两年复训一次； 2）经环保行政部门认可的教育培训机构培训合格后颁发《辐射安全与防护培训合格证书》，有效期 4 年，到期后重新培训取证

续表

管理内容	管理措施	日常工作要点
人员管理	从业人员健康监测	1）电离辐射作业人员应于上岗前、离岗时、在岗期间、发生意外事故时接受体检，在岗期间应每 2 年接受一次体检； 2）有电离辐射禁忌症的人员应调离作业岗位
场所管理	定期检测	每年由卫生行政部门认可的检测机构进行一次检测，对场地防护情况做出评价，确保场地防护可靠
	安全提示，包括警示标识、职业病危害告知卡、放射知识宣传栏、场地检测结果、操作规程、应急处置流程等内容	1）警示标识应符合国家标准要求； 2）职业病危害告知卡包括有害因素的理化特性、健康危害、应急处理、防护措施等内容； 3）放射知识宣传栏用于提升公众和患者放射诊疗防护知识的认知程度，包括电离辐射诊疗防护知识、对电离辐射场所的辨识等内容； 4）现场检测结果应张贴于工作场所明显位置，包括检测时间、检测结论、检测机构、医院管理部门等内容； 5）操作规程应当包括电离辐射作业过程中安全与职业卫生防护操作要点，简单明了，便于理解，着重于现场操作指导； 6）应急处置流程包括紧急情况下应采取的措施、应急电话、联系人等内容，应当条目清晰，切忌长篇大论
	日常监测	1）购置 X－γ 辐射计量仪，用于对电离辐射场所日常监测，避免发生意外； 2）每年由具备资质的机构对辐射计量仪进行检定，确保量值传递准确

续表

管理内容	管理措施	日常工作要点
防护用品管理	制定配备标准	制定劳动防护用品管理规定，明确配备防护用品的作业活动、数量、更换周期等内容
	日常监督管理	采取常规照射剂量X线曝光法进行自查，通过铅防护用品成像效果，判断是否存在隐裂等导致防护效果下降或消失的情况，检测周期定为一年
档案管理	结合法规要求，建立职业卫生管理档案： 1）建设项目职业卫生“三同时”管理档案； 2）职业卫生管理档案； 3）职业卫生宣传教育培训档案； 4）职业病危害因素检测与检测评价档案； 5）用人单位职业健康监护管理档案； 6）劳动者个人职业健康监护档案	及时办理建立、变更、撤销等手续
设备设施管理	定期检测	1）新安装电离辐射装置需经卫生行政部门认可的检测机构进行验收检测，合格后方可使用； 2）投入使用的电离辐射装置，应每年由卫生行政部门认可的检测机构进行一次状态检测，对装置状态情况做出评价，确保安全
	日常监管	由使用科室和职业卫生主管部门共同做好电离辐射装置及其附属设施的日常监管工作，应符合卫生行政监督管理、安全标准化建设和职业健康安全管理体系等管理要求，如电离辐射装置完好性、门灯联锁装置有效性

续表

管理内容	管理措施	日常工作要点
应急管理	制定应急救援预案	形成综合预案、专项预案、现场应急处置流程三级应急文件体系
	开展应急演练	1)定期开展应急救援演练,重点放在现场应急处置; 2)将辖区内政府相关机构列入演练流程,如卫生、环保等,与其形成互动
建设项目职业卫生“三同时”管理	职业病危害预评价。报告需经过航天科工或二级单位组织专家进行评价	评价结果为不可能产生职业病危害因素的建设项目,至航天科工办理建设项目职业病危害预评价报告备案即可,不需进行职业病防护设施控制效果评价
		评价结果为存在职业危害因素的建设项目: 1)将预评价报告交卫生行政主管部门备案,取得建设项目设计卫生审查认可书,按照要求施工、装机; 2)施工期间,接受卫生行政主管部门认可的第三方机构进行过程监检
	职业病防护设施控制效果评价。报告需经过航天科工或二级单位组织专家进行评价。卫生行政主管部门仅对Ⅱ类射线装置的职业病防护设施控制效果评价报告进行评价	1)由实施过程监检的第三方机构进行验收,并编制职业病防护设施控制效果评价报告; 2)将职业病防护设施控制效果评价报告交至卫生行政主管部门,取得建设项目竣工卫生验收认可书

以上是运用预先危险性分析法，对电离辐射作业的职业卫生管理进行了危险有害因素辨识，制定了管理对策和措施，形成了程序化管理模式，具有指导性和针对性。在实践中有效避免了人为因素导致的失误和遗漏，提高了工作效率，为作业人员的行为规范和管理人员的监督工作提供了适用的依据。

6.5.2 对相关方安全管理，控制运行风险

某单位针对相关方安全生产管理工作，提出作业过程风险管控措施。一般生产经营单位的相关方人数少则几十人，多则几百人，相关方人员的安全行为管理和设备设施安全状况的管控应作为重点管理内容，如何提升相关方专业化服务、提高工作效率、降低运行风险已成为安全管理的重要内容之一。

将相关方作业过程划分为事前、事中、事后等环节进行风险辨识，制定应对措施，将相关方纳入本单位的安全生产标准化管理体系，使其适应本单位的安全管理要求，规范行为，实现运行风险全过程管控。详见表 6-26。

表 6-26 相关方安全管理控制措施表

管理环节	存在的风险	应对措施	档案材料
事前	相关方及其从业人员不具备相应资质、能力	从相关方在业内声誉、从业经验、人员素质、作业活动风险管控重点、与业主单位安全管理契合度等方面对相关方进行评估，确认其满足运行需求	相关方评估材料
	相关方发生过重大生产安全事故		
	相关方行业经验不足		
事中	业主单位未与相关方明确安全职责	与相关方签订安全管理协议，明确双方安全管理责任	安全管理协议
	相关方人员不了解业主单位生产经营活动中存在的各类风险	对相关方进行安全交底	安全交底材料
	相关方在业主单位作业活动不受控	定期对相关方进行检查、培训	检查记录 培训材料
	相关方与业主单位信息沟通不畅	建立业主单位与相关方沟通平台，如定期会议、微信群等	会议记录

续表

管理环节	存在的风险	应对措施	档案材料
事后	相关方运行情况未达到业主单位要求	对相关方工作情况进行阶段考核、年度考核，查找不足，制定整改方案	1）相关方工作总结；2）相关方运行情况评估

通过对相关方实施全过程管理，能够对相关方运行过程中各环节存在的风险采取主动措施。在这个过程中，与相关方多维度交流，取长补短，双方对安全生产的理解与行为互相影响，不仅确保了工作安全开展，也丰富了双方的安全文化内涵。以下选取 2 个示例介绍相关方的安全管理。

示例 1：餐饮单位出租摊档管理

近年来，为进一步丰富职工用餐的选择、提升就餐满意率，某服务业单位在原有职工食堂的基础上引进商户，推行“美食城”模式，得到了职工的广泛认可。针对摊档承租相关方的管理，采取了以下安全管理措施：

1）事前监督。在引进商户前，一方面要对市场进行调研，挑选有一定市场竞争力和品牌度的商户；另一方面对商户的资质、营业执照、职工健康等情况进行审核。

2）事中监督。确定引入的商户后，与各商户签订租赁合同和安全协议，明确各自的权利、义务和安全职责。对引入的商户实行两级管理，一方面所属实体对各自引入的商户进行日常的监督管理，定期进行安全检查和巡视，发现隐患督促其立即整改；另一方面，安全管理部门在定期的月度安全巡检过程中，将各商户纳入其中，发现存在较大隐患的商户责令其停止营业，待隐患整改完毕复查合格后方可营业。

3）事后监督。结合每月的服务质量调查及日常监督管理情况，对各商户进行考核，对于不符合发展要求的商户，实行淘汰制。考核的内容包括：任务完成的及时性及质量，人员的配备情况，客户满意度，检查中发现问题后的整改情况，是否发生安全、交通、环保、消防、治安保卫事故，是否存在违反诚信、严重影响单位声誉的问题等。经考评小组考评后提出考评意见。

示例 2：出租房屋的安全管理

（1）致因模型分析

为了加强服务业出租房屋、设施和设备的安全管理工作，有效防范生产安全事故，应结合出租方实际情况，充分考虑出租的产权房屋、库房、临时建筑物和构筑物及与出租房屋相关联的设施设备，包括水、电、气、暖、消防、人防、安防和通信等设施设备的安全生产管理工作，应用致因模型，明确出租方和承租方安全生产的责任，如图 6－41 所示。

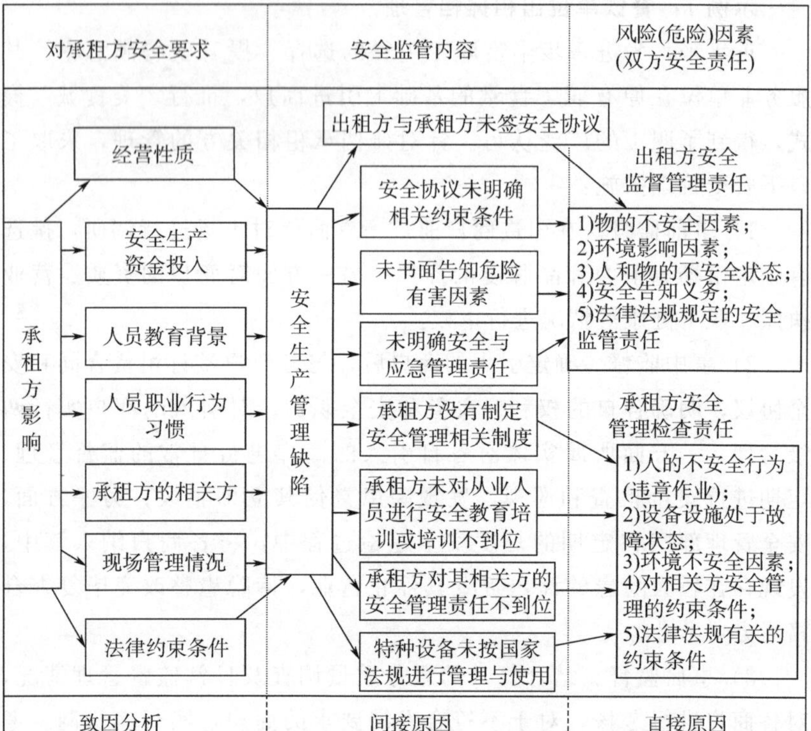

图 6－41　出租方和承租方安全生产管理责任致因模型分析示意图

（2）明确安全责任

1）严格分清租赁双方管理区域和经营范围的安全管理责任。

2）与承租方签订《房屋租赁合同》时，必须同时签订《出租房屋安全管理协议书》。

3）制定本单位出租房屋、设施和设备突发事件的应急预案，并明确告知承租方在使用房屋、设施和设备时应规避的安全风险，要求承租方制定与出租方突发事件应急预案相衔接的应急预案，并定期组织演练。

4）明确双方安全生产主体责任，出租方应按照国家有关的法律法规和规定承担产权人安全生产的主体责任，设立安全生产管理组织机构和安全生产管理人员，将出租项目的安全生产管理责任落实到人。

5）为保证出租的房屋、设施和设备使用安全，必须全面了解和选择承租方。对承租方的经营性质、营业执照、资质证明、诚信记录、人员情况、存放物品、物资流通形式和来访人员等情况进行严格把控。

6）作为经营用途的承租方在签订《房屋租赁合同》时，必须明确安全生产主体责任，约定承租方对承租区域和自行经营管理范围内及其相关方的安全生产负全面责任，必须严格执行国家有关建筑物、构筑物和设施设备安全使用的管理规定，并对扰民、占用等侵权行为承担法律责任，若违反法律法规和规定的行为造成不良后果的，应承担恢复原状或赔偿损失的法律责任。

7）租赁双方在签订《出租房屋安全管理协议书》时，应约定租赁双方各自的安全管辖区域、安全生产管理责任和义务。明确承租方服从于属地人民政府、消防局、治安联防和安全生产督监管理部门的安全生产、职业卫生和环境保护监督与管理。

（3）安全生产检查

安全生产检查是安全管理的重要内容，是消除隐患、防止事故、有效杜绝承租方和相关方违规违章行为的重要手段。出租方必须将出租房屋、设施和设备的安全检查工作纳入本单位的年度安全生产检查计划，落实安全生产监督管理责任人。

1）定期安全检查。有计划、有组织、有目的地实施。检查人员由出租方的安全生产主管领导、安全生产管理人员和工程技术人员组成。检查周期根据出租房屋、设施和设备的具体情况确定。检查频次可以按照事先制定的工作计划进行，一般按照重点部位、重要程度，责任人按次/季、次/月、次/周等进行检查。检查要求面广、细致、有深度，能及时发现安全隐患，并做到及时落实承租方的责任人进行整改，并形成闭环。

2）经常性安全检查。由出租方安全生产管理人员或专兼职安全员按照本单位房屋、设施和设备安全生产管理责任制的要求，督促管辖区责任人或承租方指定的安全员进行日常、专项、重点的巡视检查。根据承租方的经营性质，要求承租方落实责任人每天至少巡视检查一次，并形成检查记录。

3）季节性安全检查。由出租方工程技术管理人员和安全生产管理人员根据季节变化，以及承租方的具体情况，对易造成事故和易发生潜在危险的因素进行突出重点的安全检查。重点对防冻保温、防火措施、消防设施、燃气泄漏、大风、降温、降雪、防汛、防雷电等进行安全检查，并书面告知承租方，且应要求其签字确认。

4）专业（专项）安全检查。由租赁双方工程技术管理人员和安全生产管理人员对出租房屋、设施和设备的使用状态、环境条件、维护保养和运行等情况进行监督检查，通过检查督促承租方和相关责任方对重要的设备严格按照产品使用说明书要求进行使用，避免破坏性使用，并定期进行检测检验、维护保养和故障隐患排查。

5）节假日前后和重大活动期间的安全检查。由出租方的主管领导、安全生产管理人员和相关责任人对承租方进行全面和有针对性的安全检查，并配合属地行政主管部门做好安全生产、消防安全、治安联防等安全工作。

(4) 安全生产管理措施

1) 定置管理。在出租房屋、设施和设备时，应在《房屋租赁合同》中明确定置承租方的安全管理区域、范围和内容；落实安全生产主体责任，安全管理负责人和安全管理人员；对承租方经营活动和安全行为进行规范管理，明确定置承租方存放物品的高度、承重、安全距离、存放状态、现场安全措施和警示标识；明确定置承租区域物权的维护和应急管理范围与应急措施；对重要设备明确定置保养和维护责任，实行定人、定机、定制度，明确划分安全管理责任。

2) 约定管理。在出租房屋、设施和设备时，应在《出租房屋安全管理协议书》中约定承租方及其相关方出入管理制度；约定承租方自行检查和配合出租方检查的时间、内容、范围和要求；约定租赁双方划分承租区域内的设备设施，按规定进行检测检验，并按年度持有合规、有效期内的检测检验报告；对生产、加工和经营性的承租方应约定其严格按照国家有关安全生产法律法规和规定要求设置安全生产管理机构、配备安全生产专（兼）职管理人员、制定相关的管理制度。从事特种作业、特殊行业、公共娱乐场所和人员密集场所承租方必须建立完善的安全生产、消防安全应急管理制度，明确安全疏散通道的管理责任。

3) 安全生产标准化。在出租房屋、设施和设备时，必须严格执行国家和行业的有关标准，从安全生产目标、责任、控制、检查等环节着手，加强承租方的安全生产管理工作，建立科学、规范的出租房屋、设施和设备的安全生产管控机制，夯实安全生产基础工作，从根本上防范事故隐患和安全风险。

(5) 月评价、年度考核

对承租方（业务外包供应商）实行月评价、年度考核制度，组织考评小组每月定期对承租方和相关方进行安全检查，根据安全检查结果进行评价，采用考评人员分别打分及加权平均法，对每位承租方和相关方计算出月评分成绩，并依据月评分成绩统计出年度考核评价结果，采取优胜劣汰的方式决定与其续签合同或清退事项。

参见表 6－27。

表 6－27　承租方（业务外包供应商）年度考核评价表

业务内容（承租地点）：　　　　　　　　被评审对象：

月度	1月	2月	3月	4月	5月	6月	7月	8月	9月	10月	11月	12月
评分												
综合得分												
考评小组评价意见				续签合同 （　）							清退 （　）	

考评小组评价意见说明：

考评小组成员签字：

日期：

公司领导审批意见：

签字：　　　　　　日期：

6.5.3　实施阻隔防爆技术，强化加油站风险管控

加油站通常是指为汽车和其他机动车辆服务的零售汽油和机油的补充站，由于加油站经营过程中大量存储和销售汽油、柴油物质，因此加油站具有较大的火灾爆炸危险和中毒危害，其中储油罐作为储存油品的容器，更是安全管控的重点部位。本案例针对航天科工《安全生产标准化考核评分细则》表 5 中要素 1.15“设计工艺安全管理”和 2.1.1“油库、油罐”，以加油站为例，分析了加油站存在的安全风险，提出了应对措施，对实施的阻隔防爆技术进行了描述。通过该项目的实施，提升了储油罐的本质安全度，可在加油站、油

库等油品存储单位推广实施。

（1）加油站风险分析

加油站的危险因素主要是由油品自身特性决定的，其存储的汽油、柴油具有易燃、易爆、易挥发、易扩散、静电荷积聚、有毒等危险、危害特性。特别是火灾爆炸事故，一旦发生，不仅造成加油站内人员伤亡和设备设施的毁坏，而且会严重威胁加油站周围单位、居民，带来较大的人员伤亡、财产损失和社会影响。加油站的安全风险主要是指油品在运输、装卸、储存和使用过程中，各种危险因素在失控状态下导致的突发事故。因此，采用先进的技防手段，采取有效的风险管控措施显得尤为重要。根据《安全生产标准化考核评分细则》和《职业健康安全管理体系要求》，并结合加油站实际情况，采用多因素评价法（MES）进行辨识评价。该方法是由国家安全监督管理总局安全科学技术研究中心在 2000 年提出的一种以多因素分值的乘积作为危险分级依据的评价方法，其中 M 表示控制措施的状态，E 表示人员伤害程度、财产损失情况、职业病发病状况、环境影响状况影响因素等，S 表示事故产生后果的严重程度。经评价，加油站的风险易发部位主要集中在：加油岛、储油罐及管道、装卸油作业、防雷装置 4 个方面。

加油岛，是为机动车辆加油的场所。由于汽车尾气带火星、加油过满溢出、加油机漏油、加油机使用防爆电气故障等原因，容易引发火灾爆炸事故。

储油罐及管道，如地面水（雨水）进入地下油管使油品溢出；地下管沟未填实，遇明火爆炸；地下油管注油过量溢出；卸油时油气外溢遇明火引爆；油管、卸油接管等处接地不良，通气管道遇雷击或静电闪火引燃引爆。

装卸油作业，加油车辆不熄火，运送油品车辆静电未消散，油罐车卸油软管导静电性能差；雷雨天往油罐注油或往汽车油箱加油速度过快，加油操作失误；密闭卸油接口处漏油；对明火管理不严等，都会导致火灾、爆炸或设备损坏或人身伤亡事故。

防雷装置，加油站未按规定安装防雷装置或防雷装置损坏，雷雨天易导致雷电击造成设备损坏，易引起火灾和爆炸。

（2）应对防范措施

加油站有效控制火灾、爆炸事故主要应从油品存储，油品溢漏控制，火种、静电、雷电控制等方面进行应对和防范。

①防止漏油、冒油控制措施

1）加强计量工作，接卸油前通过人工计量检测确认卸油罐的空容量。

2）设置带高液位报警装置的液位计，卸油过程中专人负责监督，罐车司机不得远离现场。

3）定期对站内设备进行检查、维护，防止设备老化和带病作业。经常检测和维护加油枪的自封部件，保持设备完好。

4）站区内堆置砂土防止冒油泄漏时扩大和蔓延，站内各种管沟充沙填实。

5）加油过程中发现油箱漏油时，立即停止加油，将车辆推离加油机，并及时清理地面油品（注意不得在站内修理）。

6）防止油枪漏油或胶管破损漏油。油枪漏油是指油枪封闭部件渗漏及胶管连接处渗漏。胶管在长期作业中，可能由于某一局部频繁弯折、磨擦、损坏而产生渗漏。使用加油枪时不能用力拉动胶管，同时防止车辆碾压。

7）防止加油机渗漏。加油机易产生渗漏的部位有进油口下法兰口、吸入管口法兰连接处、油泵、油气分离器排出口等。加油机一旦泄漏，应立即停止加油，并将汽油放空、回油、关阀、切断电源进行检查。

②防止火源、火种措施

1）站区内严禁烟火。

2）严禁在爆炸危险区域和火灾危险区域内使用非防爆电器。

3）严禁在站内进行检修车辆、敲打铁器等易产生火花的作业。

4）机动车应熄火加油，拖拉机、摩托车应推离危险区域后发动。

③防止静电措施

1）卸油前连接好静电接地线。

2）加油站接地装置应当每半年检测一次，油罐、站房、罩棚的接地电阻值不得超过 10 Ω，输油管道的接地电阻不得超过 30 Ω，卸油静电接地电阻不超过 100 Ω。

3）经常检查加油枪胶管的金属屏蔽线和机体间的静电连接。

4）严禁向塑料桶直接加注汽油，防止静电积聚，引燃汽油蒸气发生火灾事故。

5）作业人员要穿防静电工作服，以消除人体静电，不允许穿化纤服装上岗操作，更不允许在加油站穿脱、拍打化纤服装，以免发生静电事故。

④防止电火花和雷电击措施

1）爆炸危险区域内电器设备的选型、安装、电力线路敷设应满足安全规程规定。

2）检查电器线路应注意电器线路是否老化，电器设备是否渗油破损，配线、接线是否松动和脱落等，发现问题及时处理和更换。

3）雷雨天气停止卸油和加油作业。

⑤实施阻隔防爆技术手段

采用阻隔防爆技术（HAN），即在油罐里充填阻隔防爆填料，从根本上解决成品油等相关气态、液态危险化学品储运的本质安全。

（3）阻隔防爆技术实施情况

某加油站油罐槽位于站区北侧，东西长 25 m，南北宽 15 m，深 6 m。共有油罐 4 个，其中汽油罐 3 个（分别为 20 m^3 一个、15 m^3 两个）、柴油罐 1 个（15 m^3），南北向内置于油罐槽内，用粗砂填于空隙。为提升本质安全度，先后进行了油罐阻隔防爆改造，视频监控系统、电气和防雷系统升级改造，实现了“亮站工程”。

①阻隔防爆技术（HAN）简介

阻隔防爆技术（HAN）是近年来国际上发展迅速的化学危险品专有技术，即在油罐里填充阻隔防爆填料，从根本上实现解决成品油、液态危险化学品等在装、卸油作业，储存和使用过程中的本质安全。如图 6-42 和图 6-43 所示，其根据材料性质和生产方法分为：不同密度、不同成型形状的金属（钛合金、铜合金、铝合金等）类，非金属类（聚酯、聚醚），复合类（涂复）等；根据应用情况可分为：1）定型产品类：HAN 橇装式加储油装置、HAN 便携式储罐、HAN 集装罐、HAN 运油车，HAN 地埋式储油罐，HAN 液化气储罐；2）安全工程类：HAN 防护技术对空气/油气（LPG、汽油、柴油、乙醇）混合气储罐改造的安全施工，HAN 防护技术对大型浮顶复合防爆的设计施工，HAN 防护技术对液化气储罐预防 BLEVE 事故的设计施工。

图 6-42　罐体内填充阻隔防爆材料

②阻隔防爆技术（HAN）应用效果

1）防爆作用：HAN 油罐的（空气/油气）空间被安全保护，即使明火、枪击、焊接也不会爆炸。

2）阻隔作用：HAN 油罐的油面上方空间被阻隔，其燃烧（空气/油气）速度是普通油罐的 1/25（微弱火），即使着火人也可以上前用灭火毯盖住。

3）消防静电：HAN 油罐的体积电阻率为 5～10 Ω·m，装、卸油的过程不会产生静电积聚，不会因静电积聚产生放电火花。

4）阳极保护：HAN 油罐即使埋在地下也不会发生腐蚀，因为罐体得到了阳极材料的保护，有利于延长地埋油罐的使用时间。

5）减少损耗：HAN 油罐由于其填料作用，“呼吸”排除油气的浓度仅是普通油罐的 1/4，减少了“大、小呼吸”而带来的损耗（油罐呼吸指油罐出油或进油，油罐内油气的排出与抽进）。

图 6－43　加油站储油罐阻隔防爆技术改造实施后整体效果

③阻隔防爆技术（HAN）的实施意义

阻隔防爆技术（HAN）是根据热传导理论阻隔燃烧、爆炸，利用其材料的热传导效应，阻止燃烧介质的燃烧和爆炸条件，有效地利用容器内阻隔防爆材料的蜂窝结构，阻隔火焰的迅速传播与能量的瞬间释放，从而防止燃烧爆炸，保证易燃易爆气态、液态危险化学品的储运安全。该技术的应用与实施，实现了加油站本质安全，符合近年来航天科工提出的“依靠科技兴安，实现本质安全”的安全生产发展战略，对保障地区人身和财产安全有着重要的意义。

第三篇　深化安全生产标准化

本篇分为安全生产标准化建设成效，巩固、提高与展望两个章节。第 7 章安全生产标准化建设成效主要从 4 个方面进行了阐述，即：加大安全生产投入落实隐患整改；实施“科技兴安、本质安全”战略；实现安全生产标准化与体系相融合；创立航天特色安全文化体系。第 8 章从 4 个方面介绍了安全生产标准化建设巩固、提高与展望，主要陈述了巩固安全生产标准化达标建设工作；提出延伸安全生产标准化达标建设工作；航天本质安全体系研究与应用；推进航天安全文化建设。本篇对航天工业实施安全生产标准化建设工作做出了肯定，并在巩固的基础上提出了切合实际且具有前瞻性的工作要求。

第7章　安全生产标准化建设成效

航天科工自开展安全生产标准化建设工作以来，所属单位在规范安全管理制度、提高全员安全意识、改善作业环境、加大隐患排查与治理等方面均有长足进步。实践充分证明，安全生产标准化建设有力推动了航天工业的安全生产工作，使全集团安全生产管理水平得到不断提升。

7.1　加大安全生产投入，落实隐患整改

在安全生产标准化开展过程中，所属单位成立了安全生产标准化达标领导小组、达标办公室及各专业组。达标办公室具体负责安全生产标准化达标的策划、组织、协调、检查和考核工作。各专业组深入一线督促达标工作，做到“不留一处死角、不放一个隐患”，对生产作业现场进行“地毯式”的安全检查，对发现的隐患问题提供整改技术指导意见，并上报领导小组。领导小组对达标工作中存在的问题做到及时落实整改方案，筹措整改经费，整合所需资源，在人力、物力、财力上给予基层大力支持，加大安全生产投入，确保安全生产标准化整改落实到位。

航天科工在第1轮安全生产标准化建设过程中，所属各单位安全管理水平参差不齐，作业现场存在的电气设备、机械设备、生产环境等方面隐患问题极为突出，有些单位还在使用国家明文规定淘汰的设备设施。通过安全生产标准化工作的开展，所属各单位认真查找安全隐患，下大力气进行整改。据统计，航天科工在第1轮安全生产标准化建设中，所属单位共计投入1.41亿元资金用于安全生产隐患整改，极大改善了生产作业环境。安全生产标准化工作彻底

改变了以往粗犷式的安全管理模式，使之向精细化、程序化、标准化和定量化转变，使安全生产变为看得见、摸得着、更具体、可量化的工作，为航天科工安全生产长足发展奠定了基石。

2012年，国家安监总局、财政部联合下发了《企业安全生产费用提取和使用管理办法》财企［2012］16号文件，对安全生产费用计提与使用提出了明确要求。航天科工严格贯彻落实，并在第2轮、第3轮安全生产标准化评审过程中，对所属各单位安全生产费用计提与使用情况进行了严格检查，有力推动了安全生产费用计提和使用规范化，保障了安全生产费用投入。据统计，第2轮安全生产标准化建设过程中全集团用于安全生产的专项费用总计2.22亿元，比第1轮提高了57%。同时，全集团还在提高工艺安全性、设备本质安全度和安全传感器工程等方面加大了资金投入，如航天科工80多个单位对500余部在用电梯进行了“自动返回基站或平层”功能的改造，完善了电梯设备在突发事件时自动平层开启、停止应答召唤的功能。

目前，航天科工已进入第3轮安全生产标准化建设的最后一年，根据前两年开展第3轮标准化评审的情况，大部分单位能够严格执行《企业安全生产费用提取和使用管理办法》财企［2012］16号文件要求，按比例足额计提与正确规范使用安全生产费用，将其主要用于改善生产作业条件，优先解决特种设备、特种作业、易燃易爆、易伤害危险作业场所的隐患整改，完善、改造、维护安全防护设施；配备、维护、保养应急救援器材，开展重大危险源事故隐患排查、安全生产检查、安全评价，安全生产教育培训和宣传，以及新技术、新工艺、新设备推广与应用等方面。同时，加强了对“七新”的安全论证与评审。2015年3月20日，航天科工贵州航天凯宏科技有限责任公司发生“3·20”机械伤害事故。事故发生后航天科工认真查找事故原因，总结事故教训，提出了安全生产“高于一切、重于一切、先于一切、影响一切”的口号，其中“重于一切”就是要求资金投入首先要保证安全生产投入。针对机械设备管理和安全防护装置不到位的问题，提出务必加大投入，立即整改，从源头实现本质安全，保证其安全附件和安全防护装置的有效运行，“坚决改造、淘汰一批缺少安全防护装置、本质安全度低的设备”。

航天科工通过三轮的安全生产标准化建设，进一步加大了安全生产投入，所属各单位安全生产状况有了质的飞跃。

7.2　实施“科技兴安、本质安全”战略

航天科工在安全生产标准化达标过程中对岗位危险辨识与评价、危险作业审批、岗位安全达标、设计工艺安全性、安全传感器、安全文化、生产设施与场所等方面提出了明确和具体的要求，涵盖了安全生产工作的各个方面。所属各单位在开展标准化建设工作中按作业岗位、作业流程进行了全面危险有害因素辨识，在工艺、技术安全性方面提出了安全预评价和专项技术安全评审，根据评价和评审结论制定有针对性的对策措施，且加速了更新或淘汰存在安全隐患的老旧设备。在实施“科技兴安、本质安全”方面涌现出很多典型事例，如三院三十三所针对直接用氢气置换空气的热处理旧工艺，提出先用氮气置换空气、再用氢气置换氮气的新方法，避免氢气与空气接触的危险因素；四院在“七新”安全评审中要求工艺、设备和技安部门分别编制工艺、设备和管理安全性报告；四院四部在复合材料配料间和喷漆房实施了安全传感器工程，在使用液氮的复合材料试验室内加装了氧浓度探测报警系统；〇六一基地三四〇五厂投入 280 万元引进了水基自动清洗线，从本质上解决了使用汽油清洗零部件的隐患；深圳公司加大安全生产投入力度，提高了民用产业空调和智能电表生产线的自动化水平等。航天科工在实施“科技兴安、本质安全”战略方面举措众多，其中的安全传感器工程是最为广泛、最为深入、最为成熟的一项，曾多次获得国家有关部门领导的肯定。下面就安全传感器工程进行介绍。

安全传感器工程又称安全生产信息化管理系统工程，是以安全

工程理论为指导，融合系统工程技术、传感器技术、通信技术和信息处理技术，对人的不安全行为、物的不安全状态和环境的不安全因素等进行采集、监控、传输、分析、储存和处理，并将相关信息即时送达各级领导和安全生产监管部门的安全生产管理系统工程。该工程已应用于航天科工 100 余个Ⅰ级危险点和 30 多个院所单位。安全传感器工程以“四级监管、五大功能、若干个数据采集子系统”为主要研究内容，做到“隐患早发现、违章早纠正、事故早预防”，应用安全传感器工程对火化工危险作业场所实现跨区域、多层次、网络化和数据采集化的安全生产监管系统，确保了航天科工安全发展。该系统特点主要有：多参数监测、预报预警，高效应急预案管理，实时报警、联动，多级平台数据采集与共享，能够做到日常监管和检查举一反三，多级视频察看与调用等。

7.2.1 系统功能

（1）安全分级监管

安全分级监管如图 7－1 所示。

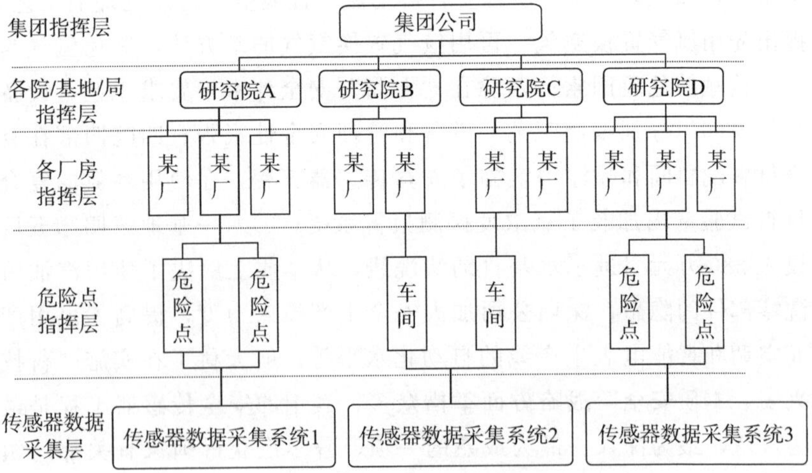

图 7－1　安全分级监管图

（2）安全传感器四级监管中心应用职能

①航天科工安全监管中心

1）安全标准数据的统一制定管理；

2）整个集团系统安全信息的统计分析，实现整个集团的安全生产态势分析；

3）对航天科工处置级别范围内的安全生产事件进行决策；

4）实现远程视频监管，在航天科工总部可以浏览全集团范围内的一级危险点的现场实时视频。

②院/基地/局监管中心

1）实现院/基地/局所属单位的安全信息的统计与分析，实现院/基地/局的安全态势分析；

2）对院/基地/局处置级别范围内的安全生产事件进行决策；

3）实现远程视频监管，在院/基地/局可以浏览监管范围内的一级危险点现场的实时视频。

③厂/所监管中心

1）整理汇总厂/所安全的相关信息；

2）实现厂/所安全信息的统计分析，以及安全态势分析；

3）对厂/所处置级别范围内的安全生产事件进行决策；

4）实现远程视频监管，在厂/所可以浏览监管范围内的一级危险点现场的实时视频。

④车间监管中心

1）收集现场设备、人员、环境、危化品等安全相关信息；

2）实现现场预报预警；

3）实现车间监管范围内的视频监管。

7.2.2 安全性设计策略

（1）分级保护

1）根据航天科工分级保护中“三员分立”的要求，系统设置了“三员”，即：系统管理员、安全审计员和安全保密员。“三员”的权限各不相同，互相制约，形成了“三维度”的分级保护系统。

2）系统管理员主要负责系统用户的建立、角色的创建、权限的配置。

3）安全审计员主要负责对系统日志和用户操作日志进行审计核查。

4）安全保密员主要负责各用户赋予角色，对角色视频监控进行保密级别设定。

（2）安全生产监管平台

安全生产监管平台包括 10 个系统，即：生产信息管理系统、安全预报预警系统、违章隐患管理系统、事故调查系统、应急预案系统、多传感器探测系统、人员定位及定员系统、违章评估系统、应急通信系统和紧急避险系统。如图 7 - 2 所示，形成了军事指挥职能信息系统（简称 C^4I^3 SRT 集成平台）。

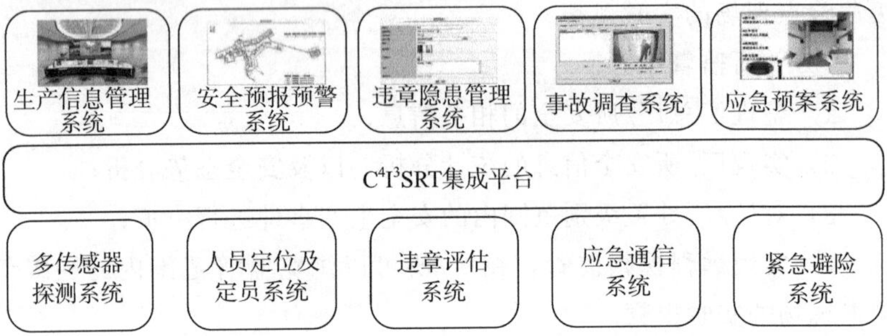

图 7 - 2　安全生产监管平台示意图

（3）安全传感器工程功能

安全传感器工程通过上述 C^4I^3 SRT 集成平台的应用，实现以下功能（如图 7 - 3 所示）。

1）安全生产信息管理：通过信息化的手段，使生产、日常检查、视频监控、现场环境、特种设备检查等信息的日常管理工作制度化、程序化、规范化，使安全生产管理更为高效、智能。

2）预报预警管理：主要通过收集整理安全信息，建立预报预警模型，分析出被监控单元的安全态势，为各级领导和安全管理人员的安全决策提供支撑。

3）举一反三管理：主要实现作业行为的安全监督，以及违章、隐患、事故等信息管理，做到信息辨识与预警，并通过整理分析此类信息，定期形成报告并通知相关单位，防止重复安全事件的发生。

4）调查管理：主要实现事后回查功能，为事故分析提供支持，保障科研生产任务的迅速恢复。

5）应急指挥管理：主要实现事件发生后的应急处置和决策功能，为事件的快速处理提供支持。应急指挥人员可以通过系统观察现场态势，调用现场的视频图像、现场资源信息、应急预案等各种资料，通过信息网络系统发布指挥命令，实施远程指挥与调度。

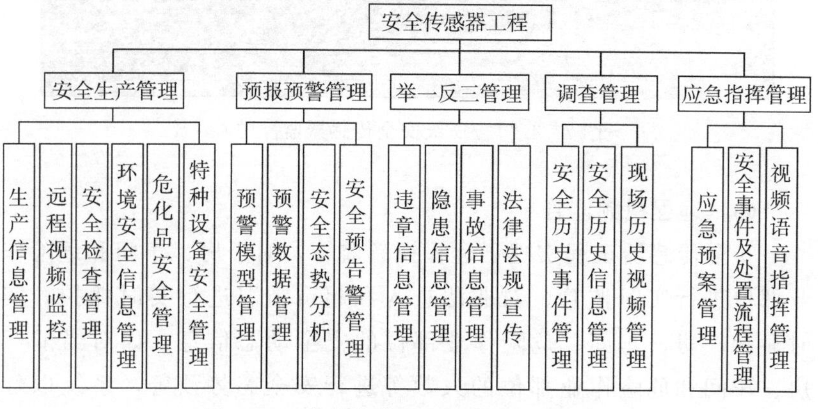

图7-3　安全传感器工程系统功能框图

（4）安全传感器工程视频检索系统

安全传感器工程的视频系统可以实现远程检索功能，为各级管理人员提供全集团的一级危险点和重大危险源现场实时情况，并根据权限的配置可以进行视频检索。

（5）安全传感器监控中心

为了加强Ⅰ级危险点、重大危险源、危险作业现场的安全管理，各级安全传感器监控中心实现 24 h 不间断监视与控制，以发现隐患或违章及时提醒和制止。图 7-4 是厂/所级安全传感器监控中心监视屏画面。

图 7-4 厂/所级安全传感器监控中心

（6）远程视频监管

安全传感器工程实现了远程视频监管，对厂房、车间和危险作业部位进行实时监管，对非法进入和超员情况进行实时抓拍，实时显示厂房、车间、危险作业部位的安全动态信息，如对当前厂房、车间和危险作业部位的人数等进行安全态势预警，系统以红色、黄色、绿色进行安全预警提示，显示当前被监管的现场（单个厂房）安全状态，即：环境状态、违章情况、隐患情况等信息。如图 7-5 所示。

（7）安全态势预报预警

安全态势预报预警系统是通过监视系统对作业现场，如：厂房、车间、危险作业部位的安全态势进行实时监控，并以显示屏上的红色灯光进行预报预警。如图 7-6 所示。

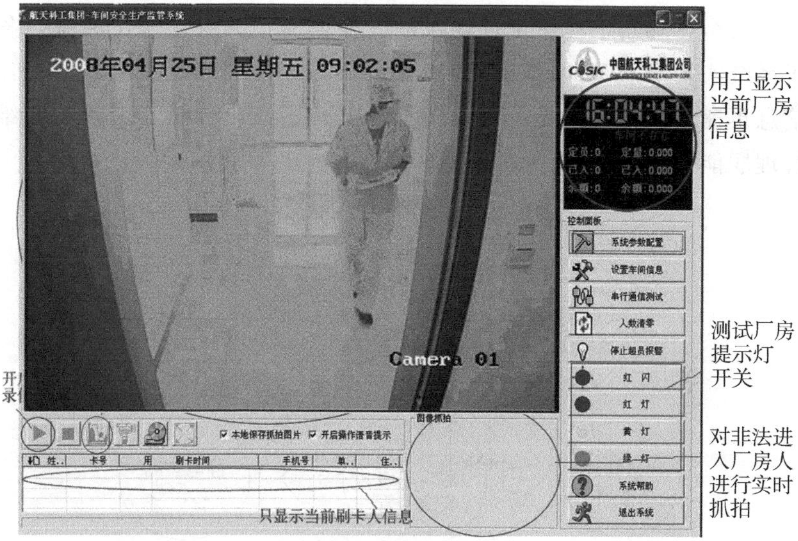

图 7－5　远程视频监管示图

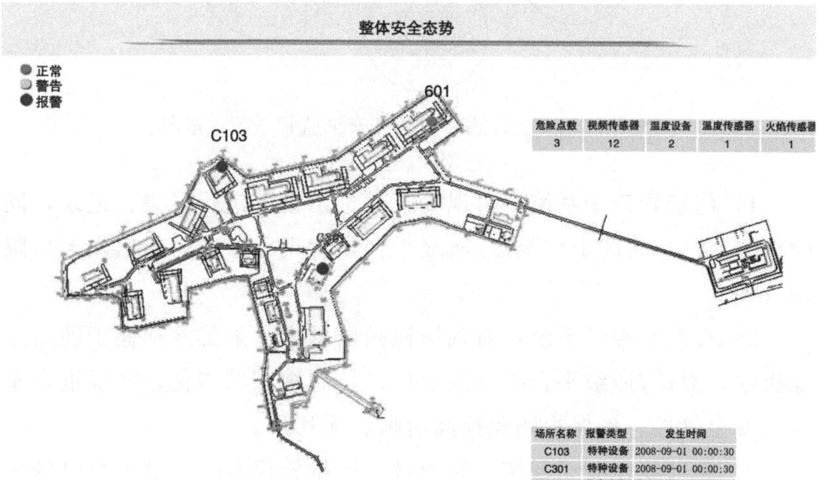

图 7－6　安全态势预报预警示意图

(8) 现场级安全监管子系统

安全传感器工程用于现场级的安全监管，共有 8 个子系统，各子系统实现功能不同，视频监控角度不同，采集数据、记录与上传信息迅速，使用权限受控等功能，并实现了安全传感器工程的多维管理职能，如图 7-7 所示。

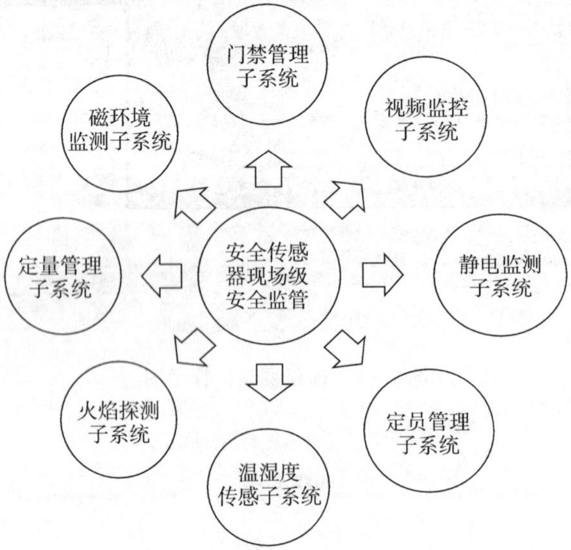

图 7-7　安全传感器现场级安全监管系统示意图

1）门禁管理子系统：对现场人员进出情况进行采集、记录，同时将采集信息实时上传至厂/所级平台，实现重点车间的出入人员限制管理。

2）视频监控子系统：对现场视频信息进行采集并存储于硬盘录像机中，对厂/所级平台提供固定接口达到视频网络化，实现重点车间的安全管控，确保视频监控高清晰、无死角。

3）磁环境监测子系统：对通过电磁报警仪器的人员进行电磁辐射测试，测试结果现场报警。

4）静电监测子系统：在厂房入口设置静电测试报警仪器，对触摸过放电设备后的人员进行静电测试，测试结果现场报警。

5）定员管理子系统：对当前场所内人员数量进行管理。

6）温湿度传感器子系统：对现场温度信息、湿度信息进行采集、记录，同时将采集信息实时上传至厂/所级平台，实现重点车间内温湿度信息的实时反馈，并每分钟将采集环境的温度、湿度等当前监测的数据自动记录至数据库。

7）火焰探测子系统：采集分析环境气体的成分含量，若探测区域内有火光烟雾，则系统进行报警。

8）定量管理子系统：对当前场所内火工品当量限定管理。

7.2.3　定员管理

航天科工对危险作业要求严格审批手续，对科研生产、试验现场和库房Ⅰ、Ⅱ、Ⅲ级易燃易爆危险点必须按规范要求进行“六定”（定量、定位、定寿命、定检、定岗、定员）安全管理，危险化学品作业场所现场存放量不得超过当班用量，周转库房不得超过 3 日用量，库房存量和安全距离必须符合标准要求，库房出入登记必须清晰、明了。各单位必须建立重大危险源，Ⅰ、Ⅱ、Ⅲ级危险点平面图和档案，强化动态管理。图 7-8 为Ⅰ级危险点或重大危险源安全传感器实施模型图。

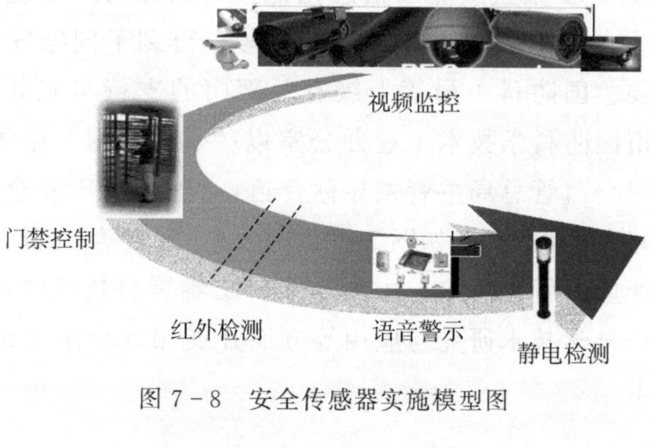

图 7-8　安全传感器实施模型图

（1）接口服务

车间现场/危险点与厂/所数据接口：实现现场设备信息采集系统（车间级系统）与厂/所级系统之间的数据交换功能，二者之间采用 HTTP 和 TCP 协议进行交互，采用一问一答的交互方式。车间级系统需要获取某项数据时，不必进行数据库的操作，只需向 WEB 服务器端发送相应的命令，如果发送成功，则 WEB 服务器会回应对应的信息，车间级系统再将回应的信息进行解析就可以得到所需要的数据。

厂/所与院/基地/局数据接口：用于定义厂/所与院/基地/局传感器软件之间的数据上报及下载协议。数据上报分为立即上报和定时上报。

（2）数据同步管理

数据同步管理如图 7-9 所示。

7.2.4 应用收效

安全传感器工程可应用于军工、核电、核材料，民用船舶生产、石油化工、煤矿、地下施工、高层建筑、民爆器材、烟花爆竹等有关的高危生产行业。航天科工自实施安全传感器工程以来取得了良好的收效，在 2010 年荣获国防科学技术进步奖（如图 7-10 所示），2011 年航天科工荣获工业和信息化部“信息化与工业化融合促进安全生产重点推进项目承担单位”称号，得到了国家安全监管总局、国资委、国防科工局等上级有关部门的支持与充分肯定，并获得北京市国防科学技术工业办公室以“重点项目”给予的支持。曾被国家安全监管总局主管领导称赞道：“航天科工安全传感器工程是科技兴安的典范”（如图 7-11 所示）。2010 年 5 月 22 日，国家安全生产监督管理总局与中国航天科工签署科技战略合作协议，在安全生产科学技术研究与应用等方面开展深入合作（如图 7-12 所示）。

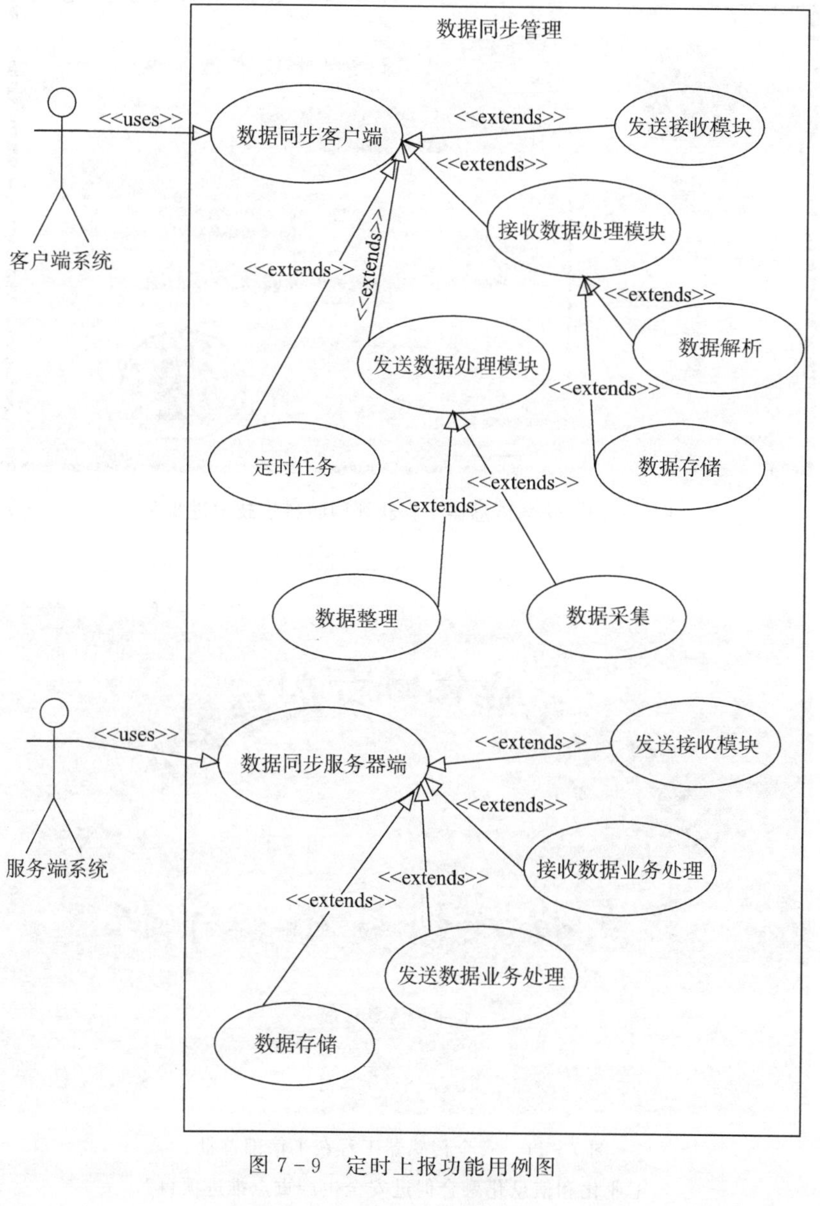

图 7－9　定时上报功能用例图

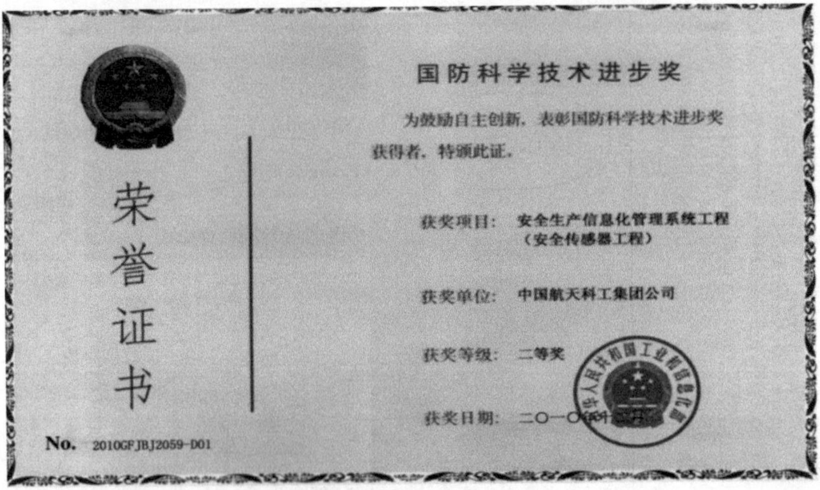

图 7-10 安全传感器工程获评国防科学技术进步奖

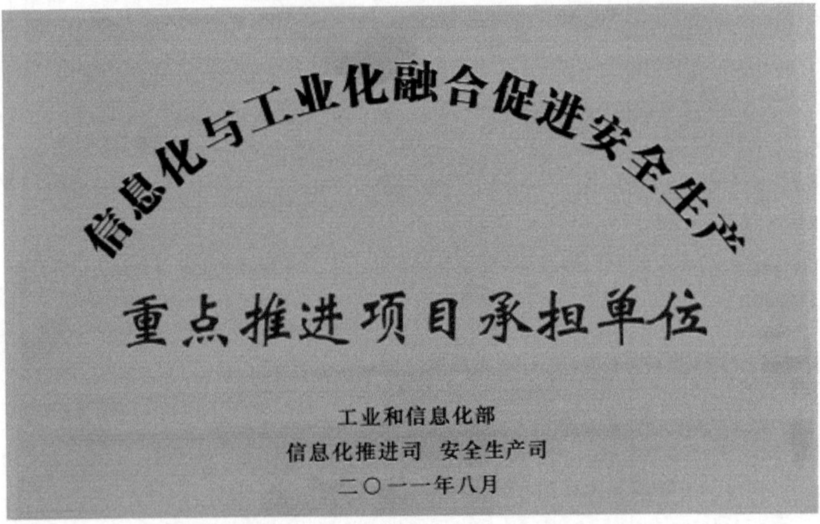

图 7-11 安全传感器工程获工信部首批
“工业化和信息化融合促进安全生产重点推进项目”

图7-12 国家安全生产监督管理总局与航天科工签署关于“安全生产科学技术研究与应用”的科技战略合作协议

7.2.5 安全传感器工程应用实例

航天科工从2008年开始，在全集团范围内要求在Ⅰ级危险点推广安全传感器工程建设工作，编制了《安全传感器工程技术规范》Q/QJB 171，并在2014年《安全生产标准化考核评分细则》Q/QJB 147B—2014标准中1.25“预警预测”明确要求“Ⅰ级危险点及火化工作业场所应按照Q/QJB 171要求实施安全传感器工程”，“制定安全传感器工程管理制度并进行有效管理”，“建立安全生产状况及发展趋势的预警系统”等内容。图7-13为安全传感器监管系统操作界面。

安全传感器工程建立了四级监管系统，即：车间级、厂/所级、院级、集团级。建设内容包括硬件部分和软件部分。

安全传感器工程硬件部分内容包括：可燃气体报警器、温度传感器、视频摄像设备、视频光端机、视频分配器、硬盘录像机、数字视频矩阵、视频监视器、交换机、服务器、客户端计算机等。其中硬盘录像机、服务器、交换机为核心设备，用于与涉密网络进行数据交互，是实现四级管理模式的关键设备。同时在车间级

图 7-13　安全传感器监管系统操作界面

系统配备视频摄像设备、双路视频转换器、C/S终端工控机、红外视频触发器、门禁串口转换模块、红外报警监测器、门禁读卡器、静电监测器等设备。其中，C/S终端工控机为核心设备，用于与涉密网络进行数据交互，该设备通过 RS485 口、串口等接口连接各传感器，同时是实现各级管理模式的关键硬件架构，如图 7-14 所示。

安全传感器工程软件系统的开发设计方案由航天科工委托二院长峰集团进行设计，该系统设计的目的是实现集团、院、厂/所、车间四级对作业现场的垂直管理，及时掌握作业现场的生产计划、作业安排、六定信息和违章信息等，达到预防事故的目的。

安全传感器工程软件系统采用四级架构模式管理（集团级、院级、厂/所级和车间级）。其中，厂/所级系统以生产作业现场安全监管为管理核心，以安全生产、举一反三、安全预报预警和调查管理 4 个一级功能形成业务流程，前两者分别从生产信息管理、日常检查信息和违章信息详情对现场信息进行录入、发布（包括车间级系统输入的现场视频信息、传感器信息等）；安全预报预警功

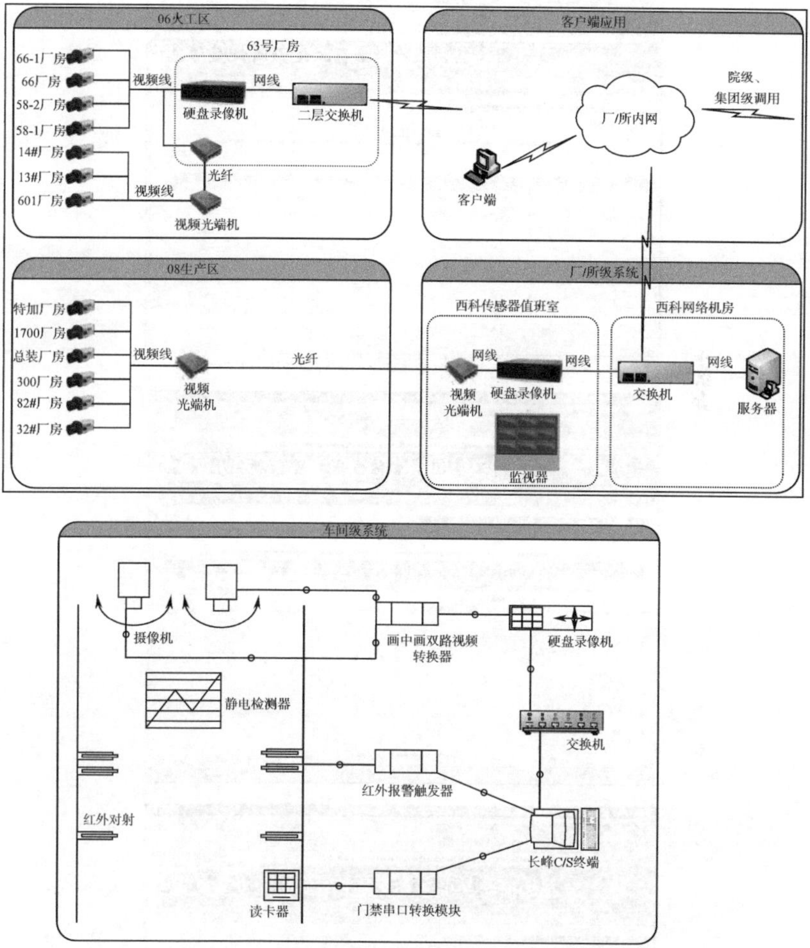

图 7－14　各级管理模式的关键硬件架构图

能对各类信息进行分析，发出预报预警信号，并由视频监视功能展示现场安全状况，便于管理者的重点监管；调查管理功能进行事故历史信息查询、分析和汇总，便于管理者进行事故调查。软件功能监控管理情况如图 7－15 所示。

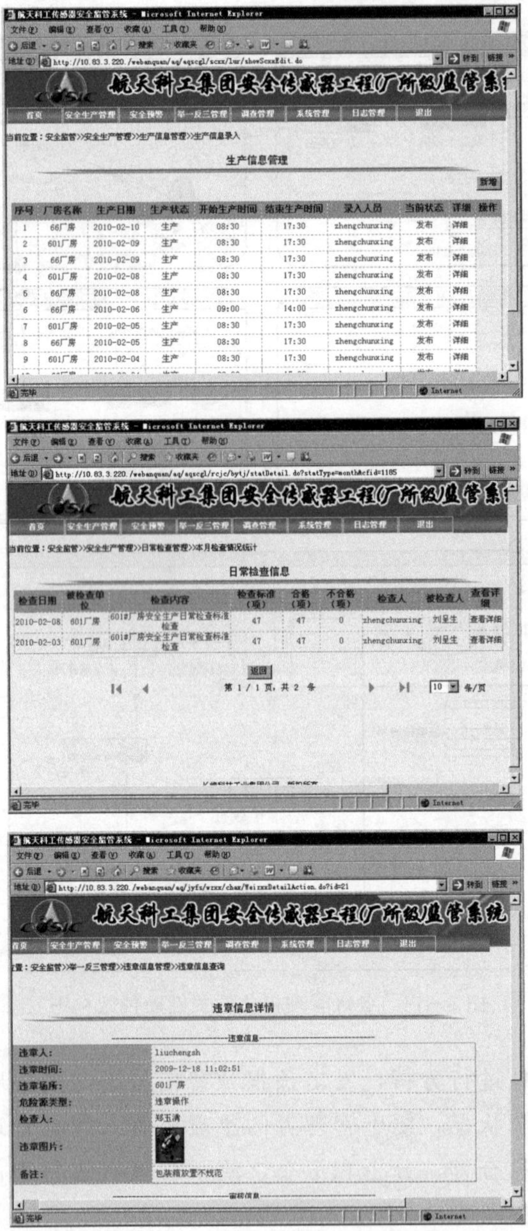

图 7-15　软件功能监控管理情况

监视管理系统：安全传感器在监视管理系统的应用如图 7 - 16 所示，应用于油库栈桥监控、发油泵监控、某厂房视频监控、某厂房“定员、定量、定岗”信息显示、定员管理系统、静电检测。

(a) 油库栈桥监控

(b) 发油泵监控

(c) 某厂房视频监控

(d) 某厂房“三定”信息显示

(e) 定员管理系统

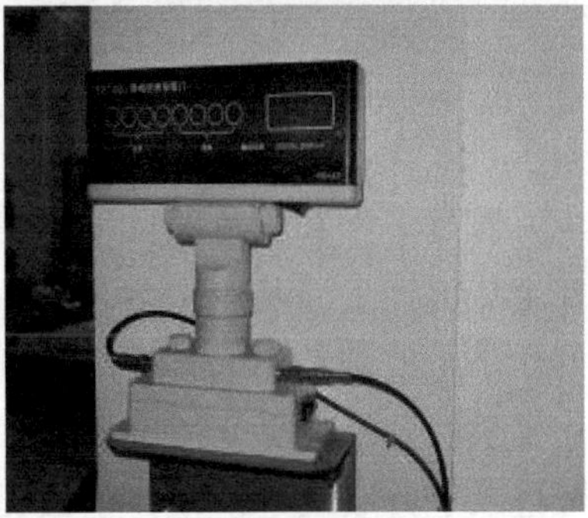

(f) 静电检测

图 7 - 16　安全传感器现场监视管理系统应用示例图

为了安全传感器工程建设工作顺利进行，航天科工先后出台了多个管理制度和标准。如关于印发《中国航天科工公司安全传感器工程管理办法》的通知（天工法安［2012］1036 号）、关于印发《航天科工集团公司 2012 年安全传感器重点工作计划》的通知（安字［2012］44 号）、关于《进一步加强安全传感器工程建设保密工作》的通知（研字［2009］70 号）、关于印发《航天科工集团公司安全传感器工程分级保护要求》的通知（科信字［2014］2 号），以及《安全传感器工程技术规范》（Q/QJB 171）等，确保安全传感器工程建设工作符合有关要求。同时各安全传感器工程建设单位也要依据上级规章制度，确保本单位安全传感器工作顺利开展和后续顺利运行，制定相关制度，以有效进行管理。如某厂编制了《安全传感器工程建设、运行、维护管理规定》（如图 7－17 所示），对工程建设、运行、维护全生命周期管理进行职责划分和管理要求。

中国航天科工集团×××××HSE 管理制度

HSEZD-05-2013

安全传感器工程建设、运行、维护管理规定

图 7－17　安全传感器工程制度建设示例

通过多年安全传感器工程建设工作，航天科工各个Ⅰ级危险点安全传感器工程基本做到全覆盖，在安全生产管理过程中发挥了很好作用，使航天科工科技兴安理念进一步得到落实。为满足保密工作要求的同时，更好地发挥作用，目前，全集团安全传感器工程已经进入了升级改造阶段，全面提升安全传感器的智能化应用和预防预警功能。

7.3　实现安全生产标准化与体系相融合

航天科工自 2004 年开始开展职业健康安全管理体系认证工作，2006 年开始开展安全生产标准化建设工作，如何处理好职业健康安全管理体系和安全生产标准化这两者之间的关系已显得尤其重要。安全生产标准化建设涵盖了安全生产各方面，通过建立安全生产责任制，制定安全管理制度和操作规程，排查治理隐患和监控重大危险源，建立预防机制，规范生产行为，使各生产环节（设备设施、作业行为）符合有关安全生产法律法规和标准规范的要求，人、机、物、环处于良好的生产状态，并持续改进，不断加强企业安全生产规范化建设。而职业安全健康管理体系是从国际引入的先进管理方法，是企业总的管理体系的一部分，便于企业对其业务相关的职业健康安全风险的管理，其包括为制定、实施、实现、评审和保持职业健康安全方针所需的组织结构、策划活动、职责、惯例、程序、过程和资源。体系面对的主体是员工，以控制危险源，减少危险、危害因素，保护员工健康安全为宗旨。安全生产标准化和职业安全健康管理体系二者有很多共同点，如目的均为规范、提升企业安全生产管理工作，均遵循 PDCA 动态循环，均实行要素化管控，均需要进行第三方审核等。在实际执行过程中，正是这些共同点成为二者相融合的基础。

航天科工在组织编写《安全生产标准化考核评分细则》时，明确提出标准编制目标要融合《职业健康安全管理体系规范》中各要素要求。在标准编制过程中，航天科工根据职业健康安全管理体系规范各要素要求，结合航天工业特色，编制出二者相融合的标准。通过近 3 年的实践运行，全集团各层次管理人员已对二者融合应用有了正确的理解，不再认为安全标准化工作与职业健康安全管理体系是两套应用标准，解决了企业安全管理经常出现的“两张皮”现象，减轻了企业负担。大部分企业已充分认识到安全生产标准化与职业健康安全管理体系工作是相辅相成、相互促进、相互提升的关系。通过安全生产标准化和职业健康安全管理体系工作的开展，使系统内安全生产管理工作有的放矢。现将针对如何使二者在实际操作中相融合提出如下观点：

1）安全生产标准化是对职业健康安全管理体系各管理程序的延伸，二者均是结合国家的法律法规、标准、规范的相关内容要求而制定的，符合各类企业安全管理要求。

2）安全生产标准化与职业健康安全管理体系不存在矛盾的地方，安全生产标准化的要素内容与考评条款完全可以融入职业健康安全管理体系的所有要素和章节。

3）新建立的各类安全生产管理文件，可以直接修改应用的职业健康安全管理体系文件，无需花费很大精力就可以达到安全生产标准化的相关要求。比如：目标与指标，文件与记录管理，档案管理，组织机构与职责，教育培训、危险源识别与评价、危险源监控、隐患排查、职业健康管理、应急救援、事故管理、绩效管理等文件应进行简单的内容补充和完善。

4）新文件要按照职业健康安全管理体系通用的文件格式要求编制（包括红头文件），注意文件编制过程的职责统一、分工一致、程序明确；新建立文件中产生的记录，应及时编号识别，与职业健康安全管理体系目录相一致，这样能够使两个标准文件相互衔接、互为补充。

5）安全生产标准化制定的各类评分标准十分具体，各级安全管理人员应该认真学习掌握，应熟知各管理要素的内容与要求，便于使两个标准在日常安全生产管理工作开展时得以融会贯通。

6）企业实施安全生产标准化之后，在进行自我评价（评审）工作时，完全可以将两个体系放在一起进行评价（评审），可以将安全生产标准化的要素内容与职业健康安全管理体系的章节编制在一起，同时开展两项评审工作。这样既减轻了工作量，又提高了安全管理人员对两个标准体系的认识。

7）企业日常开展一系列安全管理特色活动（如安全知识竞赛、安全演讲、安全讲座、安全漫画、发表的安全稿件、安全月等）时，应及时收集归档，保留痕迹与资料，建立日常的安全文化建设支撑材料。

近年来，通过标准与体系融合的实践，航天科工充分认识到二者深入有效的融合，能够进一步提高企业安全生产系统化和规范化管理，能够有效规范从业人员的安全行为，能够全面提升企业本质安全，是促进企业安全生产形势稳定好转的有效手段。同时，在二者融合实施过程中总结了应注意的几个问题。

1）企业主要负责人要正确认识安全生产标准化和职业健康安全管理体系工作的实际意义，不是企业安全管理一个部门就能解决的事情，而是涉及到企业每个部门和各级人员，需要企业全体员工共同努力才能实现。在开展融合工作前，应制定工作计划，成立专业组，分解任务，制定工作方案和工作节点，明确安全生产标准化和职业健康安全管理体系相融合的具体负责人和专业工作人员，明确各职能部门的职责与分工，加强统一协调，密切配合，全面实施，整合资源、保障资金投入，加强监督检查、落实隐患整改，形成闭环管理，才能使这项工作落到实处。

2）在开展二者融合工作过程中，应重点落实各类安全防护设施的符合性、完善性检查，进行自我检查评价，对存在的不符合项，认真落实隐患整改。在整改过程中重点关注难度与时间，应先组织落实难度大的隐患整改问题，定出时间节点。

3）二者融合工作，应将整合后的标准内容下发到班组和岗位，岗位员工对照标准查找不符合项。因为岗位员工最清楚哪些地方不符合，最知道怎样进行整改和完善，整改落实也最有力度。

4）各类特种设备、安全附件、安全防护设施、器具、仪器，涉及到有关法规明确规定必须强制性定期检测的，应必须认真对待、按时检测，若违反相关规定而造成事故的，要追究责任。

5）文件起草后应要求各职能部门相互进行会签，以避免出现下发文件重复、繁琐的现象，便于基层单位的操作执行。

6）安全工作应认真对待日常每件小事、做好每件小事后，才能杜绝大事的发生。许多企业日常安全管理中只关注重大风险、重大危险源、重大事项，而未能在事前预防上下功夫，殊不知小事会酝酿成大事，造成重大危害和损失。做好安全生产标准化和职业健康安全管理体系融合工作是防范事件、事故的前提。

7.4 创立航天特色安全文化体系

航天科工高度重视企业安全文化建设，将安全文化作为安全生产标准化达标工作的灵魂。为了更好地指引安全生产工作，航天科工在前两轮安全生产标准化建设过程中先后提出了“安全第一、预防为主、以人为本、系统管理”的安全生产方针，“安全是生命、安全是责任、安全是效益”的安全生产价值观，“依靠科技兴安、实现本质安全”的安全生产发展战略，以及“不伤害自己、不伤害别人、不被别人伤害、保护他人不受伤害”的安全生产道德观等理念。尤其在第 3 轮标准化建设中将安全文化建设提升到新的高度，提出了“体系建设求实效、科学技术保安全、安全文化创品牌”的工作目标，以及“零隐患、零伤害、零违章”的“三零”理念。在航天科工安全文化方针、政策、理念的指引下，所属各单位开展丰富多彩、形式多样的安全文化建设活动，其中“四层次、三维度”持续发展型安全文化建设模式最具航天特色。

航天科工所属大部分企、事业单位安全文化建设共同经历了经验管理阶段、工厂安全性评价阶段、体系及标准化管理阶段、安全文化系统整合阶段、持续改进阶段等 5 个阶段。经过多年的发展与沉淀，为适应企业快速发展及多变的外部环境，企业形成了“四层次、三维度”持续发展型安全文化建设模式，以安全文化为龙头，系统推进企业的安全管理。企业安全文化建设包含理念层、制度层、行为层、物态层 4 个层次，每个层次按照形成维、保证维、发展维 3

个维度进行建设。安全文化理念层是全体员工一致且高度认同的安全方针、安全理念，是安全文化的核心和灵魂；制度层是企业职工对安全生产法律法规的理解、认知和自觉执行，是理念层的集中体现；行为层指职工自觉履行安全职责，形成良好的安全行为习惯；物态层指企业安全生产条件、环境、设备设施及安全标识等。形成维是各层次发挥作用的基本方式，保证维可有效保证 4 个层次充分发挥作用，发展维可促进每个层次自身的不断发展与提高。3 个维度的建设可以有效促进安全文化 4 个层次自身的不断提高，4 个层次之间又相互作用，理念层是制度层、行为层和物态层建设的基础，决定着其他层次的建设，制度层指导着行为层和物态层的建设，行为层和物态层的发展反作用于理念层，促进理念层的发展。因此“四层次、三维度”安全文化建设模式通过 3 个维度的建设促进各层次的发展，通过各层次之间的相互作用促进企业安全文化整体的持续发展。

“四层次、三维度”持续发展型安全文化模式的建设主要有以下几个步骤。

（1）理念层建设

1）形成维：建立由单位主要负责人担任主任的安全文化建设组织机构，形成全员参与的企业安全文化模式，制定长期建设规划及相关制度。

总结、凝练企业安全管理经验并结合企业内外部情况，形成了“以人为本”的安全理念文化。编制《安全文化手册》发至每一名职工，促进企业安全文化落地生根。

2）保证维：以厂/所、车间、班组三级开展丰富多样的安全文化活动，确保安全理念深入每一名职工心中。

积极开展“安全生产月”及“安康杯”等系列活动，传播安全文化理念。企业设立安全文化长廊，在单位主页设立“安全文化”模块，以网络作为媒介宣传安全文化理念。开展安全宣传及“三违”短片制作、吊装知识竞赛、安全文化征文等活动，确保全体职工均能参与到安全文化建设中。

各车间、部门自发开展演讲比赛等活动，全员积极参与，营造“全员共参与，处处有安全”的安全文化氛围。

各班组每周组织开展安全文化活动，班组成员共同学习企业安全文化手册，每个人均根据自身岗位特点确定各自的安全理念、安全行为座右铭等。

3）发展维：根据企业内外部情况的变化，企业安全理念文化也在不断发展。

建立基层单位安全文化建设评估体系，定期进行评估打分并持续改进。每年召开专题会议，评价安全文化运行情况，并及时进行完善。将“红线意识”等纳入企业安全理念文化中，同时引入中国古典文化与安全文化进行融合，使企业安全文化特点更鲜明，更切合企业实际。

（2）制度层建设

1）形成维：以《安全生产标准化考核评分细则》为基础，健全各项安全及职业卫生管理制度。及时收集安全生产法律法规、相关标准和规范，及时更新和修订安全技术规程和岗位安全操作规程，并发至每一名职工手中。编制安全操作规程、应急预案等，激励员工自觉遵守安全规章制度和安全操作规程。安全费用提取与使用制度及安全生产事故报告制度健全。

2）保证维：定期开展安全生产法律法规合规性评价工作，审核法律法规的执行情况。建立科学的奖惩制度，提高职工遵守规章制度的自觉性。

3）发展维：每年对规章制度的适宜性进行评审，并制定下一年度制订修订计划。针对企业的不同情况，及时补充各项安全管理要求。加强现场安全管理，保证安全制度文化的持续发展。

（3）行为层建设

1）形成维：全体干部职工均签订《安全生产责任书》、《安全生产承诺书》，自觉履行安全生产职责，全员形成良好的安全生产行为习惯。同时在职工之间形成监督机制，相互约束安全生产行为。

为加强相关方人员安全管理，企业编制《相关方人员安全指南》，确保相关方人员的安全行为管理。

2）保证维：设立安全生产总监、安全生产办公室、车间级及班组级技安员“四级”安全监管网络对现场作业情况进行监管。以多种形式开展安全检查，实行影像记录及留名制，检查中发现的问题在全厂内通报，并监督整改。实施“三违”积分卡制度，有效杜绝作业现场“三违”行为，促进职工安全生产行为习惯的养成。

3）发展维：人是行为发出的主体，提高职工综合安全素养是促进安全行为文化发展的必要手段，为此企业不断加强安全型人才的培养。

鼓励职工考取国家注册安全工程师，通过培训、考前知识竞赛等方式，提高注册安全工程师考试通过的比例。

聘任具备注册安全工程师资格的各技术领域能手为技术安全工程师，主要开展工艺安全分析、评审及安全课题研究等工作。

深入开展“青年安全生产示范岗”创建活动。以各种安全系列活动为载体，极大地激发了青年参与安全生产管理的积极性。在各车间设立了青年安全助理，协助车间开展安全管理工作。

加强全员安全生产教育培训工作。设置独立学习场地，采用“互动式”“现场式”“电教式”等多种新颖的培训形式，并结合企业特点开展了试验队入场前安全培训、职业健康危害专项培训、粉尘危害专项培训、“七新”专项培训等特色教育培训工作。通过提高职工的综合安全素养，促进安全行为文化的发展。

（4）物态层建设

1）形成维：所有设备设施防护装置齐全可靠，定期进行检查及维护保养。定期进行作业场所检测，各项指标符合要求。为职工配备有针对性的、合格的劳动防护用品。

2）保证维：开展现场安全环境布置工作，通过在作业现场标注限高线、禁放区域线、各类安全标识及正衣镜、足迹印等，将安全要求及安全文化理念以直观视觉的方式表现出来，让不同年龄、学历的职工均能够理解，也使职工更加清楚现场危险区域及设备设施的状况等，有效保障了安全物态文化建设。

3）发展维：企业坚持“依靠科技兴安，实现本质安全”的安全发展战略，推进安全物态文化的发展。积极推行以安全传感器工程为代表的“科技兴安”工程，安全传感器利用摄像头、传感器等设备，对危险作业区域进行监控，实现了“违章早纠正、隐患早发现、事故早预防”的“三早”功能；实现了门禁系统自锁功能，当厂房人数达到定员要求时，门禁系统自动锁定，有效控制了厂房内人员数量。在厂房内配备了接地阻抗安全检测系统，通过自动、手动、远程遥控 3 种测量方式实现了对多个厂房接地阻抗实时动态监测，并在接地阻抗超过设定值时主动报警，确保了厂房接地阻抗的符合性。积极开展安全生产课题研究，课题成果运用到产品总装贮存、安全接地、作业现场管理等多个环节。

航天科工通过“四层次、三维度”持续发展型安全文化建设，使企业安全文化能够快速适应内外部情况的变化，有效指导企业日常安全管理工作，使规章制度不断完善，职工自觉遵守安全规章制度，员工综合安全素质得到大幅提高，养成良好的安全行为习惯，企业本质安全度得到了不断提升。

第 8 章　安全生产标准化建设提高与展望

航天科工将于 2016 年完成第 3 轮安全生产标准化建设工作，未来安全生产标准化工作如何开展，是值得我们深思的问题。航天科工在总结和巩固前 3 轮安全生产达标工作经验的基础上，紧密结合科技创新转型升级二次创业的科研生产实际情况，结合安全生产"十三五"规划提出的科技强安建设工程、隐患排查建设工程、安全文化建设工程，三大工程明确下一轮安全生产工作目标为体系夯实强责任、科技进步保安康、诚信建设创品牌，继续巩固与深化安全生产标准化建设工作，研究并应用航天本质安全体系，推动航天文化建设。

8.1　巩固安全生产标准化达标建设工作

航天科工通过开展安全生产标准化达标，进一步落实了安全生产主体责任，有力推动了"科技兴安、本质安全"战略的实施，营造了浓厚的、具有航天科工特色的安全文化氛围，有效促进了安全生产费用投入，广大职工安全生产意识得到了普遍提高，科研生产现场作业环境得到了进一步改善，安全生产形势呈现"生产安全事故起数大幅下降"、"生产安全事故死亡、重伤人数大幅下降""亿元增加值生产安全事故死亡率"大幅下降；在国资委监管的 33 户安全生产风险（第一类）中央企业及军工集团中，航天科工是生产安全死亡事故起数较少、死亡人数最少的单位之一。

航天科工在安全生产标准化建设中注重专业化队伍建设，强化安全生产管理力量，要求所属单位依法设置安全生产管理机构，配齐、配强专职安全管理人员和安全生产监管人员，明确规定了所属单位专职监管人员配备的比例。专职安全生产监管人员的调整必须征求上级安全生产主管部门的意见，同时，为保持安全管理队伍的专业化性，新增专职人员应具有安全工程或相关专业本科以上学历；为保证生产一线安全管理水平，航天科工要求二级单位的专职安全生产监管人员应保证至少 1/3 的时间深入科研生产一线进行安全监督检查；三级单位专职安全生产监管人员应保证至少 2/3 的时间深入科研生产一线进行安全监督检查。航天科工在 2010 年组建了安全生产专家组，并逐年增加专家人数至 90 人。航天科工还根据所属单位作业性质危险程度和监管级别，要求二级、三级单位配备安全生产总监，并要求各级安全生产总监按季度履行职责报告，在全集团视频会议上进行述职，报告重大安全事项、发表独立的专业意见，并坚持对安全总监进行季度点评、年度专业考评制度。

航天科工在分析安全生产工作面临的机遇和挑战的基础上，应用系统管理与体系相结合的管理模式，遵循 PDCA 动态循环和风险管理为核心的理念，以隐患排查治理为基础，建立了以管理层级标准化、操作实践标准化、现场设施标准化为核心的安全生产标准化考评标准，明确了考评程序和分级评价标准，强调过程控制和动态管理，并将贯彻落实国家法律法规、标准规范的要求实行定量化考评，建立了“三结合”考核机制，即：自查与咨询相结合、自主评定和外部评审相结合、标准化与体系建设相结合。所属单位依据考评标准要求，结合自身特点，建立并保持安全生产标准化体系，通过自我检查、自我纠正和自我完善，建立安全绩效、持续改进的安全生产长效机制。

航天科工进一步强化“三基”教育，在安全生产动态管理中提出了从事后管理向事前管理发展、从事故管理向隐患管理发展、从结果管理向预警管理发展。在落实“党政同责、一岗双责”的基础上明确各级党委书记的安全生产职责。航天科工实现创新工作机制，完善激励约束，明确不同阶段的工作目标，根据不同的管理基础，有针对性地解决了不同阶段的问题。在达标的不同阶段，航天科工认真分析、汇总考评标准的实施情况，对考评标准进行了 3 次修订和完善，旨在用最严格的考评标准，引领安全生产工作向更加量化、更加规范的方向发展，持续保持航天科工安全生产标准化工作在中央企业和军工系统的领先地位。为保证达标效果，强化对已通过现场评审单位的监督，航天科工建立了安全生产标准化“回头看”监督机制，有步骤、分阶段地对已通过安全生产标准化现场评审的单位开展“回头看”复查、复检活动。航天科工还积极推进安全生产标准化与职业健康安全管理体系的有机融合，实现考评标准、考评方法和考评程序的统一，通过职业健康安全管理体系的有效运行，进一步提升了安全生产标准化工作，避免“两层皮”现象，未来航天科工安全生产标准化将逐步融合职业健康安全管理体系。针对如何巩固已取得的成果，航天科工提出了“五化”的工作要求，即：责任全员化、生产标准化、技术科学化、行为规范化、检查表格化，进一步夯实安全生产标准化建设工作。同时在全集团已形成了认同：“安全生产标准化建设是一项持续改进，永无休止的工作，通过 PDCA 方法使安全生产工作无限循环螺旋上升，将安全生产标准化落实到作业岗位和一线作业人员，达标工作作为常态管理”。安全生产标准化建设推进了航天科工的转型升级和二次创业。

8.2　延伸安全生产标准化达标建设工作

安全生产标准化达标建设是一项长期持久工作，按照航天科工制定的“企业达标—班组达标—岗位达标”安全生产标准化建设工作思路，企业达标开展得最早、最深入、也是最成熟的；在企业达标的同时，2012 年开展了班组达标，并与企业达标相融合；而岗位达标是在第 3 轮标准化建设中提出的要求，拟建立相应的实施体系。为了延伸达标建设工作，航天科工在进一步完善班组达标的基础上，将深入开展岗位达标工作。

8.2.1 完善班组达标

(1) 班组达标重要性

班组是企业(单位)的最基层组织,班组安全管理是控制事故最直接、最有效的环节,是安全管理工作的第一道防线,企业(单位)安全生产目标应建立在班组安全建设上,重心落在基层、落在实处、落在班组每位员工岗位职责上,使每位员工自觉创建安全合格班组,是追求零隐患、零伤害、零违章安全管理理念的延伸。据大量事故统计分析,90%以上的事故发生在班组,80%以上的事故是由于违章指挥、违章作业、违反工艺或劳动纪律所造成的。因此,必须加强对班组的安全建设,从班组培训教育、规章制度、操作规程、岗位职责、危险有害因素辨识、隐患排查与治理、应急管理、创建班组安全文化和安全理念等入手,有效提高操作人员的安全意识和操作技能,规范作业行为,杜绝"三违"现象,全面提升班组的现场安全管理水平,做到一线员工自觉实现班组安全达标。

(2) 航天科工班组达标建设情况

航天科工拥有军、民两大产业,所属单位多,涉及生产作业种类繁多、性质复杂,其中包含:科研、设计、工艺、生产、工程、管理、保障类,以及外场试验组成的临时性班组等各类班组。据统计,航天科工目前有4 307个生产作业班组,这些班组大部分涉及到火工品生产制造,航天产品研究、设计、总装、试车、试验,以及航天民品制造等具有航天特色的生产作业,存在着易燃易爆、高温高压、有毒有害等多种危险有害因素,做好航天特色班组的安全建设是安全生产标准化达标的关键。航天特色班组按类别分为:火工品生产试验类、工程研制类、总装总调类、外场试验临时类、基础技术保障类,这5类班组在安全生产管理上应严格遵循航天科工《关于开展班组安全生产标准化达标工作的通知》(天工安[2012]137号)文件及其附件的规范性要求,并在实施过程中各有不同的侧重点,详见以下说明。

①火工品生产试验类班组

火工品生产试验类班组从事航天产品最具特色的生产工艺，主要有产品燃料的生产、研制、试验，引信、起爆器、滚转控制装置、无碎片爆炸螺栓等的生产、使用，航天产品试车等。在生产作业过程中使用氧化剂过筛系统、铝粉过筛、加料系统、混料机、浇注缸、试车台等设备设施，最大的危险有害因素来自于火灾爆炸。近年来，对航天科工影响较大的事故均出自火工品生产，因此火工品生产研制、试验类班组是航天系统安全生产方面最关键的班组。该类型班组安全建设的主要内容是控制岗位危险作业关键点和主要工艺参数的掌握，实行危险作业本质安全化、远程监控与操作，落实作业现场"六定"要求，实施安全传感器工程；严格执行班前会制度，作业前安全技术交底，明确安全注意事项，检查作业人员身体与思想状态，做好预防工作等；严格做好班中监督检查制度、认真进行一班三检、设备设施点检，以及班后安全检查、安全记录资料存档、及时总结安全生产工作，提出下一步安全生产要求。

②工程研制类班组

工程研制类班组主要从事对惯性器件、光学仪器、伺服机构、电子原器件等的设计、研究、试验等，在产品的研究设计阶段提高安全性能，是推行航天科工"科技兴安、本质安全"战略的最直接体现，也是从源头控制危险的最佳方法。工程研制类班组的安全建设主要体现在禁止采用国家或行业明令禁止和淘汰的工艺、技术、方法，以及型号设计论证阶段应考虑的危险危害因素，编制安全性保障措施并进行安全论证；当设计、工艺和技术方案发生重大变化时，应当重新审查安全性设计文件、安全性保障措施，必要时经专家论证和技安部门会签等。

③总装总调类班组

总装总调类班组主要工作内容包括：分系统装配，航天产品对接、检测、测试、试验、燃油加注、喷漆、封装等工艺，是对各分系统协调性、可靠性的验证，也是对航天产品安全性能的最后把关。总装总调类班组安全建设应做到：危险作业的工艺文件有安全控制要求，危险作业的工艺规程经安全评审，安全大纲和安全防护措施经专家论证，操作人员正确穿戴劳动防护用品，特种设备定期检验，特种作业或特种设备操作人员持证上岗等。

④外场试验临时班组

外场试验类班组一般来自不同的单位和部门，由工程技术、试验人员临时组成，因人员结构和专业性质较为复杂，管理难度较大。同时，试验产品安全性能也存在不确定因素，如：产品频繁吊装、运输、起竖作业等因素，导致了外场试验班组是安全不确定性最大的班组。外场试验类班组应对全体成员开展危险有害因素辨识活动，制定相应预防措施和应急预案；针对“七新”进行人员、物料及环境影响因素的辨识；对危险作业或工艺、技术状态发生变化的或其他可能造成生产安全事故的作业必须进行安全论证与评审；特别对飞行试验、地面大型试验按照“五同时”（即：同时计划、同时布置、同时检查、同时总结、同时评比，把技术安全管理工作贯穿到试验的全过程）的要求编制安全性分析报告，通过方案论证、安全评审、安全检查、事故预想、编制应急处置预案及应急演练，排除事故隐患。

⑤基础技术保障类班组

基础技术保障类班组主要从事建筑施工、医疗卫生、能源供应且包含水、暖、电、气、通信、网络、监控视频等保障功能的供应、维护、运行和保养，以及生活服务供给、环境卫生保持、安全秩序维护等。基础技术保障类班组均涉及到特种设备、特种作业、易燃易爆、有毒有害、高处作业、深基坑作业等。这类班组的安全建设重点是：新员工“三级”教育、作业指导、安全操作规程的培训；特种设备操作、特种作业持证上岗；危险有害作业的申报、评审、审批制度的落实；加强班组制度建设和应急管理的培训与演练；做到岗位严格培训、岗中加强管理、岗后引导学习，使一线作业人员的安全意识得到提高，安全操作规程入脑入心，自觉杜绝“三违”行为。

(3) 存在的问题

航天科工虽然在班组安全达标建设的工作中取得了一些成绩，一线班组开展和保持安全管理达标势头高涨，总体形势较好，但由于所属单位生产性质、经济条件、安全条件、人员素质各不相同，仍有部分单位尚未完成班组安全达标工作，主要有以下两个原因。

1) 系统内的部分企、事业单位拥有较多的设计人员、工艺人员、外场试验人员，服务业单位有幼儿园、食堂、医院、宾馆等从业人员，其部分工作内容也不完全适用航天科工集团公司班组安全达标评分表。为了顺利开展班组达标工作，这部分班组应参照《航天科工班组安全达标规范》的要求，有针对性地制定出这类班组安全达标的管理制度和评分依据，因此，后续应加强这部分班组的安全达标工作。

2) 由于系统内部分单位经济效益较差，班组管理人员水平参差不齐，从业人员素质较低，安全意识薄弱，班组达标出现“上有政策，下有对策”的情况。技安管理部门编制的班组安全达标管理文件落实情况不佳，如：班组安全生产会议记录表无会议内容记录；安全技术交底表和班组安全检查记录无相关人员签字，无记录等；“三违积分卡”未填写或敷衍了事；班组安全教育培训未填写培训内容，无被培训人签字等情况。因此，在后续的工作中应加以改进和完善。

(4) 班组安全达标的后续工作

航天科工在班组安全达标建设上将继续结合本单位安全生产标准化达标工作，将航天科工领导提出的建设安全生产“诚信体系、组织体系、制度体系、责任体系、教育体系、风险管控体系、隐患排查治理体系、监督保障体系、预警预测体系、应急管理体系”十大体系目标融入到班组达标建设中，并从以下 8 个方面进一步深入开展班组安全达标工作。

①组织管理

各类班组应建立每位员工的员工简历表，并装订成册，摸清班组成员的文化程度、知识、技能、性格、教育和家庭等背景，进行有针对性的管理。班组选出符合要求的班组长和兼职安全员，成立以班组长为组长，兼职安全员、员工代表等组成的班组安全生产小组。每月至少开一次安全生产会议，分析和总结本班组生产作业过程中产生的危险有害因素及对策措施。对危险有害因素进行预测预警，采取风险管控措施。建立隐患排查汇报机制，定期组织排查安全隐患，及时上报安全问题。

②安全生产责任制

安全生产责任制是单位在安全生产方面最重要的管理制度，是落实安全生产主体责任的主要手段。所属单位要逐级明确分解目标、节点和职责，层层签订《安全生产责任书》，签订率达100%。班组、岗位安全职责应明确、齐全，并且班组成员应熟知。建立班组成员安全诚信承诺机制。

③安全规章制度

班组应制订符合生产作业实际的安全规章制度并认真执行，主要包括：安全操作规程、作业指导书、安全检查制度、班前例会制度、危险作业审批制度、安全教育培训制度、交接班制度、周安全活动日制度、应急管理制度、诚信承诺制度等。建立行之有效的班组安全生产绩效奖惩机制，建立班组危险源基础档案、典型“三违”目录、“三违”积分卡，以及设备设施、工具台账，并详细记录设备设施的日常使用和定期维修保养情况。

④教育培训

班组长的素养和员工队伍的素质是单位生产经营活动的决定因素，也是班组安全建设成败的关键。班组长、兼职安全员按规定参加教育培训，持证上岗。新上岗人员、转岗人员、复岗人员、特种作业人员以及“七新”作业人员安全教育培训合格率达100%。

⑤安全操作

建立安全操作的监督管理机制，兼职安全员对班组安全负监督管理责任。员工应熟悉或掌握本岗位的危险有害因素及其预防控制措施，熟悉安全操作规程和作业指导书，正确操作、合理使用设备设施和工具，正确佩戴符合规定的劳动防护用品，严格杜绝现场“三违”行为。通过掌握岗位关键点和主要工艺参数，正确使用安全防护设施，并定期检查和维护，更换、维护周期应与工作实际相符；设备设施安全技术状态正常，且在有效期内使用，做好定期维护保养。

⑥作业现场

生产作业环境要保持清洁有序，安全通道保持畅通，职业危害作业防护措施齐全有效；设备设施要整洁，保管完好，无漏油，无锈蚀；共用设备有专人负责，长期闲置不用的设备封存完好；班组内的设备设施、工具、车辆及工作现场等安全可靠，物料、工具摆放不超高、超宽，安全防护装置、设施齐全可靠；安全警示与标识完整、清晰、醒目，作业现场应有安全操作规程。班组长应定期组织对作业场所进行安全检查，发现问题及时改正，不能立即改正的，及时上报车间、部门解决。

⑦事故预防与应急处置

班组员工应熟悉自救互救常识及应急处置措施，熟知事故报告程序和内容。在班组范围内定期组织岗位应急救援预案演练，熟练掌握事故防范技能，作业现场急救用品、器材和防护用具等齐备、有效，正确使用和维护，消防器材齐全、有效。

⑧安全文化

贯彻落实航天科工《安全文化手册》；树立“三零”安全理念，培养“四不伤害”安全价值观，创建班组特色安全文化。通过制作班组安全文化展板并上墙等形式，形成耳儒目染的班组安全文化，提高班组成员的安全意识。

班组安全建设的同时还要充分发挥班组成员的积极性和创造

性，鼓励激发全体成员参与安全管理的热情，开展班组创新发明活动，通过在技术和管理上的不断创新，有效提高班组的安全效能、产品质量和工作效率。航天科工将继续鼓励和开创班组安全建设工作，以最大限度地发挥基层组织者作用，创造交流平台，评选优秀安全建设班组，营造“比、学、赶、帮、超”的创优班组氛围，积极宣传和推广优秀班组先进经验，进一步深入开展班组安全建设。

8.2.2 岗位达标

（1）开展岗位达标的意义

继班组达标后，开展岗位达标工作是航天科工安全生产标准化建设工作的再延伸，岗位达标工作是企业建立安全生产长效机制，实现安全生产状况稳定好转的根本保障。安全生产标准化岗位达标工作旨在企业对自身的生产经营活动，从制度、规章、标准、操作、检查等各方面，制定岗位标准，使企业的全部生产经营活动实现规范化、标准化，提高企业员工的安全素质，最终达到强化源头管理的目的。开展安全生产标准化岗位达标工作也是落实企业安全生产主体责任的重要举措。企业生产安全事故多数是由“三违”行为造成的。安全生产标准化岗位达标工作要求生产经营单位将安全生产责任从生产经营单位的法定代表人开始，逐一落实到每个从业人员、每个操作岗位，强调企业全部岗位工作的规范化和标准化，强调真正落实企业作为安全生产主体的责任，从而保证企业的安全生产。

（2）岗位达标工作实施的重点和难点

①岗位达标与安全生产实际工作的关系

在岗位达标中，我们应做到岗位达标与日常安全生产实际工作相融合，不能把岗位达标与日常的安全生产实际工作分离，形成“两张皮”，搞成“花架子”的形式主义。岗位达标工作应是安全生产实际工作的具体表现，是安全生产工作落地的具体内容，是安全生产标准化达标的长效机制。安全生产标准化实施过程中，在一定程度上需要岗位来实现，责任制、规章制度、安全检查与监管、安全防范措施和应急处置等都必须由岗位作业人员进行落实，因此，企业的安全生产标准化必须落实到岗位达标上。

②岗位达标全面化、制度化、可量化

企业在实施岗位达标时应全面展开，调动所有的岗位作业人员实施岗位安全达标，不留死角、不走过场，形成竞争机制。安全管理离不开制度，企业需要有具体的、可操作性的安全生产标准及细化的管理制度。在岗位达标工作中，应制定岗位标准、安全行为规范和明确岗位达标要求是岗位达标工作的核心内容和基础工作。依据国家安全生产监督管理总局、中华全国总工会、共青团中央《关于深入开展企业安全生产标准化岗位达标工作的指导意见》中对岗位达标提出了八项主要要求，即：岗位职责描述，岗位人员基本要求，岗位知识和技能要求，行为安全要求，装备护品要求，作业现场安全要求，岗位管理要求，其他要求。企业应结合本单位所属行业性质、专业及岗位的特点，提出符合实际的岗位达标要求。在实施岗位达标中，应注意到：岗位职责描述、岗位人员基本要求、岗位知识和技能要求、装备护品要求这4个方面可以实现量化，但行为安全要求、作业现场安全要求、岗位管理要求等方面实现量化就较为复杂，可以通过行为约束、现场定置管理和安全文化引导来实现。

③严格执行安全生产管理制度

安全生产岗位达标必须从企业负责人、各个部门、车间、班组、岗位，到项目专业分包、劳务分包、相关方都严格执行安全生产管理制度。目前，一些企、事业单位负责人和领导干部对安全生产管理工作在意识上比较淡薄，认为安全生产管理是本单位安全管理人员的责任，只要沾上“安全”的事，就认为是安全管理部门及其工作人员的职责，没有认识到安全生产管理职责是：“党政同责、一岗双责、齐抓共管”“管生产必须管安全，谁主管谁负责，安全生产人人有责”。这些单位安全生产管理薄弱，缺乏全员参与，导致本单位安全生产管理人员工作畏首畏尾，不敢碰硬，对一些违反规章制度的行为，不敢大胆管理，搞平衡，遇到事情就和稀泥，甚至在某些具体问题上，采取欺上瞒下，弄虚作假，埋下事件（事故）隐患。这些单位在进行岗位达标考核时，由于存在着得过且过，流于形式和纸面文章的情况，根本不能通过岗位达标促进安全生产管理工作。因此，必须严肃予以纠正，严格执行安全生产管理制度，做到“有章必循，违章必纠”，切实做好岗位安全生产达标工作。

④岗位达标工作的针对性与持续性

要充分认识到岗位达标工作是一项长期性、综合性的工作，岗位达标的目的不仅仅是企业“全员达标”，更重要的是通过达标工作找出企业（单位）在安全管理中的薄弱之处，并加以持续改进，形成闭环管理。每一次对岗位的考核，都应分析与统计岗位员工存在的不足之处，分析原因，指出不足，提出有针对性的整改方案，实现 PDCA 的闭环管理，持续提高企业的安全管理水平。

（3）岗位达标总体思路

①提高认识、落实责任

安全生产标准化岗位达标应建立在全员提高认识、统一思想的基础上，有效落实各岗位职责，开展危险有害因素辨识，进行安全检查，形成闭环，创新安全管理，形成岗位安全达标的长效机制。把岗位达标工作分为促进安全生产工作“打基础、上台阶、上水平”3 个阶段具体工作来抓，做好第 3 阶段体系建设求实效、科学技术保安全、安全文化创品牌，以及展望第 4 阶段体系夯实强责任、科技进步保安康、诚信建设创品牌等系统“固本强基”工程，全面推进安全生产标准化岗位达标工作。企业领导是否重视本单位的安全管理是前提，严格按照“一岗双责”和“谁主管、谁负责”的原则，全面开展安全生产标准化岗位达标创建工作，大力调动广大员工参与岗位达标工作的积极性，加强对安全生产标准化创建工作的巡检、督促与检查，并进行定期评估和考核，确保安全生产标准化及岗位达标工作健康、有序地推进。

②有机融合、综合管理

企业单位要加强安全生产标准化岗位达标工作与日常安全管理工作的紧密联系，要将岗位达标工作与安全管理体系、日常安全管理有机融合，以及进行管理绩效整合。如岗位达标要求中的岗位职责描述、岗位人员基本要求可以与人力资源管理部门相关考核要求进行整合；岗位达标要求中的岗位知识和技能要求、行为安全要求、作业现场安全要求、装备护品要求等，则可以结合员工入场安全教育或班组安全教育活动来进行；达标考核则可以通过对岗位的日常安全检查来进行，考核后的改进可通过整改措施来实现等。通过有机融合及综合管理，既可以减少安全生产标准化岗位达标工作新“增加”的工作量，使日常的安全管理更具有针对性和可操作性，同时可以有效提高企业单位各类人员参与安全生产达标工作的积极性。

③典型引路、完善机制

在实施安全生产标准化岗位达标工作中应及时总结推广先进经验和做法，通过岗位练兵、师徒帮教及理论比赛、技能考核等活动，开展“争创青年安全生产示范岗”活动，树立“优秀岗位员工”“安全示范岗”等，推动安全生产标准化岗位达标工作，以岗位达标推动企业达标。通过推进岗位达标工作，审查并完善安全管理机制，使企业单位安全管理达到制度标准化、作业行为标准化、现场标准化、过程标准化等，有效地推动标准化的建设工作。

④明确对象、实施岗位考核

进行岗位达标的过程中，部分单位把考核对象设定为具体的个人，而不是以“作业岗位”来进行考核。以“人”为对象进行达标考核，工作量大且考核难点大，如：一个作业岗位按照三班轮换作业人数将近十几人或几十人，按“人”进行考核的工作量大，且不能有效进行规范化管理，做无用功。以“岗位”为对象进行考核，如：把钳工、车工、铣工、焊工等以岗位上的群体为一个考核对象，不考虑作业岗位人员的流动，这样既可以达到考核的目的，减轻考核工作量，同时便于日常的安全检查与安全标准化岗位达标工作的实施。

(4) 岗位达标实施步骤

①评估岗位风险

开展各岗位职责范围内的各项工作、负责区域、设备设施、物资物料等方面的危险有害因素辨识，评估风险级别，并进行隐患排查，对较高的危险有害因素和隐患提出降低风险的措施和方法。

②梳理岗位安全职责

在界定各岗位职责的基础上，本着“一岗双责”的原则，梳理各岗位的作业行为和安全职责，切实落实企业安全生产主体责任及岗位职责与安全责任。

③建立岗位行为目标

各岗位的安全职责明确后，企业要结合与上级、政府相关部门等签订的安全责任书（状），通过自我评判和行为约束机制，自下而上提出岗位行为准则，建立各岗位的行为目标。

④确定岗位标准

依据航天科工总体要求，结合危险有害因素辨识、隐患排查、岗位职责及评估结果、岗位行为目标，进行岗位安全评审，确定各岗位标准。

⑤岗位差异分析，编制改进计划

根据确定的岗位标准，开展各岗位自查自找差异，经与上级沟通、评审，形成岗位改进计划，明确改进措施、时间节点，经上级同意批准后实施改进计划。

⑥岗位安全意识和技能提升

通过员工自我学习、自我约束、自我完善的机制，通过开展岗位安全达标活动等方式进行岗位安全意识和技能的提升，也可以通过主管上级采取岗位作业行为观察与评定等方式，了解员工安全行为实施的表现，有针对性地进行岗位安全技能辅导，促使岗位员工的安全意识、操作技能、应急处置能力的提升。

⑦建立岗位达标考评体系

制定《岗位达标考核评定管理办法》，明确岗位达标考核评定的方式方法、周期、内容、对考核结果的奖惩等规定，分级考评，总体实施与验收。

8.3 航天本质安全体系研究与应用

“科技兴安、本质安全”是航天科工实现安全发展的重要战略，深入研究本质安全理论在航天科工系统科研生产中的应用，对于推动航天科工开展本质安全的研究具有十分重要的意义。通过总结航天科工推行本质安全的探索与实践活动，指出本质安全理论在航天科工系统应用的方向，研究建立本质安全度评价体系的可行性，最大限度地降低在科研生产过程中的固有风险，构建防范事故的多级屏障，降低生产安全事故发生的频次，减少事故的损失，从源头上抓好本质安全，实现安全生产理论创新和管理水平的提升，提高系统内企、事业单位的综合经济效益和社会效益，为航天科工实现“建设国际一流航天防务公司”的目标保驾护航。

本质安全是英国帝国化学公司（ICI）的安全专家克莱斯在1977年首先提出的。1990年以后，本质安全研究在欧美进入活跃期。广泛应用于美国航空航天型号产品的定量风险评估（Quantitative Risk Assessments），也属于本质安全范畴。2003年，哥伦比亚号航天飞机失事后，NASA对航天飞机外储箱的泡沫材料进行了定量风险评估，这也是近年来NASA进行的关注程度最高、规模最大的风险评估。2005年以来，在国家安全生产监督管理总局的推动下，国内很多企业在煤矿、非煤矿山、危险化学品、烟花爆竹、电力、水电施工等行业领域开展了本质安全理论的应用探索，并取得了一定成果。例如：中石油根据本质安全理论要求集团内采取技术手段将加油站的事故隐患降低至零，取得了明显成效，1.8万多座加油站近年来没有发生重大生产安全事故；烟花爆竹行业开展氯酸钾的替代物的研究已取得重大成果等。航天科工多年来，一直开展本质安全的实践活动。如：2014 年在全集团开展的易燃易爆危险场所“六定”（定量、定位、定寿命、定检、定岗、定员）审核就是本质安全理论中的最小化原理的应用；开展建设项目预评价和验收评价、实施“七新”评审就是“改进早期化”原则的应用；安全传感器工程建设则是上述几种原理（原则）的综合应用；成立固体推进剂安全研究中心为固体推进剂的研制生产本质安全化提供了技术支持；成立安全评价中心，在全集团开展安全生产标准化达标活动，为提高科研生产本质安全水平迈出了重要的一步；成立安全生产培训教育中心，为各级各类人员提供安全工程理论的系统学习和继续教育的支撑，保证了各级各类人员安全生产技术理论知识的不断提升。

本质安全是从根源上预先考虑材料、工艺、设备、环境可能潜在的危险和风险，从而在设计过程中予以规避，强调在工艺、技术设计时充分考虑本质安全度，力求在设备、材料、方法、环境和应用中构成安全生产系统各要素之间的和谐。安全生产保护的核心对象是人，本质安全的核心要素是设备、材料、方法、环境。本质安全强调，最大限度地降低设备、材料、方法、环境的生产安全事故风险，同时即使在人操作失误的情况下，通过科学的设备（工艺）设计、选择危险性小的材料、使用风险低的方法、创造安全适宜的环境等也不会发生事故。研究本质安全的最小化原理、替代原理、稀释原理、简化原理及相关原则（如改进早期化、容错、限制危害后果、容易控制、避免碰撞效应、状况清楚、避免组装错误、管理控制/程序等）在导弹武器系统总体设计、总装、固体火箭推进剂研制生产等方面的应用，研究建立本质安全度评价体系的可行性，总结本质安全理论在航天系统工程领域的应用原则和管理控制程序，为提高航天系统本质安全水平奠定技术基础。未来，航天科工将在以下几个领域开展深入研究：本质安全设计理论在型号武器总体设计、导弹武器系统总装生产、固体火箭推进剂研制生产、工艺安全设计源头以及安全生产监督管理等领域的应用。

(1) 本质安全设计理论在型号武器总体设计中的研究与应用

本质安全设计（ISD）是在系统设计初期依据物系本质安全特性，应用安全原理和技术，综合各安全要素，将本质安全特征体现于系统设计过程，以期完善系统本质安全性能的过程。

本质安全设计在型号武器总体设计的应用过程为：总体在充分掌握各分系统风险性大小的基础上，对武器型号进行全系统的风险评估，在充分考虑分系统之间接口的危险性后，开展本质安全设计，并将风险指标分配给各分系统，各分系统对本系统的风险进行评估，在明确故障检测参数及故障判据的基础上，进行本质安全设计，杜绝在研制后期为改善安全性而做设计修改。具体要求如下：

1）按照本质安全要求开展设计工作，使之满足任务书规定的安全性要求；

2）在系统寿命周期内识别、评价并消除系统中的危险或将风险降低到可接受的水平；

3）设计更改时，不得超出分配给本分系统的风险指标；

4）在接受和使用新的设计方法、新材料、新工艺、新的试验技术时，不得超出分配给本分系统的风险指标，并努力降低本分系统的风险指标；

5）保证试验、生产、使用过程及退役处理的风险指标。

本质安全设计（ISD）理论应用于型号武器总体设计时，能够采用管理控制程序，提出在立项时应重点研究的技术难点，完成研究报告《本质安全设计理论在导弹武器系统总体设计中的应用研究》，为武器系统安全性大纲的编制提供理论支持，如图8-1所示。

(2) 本质安全设计理论在导弹武器系统总装生产中的研究与应用

应用本质安全理论的最小化、替代、稀释、简化等原理及相关原则（如改进早期化、容错、限制危害后果、容易控制、避免碰撞效应、状况清楚、避免组装错误、管理控制/程序等）在导弹武器系统总装中的应用情况，对研制生产工序和过程进行危险源、

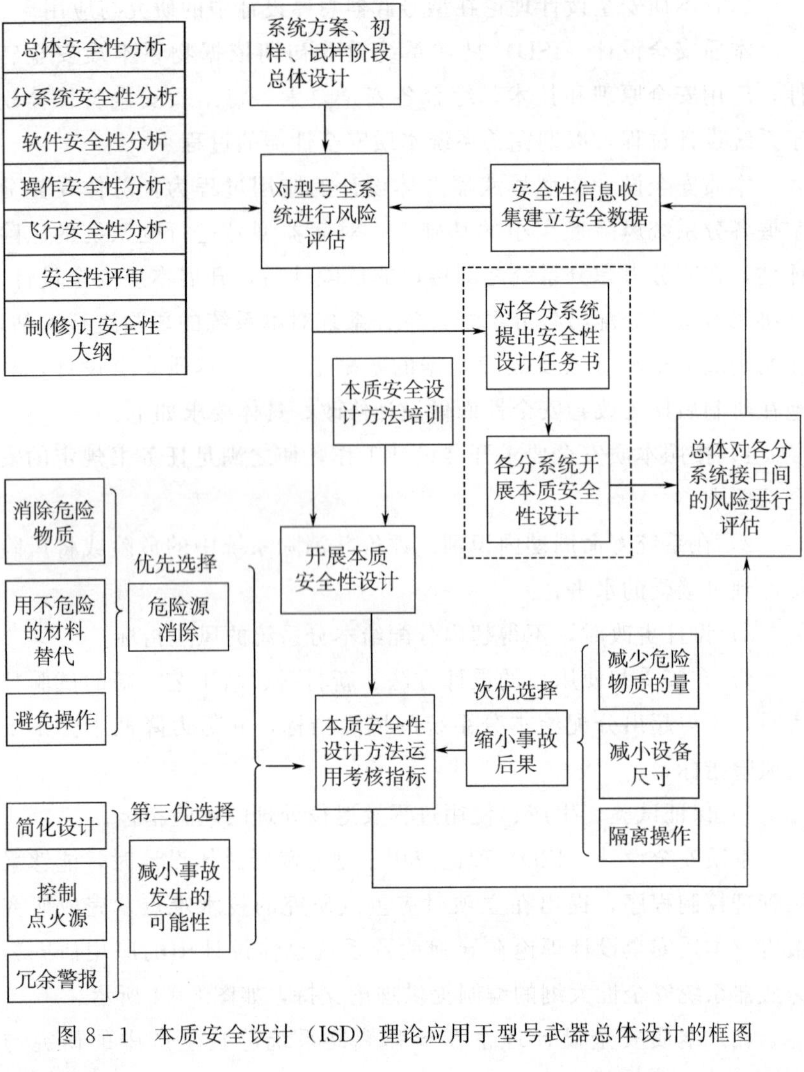

图 8-1　本质安全设计（ISD）理论应用于型号武器总体设计的框图

危险有害因素辨识和风险评价，研究在导弹武器系统总装工艺设计和研制生产全过程的本质安全控制措施和管理控制程序，使本质安全理论应用于导弹武器系统总装工艺设计，达到本质安全性的目的，如图 8-2 所示。

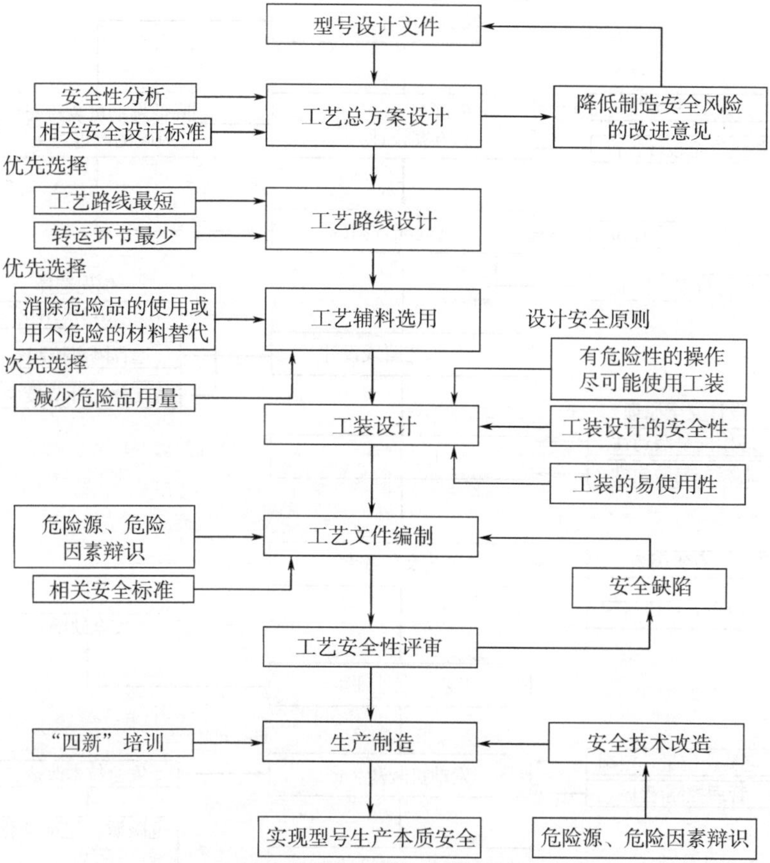

图 8-2　本质安全理论应用于导弹武器系统总装工艺设计框架图

(3) 本质安全理论在固体火箭推进剂研制生产中的应用研究

应用本质安全理论的最小化、替代、稀释、简化等原理，在固体火箭推进剂研制和装药生产过程中，对研制生产工序和过程进行危险源、危险隐患因素辨识和风险评价，以保护人员安全为重点。研究在发动机设计，推进剂配方研究，装药工艺设计，原材料准备、预混、混合、浇注、固化、脱模、整形等研制生产全过程的本质安全控制措施和管理控制程序，如图 8-3 所示。

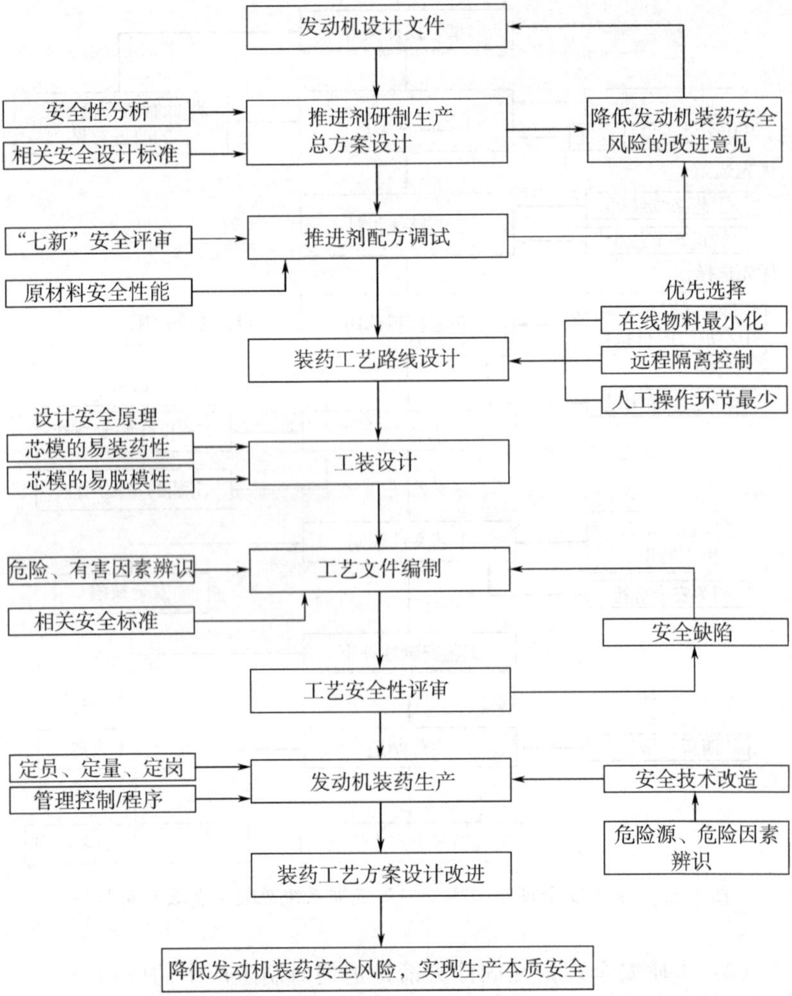

图 8-3　本质安全理论应用于固体火箭推进剂研制生产工艺设计的框图

（4）本质安全理论在工艺安全设计中的研究与应用

本质安全理论在安全生产中的应用主要是从工艺设计源头充分考虑其安全性能，即工艺技术、设备、设施采用本质安全型技术和产品。针对航天科工从事的导弹武器型号研制和生产任务所涉及的各类危险作业、危险设备及危险性较大的物料，我们运用本质安全理论充分进行安全论证和评审，采用可靠性高、本质安全型的设计来实现工艺技术安全；如果在基础设施、技术条件不允许的情况下，工艺技术不能满足本质安全设计要求时，要充分考虑采取预防措施；在生产过程及设备、设施运行前也要进行危险有害因素辨识，从人、机、物、环、管5个方面进行全面、充分的辨识和分析；对辨识出的危险有害因素从技术和管理两方面采取应对措施。本质安全理论用于生产作业过程中的隐患排查要充分考虑工艺技术的安全性能、预防措施、生产过程和控制措施，做到全面、深入、不留死角；对发现的问题进行仔细分析和充分论证，以指导后续的工艺安全设计与技术改造；对排查出的安全隐患进行有效整改，并做到闭环管理；并应制定应急管理制度，建立完备的应急体系。本质安全理论在安全生产管理中的应用如图8-4所示。

（5）本质安全理论在安全生产监督管理中的研究与应用

航天科工在本质安全理论研究与探索中，最初应用于武器型号系统的研制。早在2007年，集团公司领导就提出了：安全生产监督管理领域应该探索与应用本质安全理论，经过近10年的探索、研究、不断深化和持续改进，本质安全理论在全集团的安全生产监督管理体系中得到了广泛推广和应用。为此，全集团的安全生产状况得到了稳步提升，事故发生率明显下降。本质安全理论从原理上阐述了事故是可以预防和避免的，通过循序追求生产过程中人、机、物、法、环、管理等要素的安全可靠和谐统一，就能使各种安全风险因素始终处于受控状态，进而趋于本质安全，达到持久安全的目标。

本质安全理论应用于安全生产监督管理中是以本质安全管理体系和风险预控手段为核心，以控制人的不安全行为、物的不安全状态以及环境不安全因素为重点，在火化工品研制生产、企业、事业、建筑施工、服务业等单位按专业、分类进行了有效尝试，

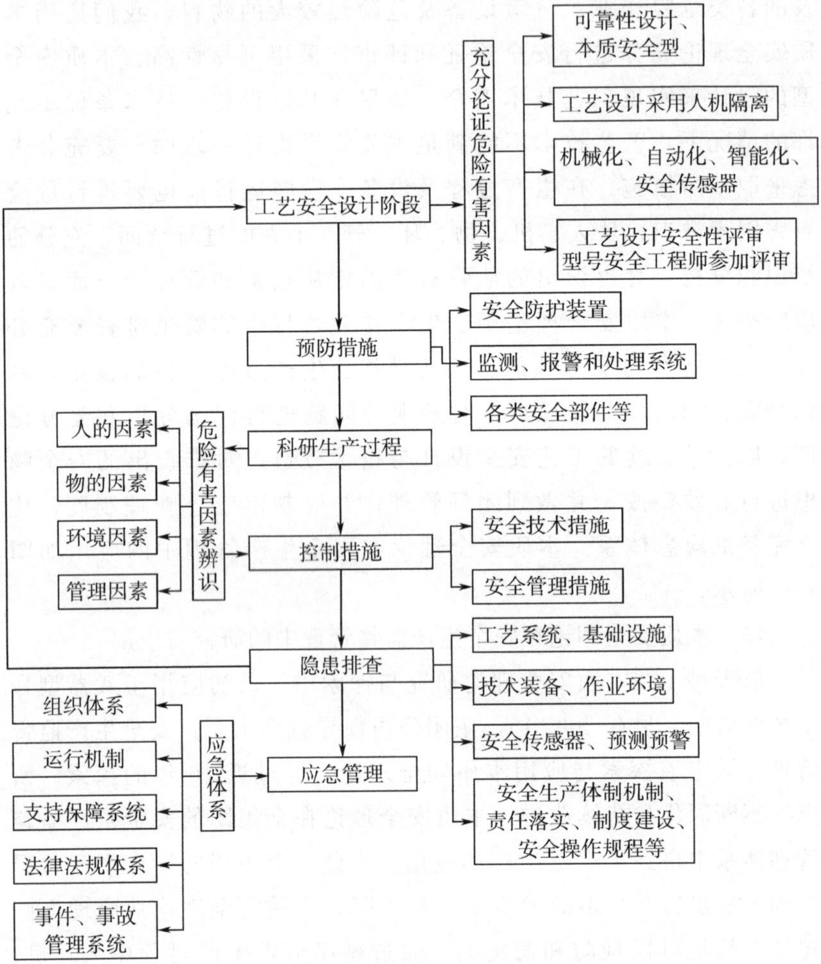

图 8-4　本质安全理论在工艺安全设计中应用框架图

均取得了良好收效。火化工品研制生产单位在研制生产过程中对危险化学品要进行混合、浇注、固化、温湿度试验、脱模、整形、药柱压制和引信装配等工艺，其危险性非常巨大；企业事业单位有火炸药制品装配和测试场所、火炸药制品库、压力容器、工业管道、航天专用测试设备以及特种设备等；建筑施工和服务业单位存在着一线作业人员文化知识水平欠缺，且流动性较大，作业条件较为艰苦，并多数处于高危、高风险作业，事故发生率相对较高，在些单位开展本质安全理论的研究与应用是非常必要的。通过对上述单位进行危险有害因素的辨识、评价与分级管理，危险点和施工现场实施传感器工程，危险作业评审与审批，特种设备、特种作业持证管理与监督检查，安全生产标准化与质量、健康管理体系相融合，安全生产标准化达标实施且每年单位自评、每 3 年集团组织复审验收，建立安全生产标准化应知应会知识库、各岗位安全作业指导书，实现生产过程程序化，固化作业流程，强化作业行为管理，加强安全检查和隐患排查，贯彻执行全面、全过程、全员、闭环式的消除、减弱与控制措施的落实，力求达到作业现场无“三违”、作业人员无失误、设备设施无故障、系统无缺陷、环境无危害，有效截断事件或事故发生的因果链，最终实现人员、设备、物料、方法、环境的本质安全。本质安全理论在安全生产监督管理应用如图 8-5 所示。

在后续的本质安全理论的应用中，航天科工将在上述分类分专业研究的基础上，进一步探索建立本质安全度论证、评审和评价体系的可行性和可靠性，以及科研生产、作业现场及安全生产管理体系的本质安全度评价体系，实现以“人本原理”和“系统工程论”为指导，以危险源辨识和风险评价为基础，以评价单元的设备、材料、方法、环境的本质安全程度为核心要素，结合安全工程学的评价方法，对系统的设备、材料、方法、环境、人的意识和能力、管理等安全管理要素进行综合评价，并坚持持续改进、安全文化引领，不断深入研究本质安全理论在科研生产和安全监督管理中的应用，实现本质安全度的分类和分级管理。

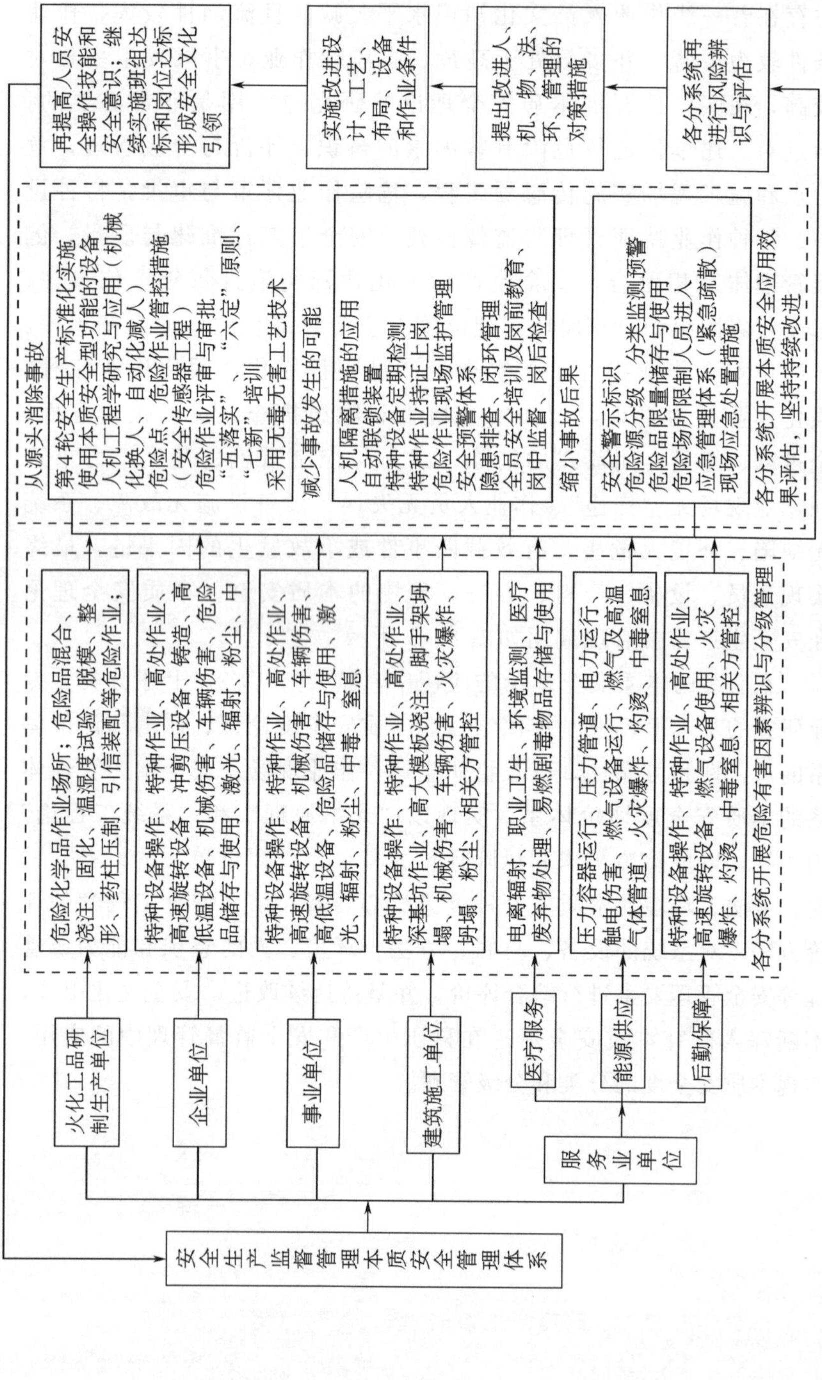

图8-5 本质安全理论应用于安全生产监督管理体系框架图

8.4　推进航天本质安全建设

8.4.1　系统安全工程

系统安全工程是20世纪60年代迅速发展起来的一门新兴工程学科，它是以系统工程的方法研究、解决生产过程中安全问题的工程技术。系统安全工程用来识别、分析和消除系统潜在的危险，使系统的风险降低到可接受水平。它在保证工业生产和产品安全方面呈现了显著的效果。

长期以来，人们对系统安全的着眼点主要放在系统的运用和使用阶段，在系统的设计阶段很少进行专门的研究或采取有力的措施，从而提高和改善设计阶段系统的安全性。一般传统安全概念是事故发生后，根据调查出的事故原因，为解决今后如何防止类似事故的发生，采用一定防范措施，这种处理和解决安全的方式，称之为传统安全。随着科学技术的发展，特别是近几年来，系统工程这一学科应用到安全生产领域，使人们逐渐领悟到解决安全问题的关键，是系统安全的问题。系统安全是指在某一工程（项目）计算或活动中的整个寿命周期内，即：设计、工艺、研制、加工制造、使用直至终止，系统地、有预见地识别和控制危险危害因素、专业技术和管理技巧。由此可见，系统安全是以全过程、系统地、有预见性地应对危险有害因素，应用“识别—分析—控制，再识别—再分析—再控制”的方法为其特征。其着眼点放在系统设计阶段或实际运行之前，使系统的设计在安全上达到可以接受的水平，使系统能正常运行或保证安全。系统安全应用的专门技术称为系统安全工程。由系统安全的特征可以看出，在系统的设计阶段，预测和控制危险有害因素是系统安全工程的基础；在系统的整个寿命周期内，有效地对危险有害因素进行识别、分析和控制是系统安全工程的核心；正确地进行危险有害因素分析所得出的结论，可以作为系统安装、运行、维修、培训、操作方法，以及估计系统安全水平和进行安全检查的依据。因此，危险有害因素分析被称为系统安全工程中重要的组成部分。

系统安全工程在国际上得到了广泛应用，成为工业生产中必须采用的安全技术之一。近年来，随着我国的工业技术发展，工业产品逐步走向世界，系统安全工程受到极大的重视，从系统安全工程的教育、研究到工程实践都得到长足的发展。目前，作为系统工程的一个组成部分，系统工程理论已在航天工业得到了广泛、深入实践，系统安全工程也在航天工业安全管理各个环节得到应用，如：航天科工早在“十·五”期间就提出将产品的全寿命周期纳入安全管理范畴，即：首先把好设计源头关，以安全性设计为优先原则，努力设计出本质安全型产品；其次对产品生产工艺安全性进行严格管理，通过对原材料、工艺方案、工艺流程、工艺技术文件等进行危险有害因素辨识和分析，制定有针对性的安全防护措施；第三是在产品的使用过程中加强隐患排查与治理，通过技术改造、安全改造等手段，提升设备产品的安全系数，改善安全作业条件，实现作业的机械化、自动化、现代化、智能化；最后，严格设备设施和产品的报废、拆除管理程序，在报废、拆除前进行安全评审，将风险控制在可控范围内，做到先评审、后作业，把好生产安全的最后一关。

航天科工所属单位在安全管理工作中，贯彻落实航天科工“产品系统安全”方针，将辨识作为安全生产标准化达标的一项基本要求，辨识和评估每一项作业活动、每一个生产作业岗位可能存在的危险有害因素，并在工艺技术文件中提出有针对性的安全要求，落实各项安全防范措施；严格执行航天科工《关于实行危险作业安全审批制度的通知》，对危险作业进行危害因素辨识和分析，严格执行危险作业评审和审批程序；加强对“七新”的安全生产管理，辨识和评估“七新”等可能带来的风险，技术部门要牵头对新技术、新材料进行风险辨识，工艺部门要牵头对新工艺进行风险辨识，设备部门要牵头对新设备进行风险辨识，科研生产部门要牵头对新产品进行风险辨识，行政管理部门要针对新投入使用园区和设施、新收购并购公司的安全生产状况进行全面的风险辨识和管控，要认真开展“七新”安全评审，制定有针对性的安全防范措施，未进行安全评审的，原则上不得使用、生产和投入等。

虽然系统安全工程理论已在航天工业得到实践与应用，但无论从应用的范围，还是应用的深度，距离国内外其他先进行业均有差距，还未形成具有航天特色的系统安全管理体系。下一步，航天科工将在系统安全工程应用的深度和广度方面加强研究与应用，将系统安全工程理论逐渐融入到日常的安全生产管理工作，提升整体安全生产管理水平，争创富有航天特色的系统安全管理体系品牌。

8.4.2　型号研制试验

多年来，航天科工开展安全生产标准化工作，极大地促进了安全生产管理工作。安全生产标准化工作锻炼了安全生产管理队伍，通过建标、贯标、对标、达标工作的实践，安全生产管理人员对安全生产管理工作的认识有了质的飞跃。结合科技创新、技术改造和新技术应用，生产作业现场的安全隐患明显减少，风险得到了有效控制。但是，随着近年来导弹武器系统的新概念、新领域、新技术层出不穷，安全生产管理工作仅限于在生产作业现场危险有害因素的管控上，难以控制安全风险。所以，安全生产管理必须从设计源头对危险有害因素进行辨识，从而控制设计、工艺、技术的风险。通过研究找出提高设计安全性，减少设计文件对后续生产、总装、调试、试验过程中的安全风险途径和方法，遵守“安全第一、预防为主、以人为本 、系统管理”的安全生产方针，推进航天科工“依靠科技兴安，实现本质安全”的安全生产发展战略。

(1) 安全性设计研究

航天科工于 2010 年就提出了“安全性设计理念”，其理念与可靠性理论中的安全性不同。安全性设计理念是着眼于产品在生产、总装、试验、交付等过程中对生产作业人员和产品的安全保障，降低因设计安全性不足导致的后续研制、生产、总装、试验、交付等环节中的安全风险。航天科工以总体设计部为依托深入开展了安全性设计研究工作。总体部在航天科工指导下完成了《基于某型号试飞器的总体安全技术管理研究》和《以提升本质安全为目标的航天型号安全性设计实践》，并取得了显著成果。并得出以下结论：

1）历史上发生在总装厂、型号大型试验的事故（包括质量事故），究其根源与总体设计安全性不足有密切关系。

2）航天工业的设计人员对总体设计安全性是重视的，总体设计过程中遵从有关标准和规范，但标准体系不完备，尤其对于新立项的型号，由于采用大量的新工艺、新技术、新材料等，预先危险因素分析不足。因而，更加需要建立和完善标准体系。

3）标准应用不规范，尽管有《装备安全性工作通用要求》（GJB 900A — 2012）作为系统安全性的指导性文件，但具体规范设计人员设计的安全性标准标准仍无章可循，尽管院、所建立了标准数据库可以检索、调取使用，然而某一专业对标准的使用范围及如何使用无明确要求。

4）设计文件缺乏安全性审查，评审、审签过程中安全性依据不充分。

5）应建立设计规范、设计标准清单和安全性审查流程，在型号研制队伍或专业研究室设置专业型号安全工程师对设计文件进行监督、审查。

经上述研究得出的部分结论，针对目前总体设计存在的主要问题，专业型号安全工程师解决设计过程中的安全技术方案，为推进“科技兴安、本质安全”开拓了新的思路。

（2）型号安全性设计实践

在型号安全性设计研究的基础上，总体部开展了安全性设计管理工作的讨论，经过宣传、研讨、征求意见等工作，使总体部全体设计人员统一了认识。在总体部、科技委和研究室领导的大力支持下，设置了专业型号安全工程师和型号安全性设计管理工作试点。

1）制定总体设计规范，明确某一专业设计过程中必须遵守的标准、规范和经验，以设计人员为主体，贯彻设计规范、明确设计依据，由专业型号安全工程师对重要设计文件的设计安全性进行监督审查，总体部的安全生产总监对安全性设计工作的实施过程进行监督，并将监督情况报送部门领导和型号总师。同时设计依据和规范作为型号总师系统审签设计文件的依据依据之一。

2）在不打乱型号队伍结构的前提下，先从专业研究室开始试点。在电气、动力、结构等专业研究室内明确设计人员、副总师、室领导、机关有关部门、安全生产总监等人员的安全职责，挑选有一定经验的、有责任心的副主任设计师兼任专业型号安全工程师，赋予其安全性设计审查职责。

3）设计安全性审查流程，由研究室针对本专业列出必须依据的标准、规范清单作为设计过程中的设计、审查、审批的依据，编制《型号安全性设计管理制度》、《型号××系统安全性审查要求及方法》。研究室向设计人员提出设计安全性要求，培训型号安全性设计方法、审查流程，以及审查中发现问题的处理原则等。

4）专业型号安全工程师履行岗位职责，对研究室的设计文件进行抽查、检查，发现不符合标准、规范的情况进行安全评审、风险评估，在风险可控的情况下通过审查。安全性设计的执行、管理受到研究室技术负责人、机关部门、安全生产总监、型号两总的监督，将各类人员安全性设计、监管情况纳入考核，形成闭环管理。

通过型号安全性设计工作及专业型号安全工程师的设置，总体设计单位进一步规范了总体设计过程，明确了设计人员、各级审签人员的安全职责和审查依据，提高了设计的安全性。随着安全性设计管理工作的不断深入，安全生产管理在逐步融入到总体设计的过程中，成为总体设计的助手。在安全性设计管理过程中不断完善新领域、新技术有关设计标准、规范，建立总体设计数据库，分析设计边界条件，优化设计方法，提高总体设计安全性。

总之，安全生产标准化应逐渐深入到科研生产全过程，通过不断深化与改进，成为航天工业安全生产工作实施过程中的重要抓手。

附录　常用法律法规、标准规范清单

序号	名　称	标准号	实施日期
一、综合性安全生产法律、法规			
1	中华人民共和国安全生产法	中华人民共和国主席令[2002]第70号颁布，中华人民共和国主席令[2014]第13号修改	2014.12.01
2	中华人民共和国消防法	中华人民共和国主席令第6号	2009.05.01
3	中华人民共和国防震减灾法	中华人民共和国主席令第7号	2009.05.01
4	中华人民共和国气象法	中华人民共和国主席令第23号	2000.01.01
5	中华人民共和国职业病防治法	中华人民共和国主席令[2001]第60号颁布，中华人民共和国主席令[2011]第52号修改，中华人民共和国主席令[2016]第48号修改	2016.09.01 2011.12.31
6	中华人民共和国劳动合同法	中华人民共和国主席令[2008]第28号颁布，中华人民共和国主席令[2013]第73号修改	2013.07.01
7	中华人民共和国特种设备安全法	中华人民共和国主席令第4号	2014.01.01
8	使用有毒物品作业场所劳动保护条例	中华人民共和国国务院令第352号	2002.05.12
9	建设工程安全生产管理条例	中华人民共和国国务院令第393号	2004.02.01
10	生产安全事故报告和调查处理条例	中华人民共和国国务院令第493号	2007.06.01
11	气象灾害防御条例	中华人民共和国国务院令第570号	2010.04.01
12	电力安全事故应急处置和调查处理条例	中华人民共和国国务院令第599号	2011.09.01
13	安全生产许可证条例	2004年1月13日中华人民共和国国务院令第397号公布，根据2014年7月9日《国务院关于修改部分行政法规的决定》修改	2014.07.29
14	国务院关于进一步加强企业安全生产工作的通知	国发[2010]23号	2010.07.19

续表

序号	名　称	标准号	实施日期
15	防雷减灾管理办法	中国气象局令[2004]第 8 号发布，中国气象局令第 24 号修改	2013.06.01
16	防雷装置设计审核和竣工验收规定	中国气象局令第 21 号	2011.09.01
17	国防科研生产安全事故报告和调查处理办法	中华人民共和国工业和信息化部令第 18 号	2011.06.01
18	机关、团体、企业、事业单位消防安全管理规定	中华人民共和国公安部令第 61 号	2002.05.01
19	火灾事故调查规定	中华人民共和国公安部令第 108 号	2009.05.01
20	建设工程消防监督管理规定	中华人民共和国公安部令第 119 号	2012.11.01
21	消防监督检查规定	中华人民共和国公安部令第 120 号	2012.11.01
22	中央企业安全生产监督管理暂行办法	国务院国有资产监督管理委员会令第 21 号	2008.09.01
23	中央企业安全生产禁令	国务院国有资产监督管理委员会令第 24 号	2011.01.01
24	生产经营单位安全培训规定	国家安全生产监督管理总局令[2006]第 3 号发布，总局令[2013]第 63 号修改，总局令第 80 号修改	2015.07.01
25	安全生产事故隐患排查治理暂行规定	国家安全生产监督管理总局令第 16 号	2008.02.01
26	生产安全事故应急预案管理办法	国家安全生产监督管理总局令第 17 号，总局第 88 号修改	2015.07.01
27	安全评价机构管理规定	国家安全生产监督管理总局令[2009]第 22 号发布，总局令[2013]第 63 号修改，总局令第 80 号修改	2015.07.01
28	特种作业人员安全技术培训考核管理规定	国家安全生产监督管理总局令[2010]第 30 号，总局令[2013]第 63 号修改，总局令第 80 号修改	2015.07.01
29	建设项目安全设施“三同时”监督管理办法	国家安全生产监督管理总局令[2011]第 36 号发布，总局令第 77 号修改	2015.05.01
30	危险化学品重大危险源监督管理暂行规定	国家安全生产监督管理总局令[2011]第 40 号发布发布，总局令第 79 号修改	2015.07.01

续表

序号	名　称	标准号	实施日期
31	危险化学品生产企业安全生产许可证实施办法	国家安全生产监督管理总局令[2011]第41号，总局令第79号修改	2015.07.01
32	国家安全监管总局关于修改《〈生产安全事故报告和调查处理条例〉罚款处罚暂行规定》部分条款的决定	国家安全生产监督管理总局令第42号	2011.11.01
33	危险化学品输送管道安全管理规定	国家安全生产监督管理总局令[2012]第43号，总局令第79号修改	2015.07.01
34	安全生产培训管理办法	国家安全生产监督管理总局令[2012]第44号发布，总局令[2013]第63号修改，总局令第80号修改	2015.07.01
35	危险化学品建设项目安全监督管理办法	国家安全生产监督管理总局令[2012]第45号，总局令第79号修改	2015.07.01
36	职业病危害项目申报办法	国家安全生产监督管理总局令第48号	2012.06.01
37	用人单位职业健康监护监督管理办法	国家安全生产监督管理总局令第49号	2012.06.01
38	职业卫生技术服务机构监督管理暂行办法	国家安全生产监督管理总局令[2012]第50号发布，总局令第80号修改	2015.07.01
39	建设项目职业卫生“三同时”监督管理暂行办法	国家安全生产监督管理总局令第51号	2012.06.01
40	危险化学品登记管理办法	国家安全生产监督管理总局令第53号	2012.08.01
41	危险化学品经营许可证管理办法	国家安全生产监督管理总局令[2012]第55号，总局令第79号修改	2015.07.01
42	危险化学品安全使用许可证实施办法	国家安全生产监督管理总局令[2012]第57号，总局令第79号修改	2015.07.01
43	工贸企业有限空间作业安全管理与监督暂行规定	国家安全生产监督管理总局令[2013]第59号发布，总局令第80号修改	2015.07.01
44	化学品物理危险性鉴定与分类管理办法	国家安全生产监督管理总局令第60号	2013.09.01

续表

序号	名 称	标准号	实施日期
45	国家安全监管总局关于修改《生产经营单位安全培训规定》等11件规章的决定	国家安全生产监督管理总局令第63号	2013.08.19
46	严防企业粉尘爆炸五条规定	国家安全生产监督管理总局令第68号	2014.08.15
47	有限空间安全作业五条规定	国家安全生产监督管理总局令第69号	2014.09.27
48	企业安全生产风险公告六条规定	国家安全生产监督管理总局令第70号	2014.12.10
49	安全评价机构与检测检验机构规范从业五条规定	国家安全生产监督管理总局令第71号	2015.02.02
50	劳动密集型加工企业安全生产八条规定	国家安全生产监督管理总局令第72号	2015.02.15
51	企业安全生产应急管理九条规定	国家安全生产监督管理总局令第74号	2015.02.28
52	用人单位职业病危害防治八条规定	国家安全生产监督管理总局令第76号	2015.03.24
53	关于修改《〈生产安全事故报告和调查处理条例〉罚款处罚暂行规定》等四部规章的决定	国家安全生产监督管理总局令第77号	2015.04.02
54	国家安全监管总局关于废止和修改危险化学品等领域七部规章的决定	国家安全生产监督管理总局令第79号	2015.05.27
55	国家安全监管总局关于废止和修改劳动防护用品和安全培训等领域十部规章的决定	国家安全生产监督管理总局令第80号	2015.05.29
56	防洪标准	GB 50201—2014	2015.05.01
57	职业健康安全管理体系要求	GB/T 28001—2011	2012.02.01
58	生产经营单位安全生产事故应急预案编制导则	GB/T 29639—2013	2013.10.01
二、特种设备——综合			
1	国务院关于修改《特种设备安全监察条例》的决定	中华人民共和国国务院令第549号	2009.05.01
2	特种设备作业人员监督管理办法	国家质量监督检验检疫总局令[2005]第70号发布，国家质量监督检验检疫总局令第140号修改	2011.07.01

续表

序号	名 称	标准号	实施日期
3	特种设备事故报告和调查处理规定	国家质量监督检验检疫总局令第115号	2009.07.03
4	关于公布《特种设备作业人员作业种类与项目》目录的公告	国家质量监督检验检疫总局[2011]第95号	2011.07.01
5	关于修订《特种设备目录》的公告	国家质量监督检验检疫总局[2014]第114号	2014.10.30
6	特种设备现场安全监督检查规则	国家质量监督检验检疫总局[2015]第5号	2015.01.07
7	特种设备安全技术规范制定导则	TSG 01—2014	2015.04.01
8	特种设备事故调查处理导则	TSG Z0006—2009	2010.05.01
三、特种设备——锅炉、压力容器			
1	气瓶安全监察规定	国家质量监督检验检疫总局令第46号	2003.06.01
2	在用工业管道定期检验规程(试行)	国质检锅[2003]第108号	2003.06.01
3	锅炉压力容器使用登记管理办法	国质检锅[2003]第207号	2003.09.01
4	气瓶颜色标志	GB 7144—1999	2000.10.01
5	固定的空气压缩机 安全规则和操作规程	GB 10892—2005	2006.08.01
6	永久气体气瓶充装规定	GB 14194—2006	2007.02.01
7	气瓶警示标签	GB 16804—2011	2012.12.01
8	容积式空气压缩机 安全要求	GB 22207—2008	2009.03.01
9	一般用固定的往复活塞空气压缩机	GB/T 13279—2002	2002.08.01
10	固定式真空绝热深冷压力容器 第1部分:总则	GB/T 18442.1—2011	2012.05.01
11	固定式真空绝热深冷压力容器 第2部分:材料	GB/T 18442.2—2011	2012.05.01
12	固定式真空绝热深冷压力容器 第3部分:设计	GB/T 18442.3—2011	2012.05.01
13	固定式真空绝热深冷压力容器 第4部分:制造	GB/T 18442.4—2011	2012.05.01

续表

序号	名　称	标准号	实施日期
14	固定式真空绝热深冷压力容器 第 5 部分:检验与试验	GB/T 18442.5—2011	2012.05.01
15	固定式真空绝热深冷压力容器 第 6 部分:安全防护	GB/T 18442.6—2011	2012.05.01
16	压力管道规范 工业管道 第 1 部分:总则	GB/T 20801.1—2006	2007.06.01
17	压力管道规范 工业管道 第 2 部分:材料	GB/T 20801.2—2006	2007.06.01
18	压力管道规范 工业管道 第 3 部分:设计和计算	GB/T 20801.3—2006	2007.06.01
19	压力管道规范 工业管道 第 4 部分:制作与安装	GB/T 20801.4—2006	2007.06.01
20	压力管道规范 工业管道 第 5 部分:检验与试验	GB/T 20801.5—2006	2007.06.01
21	压力管道规范 工业管道 第 6 部分:安全防护	GB/T 20801.6—2006	2007.06.01
22	压力管道安全技术监察规程——工业管道	TSG D0001—2009	2009.08.01
23	压力管道使用登记管理规则	TSG D5001—2009	2009.12.01
24	压力管道定期检验规则——公用管道	TSG D7004—2010	2010.11.01
25	锅炉化学清洗规则	TSG G5003—2008	2008.12.01
26	简单压力容器安全技术监察规程	TSG R0003—2007	2007.07.01
27	固定式压力容器安全技术监察规程	TSG R0004—2009	2009.12.01
28	气瓶安全技术监察规程	TSG R0006—2014	2015.01.01
29	气瓶使用登记管理规则	TSG R5001—2005	2005.10.01
30	压力容器定期检验规则	TSG R7001—2013	2013.07.01
31	气瓶附件安全技术监察规程	TSG RF001—2009	2010.05.01
32	安全阀安全技术监察规程	TSG ZF001—2006	2007.01.01

续表

序号	名 称	标准号	实施日期
33	低温液体贮运设备 使用安全规则	JB 6898—1997	1997.10.01
34	承压设备无损检测 第1部分:通用要求	JB/T 4730.1—2005	2005.11.01
35	承压设备无损检测 第2部分:射线检测	JB/T 4730.2—2005	2005.11.01
36	承压设备无损检测 第3部分:超声检测	JB/T 4730.3—2005	2005.11.01
37	承压设备无损检测 第4部分:磁粉检测	JB/T 4730.4—2005	2005.11.01
38	承压设备无损检测 第5部分:渗透检测	JB/T 4730.5—2005	2005.11.01
39	承压设备无损检测 第6部分:涡流检测	JB/T 4730.6—2005	2005.11.01
40	电加热锅炉技术条件	JB/T 10393—2002	2003.04.01
	四、起重设备		
1	起重机械安全监察规定	国家质量监督检验检疫总局令第92号	2007.06.01
2	建筑起重机械安全监督管理规定	中华人民共和国建设部令第166号	2008.06.01
3	塔式起重机安全规程	GB 5144—2006	2007.07.01
4	起重机械安全规程 第1部分:总则	GB 6067.1—2010	2011.06.01
5	起重机械安全规程 第4部分:桥式和门式起重机	GB 6067.5—2014	2015.02.01
6	电梯制造与安装安全规范	GB 7588—2003	2004.01.01
7	起重机械超载保护装置	GB 12602—2009	2010.01.01
8	起重机 安全标志和危险图形符号 总则	GB 15052—2010	2011.12.01
9	电梯安全要求 第1部分:电梯基本安全要求	GB 24803.1—2009	2010.09.01
10	电梯安装验收规范	GB/T 10060—2011	2012.01.01

续表

序号	名 称	标准号	实施日期
11	起重机 司机室 第1部分:总则国家质量监督检验检疫 起重机 司机室 第2部分:流动式起重机 起重机 司机室 第3部分:塔式起重机起重机 司机室 第4部分:臂架起重机	GB/T 20303.1—2006 GB/T 20303.2—2006 GB/T 20303.3—2006 GB/T 20303.4—2006	2007.01.01
12	起重机 通道及安全防护设施 第1部分:总则 起重机 通道及安全防护设施 第2部分:流动式起重机 起重机 通道及安全防护设施 第3部分:塔式起重机 起重机 通道及安全防护设施 第5部分:桥式和门式起重机	GB/T 24818.1—2009 GB/T 24818.2—2009 GB/T 24818.3—2009 GB/T 24818.5—2009	2010.07.01 2011.06.01 2010.07.01 2010.07.01
13	起重机械安全技术监察规程——桥式起重机	TSG Q0002—2008	2008.06.01
14	起重机械使用管理规则	TSG Q5001—2009	2010.01.01
15	起重机械安装改造重大维修监督检验规则	TSG Q7016—2008	2008.08.07
16	电梯使用管理与维护保养规则	TSG T5001—2009	2009.08.01
17	电梯监督检验和定期检验规则——消防员电梯	TSG T7002—2011	2012.02.01
18	电梯监督检验和定期检验规则——防爆电梯	TSG T7003—2011	2012.02.01
	五、危险化学品		
1	危险化学品安全管理条例	国务院令[2011]第591号发布,国务院令645号修改	2013.12.04
2	危险化学品目录(2015版)	国家安全生产监督管理总局 中华人民共和国工业和信息化部 中华人民共和国公安部 中华人民共和国环境保护部 中华人民共和国交通运输部 中华人	2015.02.27

续表

序号	名　称	标准号	实施日期
2	危险化学品目录(2015 版)	民共和国农业部 中华人民共和国国家卫生和计划生育委员会 中华人民共和国国家质量监督检验检疫总局 国家铁路局 中国民用航空局公告[2015]第5号	2015.02.27
3	道路危险货物运输管理规定	交通运输部令[2013]第2号	2013.07.01
4	危险化学品使用量的数量标准(2013 年版)	安监局、公安部、农业部 2013 年第9号	2013.04.19
5	国家安全监管总局办公厅关于印发首批重点监管的危险化学品安全措施和应急处置原则的通知	安监总厅管三[2011]第142号	2011.07.01
6	高毒物品目录	卫法监发[2003]第142号	2003.06.10
7	危险货物包装标志	GB 190 — 2009	2010.05.01
8	氢气使用安全技术规程	GB 4962 — 2008	2009.10.01
9	缺氧危险作业安全规程	GB 8958 — 2006	2006.12.01
10	氯气安全规程	GB 11984 — 2008	2009.12.01
11	危险货物运输包装通用技术条件	GB 12463 — 2009	2010.05.01
12	常用化学危险品贮存通则	GB 15603 — 1995	1996.02.01
13	深度冷却法生产氧气及相关气体安全技术规程	GB 16912 — 2008	2009.10.01
14	危险化学品重大危险源辨识	GB 18218 — 2009	2009.12.01
15	化学品生产单位特殊作业安全规范	GB 30871 — 2014	2015.06.01
16	化学品危险性评价通则	GB/T 22225 — 2008	2009.02.01
17	化学品命名通则	GB/T 23955 — 2009	2010.02.01
18	化学品安全评定规程	GB/T 24775 — 2009	2010.07.01
19	实验室废弃化学品收集技术规范	GB/T 31190 — 2014	2015.05.01
20	厂矿道路设计规范	GBJ 22 — 87	1988.08.01

续表

序号	名称	标准号	实施日期
六、职业卫生			
1	放射性同位素与射线装置安全和防护条例	中华人民共和国国务院令第 449 号	2005.12.01
2	工作场所职业卫生监督管理规定	安全监管总局令第 47 号	2012.06.01
3	职业病危害项目申报办法	安全监管总局令第 48 号	2012.06.01
4	用人单位职业健康监护监督管理办法	安全监管总局令第 49 号	2012.06.01
5	职业卫生技术服务机构监督管理暂行办法	安全监管总局令第 50 号	2012.07.01
6	建设项目职业卫生“三同时”监督管理暂行办法	安全监管总局令第 51 号	2012.06.01
7	特种劳动防护用品安全标志实施细则	安监总规划字[2005]第 149 号	2005.10.13
8	国家安全监督总局关于做好建设项目职业卫生“三同时”监督管理工作的通知	安监总安健[2011]第 41 号	2011.04.06
9	国家安全监督总局关于进一步加强建设项目职业卫生“三同时”监督管理工作的通知	安监总安健[2011]第 192 号	2011.12.22
10	关于公布建设项目职业病危害风险分类管理目录(2012 年版)的通知	安监总安健[2012]第 73 号	2012.05.31
11	国家安监总局关于贯彻落实《职业病危害项目申报办法》进一步加强职业病危害项目申报工作的通知	安监总安健[2012]第 75 号	2012.05.31
12	生产设备安全卫生设计总则	GB 5083 — 1999	1999.01.02
13	安全网	GB 5725 — 2009	2009.12.01
14	安全带	GB 6095 — 2009	2009.12.01
15	防护服装 阻燃防护 第 2 部分:焊接服	GB 8965.2 — 2009	2009.12.01
16	足部防护 电绝缘鞋	GB 12011 — 2009	2009.12.01

续表

序号	名　称	标准号	实施日期
17	防静电服	GB 12014 — 2009	2009.12.01
18	电离辐射防护与辐射源安全基本标准	GB 18871 — 2002	2003.04.01
19	坐板式单人吊具悬吊作业安全技术规范	GB 23525 — 2009	2009.12.01
20	手部防护 机械危害防护手套	GB 24541 — 2009	2010.09.01
21	高处作业分级	GB/T 3608 — 2008	2009.06.01
22	粉尘作业场所危害程度分级	GB/T 5817 — 2009	2009.12.01
23	带电作业用屏蔽服装	GB/T 6568 — 2008	2009.08.01
24	个体防护装备选用规范	GB/T 11651 — 2008	2009.10.01
25	手部防护 通用技术条件及测试方法	GB/T 12624 — 2009	2009.12.01
26	生产过程安全卫生要求总则	GB/T 12801 — 2008	2009.10.01
27	呼吸防护用品的选择、使用与维护	GB/T 18664 — 2002	2002.10.01
28	劳动防护服号型	GB/T 13640 — 2008	2009.06.01
29	坠落防护装备安全使用规范	GB/T 23468 — 2009	2009.12.01
30	化学清洗废液处理技术规范	GB/T 31188 — 2014	2015.05.01
31	工业企业噪声控制设计规范	GB/T 50087 — 2013	2014.06.01
32	工业企业设计卫生标准	GBZ 1 — 2010	2010.08.01
33	工作场所有害因素职业接触限值 第1部分:化学有害因素	GBZ 2.1 — 2007	2007.11.01
34	工作场所有害因素职业接触限值 第2部分:物理因素	GBZ 2.2 — 2007	2007.11.01
35	工业X射线探伤放射卫生防护标准	GBZ 117 — 2006	2007.04.01
36	工作场所职业病危害警示标识	GBZ 158 — 2003	2003.12.01
37	职业健康监护技术规范	GBZ 188 — 2014	2014.10.01
38	职业性接触毒物危害程度分级	GBZ 230 — 2010	2010.11.01

续表

序号	名 称	标准号	实施日期
39	放射工作人员职业健康监护技术规范	GBZ 235 — 2011	2011.08.01
40	电离辐射与防护常用量和单位	GBZ/T 183 — 2006	2007.04.01
41	工作场所物理因素测量 第10部分:体力劳动强度分级	GBZ/T 189.10 — 2007	2007.11.01
42	工作场所防止职业中毒卫生工程防护措施规范	GBZ/T 194 — 2007	2008.02.01
43	有机溶剂作业场所个人职业病防护用品使用规范	GBZ/T 195 — 2007	2008.02.01
44	使用人造矿物纤维绝热棉职业病危害防护规程	GBZ/T 198 — 2007	2008.02.01
45	高毒物品作业岗位职业病危害告知规范	GBZ/T 203 — 2007	2008.03.01
46	建筑行业职业病危害预防控制规范	GBZ/T 211 — 2008	2009.05.15
47	工作场所有毒气体检测报警装置设置规范	GBZ/T 223 — 2009	2010.06.01
48	工作场所职业病危害作业分级第1部分:生产性粉尘	GBZ/T 229.1 — 2010	2010.10.01
49	工作场所职业病危害作业分级第2部分:化学物	GBZ/T 229.2 — 2010	2010.11.01
50	工作场所职业病危害作业分级第3部分:高温	GBZ/T 229.3 — 2010	2010.10.01
七、有关设计规范			
1	冲压车间安全生产通则	GB 8176 — 2012	2013.06.01
2	消防应急照明和疏散指标系统	GB 17945 — 2010	2011.05.01
3	冷库安全规程	GB 28009 — 2011	2012.12.01
4	建筑结构荷载规范	GB 50009 — 2012	2012.10.01
5	建筑抗震设计规范	GB 50011 — 2010	2010.12.01
6	建筑给水排水设计规范(2009年版)	GB 50015 — 2003	2010.04.01

续表

序号	名　称	标准号	实施日期
7	建筑设计防火规范	GB 50016 — 2014	2015.05.01
8	采暖通风与空气调节设计规范	GB 50019 — 2003	2004.04.01
9	建筑物防雷设计规范	GB 50057 — 2010	2011.10.01
10	城镇燃气设计规范	GB 50028 — 2006	2006.11.01
11	压缩空气站设计规范	GB 50029 — 2014	2014.08.01
12	氧气站设计规范	GB 50030 — 2013	2014.07.01
13	乙炔站设计规范	GB 50031 — 1991	1992.07.01
14	建筑采光设计标准	GB 50033 — 2013	2013.05.01
15	建筑照明设计标准	GB 50034 — 2013	2014.06.01
16	锅炉房设计规范	GB 50041 — 2008	2008.08.01
17	工业循环冷却水处理设计规范	GB 50050 — 2007	2008.05.01
18	冷库设计规范	GB 50072 — 2010	2010.07.01
19	洁净厂房设计规范	GB 50073 — 2013	2013.09.01
20	石油库设计规范	GB 50074 — 2014	2015.05.01
21	自动喷水灭火系统设计规范(2005 年版)	GB 50084 — 2001	2001.07.01
22	火灾自动报警系统设计规范	GB 50116 — 2013	2014.05.01
23	建筑灭火器配置设计规范	GB 50140 — 2005	2005.10.01
24	地下及覆土火药炸药车库设计安全规范	GB 50154 — 2009	2009.09.01
25	汽车加油加气站设计与施工规范	GB 50156 — 2012	2013.03.01
26	石油化工企业设计防火规范	GB 50160 — 2008	2009.07.01
27	电子信息系统机房设计规范	GB 50174 — 2008	2009.06.01
28	氢气站设计规范	GB 50177 — 2005	2005.10.01
29	工业企业总平面设计规范	GB 50187 — 2012	2012.08.01
30	建筑防腐蚀工程施工及验收规范	GB 50212 — 2002	2003.03.01
31	建筑工程抗震设防分类标准	GB 50223 — 2008	2008.07.30
32	输气管道工程设计规范	GB 50251 — 2003	2003.10.01

续表

序号	名　称	标准号	实施日期
33	自动喷水灭火系统施工及验收规范	GB 50261 — 2005	2005.07.01
34	气体灭火系统施工及验收规范	GB 50263 — 2007	2007.07.01
35	泵站设计规范	GB 50265 — 2010	2011.02.01
36	给水排水管道工程施工及验收规范	GB 50268 — 2008	2009.05.01
37	城市工程管线综合规划规范	GB 50289 — 1998	1999.05.01
38	工业金属管道设计规范	GB 50316 — 2000	2008.01.07
39	建筑物电子信息系统防雷技术规范	GB 50343 — 2012	2012.12.01
40	干粉灭火系统设计规范	GB 50347 — 2004	2004.11.01
41	安全防范工程技术规范	GB 50348 — 2004	2004.12.01
42	民用建筑设计通则	GB 50352 — 2005	2005.07.01
43	气体灭火系统设计规范	GB 50370 — 2005	2006.05.01
44	入侵报警系统工程设计规范	GB 50394 — 2007	2007.08.01
45	视频安防监控系统工程设计规范	GB 50395 — 2007	2007.08.01
46	出入口控制系统工程设计规范	GB 50396 — 2007	2007.08.01
47	油气输送管道穿越工程设计规范	GB 50423 — 2013	2014.07.01
48	航空发动机试车台设计规范	GB 50454 — 2008	2009.06.01
49	油气输送管道跨越工程设计规范	GB 50459 — 2009	2009.12.01
50	电子工业洁净厂房设计规范	GB 50472 — 2008	2009.07.01
51	城镇燃气技术规范	GB 50494 — 2006	2009.08.01
52	导(防)静电地面设计规范	GB 50515 — 2010	2010.12.01
53	航空工业理化测试中心设计规范	GB 50579 — 2010	2010.12.01
54	建筑物防雷工程施工与质量验收规范	GB 50601 — 2010	2011.02.01
55	电子工程防静电设计规范	GB 50611 — 2010	2011.02.01
56	机械工业厂房建筑设计规范	GB 50681 — 2011	2012.05.01
57	电子辐射工程技术规范	GB 50752 — 2012	2012.08.01

续表

序号	名　称	标准号	实施日期
58	石油化工控制室抗爆设计规范	GB 50779 — 2012	2012.12.01
59	消声室和半消声室技术规范	GB 50800 — 2012	2013.01.01
60	石油化工粉体料仓防静电燃爆设计规范	GB 50813 — 2012	2012.12.01
61	机械工业厂房结构设计规范	GB 50906 — 2013	2014.03.01
62	抗爆间室结构设计规范	GB 50907 — 2013	2014.03.01
63	消防给水及消火栓系统技术规范	GB 50974 — 2014	2014.10.01
64	火炸药生产厂房设计规范	GB 51009 — 2014	2015.05.01
65	综合医院建筑设计规范	GB 51039 — 2014	2015.08.01
66	计算机场地通用规范	GB/T 2887 — 2011	2011.11.01
67	设备及管道绝热设计导则	GB/T 8175 — 2008	2009.01.01
68	建筑物防雷装置检测技术规范	GB/T 21431 — 2008	2008.10.01
69	中小学、幼儿园安全技术防范系统要求	GB/T 29315 — 2012	2013.06.01
70	电磁屏蔽室工程技术规范	GB/T 50719 — 2011	2012.06.01
71	城市防洪工程设计规范	GB/T 50805 — 2012	2012.12.01
72	化工厂蒸气凝结水系统设计规范	GB/T 50812 — 2013	2013.09.01
73	机械工业工程建设项目设计文件编制标准	GB/T 50848 — 2013	2013.10.01
	八、电气规范		
1	安全标志及其使用导则	GB 2894 — 2008	2009.10.01
2	爆炸性环境第 1 部分：设备 通用要求	GB 3836.1 — 2010	2011.08.01
3	爆炸性环境第 2 部分：由隔爆外壳“d”保护的设备	GB 3836.2 — 2010	2011.08.01
4	爆炸性环境第 3 部分：由增安型“e”保护的设备	GB 3836.3 — 2010	2011.08.01
5	爆炸性环境第 4 部分：由本质安全型“i”保护的设备	GB 3836.4 — 2010	2011.08.01

续表

序号	名　称	标准号	实施日期
6	爆炸性气体环境用电气设备第5部分:正压外壳型“p”	GB 3836.5—2004	2005.02.01
7	爆炸性气体环境用电气设备第6部分:油浸型“o”	GB 3836.6—2004	2005.02.01
8	爆炸性气体环境用电气设备第7部分:充砂型“q”	GB 3836.7—2004	2005.02.01
9	爆炸性气体环境用电气设备第8部分:“n”型电气设备	GB 3836.8—2003	2004.01.01
10	爆炸性气体环境用电气设备第9部分:浇封型“m”	GB 3836.9—2006	2007.06.01
11	爆炸性环境第11部分:由隔爆外壳“d”保护的设备 最大试验安全间隙测定方法	GB 3836.11—2008	2009.10.01
12	爆炸性气体环境用电气设备第15部分:危险场所电气安装(煤矿除外)	GB 3836.15—2000	2001.06.01
13	爆炸性气体环境用电气设备第16部分:电气装置的检查和维护(煤矿除外)	GB 3836.16—2000	2007.01.01
14	爆炸性气体环境用电气设备第17部分:正压房间或建筑物的结构和使用	GB 3836.17—2007	2008.04.01
15	爆炸性环境第18部分:本质安全系统	GB 3836.18—2010	2011.08.01
16	外壳防护等级(IP代码)	GB 4208—2008	2009.01.01
17	灯具　第2-1部分:特殊要求 固定式通用灯具	GB 7000.201—2008 IEC 60598—2—1:1979+A1:1987	2010.02.01
18	可燃性粉尘环境用电设备 第1部分:通用要求	GB 12476.1—2013	2014.11.14
19	液体石油产品静电安全规程	GB 13348—2009	2009.12.01
20	剩余电流动作保护装置安装和运行	GB 13955—2005	2005.12.01

续表

序号	名　称	标准号	实施日期
21	系统接地的型式及安全技术要求	GB 14050 — 2008	2009.08.01
22	安全防范报警设备 安全要求和试验方法	GB 16796 — 2009	2010.06.01
23	电气设备电源特性的标记 安全要求	GB 17285 — 2009/ IEC 61293:1994	2010.02.01
24	国家电气设备安全技术规范	GB 19517 — 2009	2010.10.01
25	供配电系统设计规范	GB 50052 — 2009	2010.07.01
26	20 kV 及以下变电所设计规范	GB 50053 — 2013	2014.07.01
27	低压配电设计规范	GB 50054 — 2011	2012.06.01
28	通用用电设备配电设计规范	GB 50055 — 2011	2012.06.01
29	爆炸危险环境电力装置设计规范	GB 50058 — 2014	2014.10.01
30	3～110 kV 高压配电装置设计规范	GB 50060 — 2008	2009.06.01
31	电力工程电缆设计规范	GB 50217 — 2007	2008.04.01
32	建筑电气工程施工质量验收规范	GB 50303 — 2002	2002.06.01
33	安全防范工程技术规范	GB 50348 — 2004	2004.12.01
34	用电安全导则	GB/T 13869 — 2008	2008.12.01
35	电击防护装置和设备的通用部分	GB/T 17045 — 2008/ IEC 61140:2001	2009.04.01
36	电力装置的继电保护和自动装置设计规范	GB/T 50062 — 2008	2009.06.01
37	交流电气装置的接地设计规范	GB/T 50065 — 2011	2012.06.01
38	电力系统安全自动装置设计规范	GB/T 50703 — 2011	2012.06.01
39	危险场所电气防爆安全规范	AQ 3009 — 2007	2008.01.01
40	500 kV 变电站安全性评价标准	Q/GDW 366 — 2009	2009.11.04

九、机械设备

1	手持式电动工具的安全 第 1 部分:通用要求	GB 3883.1 — 2008/ IEC 60745 — 1:2006	2009.01.01
2	手持式电动工具的安全 第 2 部分:圆锯的专用要求	GB 3883.5 — 2007/ IEC 60745 — 2 — 5:2006	2007.09.01

续表

序号	名　称	标准号	实施日期
3	手持式电动工具的安全 第2部分:电刨的专用要求	GB 3883.10—2007/ IEC 60745—2—14:2003	2007.09.01
4	磨削机械安全规程	GB 4674—2009	2009.12.01
5	压力机用感应式安全装置技术条件	GB 5092—2008	2009.10.01
6	剪切机械安全规程	GB 6077—1985	1986.05.01
7	便携式木梯安全要求	GB 7059—2007	2008.02.01
8	铸造防尘技术规程	GB 8959—2007	2008.02.01
9	焊接与切割安全	GB 9448—1999	2000.05.01
10	悬挂输送机安全规程	GB 11341—2008	2009.10.01
11	便携式金属梯安全要求	GB 12142—2007	2008.02.01
12	机械安全 避免人体各部位挤压的最小间距	GB 12265.3—1997	1998.02.01
13	木工机床 安全通则	GB 12557—2010	2011.10.01
14	电火花加工机床安全防护技术要求	GB 13567—1998	1999.09.01
15	冷冲压安全规程	GB 13887—2008	2009.10.01
16	金属切削机床 安全防护通用技术条件	GB 15760—2004	2005.07.01
17	锯床安全防护技术要求	GB 16454—2008	2009.10.01
18	机械安全 急停 设计原则	GB 16754—2008、ISO 13850:2006	2009.04.01
19	机械安全 进入机械的固定设施 第1部分:进入两级平面之间的固定设施的选择	GB 17888.1—2008/ ISO 14122—1:2001	2008.10.01
20	机械安全 进入机械的固定设施 第2部分:工作平台和通道	GB 17888.2—2008/ ISO 14122—2:2001	2008.10.01
21	机械安全 进入机械的固定设施 第3部分:楼梯、阶梯和护栏	GB 17888.3—2008/ ISO 14122—3:2001	2008.10.01
22	机械安全 进入机械的固定设施 第4部分:固定式直梯	GB 17888.4—2008/ ISO 14122—4:2004	2008.10.01

续表

序号	名　称	标准号	实施日期
23	机械安全 指示、标志和操作 第1部分:关于视觉、听觉和触觉的要求	GB 18209.1—2010	2011.12.01
24	机械安全 指示、标志和操作 第2部分:标志要求	GB 18209.2—2010	2011.12.01
25	机械安全 指示、标志和操作 第3部分:操作件的位置和操作的要求	GB 18209.3—2010	2011.12.01
26	加工中心 安全防护技术条件	GB 18568—2001	2002.08.01
27	铸造机械 安全要求	GB 20905—2007	2007.10.01
28	压铸单元安全技术要求	GB 20906—2007	2007.10.01
29	真空泵 安全要求	GB 22360—2008	2009.10.01
30	平衡机安全 通用技术条件	GB 22447—2008	2009.09.01
31	机械安全 防止上下肢触及危险区的安全距离	GB 23821—2009/ISO 13857:2008	2009.12.01
32	剪板机 安全技术要求	GB 28240—2012	2013.01.01
33	外圆磨床 安全防护技术条件	GB 24384—2009	2010.07.01
34	工业洗涤机械的安全要求 第1部分:通用要求	GB 25115.1—2010/ISO 10472—1:1997	2011.07.01
35	手持式电动工具的管理、使用、检查和维护安全技术规程	GB/T 3787—2006	2006.06.01
36	机械安全 防护装置 固定式和活动式防护装置设计与制造一般要求	GB/T 8196—2003	2003.09.01
37	真空镀膜设备通用技术条件	GB/T 11164—2011	2012.06.01
38	手持式机械作业防振要求	GB/T 17958—2000	2000.06.01
39	机械安全 固定式直梯的安全设计规范	GB/T 31254—2014	2015.07.01
40	机械安全 工业楼梯、工作平台和通道的安全设计规范	GB/T 31255—2014	2015.07.01

续表

序号	名　称	标准号	实施日期
	十、建筑施工		
1	建设工程施工现场供用电安全规范	GB 50194 — 2014	2015.01.01
2	施工现场临时用电安全技术规范	JGJ 46 — 2005	2005.07.01
3	建筑施工高处作业安全技术规范	JGJ 80 — 91	1992.08.01
4	建筑施工土石方工程安全技术规范	JGJ 180 — 2009	2009.12.01
5	建筑施工作业劳动防护用品配备及使用标准	JGJ 184 — 2009	2010.06.01
	十一、涂装作业		
1	涂装作业安全规程 粉末静电喷涂工艺安全	GB 5607 — 2008	2009.10.01
2	涂装作业安全规程 涂漆工艺安全及其通风净化	GB 6514 — 2008	2009.10.01
3	涂装作业安全规程 安全管理通则	GB 7691 — 2003	2003.10.01
4	涂装作业安全规程 涂漆前处理工艺安全及其通风净化	GB 7692 — 2012	2013.03.01
5	涂装作业安全规程 静电喷漆工艺安全	GB 12367 — 2006	2006.09.01
6	涂装作业安全规程 有限空间作业安全技术要求	GB 12942 — 2006	2006.09.01
7	涂装作业安全规程 涂层烘干室安全技术规定	GB 14443 — 2007	2008.02.01
8	涂装作业安全规程 喷漆室安全技术规定	GB 14444 — 2006	2006.09.01
9	涂装作业安全规程 静电喷枪及其辅助装置安全技术条件	GB 14773 — 2007	2008.02.01
10	涂装作业安全规程 浸涂工艺安全	GB 17750 — 2012	2013.03.01
11	涂装作业安全规程 有机废气净化装置安全技术规定	GB 20101 — 2006	2006.09.01
12	涂装作业安全规程 术语	GB/T 14441 — 2008	2009.10.01

续表

序号	名　称	标准号	实施日期
	十二、地方有关法规、标准		
1	北京市安全生产条例(2011 年版)	北京市人大常委会公告(2011)第 16 号	2011.09.01
2	北京市防御雷电灾害若干规定	北京市人民政府令第 102 号	2002.09.01
3	北京市餐饮企业经营单位安全生产规定	北京市人民政府令第 177 号	2006.10.26
4	北京市电梯安全监督管理办法	北京市人民政府令第 205 号	2008.06.01
5	北京市建设工程安全生产重大事故及重大隐患处理规定	京建施[2006]第 663 号	2006.10.26
6	北京市建设工程施工现场安全监督工作规定	京建施[2006]第 651 号	2006.07.21
7	北京市高处悬吊作业安全生产规定	京安监发[2009]第 53 号	2009.05.01
8	北京市建筑起重机械 安全监督管理规定	京建施[2008]第 368 号	2008.06.04
9	北京市建设工程安全生产重大事故及重大隐患处理规定	京建施[2006]第 663 号	2006.07.26
10	陕西省化学危险品安全管理规定(试行)	陕政发[2001]第 48 号	2001.09.06
11	北京市电气防火检测技术规范	DB 11/065 — 2010	2010.11.01
12	爆炸物品库安全防范规定	DB 11/317 — 2005	2006.03.01
13	道路危险货物运输安全技术要求	DB 11/ 415 — 2007	2007.03.15
14	剧毒化学品库安全防范技术要求	DB 11/529 — 2008	2008.04.28
15	地下有限空间作业安全技术规范 第 1 部分:通则	DB 11/852.1 — 2012	2012.12.01
16	绿色建筑设计标准	DB 11/938 — 2012	2013.07.01
17	液氨使用与储存安全技术规范	DB 11/ 1014 — 2013	2014.02.01
18	消防安全疏散标志设置标准	DB 11/ 1024 — 2013	2014.05.01
19	危险化学品仓库建设及储存安全规范	DB 11/T 755 — 2010	2011.04.01